D1866826

Inhaltsseiten

Diese Seiten vermitteln dir – unterstützt durch **Merksätze,** Tabellen und Übersichten – biologisches Grundlagenwissen über wichtige Begriffe, Gesetze, Erscheinungen und Zusammenhänge.

Ergänzendes und Vertiefendes

bietet zusätzliche Informationen.

Vielfältige **Aufgaben** ermöglichen es dir, dein Wissen anzuwenden und zu testen.

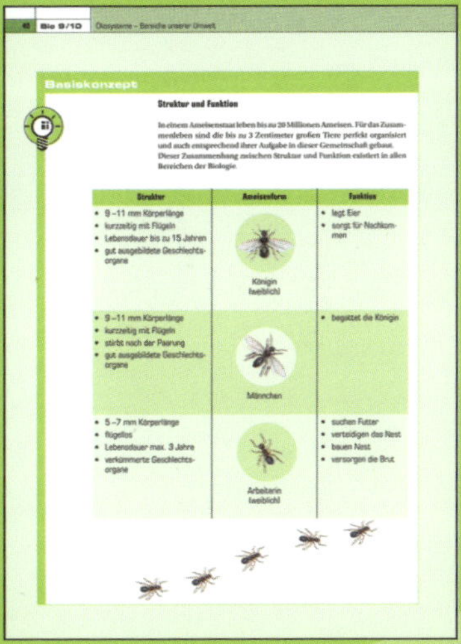

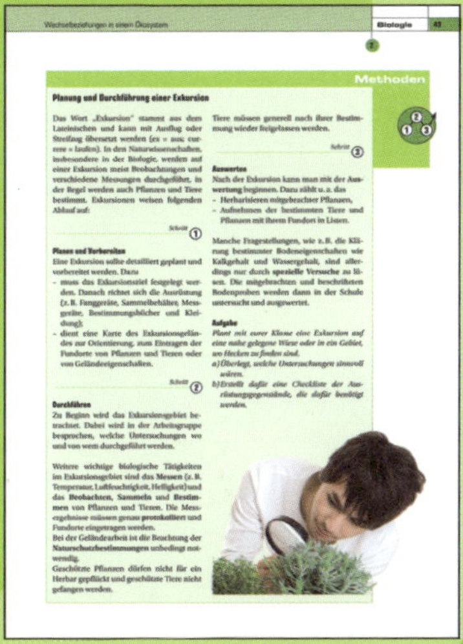

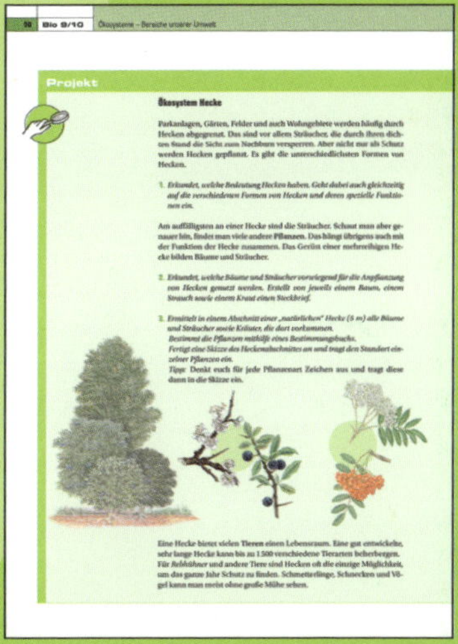

Basiskonzepte

Diese Seiten helfen dir, allgemeingültige Zusammenhänge (z. B. Struktur und Funktion) in der Biologie zu erkennen und Wissen zu strukturieren.

Methoden

Für die Biologie charakteristische Denk- und Arbeitsmethoden zeigen dir, wie du bei bestimmten Tätigkeiten (z. B. Erklären, Beobachten, Beschreiben, Vergleichen, Experimentieren, Protokollieren, Lesen von Sachtexten) schrittweise vorgehen kannst.

Projekte

Diese Seiten sollen dich zum selbstständigen Bearbeiten ausgewählter Themen anregen.

Biologie ›› 9/10

Lehrbuch für die Klassen 9/10
Thüringen · Mecklenburg-Vorpommern

Herausgeber:
Dr. Edeltraud Kemnitz
Marlies Müller

Duden Schulbuchverlag
Berlin · Mannheim

Autoren
Frank-Michael Becker
Dr. Karl-Heinz Firtzlaff
Dr. Axel Goldberg
Prof. Dr. habil. Frank Horn
Dr. Edeltraud Kemnitz
Marlies Müller
Ralph Schubert
Prof. Dr. habil. Erwin Zabel

Beiträge von Andreas Börstler, Monika Biere-Mescheder, Andrea Mohrenweiser, Dr. habil. Christa Pews-Hocke, Birgit Pietsch, Dr. Christiane Quaisser, Dr. Adria Wehser, PD Dr. habil. Gottfried Wiedenmann, Petra Schuchardt

Berater
Dr. Sabine Hild (Erfurt), Marlies Müller (Warnemünde)

Dieses Werk enthält Vorschläge und Anleitungen für Untersuchungen und Experimente. Vor jedem Experiment sind mögliche Gefahrenquellen zu besprechen. Die Gefahrstoffe sind durch die entsprechenden Symbole gekennzeichnet. Experimente werden nur nach Anweisung der Lehrkraft durchgeführt. Solche mit Gefahrstoffen dürfen nur unter Aufsicht durchgeführt werden. Beim Experimentieren sind die Richtlinien zur Sicherheit im naturwissenschaftlichen Unterricht einzuhalten.

1. Auflage
1 5 4 3 2 1 | 2013 2012 2011 2010 2009
Alle Drucke dieser Auflage können im Unterricht nebeneinander benutzt werden.
Die letzte Zahl bezeichnet das Jahr des Druckes.

Internet www.duden.de

Redaktion Dr. Edeltraud Kemnitz
Gestaltungskonzept Simone Hoschack
Layout Angela Richter
Grafik Renate Diener, Reinhild Gluszak, Wolfgang Gluszak, Christiane Gottschlich, Martha-Luise Gubig, Christiane Mitzkus, Heike Möller, Walther-Maria Scheid, Sybille Storch
Titelbild Hauskaninchen auf der Hand: Bildagentur Waldhäusl/McPhoto/fotototo; Tulpenfeld: Bildagentur Waldhäusl/alimdi/Martin Stevens
Druck und Bindung DZA Druckerei zu Altenburg GmbH, Altenburg

ISBN 978-3-8355-4057-6

Inhaltsverzeichnis

Naturschutz-
gebiet

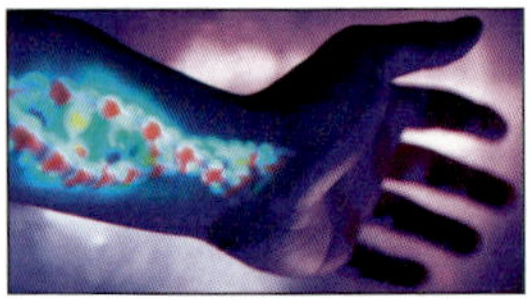

4

4 Evolution . . . 148

4.1 Entwicklung der biologischen Vielfalt . . . 149

4.2 Evolutionstheorien und Evolutionsfaktoren . . . 169

4.3 Die Evolution des Menschen . . . 181

1 Arbeiten mit Basiskonzepten und Methoden

Durchblick bewahren

Zu viel Neues? Dir fällt es schwer, Zusammenhänge zu erkennen? Deshalb muss das Fachwissen vernetzt werden. Dabei sollen **Basiskonzepte** helfen. Das Wort „Konzept" kommt vom lateinischen Verb *concipere* = erfassen, begreifen, sich vorstellen. Basiskonzepte erleichtern dir also das Lernen.

Mithilfe der **Basiskonzepte System, Struktur und Funktion** sowie **Entwicklung** kannst du biologische Inhalte systematisieren und strukturieren (↗ S. 10/11).

Heureka – Ich hab's! ...

... soll der berühmte ARCHIMEDES ausgerufen haben, als er eine besonders pfiffige Idee zur Lösung eines Problems hatte.

Damit du fit für die Lösung kniffliger Probleme wirst, musst du dir nicht nur Wissen aneignen, sondern bestimmte Fähigkeiten und Fertigkeiten entwickeln, d. h. verschiedene **Kompetenzen** erwerben (↗ Abb.). Beim Erwerb der Kompetenzen hilft dir das Aneignen von verschiedenen **Methoden** (↗ S. 12–23).

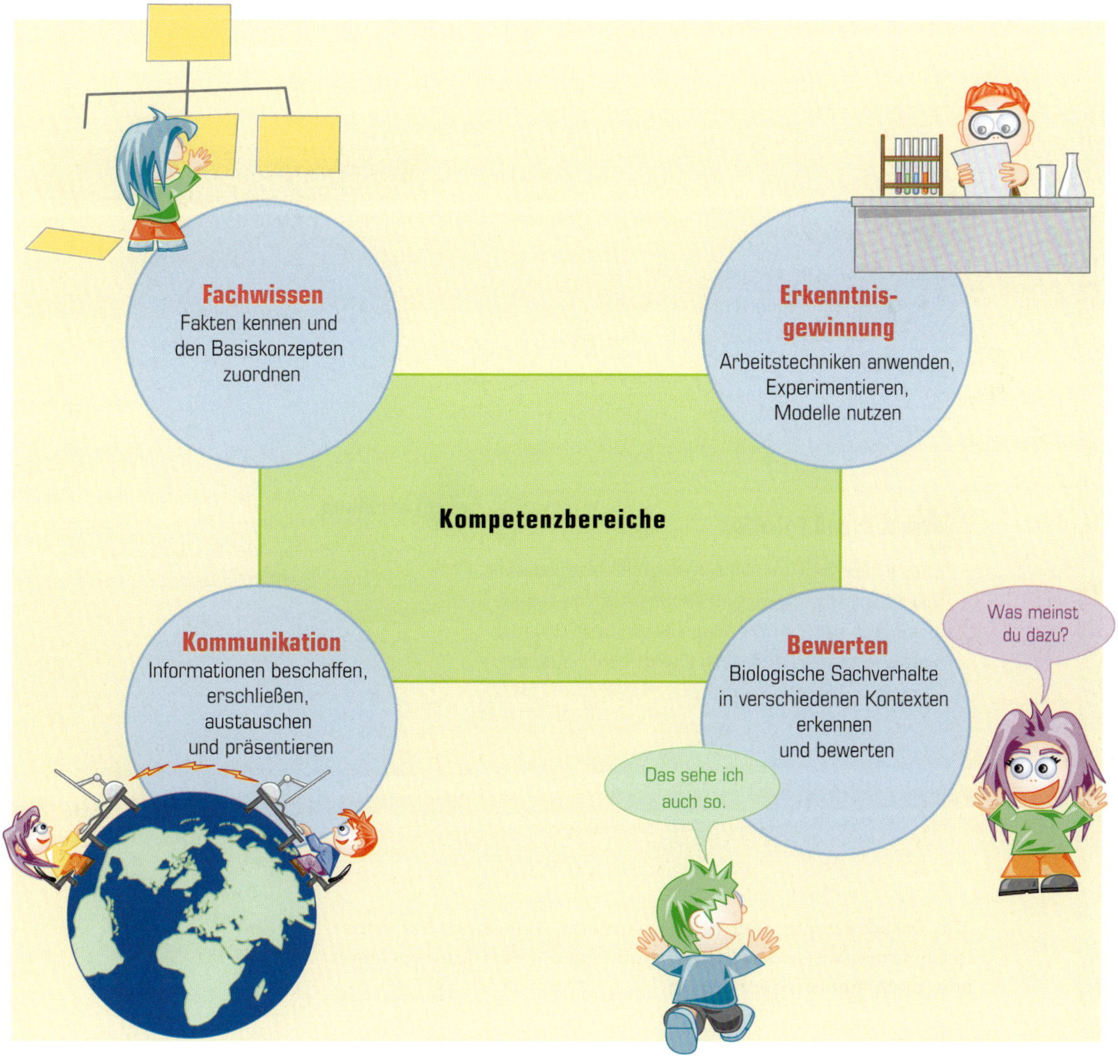

Arbeiten mit Basiskonzepten

Basiskonzepte – was ist denn das?!

Das biologische Fachwissen ist breit gefächert. Bei so vielen Fachgebieten und interessanten Themen kann leicht der Überblick verloren gehen.
Wenn man einen Überblick über eine Stadt gewinnen will, ist es ähnlich. Da nützt es wenig, einzelne Straßen der Stadt zu kennen. Ein Blick aus großer Höhe vermittelt jedoch einen Gesamteindruck.
So ein Wechsel des Blickwinkels hilft dir auch bei der Einordnung des erworbenen Detailwissens. Hilfe bei diesem „Blick von oben" bieten dir die Basiskonzepte. Sie sind hilfreich, um sich auf das Wesentliche des Faches Biologie zu beschränken und grundlegende Gesetzmäßigkeiten zu erkennen.

Basiskonzepte

System

Systeme bestehen immer aus mehreren Teilen. Die Teile haben spezifische Eigenschaften und stehen miteinander in Wechselbeziehungen.

Entwicklung

Veränderungen lebender Systeme in kurzen und in langen Zeiträumen kennzeichnen die Entwicklung.

Struktur und Funktion

Erfassen, Ordnen und Wiedergeben charakteristischer Baumerkmale kennzeichnet die Struktur von Lebewesen. Durch das Vorhandensein bestimmter Baumerkmale sind spezielle Aufgaben (Funktionen) erfüllbar. Struktur und Funktion bilden eine Einheit.

Alle Basiskonzepte sind in sich vernetzt. Man kann bei seiner Betrachtungsweise den Schwerpunkt auf ein Basiskonzept legen oder auch mehrere betrachten.

Arbeiten mit Basiskonzepten

System

- Zu den lebenden Systemen gehören Zelle, Organismus, Ökosystem und Biosphäre.
- Diese Systeme sind unterschiedlich groß und gehören verschiedenen Systemebenen an.
- Lebende Systeme sind durch Lebensvorgänge, z. B. Stoffwechsel und Fortpflanzung, gekennzeichnet.
- Lebende Systeme stehen untereinander in Beziehung und werden auch durch nicht lebende Elemente beeinflusst.

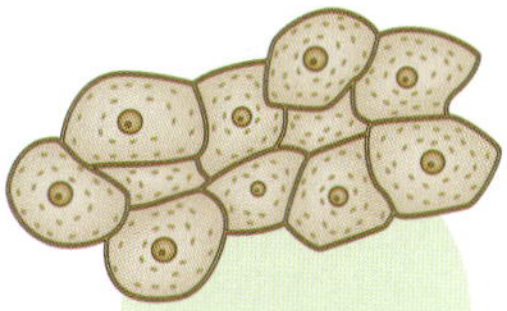

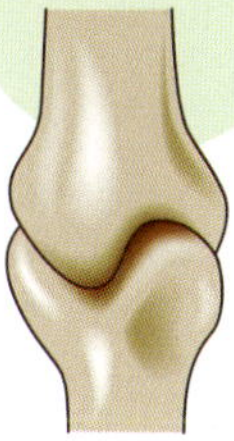

Basiskonzepte

Struktur und Funktion

- Zellen sind strukturelle und funktionelle Grundbaueinheiten.
- Vergleicht man Lebewesen, erkennt man Gemeinsamkeiten und Unterschiede.
- Gleiche Baumerkmale bedingen gleiche Funktionen, z. B. Oberflächenvergrößerung, Stoff- und Energiewechsel, Informationsverarbeitung usw.
- Lebewesen sind in Struktur und Funktion an ihre Umwelt angepasst.

Entwicklung

- Alle Lebewesen pflanzen sich fort und sichern ihren Fortbestand.
- Lebewesen zeigen eine artspezifische Individualentwicklung.
- Ökosysteme und die Biosphäre verändern sich in längeren Zeiträumen und durch verschiedene Einflüsse.
- In langen Zeiträumen kann es zu starken Veränderungen kommen, neue Arten entstehen.

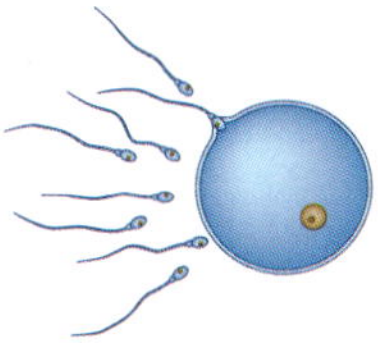

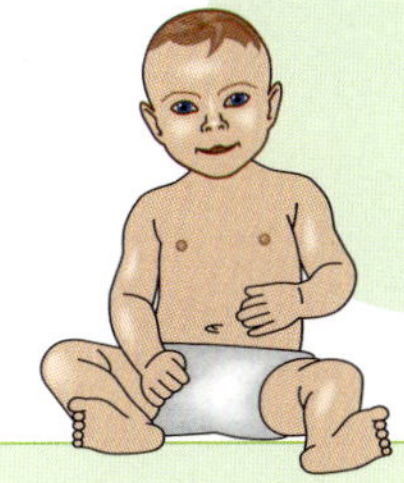

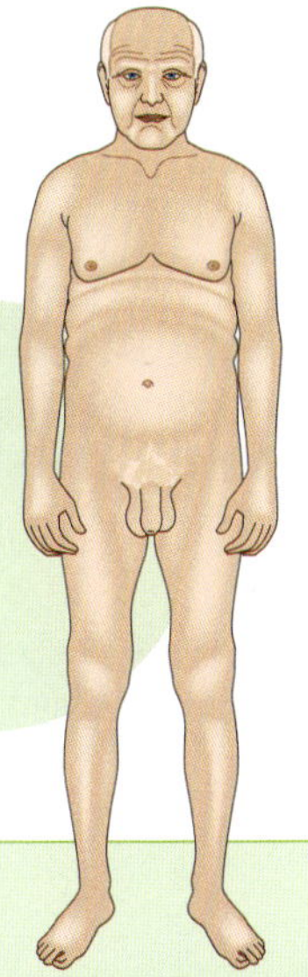

Kompetenzbereich Erkenntnisgewinnung

Arbeitstechniken anwenden

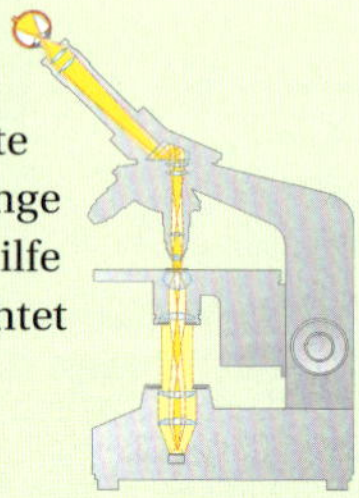

Beim **Mikroskopieren** werden sehr kleine Objekte und deren Lebensvorgänge (z. B. Fortbewegung) mithilfe eines Mikroskops betrachtet (↗ S. 29).

Beim **mikroskopischen Zeichnen** stellt man im Allgemeinen einen „optischen Schnitt" dar. Das heißt, man zeichnet nur eine Ebene mit den wesentlichen Merkmalen des mikroskopischen Bilds.

Beim **Beobachten** werden mithilfe der Sinnesorgane oder anderer Hilfsmittel (Mikroskop oder Lupe) Eigenschaften und Merkmale, räumliche Beziehungen oder zeitliche Abfolgen von biologischen Erscheinungen ermittelt. Dabei werden die Objekte oder Prozesse nicht grundlegend verändert.

Beim **Untersuchen** erforscht man zielgerichtet Bau und Funktionen von Lebewesen. Dabei nutzt man Hilfsmittel (z. B. Chemikalien), ohne aber wesentliche Bedingungen zu verändern. Untersuchen kann man also auch als Beobachten mit Hilfsmitteln bezeichnen.

Beim **Bestimmen** werden Namen von unbekannten Organismen (Pflanzen, Tieren oder Pilzen) aufgrund charakteristischer Merkmale mithilfe von Tabellen, Abbildungen oder Bestimmungsschlüsseln festgestellt.

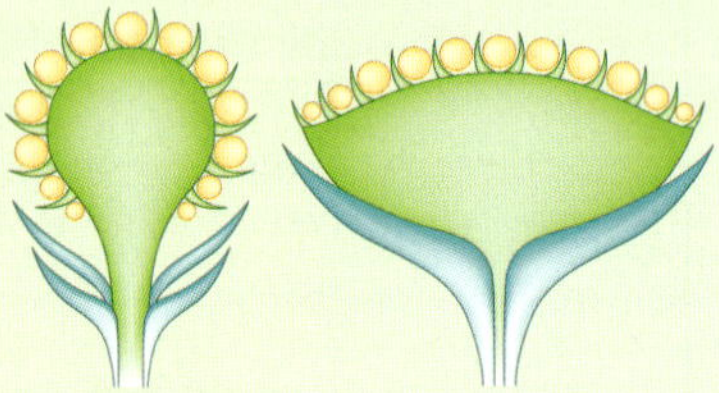

Beim **Vergleichen** werden gemeinsame und unterschiedliche Merkmale von zwei oder mehreren Vergleichsobjekten (z. B. Gegenstände, Organismen, Erscheinungen, Vorgänge, Aussagen) ermittelt und dargestellt und anschließend wird eine Schlussfolgerung gezogen.

Beim **Klassifizieren (Ordnen)** werden verschiedene Objekte aufgrund gemeinsamer und unterschiedlicher Merkmale in Gruppen (z. B. Klassen) eingeteilt. Alle Objekte, die bestimmte gemeinsame Merkmale besitzen, werden zu einer Gruppe zusammengefasst. Dazu ist ein Vergleich der Objekte notwendig. Die Gruppen werden benannt. Es entstehen Begriffssysteme.

Beim **Protokollieren** werden die Aufgabenstellung/das zu lösende Problem, die Geräte und Materialien, die Arbeitsschritte, die Beobachtungen/Messergebnisse und die Auswertung einer Untersuchung oder eines Experiments in einem vorgegebenen Schema nachvollziehbar und wiederholbar aufgezeichnet.

Kompetenzbereich Erkenntnisgewinnung

Experimentieren

Beim **Experimentieren** werden Phänomene der Natur unter ausgewählten, kontrollierten und veränderten Bedingungen untersucht und die Beobachtungsergebnisse ausgewertet.
Beim hypothesengeleiteten Experimentieren beachte **folgende Schrittfolge:**

Schritt ①

Erkennen und Formulieren des Problems
Ausgangspunkt ist immer, ein Problem zu erkennen und daraus eine *Frage* abzuleiten.

Schritt ②

Aufstellen einer Vermutung
Nun wird versucht, auf die Frage eine vorläufige Antwort, eine *Vermutung*, zu finden.

Schritt ③

Ableiten einer experimentell prüfbaren Folgerung
Auch jetzt ist es noch schwer, ein Experiment zu „erfinden". Du musst einen wirklich prüfbaren Gedanken entwickeln, eine *experimentell prüfbare Folgerung*. Nur damit kannst du prüfen, ob die Vermutung stimmt.

Schritt ④

Planen und Durchführen des Experiments
Jetzt kannst du einen *Experimentierplan* aufstellen, mit dem die Vermutung überprüft wird.

Schritt ⑤

Auswerten und Lösen des Problems
Trage alle Ergebnisse zusammen. Vergleiche mit der Vermutung, die du aufgestellt hast:
Stimmen die Beobachtungsergebnisse mit der Vermutung überein, ist das Problem gelöst.

Kompetenzbereich Erkenntnisgewinnung

Umgang mit Modellen

Zur Veranschaulichung von Bau und Funktion der Zellen, der Organe und Organsysteme kannst du Modelle anwenden. Mithilfe von Modellvorstellungen lassen sich biologische Sachverhalte beschreiben und erklären.

Dabei ist zu beachten:
Modelle sind nicht die Wirklichkeit. Sie weisen nicht alle Eigenschaften des Originals auf.
Modelle sollen schwierige Sachverhalte leicht verständlich veranschaulichen. Daher stellt ein Modell das wirkliche Objekt oder auch einen in der Natur vorkommenden Vorgang in stark vereinfachter Form dar. Im Modell werden also nur die Eigenschaften des Originals repräsentiert, die zum Verständnis notwendig sind.
Willst du selbst ein Modell entwerfen, solltest du **schrittweise** vorgehen:

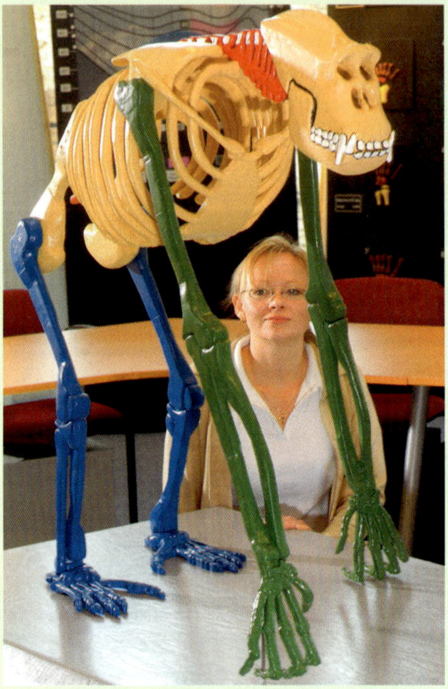

Schritt 1

Analysieren der Aufgabenstellung
Prüfe genau:
Welche Aufgabe soll mithilfe des Modells gelöst werden?

Schritt 2

Sammeln und Auswerten von Informationen über das Original
Verschaffe dir einen Überblick:
Welches Aussehen, welchen Bau, welche Eigenschaften und Funktionen hat das Original?

Schritt 3

Auswählen wesentlicher Eigenschaften
Wähle in Ruhe aus:
Welches sind die grundlegenden Eigenschaften, die für die Herstellung des Modells und die Lösung der Aufgabenstellung notwendig sind?

Schritt 4

Konstruieren des Modells
Es gibt viele Möglichkeiten. Überlege:
Welche Materialien und Verbindungstechniken sind am besten für die Herstellung des Modells geeignet?

Schritt 5

Lösen der Aufgabe mithilfe des Modells
Versuche, mithilfe deines Modells die gestellte Aufgabe zu lösen.

Schritt 6

Bestimmen der Grenzen des Modells
Kein Modell ist vollkommen. Prüfe:
Welche Merkmale des Originals lassen sich mit dem Modell abbilden, welche nicht?

1

Kompetenzbereich Kommunikation

Informationen beschaffen

Leittext-Methode

Häufig erhältst du im Unterricht die Aufgabe, dir Wissen über einen bestimmten Inhalt selbstständig anzueignen und darüber einen mehr oder weniger umfangreichen Text auszuarbeiten, eventuell auch zu präsentieren. Dabei kommt es darauf an, deinen Arbeitsablauf entsprechend der Aufgabenstellung effektiv zu gestalten. Du kannst **in folgenden Schritten** vorgehen:

Schritt (1)

Informieren über die Aufgabenstellung

Welcher Umfang wird erwartet?

In welcher Form sollen die Ergebnisse dokumentiert werden?

Schritt (2)

Erstellen eines Arbeitsplans (Ablaufplan)

- Zeitumfang festlegen oder Vorgabe beachten; über Bewertungskriterien informieren bzw. diese festlegen
- verfügbare Informationsquellen (Lehrbuch, Arbeitsheft, CD-ROM, Internet) auflisten
- Form der Dokumentation (Mind-Map, Skizzen, Texte, Definitionen) festlegen
- Rücksprache mit dem Lehrer zur Umsetzung des Arbeitsplans halten
- Ablaufplan endgültig festlegen

Schritt (3)

Durchführen der Arbeitsschritte

- Erarbeiten der Kenntnisse entsprechend dem Ablaufplan

Schritt (4)

Kontrollieren der Ergebnisse

- Rücksprache mit dem Lehrer
- Diskussion mit Mitschülern
- Lösen der Aufgaben zum Thema
- Präsentieren der Ergebnisse vor der Klasse

Schritt (5)

Bewerten der Ergebnisse

- Selbstbewertung (Ziel erreicht? Was muss künftig besser werden?)
- Fremdbewertung (Ergebnisse von Mitschülern sachlich bewerten; Bewertung durch Mitschüler, Lehrer)

Kompetenzbereich Kommunikation

Informationen erschließen

Wie lese ich biologische Texte, erfasse ihre wesentlichen Inhalte und lerne dabei?

Oft kommt es vor, dass du aus Texten Informationen entnehmen musst, z. B. wenn du ein interessantes Buch liest, im Deutschunterricht Lesetexte oder im Geschichtsunterricht Texte über wichtige Ereignisse aus längst vergangenen Zeiten durcharbeitest. Auch im Biologieunterricht wird das Lesen und Auswerten biologischer Fachtexte verlangt.
Damit du den Inhalt der Texte besser verstehst und auch längere Zeit im Gedächtnis behältst, solltest du **beim Lesen und Auswerten eines Textes schrittweise vorgehen:**

Schritt ①

Erfassen der Leseaufgabe
Lies die Aufgabe genau durch. Hast du die Aufgabe richtig verstanden? Wenn du nicht sicher bist, frage noch einmal nach.

Schritt ②

Erfassen des Hauptinhalts des Lesetextes
Lies den Text zunächst im Ganzen.
Kennzeichne alle Wörter, die du nicht kennst, mit einem Fragezeichen (?).

Schritt ③

Gründliches Durcharbeiten des Textes
Lies den Text jetzt gründlich durch.
Wörter, die dir wichtig erscheinen, kennzeichne mit einem Marker.
Kläre die unbekannten Wörter mithilfe des Registers im Lehrbuch oder mithilfe eines Lexikons.

Hinweis: Gehört das Lehrbuch nicht dir, arbeite mit einer Kopie.

Schritt ④

Erkennen einer inhaltlichen Gliederung
Versuche, für jeden Abschnitt des Textes eine inhaltliche **Überschrift** zu formulieren. Schreibe diese Überschrift an den Rand des Abschnitts oder auf einen Zettel. Ergibt sich eine logische Gliederung des Textes?
Schau dir die Abbildungen zum Text an.
Gibt es Beziehungen zwischen Text und Abbildungen?

Schritt ⑤

Zusammenfassen des Wesentlichen
Versuche, wesentliche Inhalte des Textes mit eigenen Worten in einer Zusammenfassung zu formulieren.
Vergleiche deine Zusammenfassung mit der Leseaufgabe. Hast du alles berücksichtigt?
Präge dir die wichtigsten Inhalte ein.

Dieses schrittweise und planvolle Vorgehen beim Lesen und Auswerten von Texten erscheint anfangs schwierig und zeitaufwendig. Wenn du diese Schrittfolge bei weiteren Leseaufgaben anwendest, wirst du feststellen, dass du die wesentlichen Inhalte eines Lesetextes besser verstehst und auch länger im Gedächtnis behältst.

Kompetenzbereich Kommunikation

Informationen austauschen

In Verbindung mit dem Erkennen bestimmter biologischer Zusammenhänge nutzt man zur Kommunikation verschiedene Operatoren. Dazu gehören Beschreiben, Erläutern, Erklären, Begründen, Definieren. Was bedeuten diese Tätigkeiten?

Beschreiben von Gegenständen, Erscheinungen oder Vorgängen

Beim Beschreiben wird mit sprachlichen Mitteln zusammenhängend und geordnet dargestellt, wie ein Gegenstand oder eine Erscheinung in der Natur beschaffen ist bzw. ein Vorgang abläuft. Man beschränkt sich beim Beschreiben meist nur auf Aussagen über wesentliche Merkmale des Gegenstands, der Erscheinung oder des Vorgangs.

Erläutern von Sachverhalten und Begriffen

Beim Erläutern wird versucht, einem anderen Menschen einen naturwissenschaftlichen Sachverhalt (z. B. Vorgänge, Behauptungen, Arbeitsweisen) oder Begriff verständlicher, anschaulicher darzustellen. Dies erfolgt an einem oder mehreren Beispielen, deren innere Zusammenhänge und Beziehungen ähnlich denen des zu vermittelnden Sachverhalts oder Begriffs sind.

Erklären von Erscheinungen

Beim Erklären wird zusammenhängend und geordnet dargestellt, warum eine Erscheinung in der Natur so und nicht anders auftritt.
Dabei wird die Erscheinung auf das Wirken von Gesetzmäßigkeiten zurückgeführt, indem man darstellt, dass die Wirkungsbedingungen bestimmter Gesetzmäßigkeiten in der Erscheinung vorliegen. Diese Wirkungsbedingungen sind wesentliche Seiten der Erscheinung.

Begründen von Aussagen

Beim Begründen wird ein Nachweis geführt, dass eine Aussage richtig oder falsch ist. Dazu müssen Argumente angeführt werden, z. B. Beobachtungen, Gesetze, Eigenschaften von Körpern und Stoffen.

Definieren von Begriffen

Beim Definieren wird ein Begriff durch wesentliche gemeinsame Merkmale (artbildende Merkmale) eindeutig bestimmt und von anderen Begriffen unterschieden. Dazu wird häufig noch ein Oberbegriff angegeben.

Kompetenzbereich Kommunikation

Informationen präsentieren

Ergebnisse deiner Arbeit zu einem Thema oder Ergebnisse, die ihr in einer Gruppe erarbeitet habt, sollen allen Mitschülern vorgestellt werden. Das kann z. B. durch einen Vortrag, ein Poster oder eine Internetseite (↗ Abb.) geschehen.

Halten eines Vortrags

Wenn du einen Vortrag halten oder als Teamsprecher die Ergebnisse der Gruppenarbeit vortragen sollst, sind folgende Tipps hilfreich:

Bereite deinen Vortrag vor:

- Überlege dir, was alles zum Thema gehört.
- Gliedere den Vortrag in Abschnitte.
- Überlege dir, was du an die Tafel oder auf Folien schreibst.
- Bereite Versuchsaufbauten vor und stelle Geräte bereit.

Halte deinen Vortrag:

- Nenne und zeige beim Halten des Vortrags die Gliederung (Tafel, Folie).
- Wecke am Anfang des Vortrags Interesse und Neugier und nenne das Thema. (Beginne beispielsweise mit: „Wusstet ihr überhaupt, dass ...?“ oder „Hättet ihr gedacht, dass ...?“)
- Leite neue Absätze deutlich ein, z. B. mit: „Ein weiterer Punkt ist ...“ oder „Als Nächstes ...“.
- Sprich in kurzen Sätzen.
- Verwende nur Fachbegriffe, die du auch selbst erklären kannst.
- Bemühe dich, laut, langsam und deutlich zu sprechen. Schaue deine Zuhörer an.
- Achte auf die Zeit. Schließe den Vortrag mit einer kurzen Zusammenfassung ab.

Anfertigen eines Posters

Wandzeitungen oder Poster fallen auf. Sie sind geeignet, sachliche Informationen, Versuchsergebnisse oder den Verlauf und die Ergebnisse eines Projekts darzustellen. Meist wählt man zur Präsentation den Fachraum oder den Schulflur (↗ S. 102).
Damit man sofort erkennt, worum es geht, hier ein paar Tipps:

- Jedes Poster hat eine Überschrift. Sie soll sofort über den Inhalt informieren und Neugier beim Betrachter wecken.
- Verwende viele Abbildungen, einfache grafische Darstellungen und Skizzen, aber nur so viel Text wie nötig.
- Ordne die Inhalte übersichtlich an.
- Kennzeichne, was inhaltlich zusammengehört, mit gleichen Schriftarten, Farben und Formen.
  Achte jedoch darauf, dass das Poster nicht überladen wirkt.
- Nenne deine verwendeten Informationsquellen.
- Teste die Lesbarkeit aus einer größeren Entfernung.

Gestalten einer Internetseite

Im *World Wide Web* (www) kann man nicht nur Informationen suchen, sondern auch selbst Informationen präsentieren. Dazu ist eine eigene **Homepage** nötig.
Zur Erstellung der Seiten gibt es spezielle Programme.
Für die Gestaltung von Web-Seiten gelten die gleichen Hinweise wie für die Anfertigung einer Wandzeitung oder eines Posters. Vorteil ist aber beim Web: Es können Animationen, Videos oder Audios mit eingebaut werden. Änderungen können schnell vorgenommen werden.

Kompetenzbereich Kommunikation

Wie fertige ich eine Mind-Map an?

Manchmal ist es schwer, seine Gedanken zu sortieren. Genauso schwer kann es sein, mit anderen Mitschülern Gedanken zu einem Thema auszutauschen und in einen Zusammenhang zu bringen. Dabei kann eine Mind-Map helfen. Mind-Maps sind Gedächtniskarten, in denen Fakten in einen Zusammenhang gestellt werden.

Die Abbildung einer Mind-Map kann man sich als Baum mit seinen Ästen und Zweigen vorstellen, auf den man von oben blickt.

Beim Erstellen einer Mind-Map kannst du **schrittweise** vorgehen:

Schritt ①

Wählen eines Themas
Schreibe das Thema in die Mitte eines unlinierten Blattes.
Tipp: Leg das Blatt dazu quer!

Schritt ②

Finden der Schwerpunkte
Denke über Schwerpunkte nach und schreibe diese auf je einen Hauptast. Hauptäste sind mit dem Mittelpunkt verbunden.

Schritt ③

Erweitern der Gedankenebenen
Füge eine weitere Gedankenebene als Verzweigung eines Hauptastes hinzu. Diese ist mit dem Hauptast verbunden, wird aber dünner dargestellt.
Je nachdem, wie sich die Ideen entwickeln, können dritte und vierte Gedankenebenen ergänzt werden.

Schritt ④

Gestalten der Mind-Map
Bei der Gestaltung der Mind-Map können einzelne Schlüsselwörter und Hauptäste bzw. ihre Verzweigungen durch farbliche Gestaltung hervorgehoben werden.

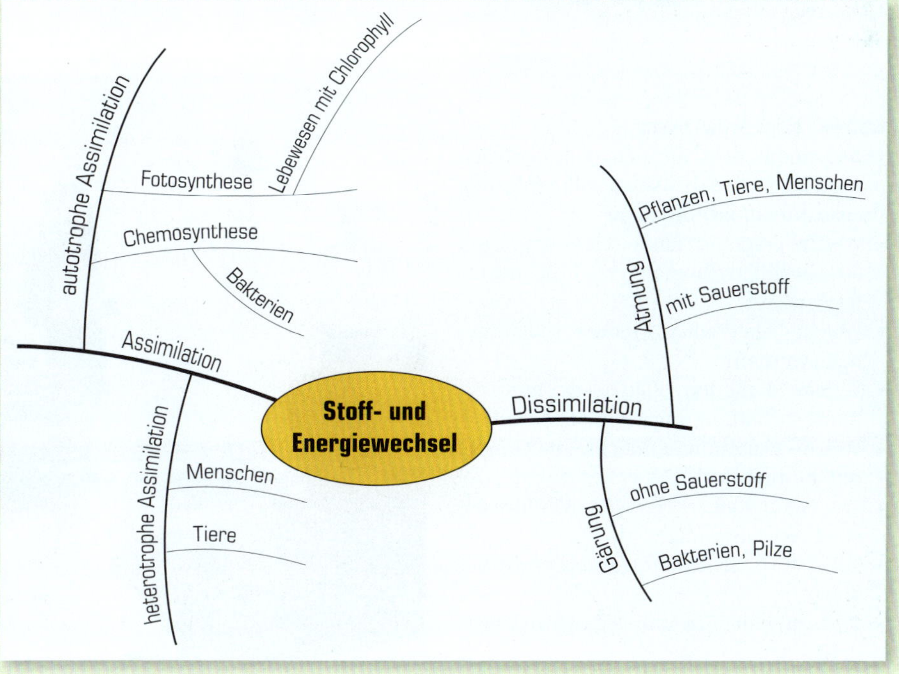

Kompetenzbereich Kommunikation

Kommunizieren in Gruppen:

Arbeiten in Projekten

Bei der Arbeit in Projekten sollen Ideen gesammelt und Aufgaben in Gruppen selbstständig bearbeitet werden.
Damit das Projekt auch ein Erfolg wird, geht ihr am besten **schrittweise** vor:

Schritt ①

Sammeln von Ideen
Alles, was zum Thema passt, wird „auf den Tisch gepackt". Aus der Fülle der Ideen werden die bearbeitbaren Themenbereiche ausgewählt und der jeweiligen Gruppe zugeteilt.

Schritt ②

Erstellen eines Arbeitsplans
Jede Gruppe stellt für sich einen Arbeitsplan auf. Dieser Arbeitsplan sollte folgende Punkte unbedingt enthalten:
- Welche Fragen sollen in der Gruppe zum ausgewählten Themenbereich beantwortet werden?
- Welche Materialien/Medien sollen genutzt werden?
- Welche Methoden sollen bei der Informationsbeschaffung angewendet werden?
- Welche Experimente möchte die Gruppe durchführen?
- Wer ist für welchen Bereich oder für welche Frage zuständig?
- Welcher zeitliche Rahmen steht zur Verfügung?
- Wie sollen die Ergebnisse dargestellt werden?

Schritt ③

Arbeiten am Projekt
Wenn Fragen bei der Arbeit auftreten, die nicht allein zu beantworten sind, könnt ihr euch an die Lehrkraft wenden.

Schritt ④

Präsentieren der Ergebnisse vor den Mitschülern bzw. im Schulhaus
Hierbei müsst ihr beachten, dass sich die Mitschüler mit anderen Fragestellungen beschäftigt haben.
Deshalb muss die Darstellung in kurzer und logischer Form erfolgen. Nur so können die anderen Mitschüler die Versuche und Ergebnisse verstehen und die gewonnenen Erkenntnisse auch nachvollziehen.

Zum Abschluss des Projekts kann z. B. eine Wandzeitung oder ein Poster angefertigt werden. *Andere Schüler* können dann sehen, womit sich die Klasse beschäftigt hat und zu welchen Ergebnissen sie gekommen ist.

1

Kompetenzbereich Kommunikation

Expertenmethode

Bestimmte Themen lassen sich besser in einer Gruppe bearbeiten. Dazu gibt es verschiedene Methoden, eine davon ist die **Expertenmethode.**

Experten sind immer Spezialisten für ein konkretes Sachgebiet. Mit diesem Thema haben sie sich ausgiebig beschäftigt und können anderen ihre Erfahrungen weitergeben. Bei der Expertenmethode wird dies ausgenutzt und so die Arbeit auf viele Schultern verteilt.

Macht euch also selbst zu Experten und helft den anderen dabei, euer Spezialgebiet zu verstehen. Lasst euch dann von anderen Experten helfen, sodass am Ende alle den gleichen Wissensstand haben. Das ist echte Teamarbeit!

Schritt ①

Vorbereiten

Findet zum vorgegebenen Hauptthema sinnvolle Teilthemen. Teilt nun die Klasse in vier bis fünf Basisgruppen.

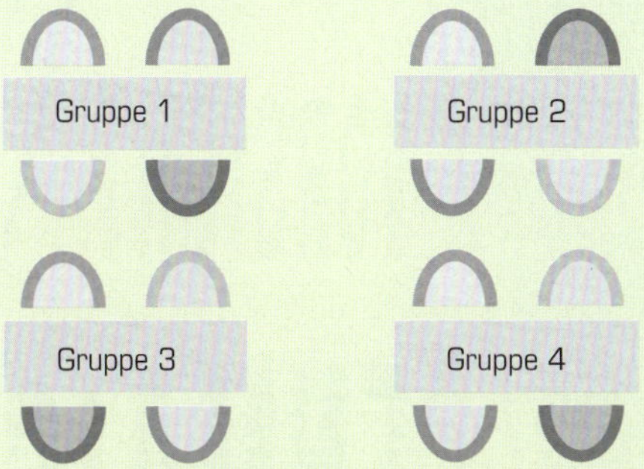

Schritt ②

Arbeiten in Basisgruppen

Erarbeitet in der Basisgruppe alle Teilthemen. Dabei ist jedes Mitglied der Gruppe für ein anderes Thema verantwortlich und wird zum Experten für dieses Thema.

Basisgruppen

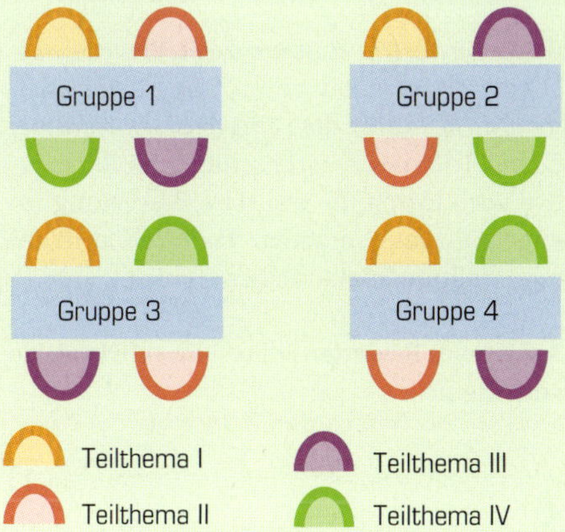

Schritt ③

Arbeiten in Expertengruppen

Bildet neue Gruppen, die sich aus den jeweiligen Experten für die gleichen Teilthemen zusammensetzen. Tauscht eure Arbeitsergebnisse aus und klärt offene Fragen. Dabei kommt jeder Experte zu Wort. Erarbeitet eine Zusammenfassung.

Expertengruppen

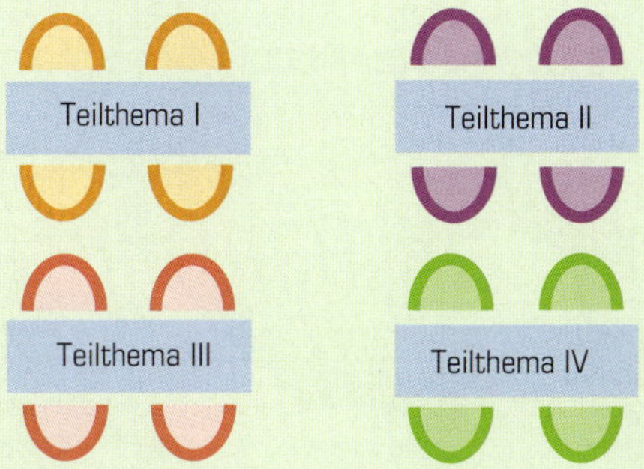

Schritt ④

Präsentieren der Lernergebnisse

Findet euch wieder mit den Mitgliedern eurer Basisgruppe zusammen. Jeder Experte stellt seine Arbeitsergebnisse zu dem Teilthema vor, für das er verantwortlich war. Im Ergebnis sind alle Mitglieder der Gruppe über alle Teilthemen informiert.

Tipp:
In einer anderen Variante der Methode bearbeiten in einer Basisgruppe alle das gleiche Thema. In den Expertengruppen erfolgt dann der Austausch über die unterschiedlichen Themen.

Kompetenzbereich Bewerten

Bewerten

Beim **Bewerten** müssen zwei Bewertungsebenen beachtet werden, die *fachwissenschaftliche* und die *ethische (normative) Ebene.* Die naturwissenschaftliche Perspektive wird durch die ethische Bewertung im engeren Sinne ergänzt. Dadurch erreicht man multiperspektivisches Denken.

Auch beim Bewerten solltest du **schrittweise** vorgehen:

Schritt ①

Analysieren der Aufgabenstellung
Überlege, welcher Sachverhalt bewertet werden soll.

Schritt ②

Aneignen von Fachwissen
Stelle Fachwissen, das für die Bewertung notwendig ist, zusammen. Nutze dazu verschiedene Medien.

Schritt ③

Ableiten von Folgen
Leite aus dem Fachwissen Handlungsmöglichkeiten ab.

Schritt ④

Abwägen der Möglichkeiten
Überlege, welche Gründe für oder gegen die jeweiligen Handlungsmöglichkeiten sprechen.

Setze nun deine Bewertung auf der fachwissenschaftlichen Ebene mit deiner eigenen Einstellung, sowie Gesetzen, Normen und Religionen in Bezug.

Schwerpunkte ethischer Urteilsbildung sollten Themen sein, die das verantwortungsbewusste Verhalten des Menschen gegenüber sich selbst und anderen Personen sowie gegenüber der Umwelt beinhalten.

1 ▸ Der Anbau von gentechnisch verändertem Mais ist umstritten.

Kompetenzbereich Bewerten

Pro- und Kontra-Debatte

Bei einer Pro- und Kontra-Debatte geht es darum, zwei verschiedene Sichtweisen oder Entscheidungsmöglichkeiten gegeneinander abzuwägen. Es handelt sich um eine Diskussionsform, die relativ streng geregelt ist.
Dabei steht im Vordergrund, die unterschiedlichen Positionen zu verdeutlichen und argumentativ die verschiedenartigen Meinungen zu belegen.
Häufig stehen sich die Diskussionspartner auch körperlich (z. B. an Rednerpulten) gegenüber. Ein sogenannter Moderator eröffnet dabei die Debatte und führt in das Thema ein. Wichtig ist zudem die Darlegung der Regeln, an die sich beide Gesprächspartner (oder Parteien bei größeren Gruppen) zu halten haben (z. B. Redezeit, Ausredenlassen).
Im Gegensatz zu einer Diskussionsrunde geht es bei einer Debatte darum, die Zuhörer von den eigenen Argumenten zu überzeugen.
Im Unterschied zur Diskussion folgt nach einer Debatte in der Regel eine Abstimmung. Das Führen einer solchen Debatte ist eine gute Lernmethode, wenn es um die Urteilsfindung und argumentative Begründung verschiedener Aspekte geht. Entscheidend ist dabei, ein geeignetes Pro-Kontra-Thema zu haben, sodass sowohl eine Ja- als auch eine Nein-Antwort möglich ist.

Die Rollen der Beteiligten
Führt ihr eine Debatte in größerer Runde durch, beispielsweise im Klassenverband, ist es wichtig, den einzelnen Personen eine Rolle zuzuordnen.
Man unterscheidet dann die Befürworter (Pro-Gruppe) und die Gegner (Kontra-Gruppe) in Bezug auf die gegebene Fragestellung. Beide Gruppen wählen ihren Sprecher aus, der den jeweiligen Standpunkt zum Thema stellvertretend für die gesamte Gruppe darlegt. Ein Moderator regelt den Ablauf der Debatte, führt die Abstimmungen durch und sorgt für die Einhaltung der Regeln.

1 ▸ Eine Pro- und Kontra-Debatte sollte sachlich geführt werden.

2 Ökosysteme – Bereiche unserer Umwelt

2.1 Wechselbeziehungen in einem Ökosystem

Einfluss der Umwelt auf Lebewesen ▸▸ Es fällt auf, dass Pflanzen sich zum Licht wenden. Manche Tiere (z. B. der Igel) halten bei niedrigen Temperaturen Winterschlaf. Einige Lebewesen sind auf spezifische Standorte angewiesen, wo u. a. ein ganz bestimmter abiotischer Umweltfaktor vorhanden ist. Man nennt solche Arten Zeigerarten.

Ohne Wasser kein Leben ▸▸ Jeder weiß, dass alle Lebewesen Wasser brauchen. Ohne Wasser können sie nicht wachsen und sich entwickeln. Dem Wasser verdanken wir das Leben auf der Erde.

Verbreitung von Lebewesen ▸▸ Der *Gemeine Löwenzahn* z. B. überzieht – besonders im Frühjahr – viele Wiesen, er kommt aber auch in Pflasterritzen vor. Andere Arten sind an bestimmte Lebensräume gebunden, z. B. der *Eisbär.*

Ökosysteme – Bereiche unserer Umwelt

Unsere natürliche Umwelt ist durch eine Vielfalt verschiedener Ökosysteme geprägt. Auf den ersten Blick fallen Wiesen, Wälder, Seen und Felder auf. Durch bestimmte Merkmale unterscheiden sie sich voneinander. Wälder z.B. besitzen eine Baumschicht, die das Bild bestimmt. Für Gewässer ist das Wasser charakteristisch.

Alle Ökosysteme weisen eine bestimmte Grundstruktur auf. Einmal ist dies der Lebensraum **(Biotop)** mit seinen Eigenschaften (z.B. Temperatur, Licht- und Wasserverhältnisse). Diese Eigenschaften stehen in vielfältigen Wechselbeziehungen zueinander. Zum anderen haben sich in Abhängigkeit von den Eigenschaften des Biotops zahlreiche Arten angesiedelt, die eine Lebensgemeinschaft bilden **(Biozönose).** Biotop und Biozönose bilden eine untrennbare Einheit. Diese Einheit wird **Ökosystem** genannt.

In jedem Ökosystem bestehen zwischen den verschiedenen Umweltfaktoren vielfältige Wechselbeziehungen. Ein Beispiel für Wechselbeziehungen zwischen **abiotischen Umweltfaktoren** ist der Sauerstoffgehalt des Wassers. Je kälter das Wasser ist, desto höher ist dessen Gehalt an gelöstem Sauerstoff.

Von großer Bedeutung sind die Beziehungen zwischen **abiotischen und biotischen Umweltfaktoren** (↗ Abb. 1).

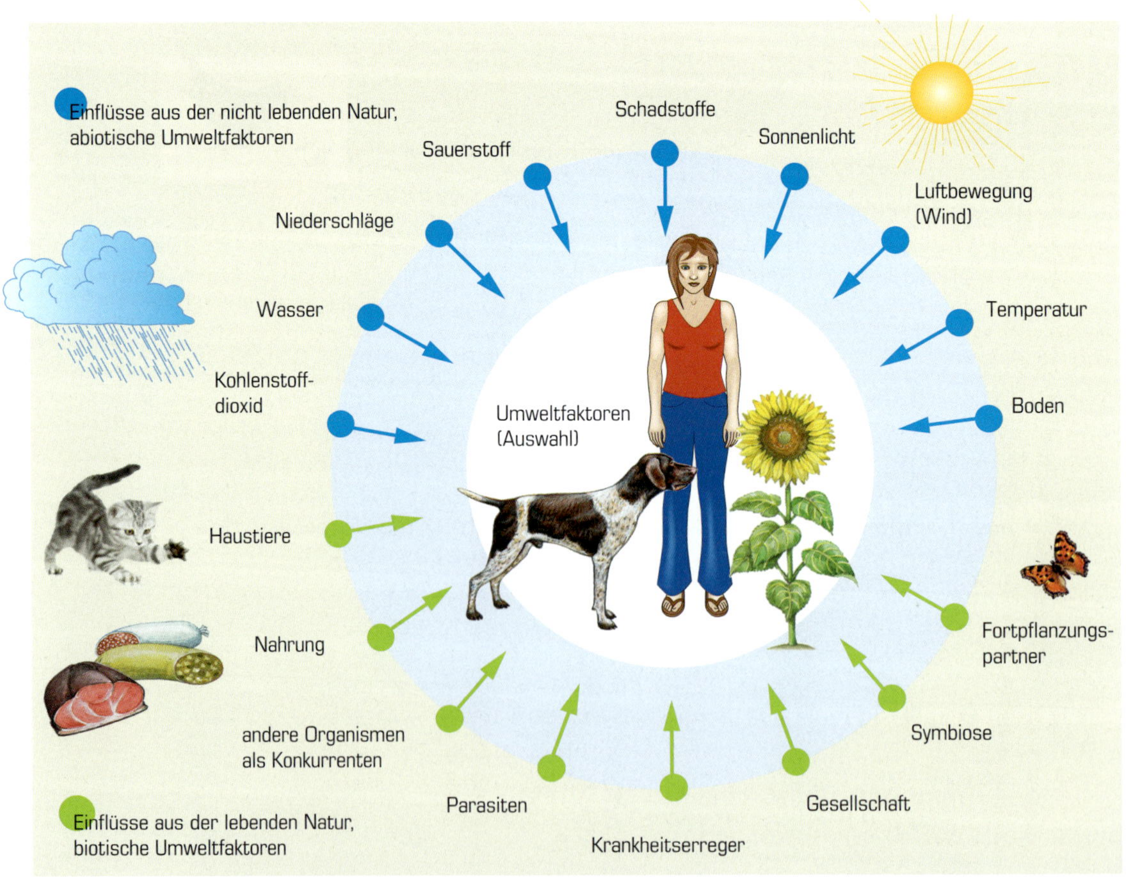

1 ▸ Einflüsse aus der lebenden und nicht lebenden Natur

2

1 ▸ Kreidefelsen auf Rügen

Die Ostsee – ein sensibles Ökosystem

Die **Ostsee** ist ein ca. 413 000 km^2 großes und bis zu 459 m tiefes **Binnenmeer.** Die Ostsee ist umgeben von Land und somit ein stark isoliertes Randmeer. Sie ist nur durch schmale Meersstraßen, z. B. kleiner und großer Belt, mit der Nordsee und damit mit den Weltozeanen verbunden.

Für einen ständigen Süßwasserzustrom sorgen 200 Flüsse, die in die Ostsee münden. Salzwasser hingegen dringt nur bei starkem Wind in größeren Mengen über die Nordsee ein. Damit ist der Salzgehalt im Verhältnis zu anderen Meeren in der Ostsee sehr niedrig. Er schwankt zwischen 8 und 17 Prozent (Nordsee 34 %, Mittelmeer 38 %) und nimmt von Westen nach Osten ab.

Das Wasser der Ostsee ist ein Gemisch aus Süß- und Salzwasser. Daher bezeichnet man die Ostsee als **Brackwassermeer.** Es ist das größte auf der Erde.

Die hohe Industrialisierung aller Ostseeanlieger ist ein Grund für die Belastung des Wassers mit verschiedenen Schadstoffen. Dazu gehört eine Überfrachtung mit Nährstoffen wie Nitraten und Phosphaten. Auch der zunehmende Schiffsverkehr trägt seinen Teil dazu bei.

Das Wasser und die Küsten der Ostsee sind **Lebensraum** für verschiedene Pflanzen- und Tierarten.

Ein großer Teil der Lebewesen der Ostsee wird als **Plankton** bezeichnet. Dazu gehören Algen und frei im Wasser schwebende wirbellose Tiere. *Seetange* sind hingegen auffällige Pflanzen im Meer. Der *Blasentang* kommt in der Ostsee oft vor.

Etwa 100 verschiedene Fischarten leben in der Ostsee. Dazu gehören *Dorsch, Hering, Scholle* und *Flunder.* Seevögel wie Möwen, Enten und Seeschwalben sind charakteristisch für die Ostseeküste. Säugetiere sind eher selten anzutreffen. *Robben* und der *Schweinswal,* der einzige sich in der Ostsee fortpflanzende Wal, sind hier durch Meeresverschmutzung und Bejagung fast völlig ausgerottet.

An den Stränden der Ostseeküste findet man Schalen der *Miesmuschel, Herzmuschel* und *Sandklaffmuschel.*

Als Brackwasser bezeichnet man ein Gemisch aus Süß- und Salzwasser (Salzgehalt von 0,1 % bis 1 %).

Zum Vergleich: Die Fläche der Bundesrepublik beträgt 356 957 km².

Aufgabe

Charakterisiere das Ökosystem Ostsee.

Einflüsse von abiotischen Umweltfaktoren auf Lebewesen

Ohne Wasser kein Leben

Ohne **Wasser** gäbe es auf der Erde kein Leben. Wasser ist die **Lebensgrundlage** für viele Organismen. So besteht der Körper der Lebewesen zu 60 % bis über 90 % aus Wasser. Für viele Lebewesen ist das Wasser auch **Lebensraum.**

Wasser ist lebenswichtig für Tiere
Für die Menschen und die Tiere ist Wasser eine Grundvoraussetzung für den Ablauf wichtiger Lebensprozesse im Körper (z. B. Verdauung, Wachstum und Entwicklung).

Die Tiere sind mehr oder weniger stark vom abiotischen Umweltfaktor Wasser abhängig. Lurche haben eine feuchte, schleimige Haut, durch die sie atmen können, sie sind **Feuchtlufttiere.** *Wasserfrösche* leben immer in der Nähe von Gewässern, die sie bei Gefahr aufsuchen. *Feuersalamander* (↗ Abb. 2) leben in feuchten Laubwäldern. Sie verlassen ihre Verstecke in Erdlöchern, zwischen Steinen und unter Moospolstern nachts und tagsüber nur bei Regenwetter. Alle Lurche laichen im Wasser und ihre Larven (Kaulquappen) entwickeln sich im Wasser.

Demgegenüber sind Kriechtiere, die meisten Säugetiere und Vögel **Trockenlufttiere,** die vom Wassergehalt der Umgebung relativ unabhängig sind. *Zauneidechsen* (↗ Abb. 1) z. B. können sich stundenlang sonnen, weil ihre Haut von Hornschuppen bedeckt und so vor dem Austrocknen geschützt ist. Auch die meisten Säugetiere und Vögel haben eine trockene Haut, die außerdem durch das Fell bzw. das Gefieder vor starker Austrocknung geschützt ist. Zudem findet die Fortpflanzung dieser Trockenlufttiere außerhalb des Wassers statt. Fast alle Kriechtiere und Vögel legen mehr oder weniger dickschalige Eier, und bei den Säugetieren entwickeln sich die Jungen eine Zeit lang im Mutterleib.

Tiere sind vom abiotischen Umweltfaktor Wasser abhängig. Sie nutzen Wasser z. B. als Fortpflanzungsort oder als Lebensraum. Sie sind entsprechend angepasst.

Aufgabe

Nenne jeweils einen weiteren Vertreter für Trockenluft- sowie für Feuchtlufttiere. Erstelle für diese Tierarten einen Steckbrief.

1 ▸ Zauneidechse

2 ▸ Feuersalamander

2

1 ▸ An Waldtümpeln bzw. Bächen, die durch den Wald fließen, bilden sich charakteristische Teil-Ökosysteme heraus.

Wasser ist lebenswichtig für Pflanzen
Wälder gelten als „Wasserspeicher". Sie beeinflussen den Wasserhaushalt der Landschaft.

Je dichter der Pflanzenbestand im Wald ist, umso mehr Wasser kann gespeichert werden. Außerdem verzögern **Bäume, Sträucher** und **Kräuter** den oberirdischen Abfluss von Wasser. Damit wird die Erosion des Bodens vermindert.

Für alle grünen Pflanzen ist Wasser ein unentbehrlicher **Ausgangsstoff** für die **Fotosynthese** (↗ S. 65). Es ist auch notwendig für ihr Wachstum und ihre Entwicklung.

Pflanzen haben in der Regel in ihren Zellen zentrale Vakuolen und verfügen über einen „inneren" Wasservorrat, der durch ein gut ausgebildetes Wurzelsystem ergänzt werden kann. Sie können ihre Wasserabgabe regulieren und auch größere Schwankungen im Wasserangebot ausgleichen. Sie besiedeln verschiedenartige Teil-Lebensräume, beispielsweise im **Ökosystem Wald** Waldtümpel, feuchte Senken, Gebiete mit hohem Grundwasserstand und Staunässe (↗ Abb. 1), aber auch trockene Steilhänge und Bergkuppen. An das dort jeweils vorherrschende Wasserangebot sind sie angepasst.

Bei **Laubbäumen** kann man eine besondere Angepasstheit an den Umweltfaktor Wasser beobachten. Sie werfen im Herbst ihre Blätter ab. Dadurch wird die Verdunstungsoberfläche der Laubbäume verringert und dem stark eingeschränkten Wassernachschub aus dem frosttrockenen Boden im Winter begegnet.

Auch **Moose, Flechten, Luftalgen, Pilze** und **Bakterien** beeinflussen den Wasserhaushalt, insbesondere den oberirdischen Wasserabfluss. Der Wassergehalt dieser Lebewesen schwankt meist stark, da sie nur wenige Einrichtungen als Verdunstungsschutz aufweisen.

Im Gegensatz zu vielen Samenpflanzen können jedoch viele dieser Organismen vorübergehende vollständige Austrocknung überdauern.

M

Der abiotische Umweltfaktor Wasser ist wesentlich an der Ausbildung der Struktur des Ökosystems beteiligt.

Aufgabe

Beschreibe, wie Pflanzen das Kleinklima im Wald beeinflussen.

1 ▸ Wurmfarn

Feuchtpflanzen welken meist sehr schnell, wenn sie aus dem feuchten Boden herausgenommen werden.

Pflanzen an feuchten und an trockenen Standorten

In **nassen** bzw. **sehr feuchten Gebieten** gibt es für die hier vorkommenden Pflanzen meist keinen Wassermangel. Sie können von dem reichlich aufgenommenen Wasser rasch wieder viel abgeben. Dafür sind sie entsprechend gebaut.

Zu diesen **Feuchtpflanzen** gehören u.a. einige *Farne* (↗ Abb. 1), *Moose* sowie das *Kleine Springkraut.* Sie haben
- dünne, zarte, großflächige Laubblätter ohne einen speziellen Schutz vor Verdunstung (Wachsschicht).
- Spaltöffnungen, die über die Blattoberfläche hinausragen und dadurch die Verdunstung fördern.
- oft zusätzlich lebende Haare, über die viel Wasser abgegeben wird, d.h. die Verdunstung wird gefördert.

Moospflanzen, beispielsweise das *Sternmoos* (↗ Abb. 2), sind auf feuchte Standorte angewiesen, weil ihre Stämmchen und ihre Blättchen keinerlei Verdunstungsschutz besitzen und sie daher an trockenen Standorten schnell austrocknen würden.

An trockenen Standorten herrscht Wassermangel. An solchen Standorten können nur Arten gedeihen, die Einrichtungen haben, die sie vor zu starker Wasserabgabe und damit vor dem Austrocknen schützen.

Pflanzen solcher Standorte nennt man **Trockenpflanzen.** Ein typisches Beispiel ist die *Königskerze* (↗ S. 31, Abb. 2). Sie besitzt
- feste Laubblätter mit einer äußeren Schutzschicht, die vor zu starker Verdunstung schützt.
- Laubblätter und Stängel, die mit toten Haaren bedeckt sind, welche als Verdunstungsschutz dienen.
- Spaltöffnungen, die in die Blattoberfläche eingesenkt und außerdem durch Haare verdeckt sind.
  Dadurch wird auch die Verdunstung herabgesetzt.
- zusätzlich eine Pfahlwurzel, die tief in die Erde dringt und dadurch der Pflanze zusätzliche Wasservorräte erschließt.

Untersuchungen · Beobachtungen

Untersuche ein Blättchen vom Sternmoos

Material:
1 Blättchen vom *Sternmoos*, Lupe, Mikroskop, Objektträger, Deckgläschen

Durchführung:
- Trenne ein Blättchen vom Stämmchen der Moospflanze ab.
- Fertige ein Frischpräparat vom Moosblättchen an.
- Betrachte das Objekt mithilfe eines Mikroskops oder einer Lupe.
- Fertige eine Zeichnung von einem Ausschnitt des mikroskopischen Bilds an.

Auswertung:
Beschreibe das mikroskopische Bild.

Woran kann man erkennen, dass das *Sternmoos* eine Feuchtpflanze ist?

2 ▸ Sternmoos

2

Zahlreiche Pflanzen trockener Standorte haben Gewebe ausgebildet, in dem Wasser gespeichert wird. Außerdem haben sie oft einen kugel- oder säulenförmigen Wuchs (z. B. Kakteen, ↗ Abb. 4).

M **Bestimmte Pflanzenarten sind an das Leben im Wasser, andere an das Leben auf nassen bzw. feuchten oder trockenen Standorten angepasst (Wasserpflanzen, Feucht- bzw. Trockenpflanzen).**

Aufgaben

1. *Beschreibe Bau und Funktion der Spaltöffnungen. Gehe dabei auch auf die Unterschiede zwischen Feucht- und Trockenpflanzen ein.*

2. *Informiere dich in Fachbüchern bzw. im Internet genauer über den Bau von Kakteen.*
   Beschreibe dann, wie sie in der Lage sind, an trockenen Standorten zu leben.

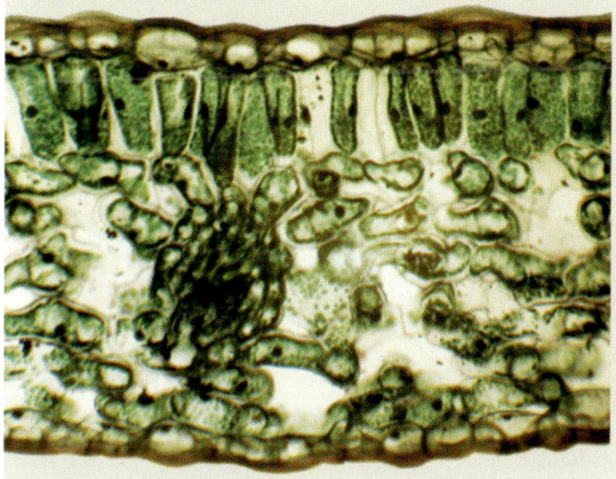

1 ▸ Laubblatt, vergrößerter Querschnitt

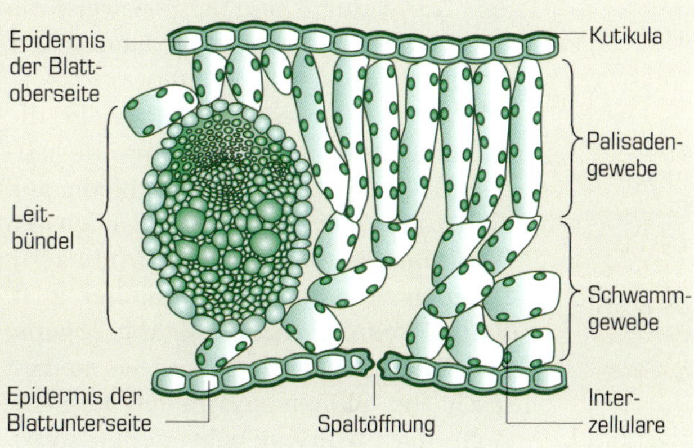

3 ▸ Laubblatt, schematische Zeichnung

2 ▸ Die Königskerze bevorzugt trockene Standorte.

4 ▸ Vielrippiger Säulenkaktus in Mexiko

Licht als abiotischer Umweltfaktor

Licht, insbesondere Sonnenlicht, ist ein weiterer abiotischer Umweltfaktor. Es liefert die Energie als Existenzgrundlage nahezu aller Lebensgemeinschaften und für den Ablauf zahlreicher Lebensprozesse.

Licht ist lebenswichtig für Pflanzen

Die **Ansprüche der einzelnen Pflanzenarten** an den Lichtfaktor sind verschieden. Nur dadurch sind beispielsweise die jahreszeitlichen Aspekte der Laubwälder in unseren Breiten zu erklären.

In einem *Buchenwald* z.B. weist die Lichtintensität in Bodennähe im Jahresverlauf erhebliche Unterschiede auf. Sie ist im März und April am höchsten (keine Beschattung durch das Laubdach). Dadurch sind für die **Frühblüher** (z.B. *Busch-Windröschen,* ↗ S. 36, Abb. 2) günstige Bedingungen gegeben. Sie treiben rasch aus, blühen und bilden Reservestoffe, die z.B. in Zwiebeln oder Erdsprossen (Rhizomen) eingelagert werden und im nächsten Frühjahr wieder für das Wachstum und die Entwicklung zur Verfügung stehen.

Unabhängig von jahreszeitlichen Veränderungen herrschen am Waldrand, mitten im dichten Baumbestand oder auf einer Lichtung im Wald unterschiedliche Lichtverhältnisse. Diese beeinflussen das **Vorkommen vieler Pflanzenarten.**

Schattenpflanzen kommen im Waldesinneren vor, **Lichtpflanzen (Sonnenpflanzen)** an Waldrändern, auf Lichtungen und außerhalb des Waldes.

Lichtpflanzen (z.B. *Königskerze,* ↗ S. 31, Abb. 2) gedeihen bei hoher Lichtintensität am besten. Schattenpflanzen (z.B. *Kleines Springkraut*) kommen mit weniger Licht aus und können sogar absterben, wenn sie längere Zeit intensiver Lichteinwirkung ausgesetzt sind.

Unter den dichten Kronendächern der **Schattenbaumarten** *Rot-Buche* und *Gemeine Fichte* gedeihen nur solche Pflanzenarten, die den dort herrschenden geringen Lichtverhältnissen angepasst sind. Als Schattenpflanzen gehören dazu beispielsweise *Frühlings-Platterbse, Großes Springkraut, Goldnessel,* viele *Farne* und *Moose.*

Die Laubblätter als wichtige Organe der Bildung organischer körpereigener Stoffe sind bei Schatten- und Lichtpflanzen auch unterschiedlich ausgebildet (↗ S. 33, Abb. 1). Lichtblätter sind meist klein, relativ dick und derb, mit mehrschichtigem Palisadengewebe. Schattenblätter sind meist größer, sowie dünn und zart, mit einschichtigem Palisadengewebe.

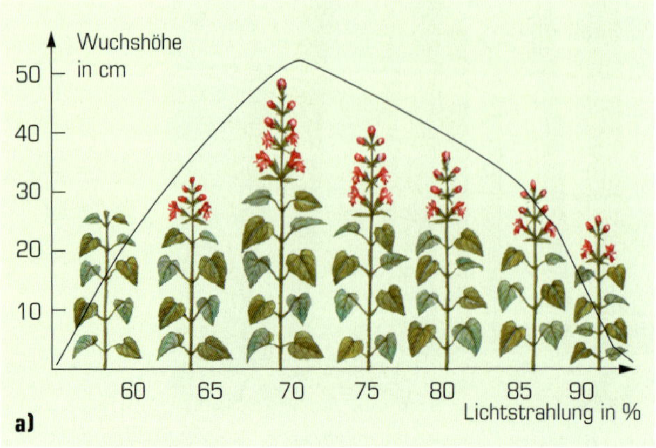

1 ▸
a) Auswirkung der unterschiedlichen Lichtintensität auf Wachstum und Entwicklung von Wald-Ziest

b) Wald-Ziest

Angepasstheiten an die Lichtverhältnisse lassen sich auch an den **Blättern ein und derselben Pflanze** feststellen, z. B. der *Rot-Buche*. Auf der besonnten Südseite des Kronenbereiches sind *Lichtblätter,* auf der Nordseite und im Innern der Krone sind *Schattenblätter* ausgebildet. Bezogen auf die Blattfläche ist die Fotosyntheseleistung der Lichtblätter höher als die der Schattenblätter.

Bei vielen Pflanzen ist Licht auch der Reiz für die Auslösung von *Wachstumsbewegungen* (z. B. Hinwenden der Pflanzen zum Licht). Auch das *Blühen* von Pflanzen ist vom Licht abhängig.

Die **Individualentwicklung der Pflanzen** ist ebenfalls abhängig vom Licht. Deutliche Auswirkungen sind z. B. auf die Wuchshöhe und die Blütenbildung von Kräutern zu beobachten. Bei optimaler Lichtstrahlung entwickelt sich die Pflanze am besten (↗ S. 32, Abb. 1).

Für Pflanzen ist der Lichtfaktor lebensnotwendig. Pflanzen sind mit ihrem Bau an die Lichtverhältnisse angepasst.

Aufgabe

Untersuche Licht- und Schattenblätter.

a) *Lege je ein Lichtblatt und ein Schattenblatt auf Millimeterpapier und zeichne den Umriss auf. Vergleiche die Umrisse. Betrachte und befühle die Blätter.*
b) *Vergleiche den Aufbau von Licht- und Schattenblättern. Ziehe eine Schlussfolgerung bezüglich der Angepasstheit.*
c) *Mikroskopiere einen Laubblattquerschnitt (Dauerpräparat) und beschreibe den Aufbau eines Laubblatts.*
d) *Zeichne das mikroskopische Bild und vergleiche mit der Abbildung 1.*

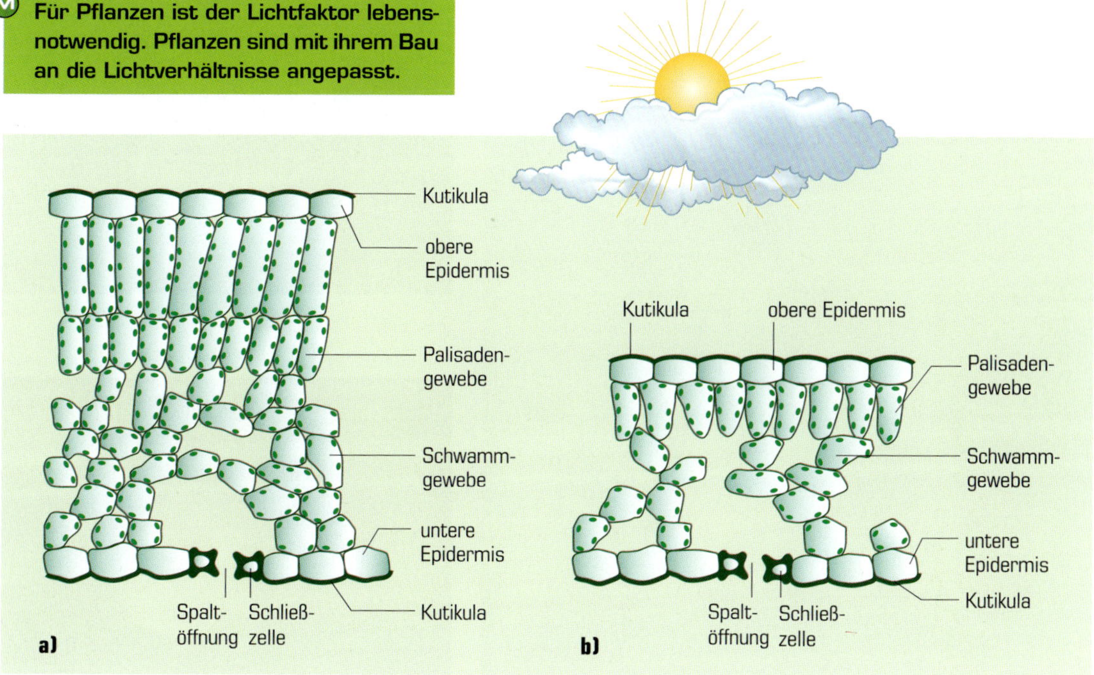

1 ▸ Schematische Zeichnung der Querschnitte von Lichtblatt (a) und Schattenblatt (b) derselben Pflanze (Rot-Buche)

Licht ist lebenswichtig für Tiere

Der Wechsel von Licht und Dunkelheit, von Tag und Nacht, bewirkt bei Tieren gut beobachtbare Änderungen im Verhalten.

In der **Dämmerung** ist beispielsweise das Schwärmen von Mücken auffällig. Fledermäuse (↗ Abb. 3) fliegen nur dann zwischen den Baumwipfeln.

In der **Nacht** jagen *Eulen* (↗ Abb. 2), *Igel* und *Dachse* ihre Beute. *Waldmäuse* suchen in den Nachtstunden ihre Nahrung. *Regenwürmer* kriechen auf der Erdoberfläche.

Tagsüber sind die Sing- und Greifvögel aktiv. Eidechsen huschen zwischen Gesteinen, und in der Luft schwirren Käfer, Libellen (↗ Abb. 1) und Fliegen.

Entsprechend ihren Aktivitätszeiten lassen sich **tagaktive, nachtaktive** und **dämmerungsaktive Tiere** unterscheiden.

Vom Licht beeinflusst wird auch der morgendliche Sangesbeginn der Vögel. Jede Art hat eine bestimmte Helligkeitsstufe, bei der sie munter wird und zu singen beginnt.

„Frühaufsteher“ bei den Singvögeln sind der *Gartenrotschwanz*, das *Rotkehlchen* und die *Amsel*. „Langschläfer“ sind *Haussperling* und *Star*.

Diese sogenannte **„Vogeluhr“** lässt gewisse Regelmäßigkeiten erkennen. Sie ist aber nicht ganz zuverlässig, weil sich, bedingt durch die Jahreszeiten, der Zeitpunkt des Sonnenaufgangs verschiebt.

Der abiotische Umweltfaktor Licht beeinflusst die Tag- und Nachtaktivität sowie das Verhalten der Tiere.

Aufgabe

Finde heraus, was unter Dämmerung verstanden wird. Nutze dazu Literatur und Internet. Suche weitere Beispiele für dämmerungsaktive Tiere.

1 ▸ Gebänderte Prachtlibelle – tagaktives Tier

2 ▸ Eule – nachtaktives Tier

3 ▸ Fledermaus – dämmerungsaktives Tier

Die Vogeluhr

1 ▸ Beispiel einer Vogeluhr
Bezogen auf einen Sonnenaufgang um 5:30 – das entspricht in Deutschland etwa einem Kalenderdatum von Mitte Mai.

Einer liebt es warm, der andere kalt

Die Temperatur beeinflusst nahezu alle Lebensprozesse. So sind z.B. Atmung, Transpiration, Entwicklung und Wachstum temperaturabhängig. Viele Lebewesen benötigen eine Temperatur zwischen einigen Minusgraden und etwa 45 °C.

Es gibt jedoch besonders hitzestabile *Bakterien*, die in heißen Quellen und an untermeerischen Vulkanen selbst Temperaturen von über 100 °C aushalten. In Kältestarre können verschiedene niedere Lebewesen auch Temperaturen von weniger als -100 °C überdauern, bestimmte *Nadelbaumarten* sibirischer Wälder halten Frost bis -70 °C aus.

Einfluss der Temperatur auf Pflanzen

Wenn man z.B. die Temperaturverhältnisse in einem Wald über einen langen Zeitraum beobachtet, stellt man jahreszeitliche Schwankungen fest. Diese periodischen Veränderungen des abiotischen Umweltfaktors Temperatur bestimmen wesentlich die **zeitliche Entwicklung** in unseren Wäldern.

1 ▸ Wurzelstöcke eines Busch-Windröschens

Augenfällig ist der Einfluss der Temperatur auf die Keimung von Samen zahlreicher Pflanzen. Viele keimen nur, wenn eine bestimmte Temperatur gegeben ist (↗ Tab.).

Optimale Keimtemperaturen der Samen einiger Samenpflanzen	
Rettich, Lupine, Erbse, Karotte, Zwiebel	+ 20 °C
Blumenkohl, Löwenzahn, Hanf, Tabak, Tomate, Petersilie, Spargel, Bohne (Pferdebohne)	+ 20 bis 30 °C
Mais	+ 25 °C

Frühblüher, z.B. das *Busch-Windröschen*, überwintern mithilfe im Erdboden liegender Erneuerungsknospen, wie Knollen, Zwiebeln, Wurzelstöcke (↗ Abb. 1, 2). Bei einer bestimmten Temperatur beginnen diese auszutreiben und zu blühen.

Aufgabe

Erläutere, wie die Pflanzen der Krautschicht, z.B. das Busch-Windröschen, an die kalten winterlichen Temperaturen angepasst sind.

2 ▸ Busch-Windröschen

2

1 ▸ Die wechselwarme Waldeidechse überwintert eingerollt in Winterstarre.

2 ▸ Siebenschläfer im Winterschlaf – der Winterschlaf dauert von Oktober bis Anfang Mai.

Einfluss der Temperatur auf Tiere

Im Wald kann man beobachten, wie die **Temperatur** das Verhalten vieler Waldbewohner beeinflusst.

Bei **wechselwarmen Tieren** ist die Körpertemperatur weitgehend von der Umgebungstemperatur abhängig. Viele müssen deshalb die kalte Jahreszeit in geschützten Verstecken in **Winterstarre (Kältestarre)** überdauern (↗Abb. 1). Dabei ist ihr Stoffwechsel stark herabgesetzt und die Körpertemperatur niedrig. In diesem Zustand sind wechselwarme Tiere bewegungsunfähig. Mit steigender Umgebungstemperatur steigt auch die Körpertemperatur und damit die Aktivität der Tiere wieder.

Im Übrigen kann man auch im Sommer an kühlen Tagen oder in den Morgenstunden eine geringere Aktivität bei wechselwarmen Tieren beobachten.

Bei *Säugetieren* und *Vögeln* wird die Körpertemperatur reguliert und relativ konstant gehalten. Die Körperbedeckung (z. B. Fell, Federn) schützt diese **gleichwarmen Tiere** vor Wärmeabgabe.

Manche einheimische *Säuger* passen sich der kalten Jahreszeit durch das Abhalten einer **Winterruhe** bzw. eines **Winterschlafs** an (↗Abb. 2). Eine Rolle spielt dabei auch das schlechte Nahrungsangebot im Winter.

Die **Winterruhe** stellt einen Schlaf von besonderer Länge und Tiefe dar. Die Körpertemperatur dieser gleichwarmen Tiere (z. B. *Eichhörnchen, Dachs*) bleibt dabei konstant. Sie wachen zwar häufig auf, ihre Aktivitäten sind aber eingeschränkt.

Der **Winterschlaf** dagegen ist durch eine deutliche Änderung im Stoffwechsel des Körpers und einer damit verbundenen Aktivitätseinschränkung gekennzeichnet.

Während die Körpertemperatur dieser gleichwarmen Tiere (z. B. *Igel, Fledermaus, Siebenschläfer,* ↗Abb. 2 und 3) im Aktivzustand je nach Tierart zwischen 36 °C und 40 °C liegt, wird sie im Winterschlaf auf Werte um 5 °C abgesenkt. Gleichzeitig sind Herzschlag und Atmung enorm gedrosselt.

3 ▸ Fledermäuse im Winterschlaf

Aktivität und Verhalten von Tieren werden durch den abiotischen Umweltfaktor Temperatur beeinflusst.

Aufgaben

1. *Erläutere die Begriffe wechselwarm und gleichwarm.*

2. *Vergleiche Winterruhe und Winterschlaf miteinander. Erläutere, inwiefern beide Formen Anpassungen an die kalte Jahreszeit sind.*

Toleranzbereich und Zeigerpflanzen

Am besten wachsen und entwickeln sich Pflanzen, wenn für sie wichtige abiotische Faktoren **optimal** vorhanden sind, wenn sie sich im **Optimum** befinden.

Sie entwickeln sich und wachsen aber auch dann noch, wenn die Bedingungen nicht optimal sind. Wenn der Boden z. B. nicht viel Wasser oder mehr Wasser enthält als eine auf dem Land wachsende Pflanze benötigt, bleibt die Pflanze am Leben. Sie kann sich dann aber nicht mehr fortpflanzen.

Pflanzen können also bei einem Mangel oder einem Überschuss an dem für sie wichtigen abiotischen Umweltfaktor (z. B. Wasser) überleben.

Optimum ist der Wirkungsbereich (die Größe eines abiotischen Faktors), in dem die Art am besten gedeiht und sich fortpflanzt.

Werden diese **Grenzpunkte** (man nennt sie in der Biologie *Minimum* und *Maximum)* aber überschritten (beispielsweise lange Zeit zu viel oder zu wenig Wasser), kann die Pflanze nicht mehr überleben, sie stirbt.

Die Fähigkeit, Schwankungen der Wirkung von abiotischen Faktoren sowohl in Richtung auf das Maximum als auch in Richtung auf das Minimum in bestimmten Grenzen zu ertragen, wird **Toleranz** genannt (↗ Tab.).

Es gibt Pflanzen, die sehr stark abhängig von **einem** abiotischen Umweltfaktor sind (z. B. von dem Licht, der Feuchtigkeit, den Bodenverhältnissen). Sie kommen nur dort vor, wo dieser Umweltfaktor gegeben ist.

Die *Heidelbeere* (↗ S. 39, Abb. 3) gedeiht z. B. nur auf **sauren Böden.** Nur auf **feuchten Böden** kommen dagegen *Trollblume* und *Schwarz-Erle* vor.

Auf **stickstoffreichen Böden** findet man die *Große Brennnessel,* auf **trockenen Böden** die *Wohlriechende Weißwurz* und den *Besenginster* (↗ Abb. 1), auf **salzreichen Böden** den *Meerkohl* und den *Strandflieder.*

1 ▸ Besenginster gedeiht am besten auf trockenen Böden (Trockenheitsanzeiger).

2 ▸ Toleranz von Pflanzenarten gegenüber dem Lichtfaktor, bezogen auf den Standort

2

1 ▸ Leberblümchen (Kalkanzeiger)

2 ▸ Wasser-Schwertlilie (Nässeanzeiger)

3 ▸ Heidelbeere (Säureanzeiger)

Auf **kalkreichen Böden** wächst das *Leberblümchen* (↗ Abb. 1).

Diese Pflanzenarten kann man als **Zeigerarten** (Indikatorpflanzen) für diesen abiotischen Umweltfaktor nutzen.

M

Zeigerpflanzen sind Pflanzen, die durch ihr gehäuftes Auftreten die Ausprägung abiotischer Faktoren anzeigen.

Ein Gärtner kann beispielsweise am gehäuften Vorkommen der *Großen Brennnessel* an einem Standort sofort auf bestimmte Bodenverhältnisse (stickstoffhaltiger Boden) schließen.

Es gibt Zeigerpflanzen für eine Reihe von abiotischen Umweltfaktoren (↗ Abb. 1 – 3).

Aufgaben

?

1. *Erkläre den Begriff Toleranz an einem Beispiel.*

2. *Suche weitere Beispiele für Säureanzeiger, Kalkanzeiger, Trockenheitsanzeiger, Nässeanzeiger und Anzeiger bestimmter Lichtverhältnisse.*

3. *Finde heraus, ob es auch Tiere gibt, die als Zeigerarten bezeichnet werden können.*

Das Charaktermerkmal des Lebensraums Wald sind Bäume. Sie liefern Nahrungs-, Nist- und Versteckmöglichkeiten für viele Tiere.

Zwei Arten mit ähnlichen Ansprüchen können häufig einander ausweichen. Sie können in ökologischen Nischen gemeinsam leben.

Zusammenleben von Lebewesen

Das Überleben eines Organismus hängt, neben den abiotischen Umweltfaktoren (↗ S. 28 f.), auch von den Wechselwirkungen mit anderen Organismen ab. Die **Einflüsse,** die **durch Lebewesen** der gleichen oder einer anderen Art direkt oder indirekt auf einen Organismus einwirken, werden lebende oder auch **biotische Umweltfaktoren** genannt. Sie können positive, negative oder auch gar keine Auswirkungen besitzen und sind in vielen Fällen **wechselseitig.**

Lebewesen in einem gemeinsamen Lebensraum stehen zueinander in **Konkurrenz** um Nahrung, um Wohn-, Brut- und Lagerstätten oder um Fortpflanzungspartner.

Parasitismus ist eine weitere Form von Beziehungen. Dabei besiedeln **Parasiten** ein Lebewesen (innen oder außen) und schädigen es. Auch der Befall eines Organismus mit Krankheitserregern gehört dazu.

Die zwischen den Lebewesen in einem Lebensraum bestehenden Wechselbeziehungen kann man in innerartliche und zwischenartliche Wechselbeziehungen einteilen.

Innerartliche Beziehungen sind solche zwischen Lebewesen einer Art, z. B. zwischen Ameisen in einem Ameisenstaat. **Zwischenartliche Beziehungen** sind solche zwischen Lebewesen verschiedener Arten, z. B. Fuchs und Maus.

Die Organismen im Biotop bilden die biotischen Umweltfaktoren. Sie stehen zueinander in Beziehung und bilden eine Lebensgemeinschaft.

Aufgabe

Erläutere innerartliche und zwischenartliche Beziehungen mithilfe der Abbildung 1.

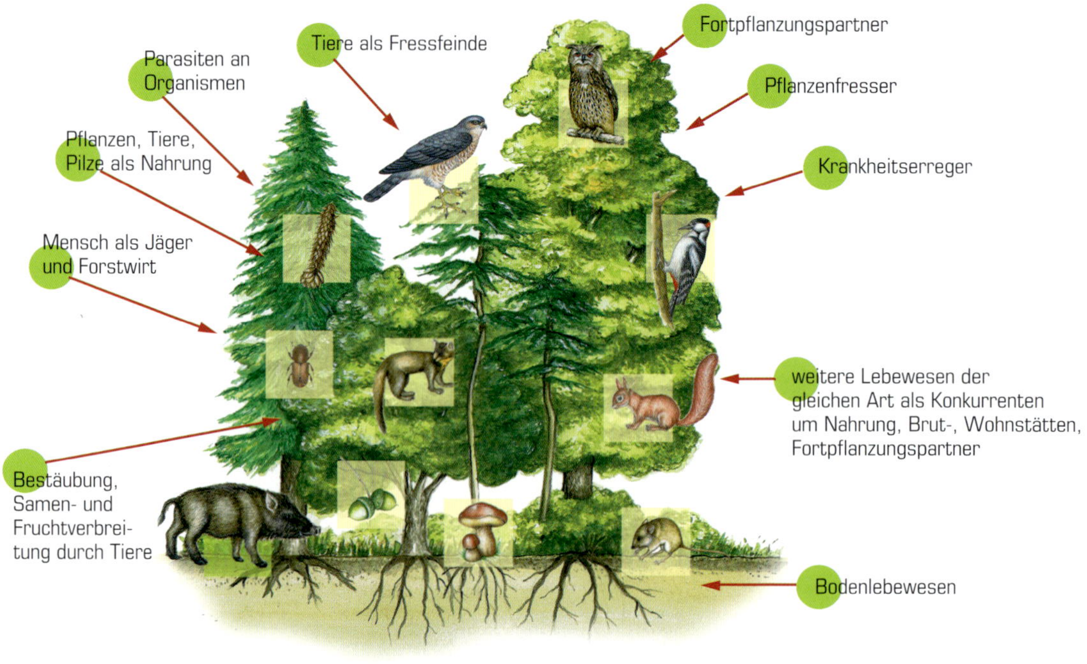

1 ▸ Ausgewählte biotische Umweltfaktoren im Lebensraum Wald

Konkurrenzkampf zwischen Organismen

Jeder Lebensraum beherbergt viele Lebewesen unterschiedlicher und gleicher Arten. Sie alle stehen in Wechselbeziehung zueinander.

Im **Ökosystem Wald** beispielsweise leben die unterschiedlichsten Lebewesen zusammen. Sie müssen sich nicht nur den begrenzten Lebensraum teilen, sondern auch die begrenzten Ressourcen darin: sie konkurrieren u.a. um Nährstoffe im Waldboden, um Wasser, Licht, Fortpflanzungspartner und Aufenthaltsmöglichkeiten. *Eiche, Buche* und *Ahorn* beschatten mit ihren dichten Kronen die unteren Stockwerke. Lichtliebende *Birken* und *Kiefern* weichen der Konkurrenz aus. Tiere sind im Wettstreit um pflanzliche Nahrung, Beutetiere, Brutplätze und Raum. Der Wettbewerb ist umso größer, je ähnlicher die Ansprüche der Arten an die Umweltfaktoren sind, z.B. bei Lebewesen einer **Population.**

Beispielsweise kann man an *Rötelmäusen* (↗ Abb. 1) innerartliche *Konkurrenzerscheinungen* gut beobachten. Sie leben bevorzugt in lichten und feuchten Wäldern mit einer reichen Strauchschicht. Sie sind gute Kletterer. Ihre Nahrung besteht aus Kräutern, Samen und Insekten. Bei langfristigen Beobachtungen stellte man fest, dass die Anzahl der *Rötelmäuse* bereits im Frühjahr sehr angewachsen war. Im Januar des folgenden Jahres wurden nur noch wenige Tiere in ihrem Lebensraum vorgefunden. Im Lebensraum fiel ein starker Rindenfraß auf, der als Zeichen von großem *Nahrungsmangel* und starker *Nahrungskonkurrenz* gedeutet wurde.

Die Wipfel der Sträucher bis nahezu vier Metern Höhe waren erklettert und benagt worden, obwohl in den unteren Teilen die Rinde noch wenig angegangen war. Dies wurde als ein Zeichen dafür gedeutet, *dass die Tiere sich offensichtlich nicht mehr in Ruhe ließen,* sich ständig vertrieben und ins hohe Astwerk flüchteten, um ungestört fressen zu können.

Fraßspuren im Lebensraum zeigten: Die *Rötelmäuse* waren sogar bis zu zehn Metern über freies, keinen Schutz bietendes Gelände zu Büschen in einen Kiefernhochwald gelaufen, der sonst von ihnen gemieden wird.

Bei Revier bildenden Arten werden Konkurrenten durch **Revierkämpfe** vertrieben (z.B. viele Singvögel, Grillen). Eine Überbesiedelung kann zum Anstieg der Sterblichkeit und auch zur Abwanderung von Teil-Populationen in neue Lebensräume führen. Bei überhöhter Individuendichte tritt auch die Vernichtung der eigenen Brut ein.

Als Population bezeichnet man die Gesamtheit aller Individuen einer Art, die zur gleichen Zeit in einem bestimmten Lebensraum leben. Sie bilden eine Fortpflanzungsgemeinschaft.

M

Konkurrenz ist ein Wettbewerb zwischen Organismen um die Nutzung von begrenzt verfügbaren Faktoren im Lebensraum, z.B. um Raum, Nahrung, Fortpflanzungspartner.

Aufgaben

?

1. *Ein Baum wird meistens von mehreren Vogelarten bewohnt (z.B. Trauerfliegenschnäpper, Buchfink, Eichelhäher). Erkläre diese Erscheinung.*

2. *Erkläre, warum Hunderüden häufig Harn abgeben.*

1 ▸ Rötelmäuse gehören zu den Wühlmäusen.

Balz, Brutpflege und Brutfürsorge

Innerartliche Beziehungen werden ganz entscheidend durch das **Fortpflanzungsverhalten** geprägt. Dabei geht es um Partnersuche, Kontaktaufnahme und Auswahl geeigneter Fortpflanzungspartner. Im Zusammenhang damit steht ein bestimmtes Revierverhalten.

Das Auffinden und Anlocken des Partners sowie das räumliche Zusammentreffen der Geschlechter kann durch verschiedene Reize ausgelöst werden.

Optische Reize als Auslöser sind beispielsweise beim farbenprächtigen Fischmännchen (↗Abb. 1), bei verschiedenen Leuchtkäfern (z. B. „Glühwürmchen") sowie beim *Pfau* (↗Abb. 2) zu beobachten.

Akustische Reize als Auslöser findet man u. a. bei Heuschrecken, Zikaden, Fröschen, Vögeln (↗Abb. 3), **chemische Stoffe** als auslösenden Reiz z. B. beim *Schwammspinner* (Lockentfernung bis 3 800 m).

1 ▸ Stichling in „Hochzeitstracht"

Ein häufiger Waldvogel ist die *Amsel*. Amselmännchen grenzen ihr Revier durch Gesang ab. Der Gesang dient gleichzeitig dazu, ein Weibchen anzulocken, ist also Teil der **Balz.** Als Balz bezeichnet man das Werbeverhalten im Zusammenhang mit der Fortpflanzung.

Während der Balz verringert sich die Distanz der Sexualpartner, die Vögel gewöhnen sich aneinander, der Unnahbarkeitsbereich wird überwunden und die sexuelle Bereitschaft gefördert.

Als Balz werden die „Paarungsspiele" der Tiere bezeichnet, die der Begattung vorausgehen. M

Nach der **Paarung** und **Begattung** verteidigen Amselweibchen und -männchen gemeinsam ihr Revier. Nun beginnt der Bau des napfförmigen Nestes aus Zweigen, Moos und feuchter Erde in einer Astgabel oder Hecke. In das Nest legt das Weibchen drei bis fünf bläuliche, mit dunklen Flecken versehene Eier. Sie **brütet** ca. 14 Tage. Dann schlüpfen aus den Eiern hilflose, nackte und blinde Jungvögel. Es sind **Nesthocker** (↗S. 43, Abb. 2). Sie müssen von beiden Eltern gewärmt und mit Regenwürmern und Insekten gefüttert werden. Amseln betreiben **Brutpflege.**

Wie die jungen Amseln sind u. a. auch die jungen *Tauben, Eisvögel* und *Rotkehlchen* Nesthocker und auf die Elterntiere angewiesen.

2 ▸ Optische Reize: Gefieder beim Pfau

3 ▸ Amselmännchen markiert Revier durch Gesang.

2

Auch bei *Mäusen, Kaninchen* und *Eichhörnchen* kann man **Brutpflege** beobachten. Die Jungen sind nach der Geburt blind, nackt und hilflos. Eine Behaarung ist kaum vorhanden. Sie sind also auf die Pflege durch die Elterntiere angewiesen.

Bei einigen Arten betreiben die männlichen Elterntiere Brutpflege. So schützen z. B. die Männchen der *Geburtshelferkröten* die Gelege der Weibchen. Dazu wickeln sie sich die durch einen Gallertfaden verbundenen Eier um die Hinterbeine und tragen diese mit sich umher (↗ Abb. 1). Nach zwei bis sieben Wochen – je nach Temperatur – tritt die Schlüpfbereitschaft der Larven ein. Die männlichen Geburtshelferkröten begeben sich dann zum Wasser, und die Larven schlüpfen.

M **Brutpflege beinhaltet alle angeborenen Verhaltensweisen der weiblichen und männlichen Elterntiere, die der Aufzucht, der Pflege und dem Schutz der Nachkommen dienen.**

Ein weiterer fördernder Faktor zum Schutz der Nachkommenschaft ist die **Brutfürsorge.**

Zur *Brutfürsorge* verstecken *Weinbergschnecken* ihre Eier sicher im Boden, *Bitterlinge* legen ihre Eier in die Mantelhöhle der Teichmuschel, bei *Borkenkäfern* (↗ Abb. rechts) erfolgt die Eiablage unter der Borke von Nadelbäumen und die *Pillendreher* verstecken die Eier zusammen mit einem Nahrungs- und Wasservorrat aus Mist.

Bei den *Erlenblattkäfern* erfolgt die Eiablage auf der speziellen Futterpflanze, der *Schwarz-Erle.*

Maßnahmen der Brutfürsorge haben eines gemeinsam: Sie sind Leistungen, die von den Elterntieren für die Nachkommen im Voraus erbracht werden, z. B. Schutz, Ernährung oder beides.

M **Brutfürsorge beinhaltet Vorsorgemaßnahmen der Elterntiere für ihre Nachkommenschaft. Sie sind mit dem Zeitpunkt der Eiablage oder dem Absetzen der Jungen beendet.**

Aufgaben

?

1. a) *Erkläre, welche biologische Bedeutung die Balz hat.*

b) *Finde Beispiele für optische, akustische und chemische Reize, die bei der Balz eine Rolle spielen.*

2. *Vergleiche Brutfürsorge und Brutpflege. Nenne für jede Form ein Beispiel.*

1 ▸ Geburtshelferkrötenmännchen mit Laich

2 ▸ Junge Amseln werden gefüttert (Nesthocker).

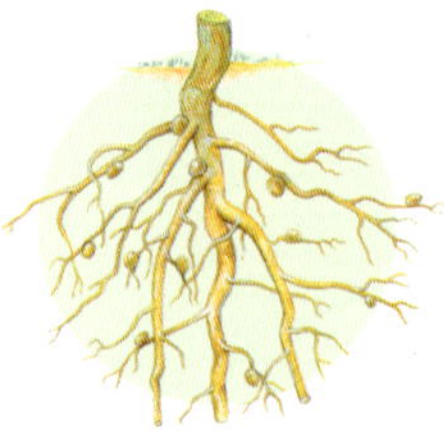

Knöllchenbakterien

Symbiosen

Symbiosen sind eine weitere Form zwischenartlicher Beziehungen. Die artverschiedenen Organismen sind in diesem Fall voneinander abhängig, wobei beide Partner Nutzen aus der Vergesellschaftung ziehen.

Ein Beispiel dafür ist die *Schwarz-Erle.* Ihre Versorgung mit Stickstoff erfolgt hauptsächlich durch Symbiose mit Bakterien. Diese befinden sich in Knöllchen, die sich in den oberen Bereichen der Wurzeln der *Schwarz-Erlen* bilden. Deswegen werden sie auch Knöllchenbakterien genannt. Die Bakterien sind in der Lage, den Luftstickstoff zu binden, der dann den *Schwarz-Erlen* zur Verfügung steht. Die Bakterien wiederum werden durch die *Schwarz-Erlen* mit anderen Nährstoffen und Wasser versorgt.

Wenn Flechten in Städten verschwinden, ist das ein sicheres Zeichen für ansteigende Schwefeldioxidkonzentration in der Atmosphäre. Daher werden sie als Bioindikatoren („lebende Anzeiger") zur Kontrolle der Schwefeldioxidbelastung der Luft eingesetzt.

Symbiotische Wechselbeziehungen zeigen auch die auf der ganzen Erde verbreiteten *Flechten.*

Flechten bestehen aus einem *Pilzgeflecht* und aus *einzelligen Grünalgen* oder *Cyanobakterien* („Blaualgen"). Da diese Organismen Fotosynthese betreiben, ernähren sich Flechten autotroph. Ein Teil der fotosynthetisch gebildeten Stoffe, z.B. Glucose, wird an die Pilze abgegeben.

Die Pilze bilden ein dichtes Geflecht und können große Wassermengen aufnehmen. Sie schützen ihre Symbiosepartner vor dem Austrocknen und leiten ihnen Wasser und Mineralstoffe zu.

Flechten (↗ Abb. 2) sind sehr anspruchslos. Sie besiedeln Lebensräume, die anderen Organismen keine Lebensgrundlagen bieten. Sie kommen am Nordrand der Tundren, in der Antarktis, im Hochgebirge (bis knapp unter 5 000 m Höhe), in Wüsten und Halbwüsten, in den Tropen sowie in unserer gemäßigten Klimazone vor.

In diesen extremen Lebensräumen können Flechten nur deshalb existieren und überleben, weil die an der Flechtenbildung beteiligten Pilze und Partner (z.B. einzellige Algen) symbiotisch zusammenleben und sich gegenseitig förderlich sind. Sie stellen eine Einheit dar, die organismusähnlich ist. Deshalb werden Flechten innerhalb des Pflanzenreichs als eigene Gruppe betrachtet. Wenn man den Querschnitt einer Flechte mithilfe des Mikroskops beobachtet, kann man beide Partner gut erkennen (↗ Abb. 1).

Flechten sind gegenüber Luftverunreinigungen extrem empfindlich. Selbst geringe Mengen an Schwefeldioxid hemmen das Wachstum. Sie dienen deshalb auch als Bioindikator, um Umweltbelastungen zu beurteilen.

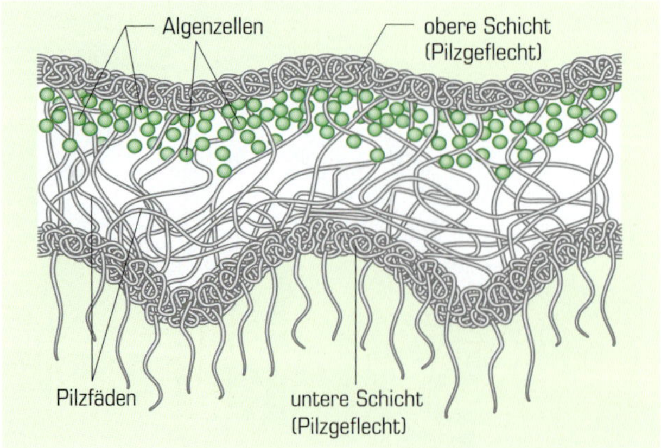

1 ▸ Im Querschnitt ist der Aufbau einer Flechte aus einzelligen Algen und Pilzfäden zu erkennen.

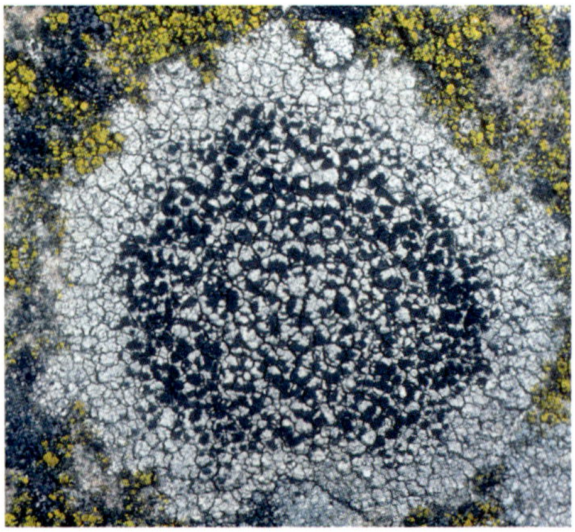

2 ▸ Krustenflechten liegen wie eine Kruste dicht auf der Unterlage an.

2

1 ▸ Einsiedlerkrebs im Schneckenhaus

2 ▸ Muräne mit Putzerfisch

Auch im **Tierreich** gibt es Symbiosen. Der *Einsiedlerkrebs* z. B. verbirgt seinen weichen Hinterleib in einem Schneckengehäuse (↗ Abb. 1). Dieses führt er immer mit sich und wechselt es, wenn er wächst.

Auf dem Gehäuse siedeln sich *Seerosen* (Korallen) an. Durch ihre Nesselkapseln in den Fangarmen ist der Krebs geschützt. Dieser wiederum trägt die *Seerosen* bei seinen Wanderungen in neue Nahrungsräume.

Putzsymbiosen sind beispielsweise bei Vögeln und Fischen (↗ Abb. 2) bekannt. Kleinere Fische leben mit größeren zusammen. Die kleineren entfernen u. a. Außenparasiten bei den größeren. Sie setzen sich an den größeren Fischen fest und gelangen auf diese Weise rascher in nährstoffreiche Gebiete.

Im weiteren Sinne kann man auch die wechselseitige Anpassung von Blütenformen und Insekten als Symbiose, **Bestäubungssymbiose** (↗ Abb. 3), ansehen.

So sind die Blüten der Lippenblütengewächse (z. B. *Wiesen-Salbei*) so gebaut, dass Insekten (z. B. *Hummeln*) einen Hebelmechanismus in Gang setzen. Dieser drückt die Staubblätter auf ihren Rücken, die Staubblätter geben dann den Pollen frei, der auf dem Rücken der *Hummel* haften bleibt. Beim Besuch der nächsten Blüten berührt die *Hummel* dann auch die Narbe, an der der Pollen von der vorhergehenden Blüte kleben bleibt.

Beide Partner haben hierbei Vorteile, die *Hummel* findet Nahrung und die Blüten werden bestäubt.

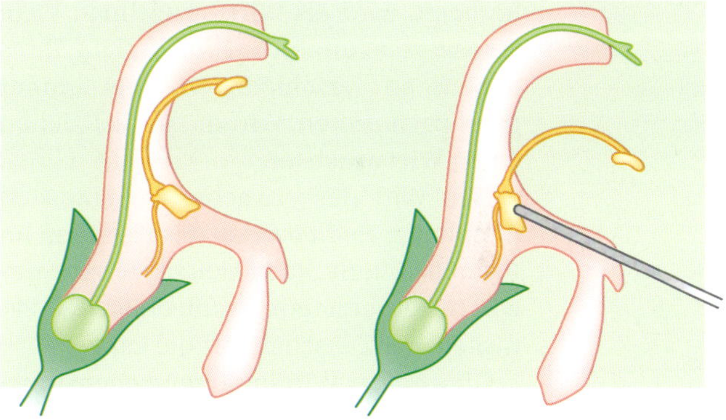

3 ▸ „Schlagbaum"-Mechanismus beim Wiesen-Salbei

M

Die Symbiose ist eine Wechselbeziehung zwischen artverschiedenen Organismen mit gegenseitiger Abhängigkeit, bei der beide Partner Nutzen aus der Vergesellschaftung ziehen.

Parasitismus

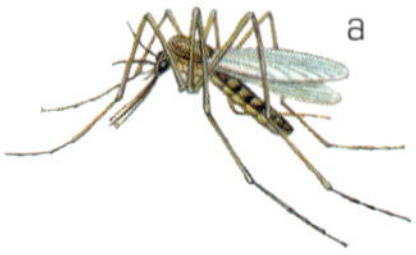
a

b

c

d

Eine sowohl im Tier- als auch im Pflanzenreich weit verbreitete Form von Wechselbeziehungen zwischen *Organismen verschiedener Arten* ist der **Parasitismus.** In dieser Beziehung lebt ein Organismus, der **Parasit,** auf Kosten eines anderen Organismus, des Wirts.

Parasiten sind Organismen, die sowohl als *Außenparasiten* (Ektoparasiten, ↗ Abb. 2) außen an anderen Lebewesen als auch als *Innenparasiten* (Endoparasiten, ↗ Abb. 1) in anderen Organismen leben, sich dort fortpflanzen und sich von diesen anderen Lebewesen direkt oder indirekt ernähren.

Ein Lebewesen, das einen Parasiten beherbergt, wird als **Wirt** bezeichnet. Viele Parasiten schmarotzen im Verlauf ihres Lebens an verschiedenen, aber immer ganz bestimmten Wirten, sie vollziehen einen **Wirtswechsel.**

Den Wirt des erwachsenen Parasiten nennt man *Endwirt,* den des Parasiten im Jugendstadium *Zwischenwirt.* Der Endwirt beherbergt den geschlechtsreifen Parasiten, der Zwischenwirt die Larve.

Oft wird der Wirt in seinen Lebensfunktionen kaum gestört. Manche Parasiten sind aber sehr gefährlich und können ihrem Wirt gesundheitliche Schäden zufügen oder ihn auch töten.

Viele Parasiten ernähren sich vom Blut, andere von Körperteilen ihres Opfers, z. B. Muskeln, Haaren oder Haut, sowie von dem nährstoffreichen Darminhalt des Wirts.

Die Übertragung auf die Wirte erfolgt beispielsweise durch unsaubere Nahrung, durch mit Parasiteneiern verschmutztes Wasser, infolge mangelnder Körperpflege oder durch die aktive Fortbewegung der Schmarotzer selber.

Zu den Parasiten, die auf der Oberfläche ihrer Wirte leben, gehören z. B. *Stechmücken* (a), *Läuse* (b), *Flöhe* (c), *Blutegel* (d) und *Zecken.* Sie ernähren sich von Körpersubstanzen, die sie meist stechend saugend abzapfen.

Andere Parasiten schmarotzen im Körperinnern der Wirte. Sie leben in Geweben, Körperhöhlen und im Darm. An diese parasitische Lebensweise sind Schmarotzer wie Bandwürmer (↗ Abb. 1) durch gesteigerte Vermehrungsfähigkeit, Zwittertum, Rückbildung von Bewegungs- und Sinnesorganen, Vereinfachung des Verdauungssystems oder Ausbildung von Haftorganen sehr gut angepasst.

M

Parasitismus ist ein Zusammenleben von Organismen verschiedener Arten mit einseitigem Nutzen für eine Art, den Parasiten.

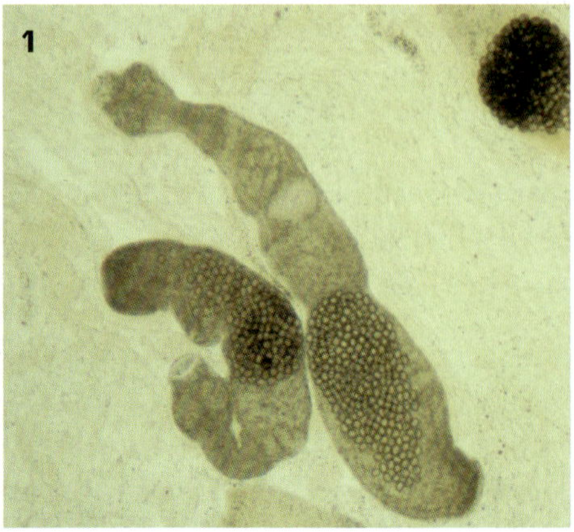
1

1 ▸ Fuchsbandwurm

2

2 ▸ Zecke

2

Leben im Tierstaat

Es gibt viele verschiedene Ameisenarten (ca. 9600 Arten sind bekannt), und sie kommen überall auf der Erde vor. Einen Grund dafür sehen die Biologen darin, dass Ameisen immer in einem **Staat** zusammen leben. Zwischen 200 Individuen und 20 Millionen Ameisen bilden ein Volk. Als Einzellebewesen wären Ameisen nicht lebensfähig.

Auch die ***Rote Waldameise*** lebt in einem Tierstaat. Die Ameisenhügel im Wald sind gut zu sehen. Dort leben drei äußerlich gut unterscheidbare Formen der *Roten Waldameise*, und zwar Königinnen, Arbeiterinnen und Männchen (↗ S. 48).

Nicht nur im Aussehen unterscheiden sich die drei Formen, auch ihre Aufgaben im Staat sind verschieden.

Die *Königinnen*, es können mehrere in einem Ameisenstaat leben, sorgen für Nachkommen. Vom Frühling bis zum Herbst legen sie ununterbrochen Eier. Man schätzt, dass es in ihrem 15-jährigen Leben ca. 1 Million Eier sind.

Die *Männchen* sind für die Begattung der jungen Königinnen zuständig.

Die *Arbeiterinnen* sind für alle übrigen Aufgaben verantwortlich: sie suchen Futter, bauen das Nest, versorgen Brut und Königin mit Nahrung und sie verteidigen das Nest. Dabei hat jede Arbeiterin einen speziellen Auftrag, der aber bei Bedarf wechselt. Davon hängt übrigens auch die Gestalt der Tiere ab. Nestverteidiger besitzen z. B. besonders kräftige Oberkiefer und werden auch als „Soldaten" bezeichnet.

Das Leben in einem Tierstaat nach dem Motto „Einer für alle, alle für einen" bringt allen Tieren des Staats Vorteile: Sie sind in der Gruppe weniger angreifbar, verteidigen sich gemeinsam gegen Fressfeinde, ziehen ihre Jungen gemeinsam auf und suchen gemeinsam Nahrung. Durch die Arbeitsteilung sind sie sehr leistungsfähig.

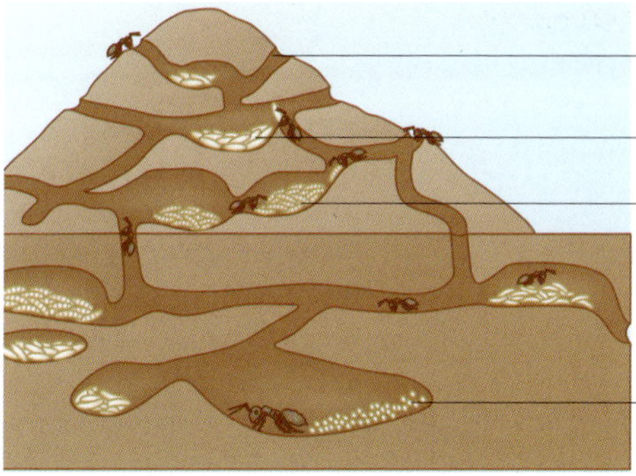

1 ▸ Aufbau eines Ameisenhügels (Schema)

Damit das Leben im Ameisenstaat so gut funktionieren kann, muss die Verständigung zwischen den Tieren funktionieren. Diese **Kommunikation** erfolgt u. a. über Duftstoffe, chemische Sinne und das gegenseitige Betasten mit den Fühlern.

Der Ameisenhügel wird meist um einen Baumstumpf oder um ein großes Totholzstück gebaut.

M

Ein Tierstaat ist eine Form des Zusammenlebens von Tieren einer Art mit Arbeitsteilung.

Aufgaben

?

1. *Beschreibe, wie die verschiedenen Ameisenformen an ihre jeweilige Aufgabe angepasst sind.*

2. *Informiere dich im Internet oder in Fachbüchern über den Bau eines Ameisenhügels.*

2 ▸ Ameisenhügel

Basiskonzept

Struktur und Funktion

In einem Ameisenstaat leben bis zu 20 Millionen Ameisen. Für das Zusammenleben sind die bis zu 3 Zentimeter großen Tiere perfekt organisiert und auch entsprechend ihrer Aufgabe in dieser Gemeinschaft gebaut.

Ameisenform	Struktur	Funktion
 Königin (weiblich)	• 9–11 mm Körperlänge • kurzzeitig mit Flügeln • Lebensdauer bis zu 15 Jahren • gut ausgebildete Geschlechtsorgane	• legt Eier • sorgt für Nachkommen
 Männchen	• 9–11 mm Körperlänge • kurzzeitig mit Flügeln • stirbt nach der Paarung • gut ausgebildete Geschlechtsorgane	• begattet die Königin
 Arbeiterin (weiblich)	• 5–7 mm Körperlänge • flügellos • Lebensdauer max. 3 Jahre • verkümmerte Geschlechtsorgane	• sucht Futter • verteidigt das Nest • baut Nest • versorgt die Brut und die Königin

Methoden

Planen und Durchführen einer Exkursion

Das Wort „Exkursion" stammt aus dem Lateinischen und kann mit Ausflug oder Streifzug übersetzt werden (ex = aus; currere = laufen). In den Naturwissenschaften, insbesondere in der Biologie, werden auf einer Exkursion meist Beobachtungen angestellt und verschiedene Messungen durchgeführt, in der Regel werden auch Pflanzen und Tiere bestimmt. Exkursionen weisen folgenden Ablauf auf:

Schritt ①

Planen und Vorbereiten

Eine Exkursion sollte detailliert geplant und vorbereitet werden. Dazu
- muss das Exkursionsziel festgelegt werden. Danach richtet sich die Ausrüstung (z. B. Fanggeräte, Sammelbehälter, Messgeräte, Bestimmungsbücher und Kleidung).
- dient eine Karte des Exkursionsgeländes zur Orientierung, zum Eintragen der Fundorte von Pflanzen und Tieren oder von Geländeeigenschaften.

Schritt ②

Durchführen

Zu Beginn wird das Exkursionsgebiet betrachtet. Dabei wird in der Arbeitsgruppe besprochen, welche Untersuchungen wo und von wem durchgeführt werden.

Weitere wichtige biologische Tätigkeiten im Exkursionsgebiet sind das **Messen** (z. B. Temperatur, Luftfeuchtigkeit, Helligkeit) und das **Beobachten, Sammeln** und **Bestimmen** von Pflanzen und Tieren. Die Messergebnisse müssen genau **protokolliert** und Fundorte eingetragen werden.
Bei der Geländearbeit ist die Beachtung der **Naturschutzbestimmungen** unbedingt notwendig.
Geschützte Pflanzen dürfen nicht für ein Herbar gepflückt und geschützte Tiere nicht gefangen werden. Tiere müssen generell nach ihrer Bestimmung wieder freigelassen werden.

Schritt ③

Auswerten

Nach der Exkursion kann man mit der **Auswertung** beginnen. Dazu zählt u. a. das
- Herbarisieren mitgebrachter Pflanzen,
- Aufnehmen der bestimmten Tiere und Pflanzen mit ihrem Fundort in Listen.

Manche Fragestellungen, wie z. B. die Klärung bestimmter Bodeneigenschaften wie Kalk- und Wassergehalt, sind allerdings nur durch **spezielle Versuche** zu lösen. Die mitgebrachten und beschrifteten Bodenproben werden dann in der Schule untersucht und ausgewertet.

Aufgabe

Plant mit eurer Klasse eine Exkursion auf eine nahe gelegene Wiese oder in ein Gebiet, wo Hecken zu finden sind.
a) Überlegt, welche Untersuchungen sinnvoll wären.
b) Erstellt eine Checkliste der Ausrüstungsgegenstände, die dafür benötigt werden.

Projekt

Ökosystem Hecke

Parkanlagen, Gärten, Felder und auch Wohngebiete werden häufig durch Hecken abgegrenzt. Das sind vor allem Sträucher, die durch ihren dichten Stand die Sicht zum Nachbarn versperren. Aber nicht nur als Schutz werden Hecken gepflanzt.

1. *Recherchiert, welche Bedeutung Hecken haben. Geht dabei auch gleichzeitig auf die verschiedenen Formen von Hecken und deren spezielle Funktionen ein.*

Am auffälligsten an einer Hecke sind die Sträucher. Schaut man aber genauer hin, findet man viele andere **Pflanzen.** Das hängt übrigens auch mit der Funktion der Hecke zusammen. Das Gerüst einer mehrreihigen Hecke bilden Bäume und Sträucher.

2. *Erkundet, welche Bäume und Sträucher vorwiegend für die Anpflanzung von Hecken genutzt werden. Erstellt von jeweils einem Baum, einem Strauch sowie einem Kraut einen Steckbrief.*

3. *Ermittelt in einem Abschnitt einer „natürlichen" Hecke (5 m) alle Bäume und Sträucher sowie Kräuter, die dort vorkommen.*
   Bestimmt die Pflanzen mithilfe eines Bestimmungsbuchs.
   Fertigt eine Skizze des Heckenabschnittes an und tragt den Standort einzelner Pflanzen ein.
   Tipp: Denkt euch für jede Pflanzenart Zeichen aus und tragt diese dann in die Skizze ein.

Eine Hecke bietet vielen **Tieren** einen Lebensraum. Eine gut entwickelte, sehr lange Hecke kann bis zu 1 500 verschiedene Tierarten beherbergen. Für *Rebhühner* und andere Tiere sind Hecken oft die einzige Möglichkeit, um das ganze Jahr Schutz zu finden. Schmetterlinge, Schnecken und Vögel kann man meist ohne große Mühe sehen.

Projekt

Bei anderen Tieren, z. B. Käfern, Eidechsen, *Igel, Hasen* und *Wildkaninchen*, ist Geduld erforderlich, um diese Tiere zu Gesicht zu bekommen. Auf andere Tiere weisen nur Spuren hin, z. B Mäuselöcher, Tierausscheidungen, angefressene Blätter und Früchte. Manche leben unter Steinen (z. B. *Ohrwürmer, Asseln*) oder im Boden (z. B. *Regenwurm*).

4. *Sucht in einem Heckenabschnitt nach „Lebenszeichen" von Tieren. Macht euch Notizen (Skizze, Beschreibung) oder sammelt die „Lebenszeichen" und versucht herauszufinden, von welchem Tier sie stammen.*

Datum	Skizze oder Beschreibung des Lebenszeichens	Von welchem Tier könnte das Lebenszeichen stammen?

5. *Heckenbewohner sind u. a. Igel, Weinbergschnecke, Neuntöter.*
   a) *Notiert für jedes Tier dessen Nahrung.*
   b) *Ordnet die Namen der Tiere so an, dass eine Nahrungskette entsteht.*
   c) *Überlegt, was passieren würde, wenn ein Glied einer Kette nicht mehr zur Verfügung stehen würde.*

So wie in jedem Ökosystem wirken verschiedene abiotische Umweltfaktoren auf die Lebewesen der Hecke ein.

6. *Führt an einer Hecke Temperatur- und Windmessungen durch.*
   a) *Wählt eine Hecke aus, die quer zur Windrichtung steht.*
   b) *Legt auf beiden Seiten der Hecke 3 Messpunkte fest, die jeweils 3 m voneinander entfernt sind. Messt an diesen Stellen am Boden, in der Mitte und oben die Temperatur (Thermometer) und die Windgeschwindigkeit (Windmesser). Wiederholt die Messungen mindestens dreimal.*
   c) *Tragt die Ergebnisse in eine Tabelle ein und vergleicht sie.*

7. *Pflanzen und Tiere der Hecke bilden eine Lebensgemeinschaft, in der es vielfältige Wechselbeziehungen gibt. Begründet diese Aussage.*

8. *Informiert euch, wo in eurer Umgebung „natürliche" Hecken vorkommen. Versucht den Zustand der Hecke zu beurteilen und überlegt, ob etwas zu ihrem Schutz getan werden muss.*

Methoden

Beobachten und Beschreiben

Eine wichtige Tätigkeit im Biologieunterricht ist das **Beobachten von Naturobjekten und Naturvorgängen.** Dabei ermittelst du mithilfe deiner Sinnesorgane wichtige Merkmale, Eigenschaften und Verhaltensweisen der Objekte. Oftmals musst du beim Beobachten Hilfsmittel, z. B. Lupe, Fernglas, Mikroskop, Thermometer, Lineal, Messzylinder, Präparierbesteck oder Waage, einsetzen, um konkrete Ergebnisse zu erreichen.

Am Ende der Beobachtung musst du deine Ergebnisse darstellen. Das kann in Form einer Beschreibung erfolgen, aber auch als Tabelle, Diagramm oder als einfache Zeichnung.

In der Regel ist das Beobachten mit einer weiteren wichtigen Tätigkeit verbunden, mit dem **Beschreiben.**
Beim Beschreiben wird zusammenhängend dargestellt, wie ein Gegenstand oder eine Erscheinung beschaffen ist oder wie ein Vorgang abläuft.
Das Beschreiben erfolgt gegliedert und in logischer Reihenfolge. Dabei werden Fachbegriffe verwendet.
Beim Beobachten und Beschreiben kannst du **schrittweise** vorgehen.

Schritt ①

Erfassen der Beobachtungsaufgabe
Lies die Beobachtungsaufgabe genau durch. Merke und notiere dir die zu beobachtenden Kennzeichen, Eigenschaften und Verhaltensweisen.

Aufgabe
Beschreibe die Veränderung eines Ökosystems im Laufe des Jahres.

Schritt ②

Auswählen notwendiger Hilfsmittel
Wähle die Hilfsmittel aus, die du zur Beobachtung benötigst.

Hilfsmittel:
Bleistift, Papier zum Protokollieren

Tipp: Suche dir ein Ökosystem, an dem du auf dem Weg zur Schule jeden Tag vorbeikommst, z. B. eine Wiese, eine Hecke, einen kleinen Gartenteich.
So kannst du jeden Tag im Vorbeigehen auftretende Veränderungen beobachten und notieren.

Schritt 3

Erfassen wesentlicher Merkmale

Merke bzw. notiere dir die wesentlichen Merkmale und Eigenschaften sowie Verhaltensweisen.

Frühling: Trotz Schnee erscheinen erste Frühblüher, z. B. *Schneeglöckchen, Krokusse;* Vögel zwitschern; Knospen an den Sträuchern und Bäumen werden kräftiger; Temperatur steigt allmählich, Tage werden länger; erste grüne Laubblätter sind ausgebildet; Balz der Vögel beginnt

Sommer: Pflanzen haben Blüten ausgebildet; alle Laubblätter sind entfaltet und kräftig grün; Schmetterlinge, Mücken, Fliegen fliegen; Vögel füttern ihren Nachwuchs; Temperatur hoch; Tage sind lang

Herbst: Laubblattverfärbung beginnt; viele Pflanzen sind verblüht; einige Vögel bereiten sich auf den Abflug in ihre Überwinterungsgebiete vor; Schmetterlinge verschwinden langsam aus dem Blickfeld; Temperaturen sinken; Tage werden wieder kürzer, erste Fröste treten auf

Winter: Tage sind sehr kurz; Temperatur sinkt weiter; die meisten Laubbäume sind blattlos; nur noch Amseln und Sperlinge sind zu beobachten; Schnee

Schritt 4

Sinnvolles Anordnen der Aussagen

Schreibe die beobachteten Merkmale, Eigenschaften und Verhaltensweisen in einfachen Sätzen auf. Ordne die Aussagen dabei sinnvoll an. (Vermeide dabei einen häufigen Wechsel zwischen verschiedenen Aspekten.)

Nutze die unter Schritt 3 genannten Stichpunkte.
Das beobachtete Ökosystem verändert sich mit den Jahreszeiten in seiner äußeren Erscheinung. Einfluss auf diese Veränderungen haben Licht und Temperatur.

gewusst · gekonnt

1. Auf jedes Lebewesen wirken ständig Umweltfaktoren ein.
- **a)** Definiere die Begriffe abiotische und biotische Umweltfaktoren.
- **b)** Nenne die abiotischen und biotischen Umweltfaktoren, die z. B. eine *Maispflanze* bzw. ein *Haushuhn* beeinflussen.
- **c)** Fertige dazu eine Skizze an.

2. Manche Arten findet man nur in bestimmten Lebensräumen.
- **a)** Die *Sumpf-Dotterblume* lebt nur dort, wo es nass oder feucht ist. Begründe.

- **b)** Nenne Tiere, die nur in bestimmten Lebensräumen vorkommen. Erkläre ihre Anpassung an den Lebensraum.

3. Stelle Vermutungen darüber an, warum, in Deutschland normalerweise keine Palmen wachsen.
Nutze dazu das Lehrbuch bzw. das Internet.

4. Ein wesentlicher Umweltfaktor für die Lebewesen ist das Wasser.
Erläutere die Bedeutung des Wassers für ausgewählte Lebewesen.
Nutze dazu das Internet unter www.schuelerlexikon.de.

5. Ermittle mithilfe der Abbildung 1 a auf der Lehrbuchseite 32, bei welchen Lichtverhältnissen der *Wald-Ziest* am besten gedeiht.

6. Recherchiere, wie Tiere und Pflanzen in extremen Ökosystemen überleben können.

7. Nenne einige Trockenluft- und einige Feuchtlufttiere in unserer Heimat. Beschreibe die Eigenschaften, die sie als Trockenluft- oder Feuchtlufttier kennzeichnen.

8. Viele Arten (Pflanzen und Tiere) können Trockenheit ertragen.
- **a)** Nenne Beispiele dafür.
- **b)** Erkläre, wie diese Arten an ihren Lebensraum angepasst sind.

9. Erkläre den Zusammenhang von Bau und Funktion am Beispiel der Laubblätter einer Feucht- und einer Trockenpflanze. Nimm auch die Abbildung zu Hilfe.

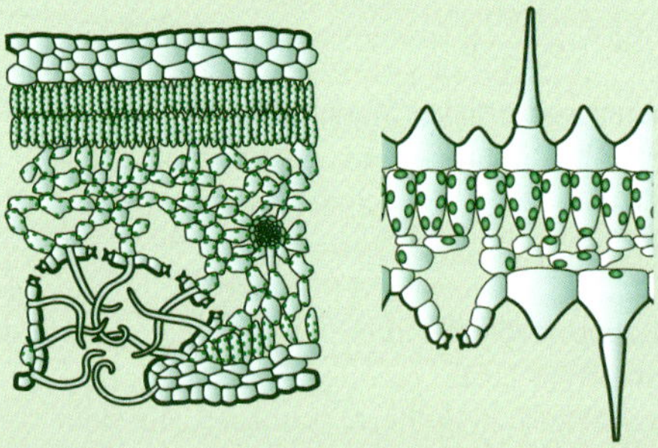

10. Ein Gärtner sät im März Rettich- und Blumenkohlsamen aus. Die Rettichsamen keimen, die Blumenkohlsamen nicht. Begründe.

11. Eine Pflanze besitzt vorgewölbte Spaltöffnungen und dünne Blätter. An welchem Standort kannst du sie finden? Begründe deine Aussage.

12. Erkläre den Begriff „Zeigerarten“. Nenne Pflanzenarten, die sich den Säureanzeigern, Trockenheitsanzeigern, Nässeanzeigern, Stickstoffanzeigern zuordnen lassen.

13. Beschreibe Formen der Konkurrenz bei Lebewesen an einigen Beispielen. Suche dazu Informationen im Internet.

14. Betrachte die Abbildung 1 auf Seite 40.
a) Wähle einen anderen Lebensraum und erstelle an konkreten Beispielen ein ähnliches Netzwerk vielfältigster Wechselbeziehungen zwischen verschiedenen Organismen.
b) Ordne deine Beispiele nach der Art ihrer Beziehung (z. B. Parasitismus, Symbiose, Konkurrenz um Nahrung).
c) Erläutere nun die Auswirkungen, die die jeweilige Beziehung für beide Partner hat.

15. Ordne jedem der folgenden Begriffe die richtige Aussage zu: Symbiose, Konkurrenz, Parasitismus:
a) Wechselbeziehung zwischen artverschiedenen Organismen mit einseitigem Nutzen für die eine Art
b) Wettbewerb zwischen artgleichen Organismen um die Nutzung begrenzt verfügbarer Ressourcen
c) Wechselbeziehung zwischen artverschiedenen Organismen mit gegenseitiger Abhängigkeit und Nutzungsausgleich

16. Der *Schweinefinnenbandwurm* ist ein Endoparasit. Begründe diese Aussage. Nimm Literatur zu Hilfe und suche Informationen im Internet auch unter: www.schuelerlexikon.de.

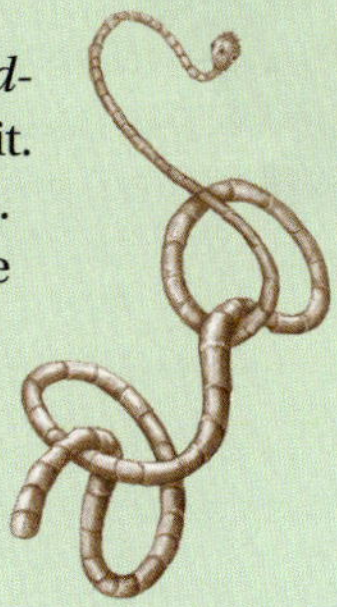

17. Finde weitere Beispiele für Symbiosen bei Pflanzen und Tieren. Erstelle eine Übersicht über die jeweiligen Partner und den Nutzen, den beide Seiten aus dieser Verbindung ziehen.

18. Flechten sind Indikatoren für eine gute Luftqualität. Was verbirgt sich hinter dem Begriff Indikator? Nenne weitere Beispiele für Indikatoren.

19. Vögel nutzen optische und akustische Signale zur Partnersuche. Nenne die Art von Signalen, die wir Menschen zur Partnersuche verwenden.

20. Betreibt auch der Mensch Brutpflege? Begründe deine Antwort.

21. Erkläre, warum in unseren Breiten viele Baumarten im Winter ihre Blätter abwerfen.

22. Frühblüher sind charakteristische Pflanzen des Laubwalds.
a) Erkläre, warum man Frühblüher im Laubwald, aber selten im Fichtenwald findet.
b) Erkläre, was den Frühblühern das zeitige Blühen ermöglicht.

Das Wichtigste auf einen Blick

Umweltfaktoren

Man unterscheidet **abiotische** (nicht lebende) und **biotische** (lebende) **Umweltfaktoren**.
Die Umweltfaktoren wirken nicht isoliert voneinander, sondern gemeinsam.
Die einzelnen Arten sind an bestimmte Umweltbedingungen angepasst. Sie können nur dort leben, wo ihre Ansprüche an die Umweltfaktoren erfüllt sind.

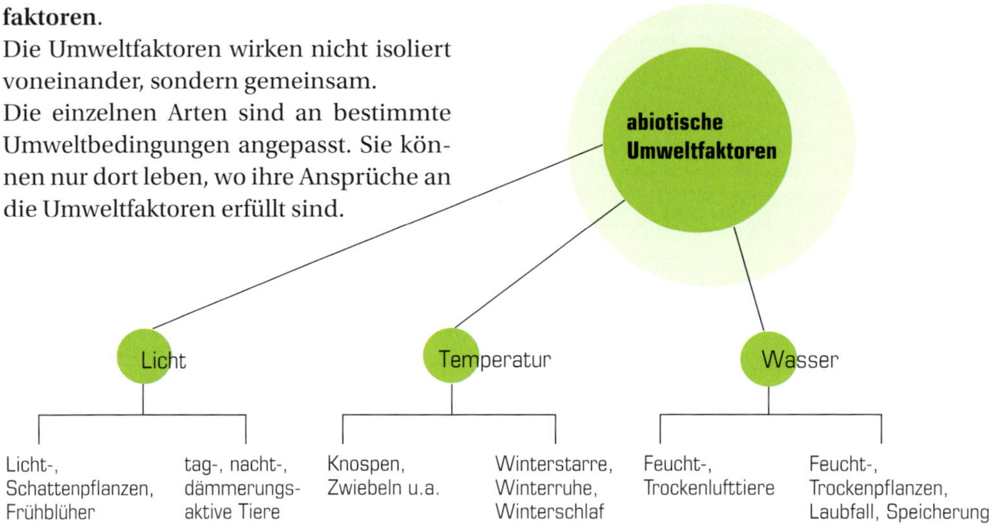

Lebewesen, die in einem bestimmten Biotop leben, beeinflussen sich gegenseitig. Sie konkurrieren z. B. um Nahrung, Raum und Fortpflanzungspartner.

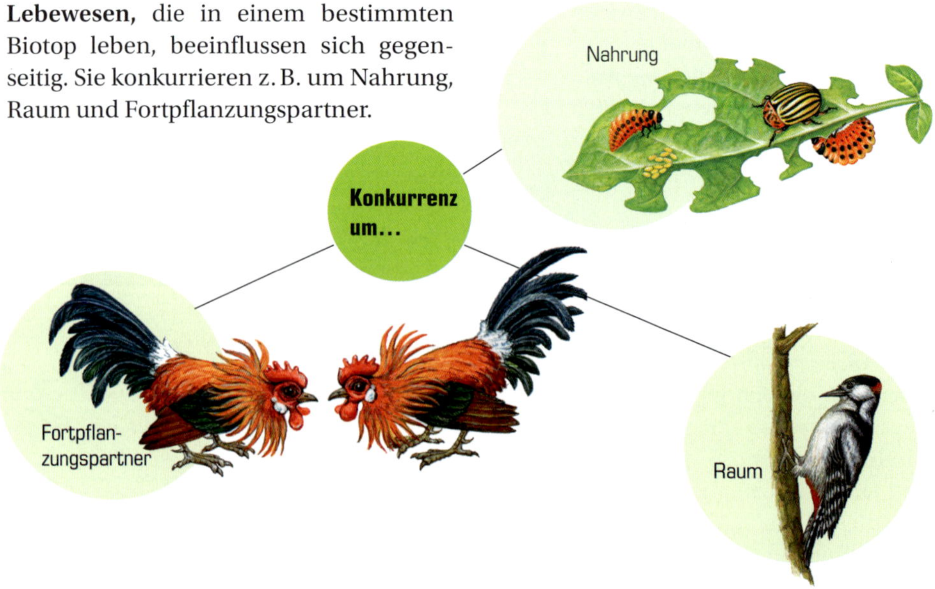

2.2 Stoffkreisläufe und Energiefluss in einem Ökosystem

Produzenten und Konsumenten ▸▸ In jeder Lebensgemeinschaft haben sich Nahrungsketten und Nahrungsnetze herausgebildet. Durch den Verlust einer einzigen Pflanzenart wird durchschnittlich 10 bis 20 Tierarten die Lebensgrundlage entzogen. Dazu zählen auch Tiere, die gar keine Pflanzenfresser sind wie z. B. der Wanderfalke. Dieser Greifvogel ist in Deutschland mit über 600 Brutpaaren vertreten.

Nahrungsketten und Nahrungsnetze ▸▸ Die Nahrungsbeziehungen zwischen Produzenten und Konsumenten in einem Ökosystem lassen sich in Nahrungsketten und Nahrungsnetzen darstellen. Bei dieser Darstellung wird immer beachtet, wer wen frisst. Die meisten der an Nahrungsketten beteiligten Organismen können unterschiedliche Nahrung aufnehmen.

Nahrungsbeziehungen im Ökosystem

In einem Ökosystem leben viele verschiedene Tiere. Sie alle sind durch **Nahrungsbeziehungen** eng miteinander verbunden. Nahrungsbeziehungen lassen sich in **Nahrungsketten** (↗ Abb. 1) darstellen. Dabei wird immer beachtet, *wer wen frisst.*

Die meisten der an Nahrungsketten beteiligten Organismen können unterschiedliche Nahrung aufnehmen. Eine *Amsel* z. B. verzehrt nicht nur Würmer und Insekten, sondern auch Pflanzensamen. Sie kann ein Glied in mehreren Nahrungsketten sein. So verzweigen sich in einer Lebensgemeinschaft immer mehrere Nahrungsketten zu einem **Nahrungsnetz** (↗ Abb. 1).

Am **Anfang von Nahrungsketten** oder **-netzen** stehen immer Organismen, die **Chlorophyll** besitzen. Sie nehmen anorganische Stoffe (Kohlenstoffdioxid, Wasser und Mineralstoffe) auf und bauen daraus mithilfe des Chlorophylls und unter Nutzung des Sonnenlichts organische Stoffe (z. B. Traubenzucker) auf. Das sind die **Produzenten** (**Erzeuger**, ↗ S. 66).

Pflanzen, die Chlorophyll besitzen, sind meist grün. Zu ihnen gehören Algen, Moos-, Farn- und Samenpflanzen.

Lebewesen, die kein Chlorophyll besitzen, sind auf die von den Produzenten gebildeten organischen Stoffe als Nahrung angewiesen. Viele davon (u. a. die Menschen und die Tiere) konsumieren diese Stoffe und werden deshalb **Konsumenten (Verbraucher)** genannt. Dabei unterscheidet man u. a. Konsumenten 1. Ordnung (Pflanzenfresser), Konsumenten 2. Ordnung (Fleischfresser) sowie Endkonsumenten (↗ Abb. 1).

Destruenten (Zersetzer), dazu gehören viele bodenbewohnende Tiere (z. B. *Aaskäfer*), Pilze und vor allem Bakterien, zersetzen im Wald organische Stoffe wieder zu anorganischen Stoffen.

Destruenten ernähren sich hauptsächlich von toten Organismen bzw. von Ausscheidungen der Organismen. Sie zerlegen diese in anorganische Stoffe (z. B. Wasser, Kohlenstoffdioxid, Mineralstoffe), die dann im Biotop freigesetzt und wieder von den Produzenten als Nährstoffe verwendet werden können (Stoffkreislauf).

1 ▸ Ausschnitt aus einem Nahrungsnetz im Mischwald (⟶ bedeutet: wird gefressen von; ▬ bedeutet: Nahrungskette)

Räuber-Beute-Beziehung

Eine spannende Nahrungsbeziehung in einer Lebensgemeinschaft ist die **Räuber-Beute-Beziehung. Räuber** können Pflanzenfresser, z. B. *Feldhase*, und auch Fleischfresser, z. B. *Mäusebussard* und *Specht,* sein. **Beute** sind Pflanzen, Teile von Pflanzen sowie Tiere, z. B. *Borkenkäfer*. Räuber und Beute sind voneinander abhängig.

In dem Lebensraum See kann man die **Räuber-Beute-Beziehung** beispielsweise zwischen *Karpfen* (Beute) und *Hechten* (Räuber) gut nachvollziehen.

Sind genügend Beutetiere da, hat dies – zeitlich meist etwas versetzt – eine Zunahme der Räuber zur Folge. Verringert sich das Beuteangebot, verringert sich infolge der weniger vorhandenen Nahrung wiederum die Anzahl der Räuber. Dadurch ergibt sich ein typisches Bild der Schwankungen von Räuber- und Beutetieren (↗ Abb. 1 bis 4).

Daher kommt es innerhalb einer Lebensgemeinschaft zu relativ ausgeglichenen Zahlenverhältnissen zwischen Räuber und Beute. Schwankungen treten zwar auf, führen aber nicht zur vollständigen Vernichtung einer Art. Die Lebensgemeinschaft befindet sich also in einem **dynamischen Gleichgewicht.**

Raub beinhaltet Wechselwirkungen zwischen Organismen verschiedener Arten.

Das Gleichgewicht kann durch äußere Faktoren, z. B. sehr kalter Winter, Eintrag von Schadstoffen, Düngemitteln und Gülle, Erkrankungen, Eingriffe des Menschen (z. B. Fischfang) zerstört werden. Langfristig stellt es sich aber immer wieder ein.

Raub führt in der Regel nicht zur Vernichtung aller Beuteorganismen, weil Räuber und Beute sich gegenseitig in einem langen Entwicklungsprozess angepasst haben. Die Räuber haben zum Erwerb der Beute bestimmte Strategien entwickelt, z. B. die Jagdstrategien von Greifvögeln.

Demgegenüber haben Beuteorganismen Strategien entwickelt, sich dem Zugriff der Räuber zu entziehen. Solche Entzugsstrategien sind z. B. Flucht *(Wasserfrosch)*, Wehrhaftigkeit *(Igel, Wespe)* oder Verstecken *(Zauneidechse)*.

1. Je mehr Karpfen, desto mehr Hechte

2. Je mehr Hechte, desto weniger Karpfen

3. Je weniger Karpfen, desto weniger Hechte

4. Je weniger Hechte, desto mehr Karpfen

1 – 4 ▸ Wechselbeziehungen zwischen Karpfen (Beutetier) und Hecht (Räuber)

Methoden

Bilden von Modellen

Modelle können Strukturen und Prozesse verdeutlichen. Dabei werden komplexe Aussagen auf wesentliche Daten, Kennzeichen oder Fakten eines Sachverhalts beschränkt. Damit wird bei der Modellbildung ein genaues, aber nur auf bestimmte Merkmale hin geschärftes Bild des Vorgangs entwickelt.

Aufgabe

Stelle die Regulierung der Populationsgröße von Borkenkäfern bezüglich des Räuber-Beute-Verhältnisses modellhaft dar.

Schritt ①

Ermitteln der Räuber und der Beutetiere

Borkenkäfer = Beute ; Buntspecht = Räuber

Schritt ②

Anwenden des bekannten Theoriebezugs auf das Beispiel

Eine große Anzahl von Beutetieren bedeutet viel Nahrung für die Räuber. Dies führt zur Vergrößerung der Population der Räuber. Durch die hohe Anzahl von Räubern dezimiert sich die Beutetierpopulation. Dies führt zur Nahrungsknappheit für die Räuber und somit auch zur Verringerung der Individuenzahl der Räuber.

- *Je mehr Borkenkäfer, desto mehr Buntspechte (1)*
- *Je mehr Buntspechte, desto weniger Borkenkäfer (2)*
- *Je weniger Borkenkäfer, desto weniger Buntspechte (3)*
- *Je weniger Buntspechte, desto mehr Borkenkäfer (4)*

Schritt ③

Suchen geeigneter Darstellungen für das gefundene Modell

strukturelle Darstellung:

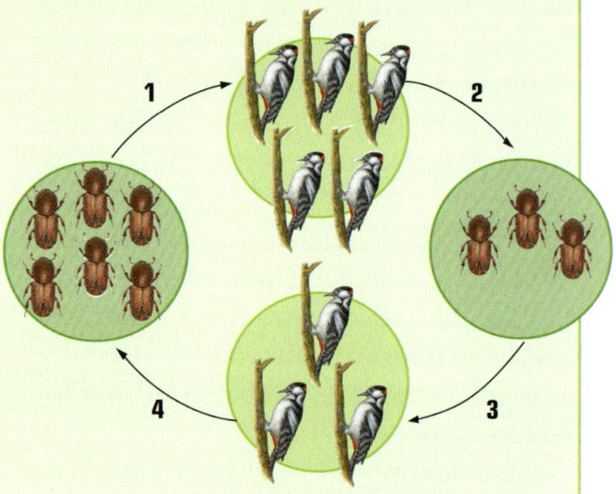

Pfeildiagramm:

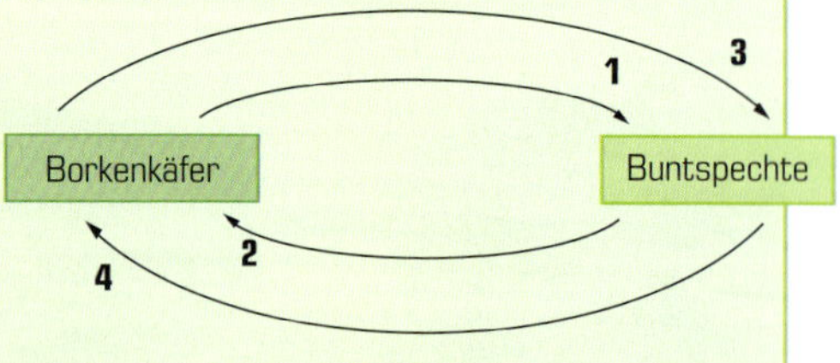

grafische Darstellung:

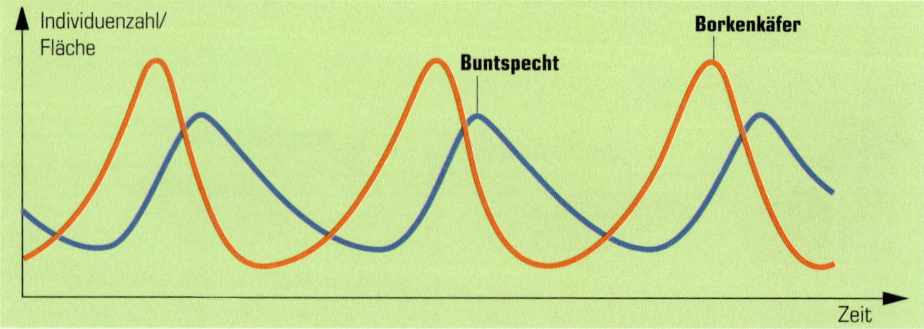

1 ▸ Räuber-Beute-Zyklus bei Borkenkäfer und Buntspecht

2

Stoffkreislauf im Ökosystem

Am **Stoffkreislauf im Ökosystem** sind alle Organismen eines Ökosystems beteiligt (↗ Abb. 1). Am Anfang dieses Kreislaufs stehen immer Organismen, die Chlorophyll besitzen (Produzenten).

Die *heterotroph lebenden Organismen* (Konsumenten) nehmen die von den Produzenten gebildeten organischen Stoffe auf. So werden die von den Erzeugern gebildeten organischen Stoffe über die Konsumenten bis zu den Destruenten weitergegeben.

Die Destruenten bauen die Stoffe ab, wobei die Ausgangsstoffe, u. a. Wasser, Kohlenstoffdioxid und andere anorganische Stoffe, wieder freigesetzt werden und erneut von den Produzenten genutzt werden können. Der Stoffkreislauf beginnt von Neuem.

Die Aufnahme körperfremder, organischer, energiereicher Stoffe bezeichnet man als heterotrophe Ernährungsweise

M

Durch die Beziehungen zwischen Produzenten, Konsumenten und Destruenten kommt ein Stoffkreislauf im Ökosystem zustande.

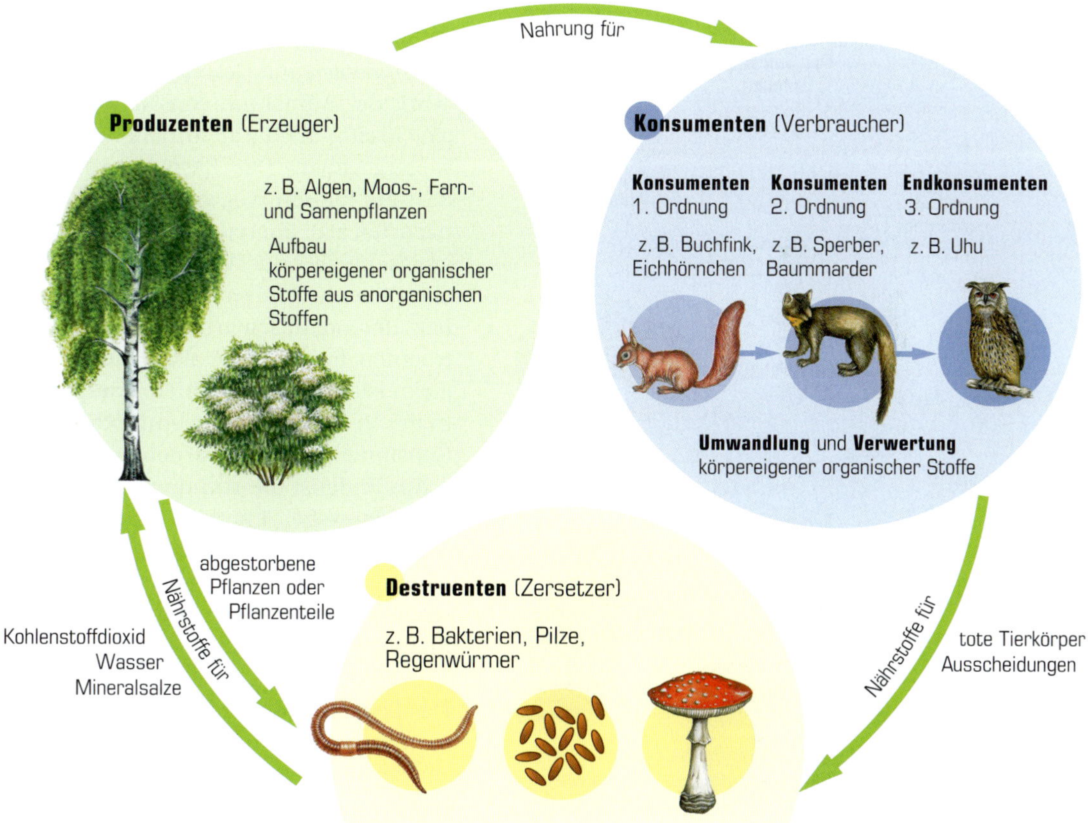

1 ▸ Beziehungen zwischen Erzeugern (Produzenten), Verbrauchern (Konsumenten) und Zersetzern (Destruenten) in einem Ökosystem (Stoffkreislauf)

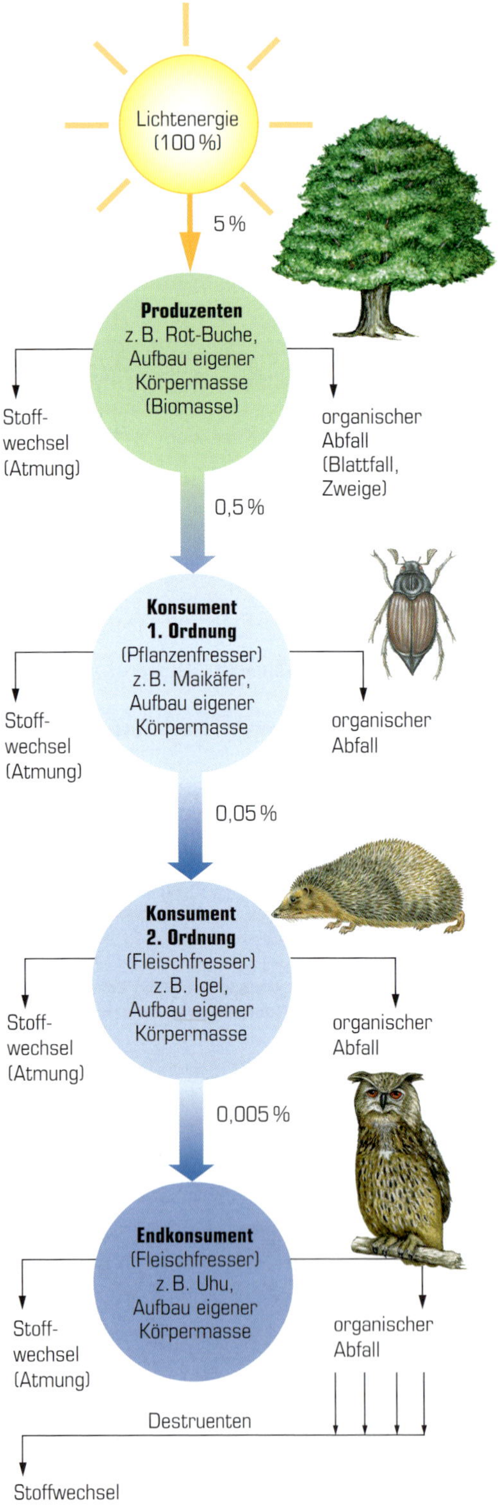

1 ▸ Energiefluss im Ökosystem Wald

Energiefluss im Ökosystem

Alle Lebewesen brauchen **Energie.** Sie ist für die Aufrechterhaltung der Lebensprozesse unerlässlich. Sonnenenergie ist reichlich vorhanden, doch kann sie so nicht von Organismen genutzt werden. Sie muss erst in chemische Energie umgewandelt werden. Dazu sind nur die Algen und Pflanzen sowie einige Bakterien, die Chlorophyll besitzen, in der Lage (↗ Fotosynthese).

Die in chemische Energie umgewandelte Strahlungsenergie ist dann in den gebildeten organischen Stoffen (z. B. Glucose) enthalten. Daher sind chlorophyllhaltige Organismen Energielieferanten für nahezu alle anderen Organismen, die *Konsumenten* und *Destruenten.*

Mit der Aufnahme von Nahrung wird gleichzeitig die darin enthaltene Energie weitergegeben. Das Besondere ist nun, dass auf diesem Weg von einer Stufe zur nächsten z. B. Energie in Form von Bewegungsenergie oder Wärme an die Umwelt abgegeben wird. Der Rest wird beim Abbau der organischen Stoffe durch Destruenten frei. Es gibt also keinen Energiekreislauf, sondern einen **Energiefluss** in der Beziehung zwischen Produzenten, Konsumenten und Destruenten.

Am Ende ist die von den Produzenten in chemische Energie umgewandelte Strahlungsenergie aufgebraucht, d. h. in andere Energieformen umgewandelt worden, und steht den Organismen nicht mehr zur Verfügung.

Das Leben auf der Erde kann folglich nur existieren, wenn von den Algen und Pflanzen sowie einigen Bakterien fortwährend Strahlungsenergie in chemische Energie umgewandelt wird.

Es gibt keinen Energiekreislauf, sondern einen Energiefluss. An dessen Ende ist die Energie aufgebraucht.

2

Selbstregulation im Ökosystem

Betrachtet man Nahrungspyramiden, erscheinen Ökosysteme als statische Gebilde. Das liegt daran, dass solche Berechnungen auf Daten eines langen Zeitraums beruhen, in Wäldern beispielsweise einige Jahrzehnte.

Doch hinter den Zahlen stecken **dynamische Prozesse,** wie Nahrungsketten oder -netze (↗S. 58), in denen sich die Mengenverhältnisse in Räuber-Beute-Beziehungen gegenseitig regulieren.

Verfolgt man die Abläufe in der Biozönose eines Ökosystems, werden **Schwankungen,** z. B. in der Anzahl von Arten und Individuen, sichtbar. Das sieht man besonders deutlich an den **Räuber-Beute-Beziehungen** (↗S. 59). Diese Abhängigkeiten gelten jedoch nur, wenn der Räuber sich auf eine oder wenige Beuteorganismen spezialisiert hat und auch in Mangelzeiten auf keine andere Nahrung ausweichen kann.

Dynamische Wechselbeziehungen, wie z. B. Konkurrenz, Räuber-Beute-Verhältnisse oder auch andere Nahrungsbeziehungen, bestehen zwischen Organismen in einem Ökosystem. Sie dienen der **Dichteregulierung** von Lebewesen und funktionieren in beide Richtungen einer Nahrungspyramide, nach unten wie nach oben.

In einem vielschichtigen Waldökosystem mit seinen vielen Teil-Lebensräumen gibt es eine besondere Vielzahl solcher Kontrollen und Wechselwirkungen. Dennoch kann es immer wieder zu **Störungen** kommen. Ein starker Borkenkäferbefall führt zur Schädigung der Bäume. Alte morsche Bäume brechen bei einem Sturm um. Ein großflächiger Windbruch (↗Abb. 1) kann die abiotischen Umweltfaktoren völlig verändern, sodass viele Lebewesen an dieser Stelle nicht mehr leben können. Frost, Dürre oder Überflutung haben das Absterben von Pflanzen und Tieren zur Folge, auf die wiederum andere Lebewesen angewiesen sind.

Störungen lösen in einem natürlichen Ökosystem **regulierende Kettenreaktionen** aus. Nach einer gewissen Zeit erreicht das Ökosystem durch diese **Selbstregulation** wieder seinen vormaligen Zustand. Über einen längeren Zeitraum betrachtet, entsteht dadurch ein stabiler Zustand, ein **ökologisches Gleichgewicht.**

Die **Stabilität eines Ökosystems** kann nicht nur durch Naturkatastrophen, wie Waldbrände, Schlammlawinen oder Erdbeben, zerstört werden. Gegenwärtig sind viele natürliche Ökosysteme vor allem durch die Einwirkungen des Menschen in ihrer Existenz bedroht, z. B. durch die Rodung natürlicher Wälder oder die Verschmutzung von Gewässern.

Ein Nahrungspyramide ist eine grafische Darstellung der Stoffmassen, die von den Lebewesen produziert bzw. verbraucht werden. Dabei stellt jede Ernährungsstufe dieser Pyramide die Nahrung für die nächsthöhere Stufe dar.

Aufgabe

Überlege, welche Folgen die Vernichtung eines stabilen Waldökosystems, z. B. durch Abholzung eines großen Waldgebietes, auf Boden, Flora und Fauna hat. Welche Lösungen bieten sich in einem Wirtschaftswald an, um nachhaltige Folgen zu vermeiden?

Als Fauna wird die Gesamtheit der Tierarten und als Flora die Gesamtheit der Pflanzenarten in einem Gebiet bezeichnet.

1 ▸ Zur relativen Stabilität eines Waldes gehören auch Absterben und Jungwuchs.

Stoff- und Energiewechsel bei chlorophyllhaltigen Pflanzen

Der **Stoff- und Energiewechsel** ist ein Merkmal aller Lebewesen.

Pflanzen mit Chlorophyll nehmen dazu als Nahrung Wasser, Kohlenstoffdioxid und Mineralstoffe auf. Das sind körperfremde, energiearme, anorganische Stoffe. Diese Art der Ernährung wird *autotroph* genannt.

Die meisten Lebewesen, z. B. Tiere und Menschen, nehmen mit der Nahrung außer Wasser vor allem Eiweiße, Fette und Kohlenhydrate auf. Das sind körperfremde, energiereiche Stoffe. Diese Art der Ernährung wird *heterotroph* genannt.

In den Zellen werden aus körperfremden Stoffen unter Verbrauch von Energie körpereigene organische Stoffe **aufgebaut** (Assimilation).

Assimilation ist der Aufbau körpereigener organischer Stoffe.

In den Zellen werden außerdem organische Stoffe zur Nutzbarmachung der in ihnen enthaltenen chemischen Energie abgebaut (Dissimilation). Diese Energie wird für Lebensvorgänge, z. B. Wachstum, benötigt.

Dissimilation ist der Abbau energiereicher organischer Stoffe.

Beide Prozesse (Assimilation und Dissimilation) bilden den **Stoff- und Energiewechsel** (↗ Abb. 1). Orte der Stoffwechselprozesse sind die **Chloroplasten** und die **Mitochondrien.**

In den Chloroplasten werden im Prozess der **Fotosynthese** mithilfe der Lichtenergie und des Chlorophylls aus anorganischen Stoffen organische Stoffe gebildet. Die Ausgangsstoffe Kohlenstoffdioxid und Wasser werden über die Wurzel (Wasser und Mineralstoffe) und die Laubblätter (Kohlenstoffdioxid) aufgenommen und über die Leitgefäße bis hin zu ihren Bestimmungsorten transportiert (↗ Abb. 2).

Orte der Energiefreisetzung sind die **Mitochondrien** in den Zellen. Hier findet die biologische Oxidation statt. Organische Stoffe werden unter Verbrauch von Sauerstoff in Kohlenstoffdioxid und Wasser umgewandelt.

Die Pflanzenorgane sind für die Aufnahme und Leitung von Stoffen, ihre Umwandlung sowie für die Abgabe von Stoffwechselendprodukten bestens ausgerüstet.

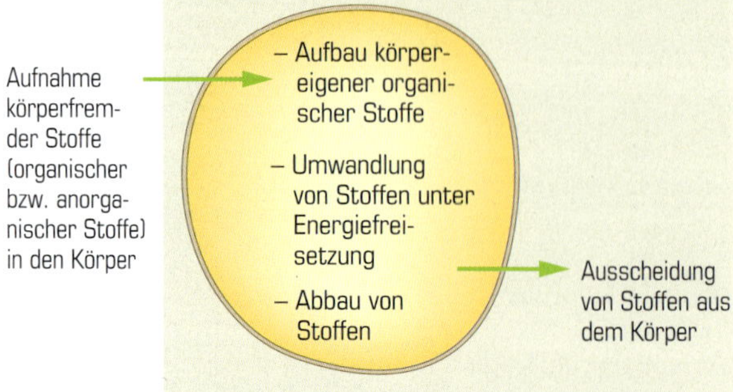

1 ▸ Stoffwechselprozesse , die in der Zelle ablaufen

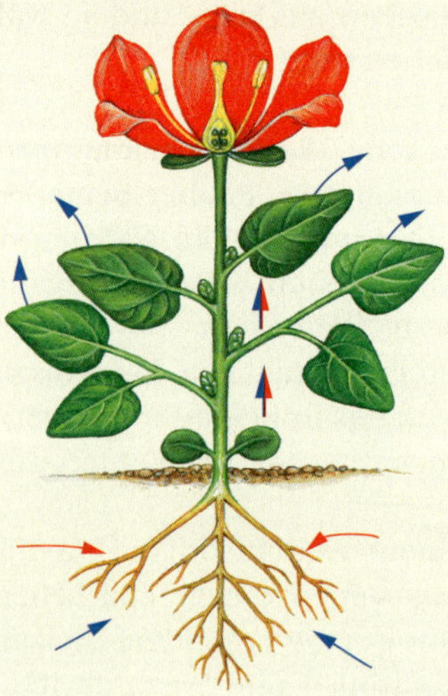

↖ (blau)	Abgabe von Wasserdampf aus den Laubblättern	↑ (rot)	Leitung von Wasser und Nährsalzen über die Sprossachse
→ (blau)	Aufnahme von Wasser über die Wurzel	→ (rot)	Aufnahme von Mineralstoffen über die Wurzel

2 ▸ Aufnahme, Leitung und Abgabe von Stoffen bei Samenpflanzen

2

Bildung von Traubenzucker (Fotosynthese) – ein Assimilationsprozess

Zu den Nährstoffen der grünen Pflanzen gehören *Wasser, Kohlenstoffdioxid* und *Mineralstoffe.* Diese anorganischen Stoffe werden im Organismus der Pflanzen in körpereigene organische Stoffe umgewandelt. Dazu benötigen die Pflanzen **Energie.** Anders als bei Tieren und beim Menschen, die energiereiche Nährstoffe aufnehmen und die darin enthaltene Energie nutzen, können die Pflanzen die Energie des Sonnenlichts direkt nutzen.

Aus *Wasser* und *Kohlenstoffdioxid* werden so der energiereiche Stoff *Traubenzucker* (Glucose) und *Sauerstoff* gebildet (↗ Abb. 1).

Diesen Stoffwechselprozess bezeichnet man als **Fotosynthese**. Die Fotosynthese findet in den **Chloroplasten** der Zellen statt. In den Chloroplasten ist der grüne Blattfarbstoff (Chlorophyll) enthalten. Ohne diesen Farbstoff kann die Fotosynthese nicht ablaufen (↗ Abb. 2).

Zur Speicherung wird der Traubenzucker in **Stärke** umgewandelt. Traubenzucker dient als Grundlage für die Bildung aller anderen körpereigenen Stoffe der Pflanze.

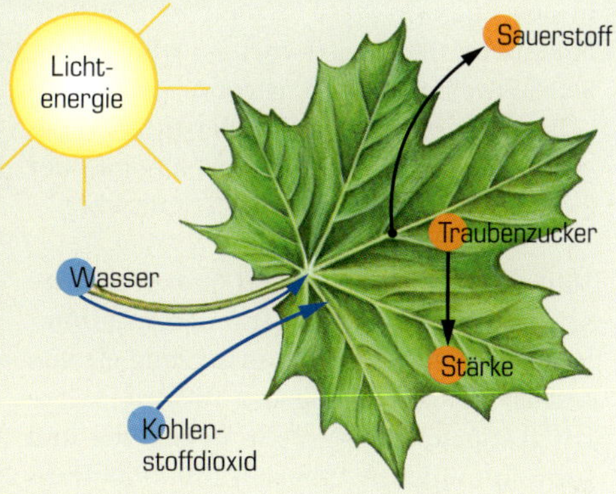

1 ▸ Ausgangsstoffe und Produkte der Fotosynthese

Der Sauerstoff, der bei der Fotosynthese entsteht, wird über die Spaltöffnungen an die Umwelt abgegeben.

Bei der Fotosynthese werden aus Kohlenstoffdioxid und Wasser unter Mitwirkung von Chlorophyll und der Nutzung von Lichtenergie Traubenzucker und Sauerstoff gebildet.

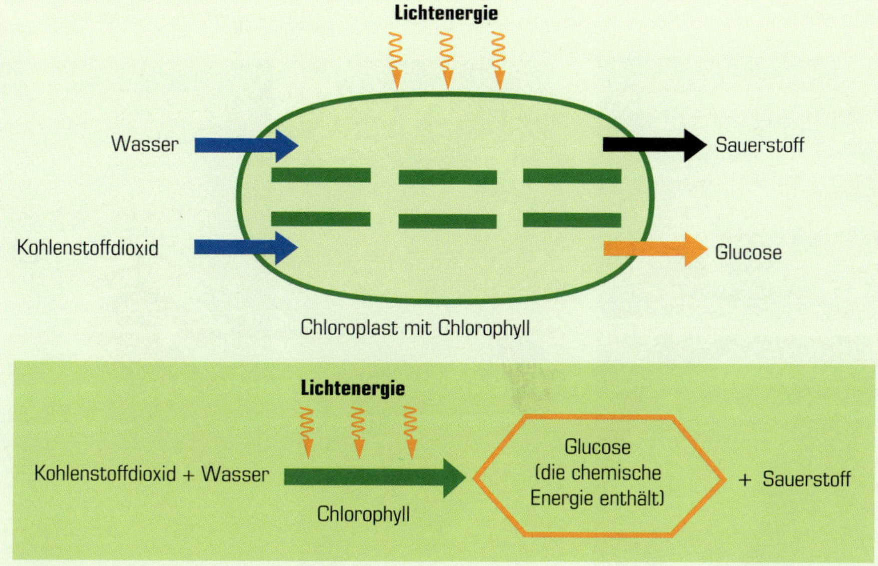

2 ▸ Prozess der Fotosynthese (Schema)

Bildung weiterer organischer Stoffe

In den Pflanzen werden zahlreiche weitere organische Stoffe gebildet – z.B. Stärke, Fette, Eiweiße, Vitamine. Grundlage dafür ist – direkt oder indirekt – Traubenzucker (Glucose), der als energiereicher organischer Stoff während der Fotosynthese entsteht.

Stärke und Cellulose sind praktisch eine Aneinanderreihung von Traubenzuckermolekülen. Cellulose ist Voraussetzung für den Aufbau der Zellwände der Pflanze. Stärke hat als Speicherstoff große Bedeutung und kann in manchen Pflanzen bzw. Pflanzenteilen (z.B. Knollen, Wurzelstöcken) gehäuft vorkommen. Als Nahrungs- bzw. Futtermittel hat sie große wirtschaftliche Bedeutung.

Für die Bildung weiterer organischer Stoffe (z.B. Eiweiß) reicht Glucose allein nicht aus. Traubenzucker besteht nur aus Kohlenstoff, Wasser- und Sauerstoff. Eiweiße z.B. enthalten dagegen auch noch Stickstoff und Schwefel. Diese Stoffe werden in Form von Mineralstoffen aufgenommen. Eiweiß ist der wichtigste Bestandteil des Zellplasmas. Wird gebildetes Eiweiß in das Zellplasma eingelagert, nimmt dessen Menge zu, die Zelle wächst.

Arzneipflanzen und deren Nutzung

Pflanzen	Stoff	Wirkung
Fingerhut	Digitoxin	Anwendung bei Herzerkrankungen
Tollkirsche	Atropin	krampflösend
Schlafmohn	Alkaloide (u.a. Morphin)	schmerzlindernd (wird u.a. bei Krebserkrankungen eingesetzt)
Linde	Schleimstoffe	schleimlösend

Auf der Grundlage von Traubenzucker werden weiterhin Fette gebildet, die häufig in Samen in größerer Menge gespeichert sind, z.B. in Hasel- und Walnüssen. Fette stellen wie Eiweiße unentbehrliche Nährstoffe für alle heterotroph lebenden Organismen dar.

Vitamine sind wichtige Ergänzungsstoffe. Andere Stoffe finden als Arzneimittel, Gewürze oder Genussmittel Anwendung. Manche Pflanzen bilden gefährliche Giftstoffe (z.B. *Stechapfel, Tollkirsche, Schierling*).

1 ▸ Blüten a) der Linde, b) des Stechapfels, c) des Schlafmohns, d) des Fingerhuts

2

Die Atmung – ein Dissimilationsprozess auch bei chlorophyllhaltigen Organismen

Atmen Pflanzen auch?

Tiere und auch der Mensch atmen ständig. Dabei wird Sauerstoff aufgenommen und zu den Zellen transportiert. Dort findet der eigentliche Atmungsprozess statt. Dabei werden Kohlenstoffdioxid und Wasser gebildet, die aus dem Körper heraustransportiert und an die Umwelt abgegeben werden. Außerdem wird auch Wärme frei.

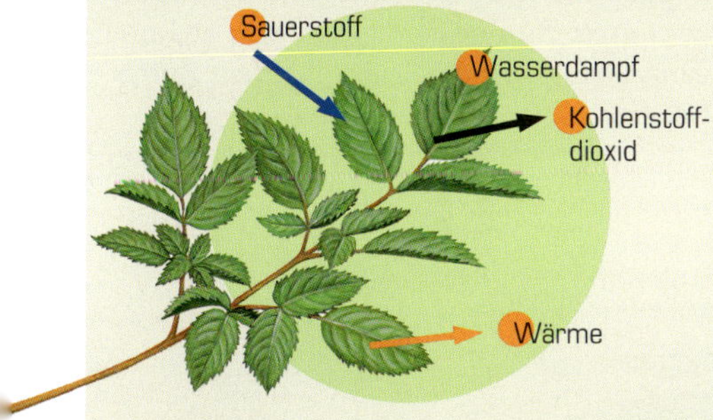

1 ▸ Aufnahme und Abgabe von Stoffen bei der Atmung der Pflanzen

Die Frage ist nun, ob auch Pflanzen atmen. Wenn dies der Fall ist, müssten sie nicht nur *Kohlenstoffdioxid* aufnehmen (↗ Fotosynthese), sondern auch *abgeben.*

Dies erfolgt tatsächlich, was sich durch ein Experiment nachweisen lässt. Ebenso einfach ist es nachzuweisen, dass lebende Pflanzen *Wärmeenergie* an die Umwelt abgeben. Schwieriger ist es zu erkennen, dass Pflanzen auch Sauerstoff aufnehmen.

J. INGENHOUSZ gelang dieser Nachweis bereits im 18. Jahrhundert. Er war der Erste, der erkannte, dass auch Pflanzen Tag und Nacht atmen. Damit gelang es ihm, die *Fotosynthese* und die *Atmung* als zwei grundlegend verschiedene Lebensprozesse zu unterscheiden (↗ Abb. 1).

Der Prozess der Atmung

Im Prozess der Atmung sind Stoff- und Energieumwandlungen eng verknüpft. **Ausgangsstoffe** der Atmung sind *Traubenzucker* und *Sauerstoff;* **Endprodukte** sind *Kohlenstoffdioxid* und *Wasser* (↗ Abb. 2).

Die energiereichen organischen Stoffe, vor allem Traubenzucker, aber auch Fette und Eiweiße, werden unter Beteiligung von Sauerstoff in den **Mitochondrien** zu den energiearmen anorganischen Stoffen Kohlenstoffdioxid und Wasser umgewandelt. Dabei wird ein Teil der chemischen Energie der Ausgangsstoffe in thermische Energie umgewandelt. Der andere Teil wird in Energie umgewandelt, die für die Erhaltung der Lebensprozesse der Organismen zur Verfügung steht.

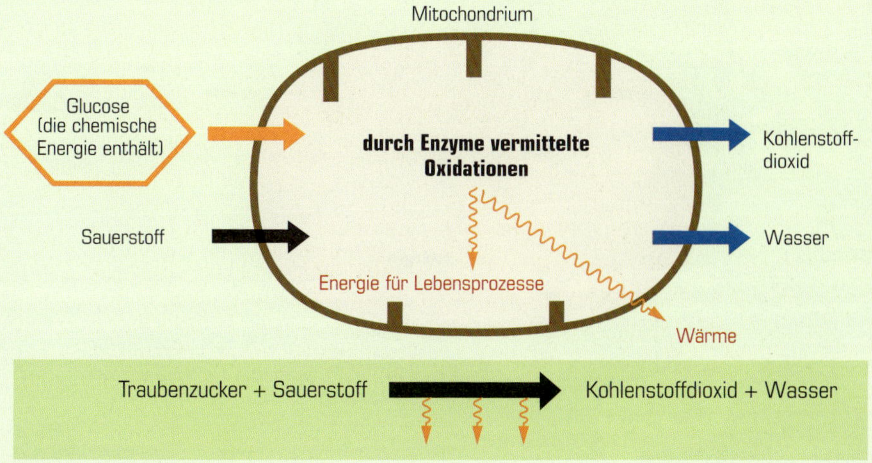

2 ▸ Stoff- und Energiewechselprozesse während der Atmung

Wechselbeziehungen zwischen den Stoffwechselprozessen Fotosynthese und Zellatmung

Die beiden Stoffwechselvorgänge Fotosynthese und Atmung (Zellatmung) sind voneinander abhängige Prozesse (↗ Abb. 1).

Im Prozess der **Fotosynthese** in den **Chloroplasten** der Zellen stellen die Produzenten aus Kohlenstoffdioxid und Wasser organische Stoffe her (↗ S. 65). Voraussetzung für die Bildung organischer Stoffe sind Chlorophyll und Sonnenlicht. Die Energie der Sonne wird im Prozess der Fotosynthese in chemische Energie umgewandelt und in den organischen Stoffen gespeichert.

Für die Aufrechterhaltung ihrer Lebensprozesse benötigen alle Lebewesen, Pflanzen, Tiere und Menschen, **Energie**.
Diese Energie erhalten sie durch den Abbau der organischen, energiereichen Stoffe im Prozess der **Zellatmung**. Dieser Prozess läuft in den **Mitochondrien** der Zellen ab (↗ S. 67).

Einige Lebewesen, z. B. Pilze und Bakterien, gewinnen die notwendige Energie aus organischen, energiereichen Stoffen durch **Gärung**.

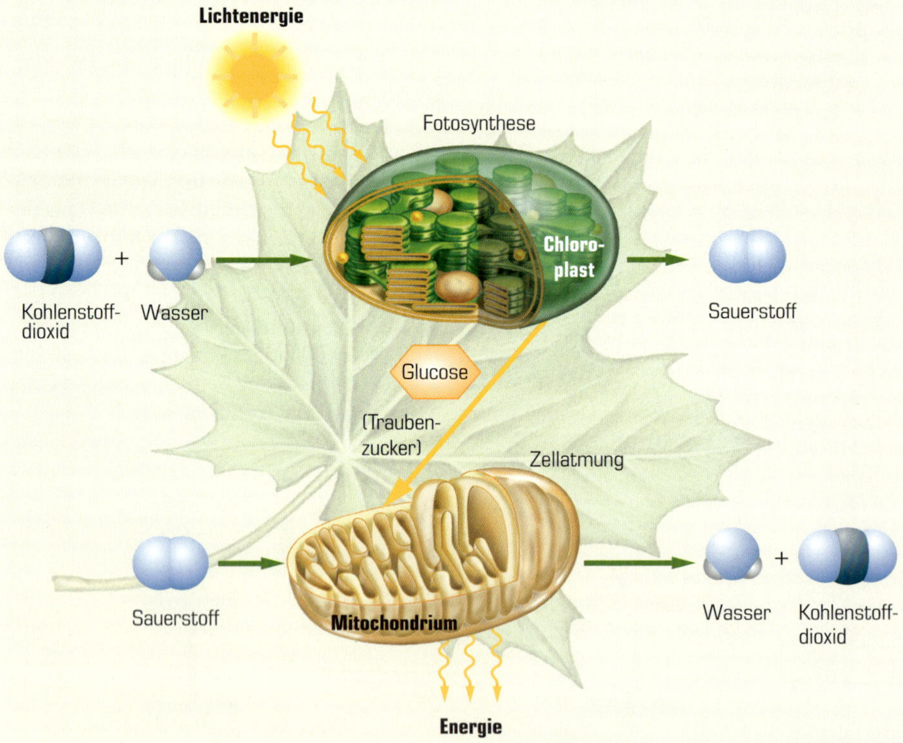

Kohlenstoffdioxid + Wasser + Energie $\underset{\text{Zellatmung}}{\overset{\text{Fotosynthese}}{\rightleftharpoons}}$ Glucose + Sauerstoff

1 ▸ Wechselbeziehungen zwischen Fotosynthese und Zellatmung

gewusst · gekonnt

1. Stelle Nahrungsketten des Waldes auf. Verwende dazu die Namen folgender Organismen: Eichhörnchen, Mäusebussard, Sperber, Eichenwicklerraupe, Eichel, Fichten, Specht, Kohlmeise, Eichenblätter, Borkenkäfer, Baummarder.

2. Nenne Tiere, die a) für den Waldkauz und b) für den Buntspecht Beutetiere darstellen.

3. Ordne die nachfolgend aufgeführten Organismen den entsprechenden Ernährungsstufen zu. Begründe die Zuordnung.
Organismen:
A: Schwebfliege
B: Hecht
C: pflanzliches Plankton
D: Frosch

Ernährungsstufen:
1. Produzenten
2. Konsumenten 1. Ordnung
3. Konsumenten 2. Ordnung
4. Konsumenten 3. Ordnung

4. Ordne die Namen der folgenden Lebewesen in die Gruppen der Pflanzenfresser und Fleischfresser ein:
Mäusebussard, Wildkaninchen, Eichhörnchen, Fuchs, Ringeltaube, Habicht.

5. Erläutere an Beispielen, dass der Wald eine Lebensgemeinschaft ist.

6. Fertige eine Tabelle an und ordne die Namen folgender Organismen den Produzenten, Konsumenten und Destruenten zu:
Busch-Windröschen, Eichhörnchen, Regenwurm, Kellerassel, Reh, Rot-Buche, Wald-Sauerklee, Schimmelpilze, Mäusebussard, Bakterien. Begründe deine Zuordnung.

7. Entwickle eine Nahrungskette, deren Ausgangspunkt abgestorbene Pflanzenteile und tote Tierkörper sind. Beschreibe und begründe die Ernährungsstufen.

8. Stelle die Räuber-Beute-Beziehung zwischen Hecht und Karpfen in einem Schema dar. Beschreibe die wechselseitigen Beziehungen. Nutze dazu Informationen aus dem Internet bzw. www.schuelerlexikon.de.

9. In Ökosystemen gibt es einen Stoffkreislauf aber keinen Energiekreislauf, sondern einen Energiefluss. Erläutere diese Tatsache am Beispiel der Abbildung 1 auf Seite 62. Suche auch im Internet.

10. Übernimm die untere Zeichnung der Nahrungspyramide in dein Arbeitsheft. Trage in die abgebildete leere Nahrungspyramide folgende Begriffe in der richtigen Reihenfolge ein:
A) Konsumenten 3. Ordnung
B) Produzenten
C) Konsumenten 1. Ordnung
D) Konsumenten 2. Ordnung

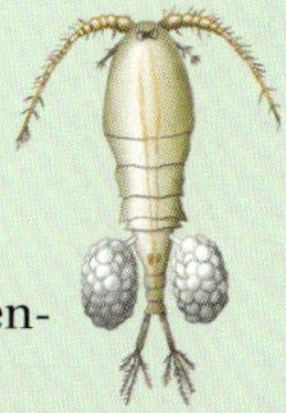

Ordne daneben die entsprechenden Beispiele zu.
a) 100 kg Planktontiere im Gewässer
b) 1 kg Forelle
c) 1 000 kg Planktonpflanzen im Gewässer
d) 10 kg Blaufelchen (Friedfisch)

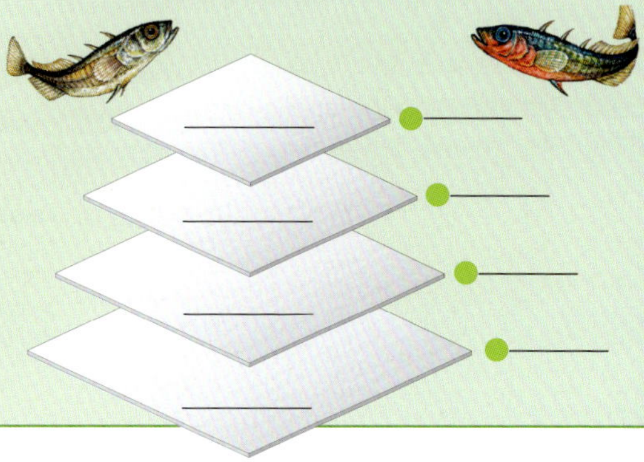

Das Wichtigste auf einen Blick

Nahrungsbeziehungen im Ökosystem

Im Ökosystem bestehen zwischen den Pflanzen als **Erzeugern (Produzenten),** den Pflanzen- und Fleischfressern als **Verbrauchern (Konsumenten)** sowie den Bakterien, Pilzen und bodenlebenden Tieren als **Zersetzern (Destruenten)** vielfältige Nahrungsbeziehungen.
Diese lassen sich in **Nahrungsketten** und **Nahrungsnetzen** erfassen.

Stoffkreislauf und Energiefluss im Ökosystem

Nahrungsketten und Nahrungsnetze als Nahrungsbeziehungen bewirken einen **Stoffkreislauf** sowie einen **Energiefluss** im Ökosystem.

Im Ökosystem besteht ein **ökologisches Gleichgewicht** als ausgewogenes Verhältnis zwischen den Arten in einem längeren Zeitraum.

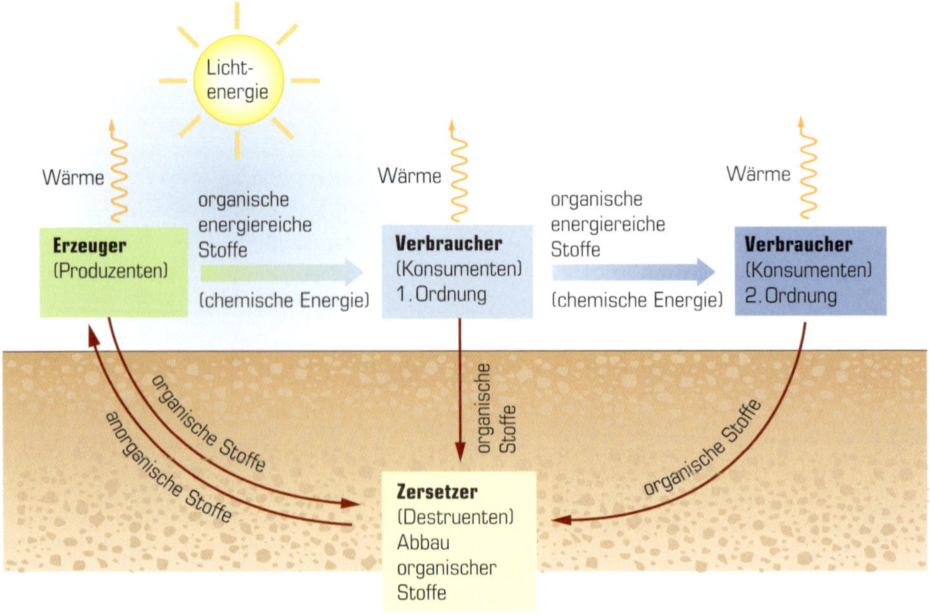

2.3 Erhaltung und Schutz von Ökosystemen

Die Erde – ein einmaliger Planet ▸▸ Von Astronauten wird unsere Erde als blauer Planet beschrieben. Bisher ist kein anderer Planet bekannt, der Eigenschaften wie die Erde besitzt und auf dem es Leben gibt.

Gefahren für das Leben auf der Erde ▸▸ Der Mensch wirkt ständig auf seine Umwelt ein, nutzt für sich zahlreiche Pflanzen und Tiere. Er muss dies tun, um leben zu können. Aber durch z. B. massive Verschmutzung von Gewässern und Abrodung von Wäldern ist unsere Umwelt derzeit sehr gefährdet.

Pachtvertrag für die Erde ▸▸ Die gegenwärtig lebenden Generationen haben die Erde nur zeitweilig „gepachtet“. Sie haben die Verantwortung, auch für künftige Generationen Bedingungen zu erhalten, die diesen auch weiterhin ein Leben auf dem blauen Planeten ermöglicht.

Eingriffe des Menschen in die Umwelt und ihre Folgen

Man schätzt z. B., dass täglich 35 000 km² tropischer Regenwald gerodet werden, um Land für den Anbau von Kulturpflanzen zu gewinnen.

Die Eingriffe in die Umwelt durch den Menschen kann man im eigenen Land beobachten: Neue Häuser und Straßen werden gebaut, weite Eisenbahn- und Autobahntrassen angelegt (↗ Abb. 1), große Einkaufszentren entstehen. Dafür werden große Flächen bebaut.

So unterschiedlich die Eingriffe sind, sie berühren nicht nur die unbelebte Natur, sondern immer auch Lebewesen - die Pilze, Pflanzen und Tiere. Viele Eingriffe, die derzeit erfolgen, haben besonders weitreichende Auswirkungen, wie die folgenden Beispiele zeigen.

Zerstörung oder Umwandlung natürlicher Lebensräume

Vielen Arten werden Lebensmöglichkeiten genommen durch

- **Rodung von Wäldern:** In Deutschland hat sich dadurch der Waldanteil seit dem Mittelalter um etwa 70 % verringert. Wo heute z. B. Äcker die Landschaft prägen, war ursprünglich Wald. Das Aussterben bzw. die Gefährdung von etwa zwei Dritteln der in Deutschland und Nordamerika beheimateten Arten ist auf die Waldrodung zurückzuführen. Die Rodung tropischer Regenwälder ist derzeit die größte Bedrohung für die Artenvielfalt. Denn dort leben 90 % der heute bekannten Arten.
- **Bebauung** bzw. **Versiegelung von Flächen:** Dadurch werden den Organismen ebenfalls Lebensräume genommen. Das Wasser kann nicht vom Boden aufgenommen werden und fließt sehr schnell ab.
- **Entwässerung ganzer Landstriche:** Feuchtigkeitsliebende Arten sind dadurch ernsthaft bedroht. Dies ist der Grund dafür, dass bei uns z. B. die Lurche gefährdet sind.
- **Übernutzung von Landschaften:** Beispielsweise werden durch Überweidung viele Arten ihrer Existenzgrundlagen beraubt.
- **Rohstoffgewinnung:** Durch den Abbau von Kies und Braunkohle werden Landschaften stark verändert.

1 ▸ Breite Autobahnen durchziehen die Landschaften und vergrößern die Versiegelungsflächen.

Veränderung der natürlichen Bedingungen durch menschliche Tätigkeit

Heute werden Tausende chemischer Verbindungen produziert, z. B. für die Bekämpfung von Schädlingen, zur Herstellung von Waschmitteln und Kosmetika, die bisher in der Natur nicht vorkamen. Viele Stoffe davon gelangen in die Umwelt und belasten bzw. schädigen als Giftstoffe direkt oder indirekt Organismen (↗ Modellversuch unten).

Manche Stoffe werden nur schwer abgebaut und gelangen über die Nahrungskette bis in den Körper des Menschen und können ihn schädigen.

Belastungen der Biotope von Ökosystemen gehen auch von der Landwirtschaft und dem Gartenbau infolge der zusätzlichen Düngung aus, z. B. mit Stickstoff- und Phosphatverbindungen. Dieses hohe Angebot an Mineralstoffen begünstigt wenige, üppig wachsende Arten, durch die viele andere verdrängt werden. In Gewässern kommt es zu Algenblüten und Faulschlammbildung.

Einschleppen oder Eindringen von nicht heimischen Arten

Einige Organismen, die in bestimmten Ökosystemen nicht heimisch waren, vermehren sich oft explosionsartig unter den neuen Lebensbedingungen, weil sie keine natürlichen Feinde haben. Sie verdrängen ursprünglich vorhandene Arten.

1862 wurden in Australien z. B. zwölf europäische *Wildkaninchen* ausgesetzt. Sie brachten es bis zur Jahrhundertwende auf einen Bestand von etwa 1 Milliarde Tiere, zerstörten die Pflanzendecke und lösten eine heftige Bodenerosion aus. Auch bei uns breitet sich eine Reihe eingewanderter Arten aus, z. B. der *Waschbär.*

1 ▸ Wildkaninchen

Züchtung von Pflanzen- und Tierarten

Die Züchtung hat zur Veränderung der Arten und Reduzierung der Vielfalt geführt. So werden z. B. auf riesigen Flächen nur wenige Kulturarten angebaut, oft dominiert nur eine Art (Monokultur). Die ursprünglichen Arten wurden verdrängt.

Untersuchungen • Experimente

Weise die Wirkung von Waschmitteln auf die Oberflächenspannung des Wassers nach

Materialien:
pneumatische Wanne oder Glasschüssel, Wasser, Spülmittel (nicht konzentriert), Aluminiumfolie, evtl. Schere

Durchführung:
- Fertige ein Modell des Wasserläufers aus Aluminiumfolie nach unten stehender Abbildung.
  Setze das Modell des Wasserläufers auf die Wasseroberfläche auf.
- Gib Spülmittel in das Wasser.

Beobachtung und Auswertung:
- Notiere deine Beobachtungen vor und nach der Zugabe von Spülmittel.
- Informiere dich über die Oberflächenspannung des Wassers. Welchen Einfluss hat Spülmittel?
- Informiere dich über die Lebensweise des Wasserläufers. Leite ab, welche Wirkung ungeklärte Abwässer für Organismen haben, die die Wasseroberfläche nutzen.

Wirtschaftlich genutzte Ökosysteme

Wo sich heute Äcker, Wiesen und Weiden ausdehnen, befanden sich nicht nur in Thüringen, sondern in ganz Mitteleuropa noch vor etwa 1500 Jahren dichte Wälder. Nachdem die Menschen sesshaft geworden waren und ihre Anzahl zunahm, begannen sie, die Wälder zu roden, das Land urbar zu machen, um durch Ackerbau und Viehzucht relativ sichere Nahrungsquellen zu haben. In Deutschland erfolgten die größten Waldrodungen im frühen Mittelalter. So entstanden vom Menschen künstlich geschaffene Flächen, die u.a. dem Anbau verschiedener Kulturpflanzen sowie der Beweidung (↗ Abb. 1) dienten. In Deutschland sind dies gegenwärtig 55 % der Landesfläche.
Die vom Menschen geschaffenen Flächen werden als **Agrarökosysteme** bezeichnet.

Agrarökosysteme sind heute weit von ihrem natürlichen Zustand entfernt und können - ähnlich wie Stadtökosysteme - nur durch hohen Aufwand (u.a. menschliche Arbeit, Energie, chemische Stoffe) erhalten werden. Ohne diesen Aufwand würden sich wieder Wälder entwickeln. Alle Maßnahmen zur Erhaltung von Agrarökosystemen, insbesondere von „Ackerökosystemen“, sind darauf gerichtet, für Kulturpflanzen günstige Entwicklungsbedingungen zu schaffen sowie Ackerwildkräuter und Kulturpflanzen schädigende Organismen in Grenzen zu halten. Dazu zählen u.a. folgende Maßnahmen:

- regelmäßige Bodenbearbeitung (z.B. Pflügen), um die Ackerkrume fruchtbar zu erhalten.
- mehrmaliges Mähen von Wiesen.
- Bewässerung von Äckern und Weiden, wenn das natürliche Wasserangebot nicht ausreicht und Entwässerung dort, wo ein Wasserüberschuss besteht.
- zusätzliche Gabe von Nährstoffen für die Kulturpflanzen in Form mineralischer Düngemittel bzw. organischer Stoffe.
- die Bekämpfung von Organismen, die das Wachstum und die Entwicklung der Kulturpflanzen beeinträchtigen.

In Verbindung mit der Züchtung ertragreicher Sorten ist es gelungen, dem Ackerboden hohe Erträge abzuringen. Dadurch kann die Versorgung der zunehmenden Anzahl von Menschen in weiten Gebieten der Erde gesichert werden.

1 ▸ Weiden gehören zu den wirtschaftlich genutzten Ökosystemen.

Das Getreidefeld – ein wirtschaftlich genutztes Ökosystem

In einem Getreidefeld (↗Abb. 1) wirken ähnliche **abiotische Umweltfaktoren** wie in natürlichen Ökosystemen, z. B. dem Wald. Es gibt aber einige Besonderheiten.
Eine zentrale Stellung im Ökosystem Getreidefeld besitzt der Boden. Von den Eigenschaften des Bodens hängt der Anbau von Kulturpflanzen ab. *Weizen* z. B. bevorzugt lehmhaltige Böden, *Roggen* kann noch auf sandigen Böden gedeihen.
Das fast vollständige Abräumen der Felder durch die Ernte bewirkt einen ständigen Stoffentzug, sodass der natürliche Stoffkreislauf (↗S. 61) gestört ist. Deshalb werden zusätzlich Nährstoffe in Form von Düngung zugeführt. Das aber beeinflusst andere abiotische Umweltfaktoren, z. B. den pH-Wert.
Biozide, die zur Schädlingsbekämpfung eingesetzt werden, vernichten nicht nur Schädlinge, sondern töten oft auch Nützlinge und beeinträchtigen die Lebewesen im Boden.
Die Kulturpflanzen bedecken oft nur kurze Zeit den Boden. Niederschlagswasser kann in Zeiten ohne oder nur mit spärlicher Pflanzendecke rasch abfließen. Die Folge ist oft Bodenerosion oder auch Wassermangel. Große, „freie" Ackerflächen bieten dem Wind kaum Widerstand. Das fördert u. a. ein relativ rasches Austrocknen des Bodens.

Auch bei den **biotischen Umweltfaktoren** treten Besonderheiten auf: Getreidefelder, aber auch andere Flächen mit Kulturpflanzen, sind extrem artenarm. Meist dominiert nur eine Kulturpflanzenart (z. B. *Weizen*). Es handelt sich also meist um **Monokulturen.** Schädlinge der Kulturpflanzen finden in solchen Monokulturen Nahrung im Überfluss und können sich rasch ausbreiten. Monokulturen sind immer stark gefährdet.
Wildkräuter werden bewusst unterdrückt. Nur an den Feldrändern (Feldrainen) und den Feldgehölzen ist eine Vielzahl verschiedener Pflanzenarten zu finden. Diese Bereiche haben also für die Erhaltung der Artenvielfalt große Bedeutung.
Beispielsweise ist in einem Weizenfeld auch die **Tierwelt** (z. B. *Feldhase, Rebhuhn, Feld-Hamster*) durch die intensive Bewirtschaftung stark gefährdet. Es ist daher erforderlich, für diese Arten „Rückzugsräume" zu schaffen.

1 ▸ Getreidefelder prägen in Mecklenburg-Vorpommern das Landschaftsbild mit.

Weltweite Auswirkungen menschlicher Tätigkeit

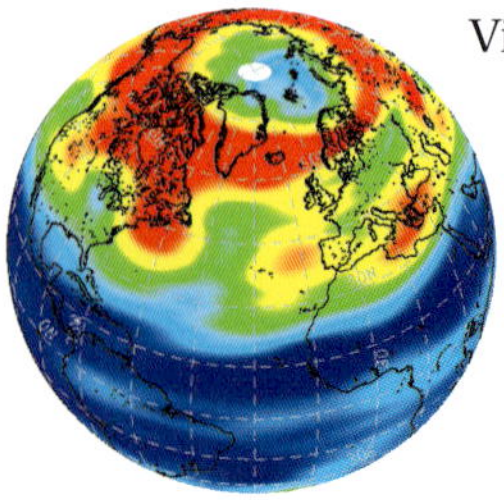

Viele Einwirkungen menschlicher Tätigkeit auf die natürlichen Lebensbedingungen erfolgen **lokal** (z. B. im Ort deiner Schule). Sie wirken sich aber zunehmend regional und **global** (weltweit) mit verheerenden Folgen für viele Arten und auch den Menschen aus.

Der Treibhauseffekt

Man rechnet damit, dass sich die Temperatur an der Erdoberfläche bis zum Jahr 2050 gegenüber 2000 um etwa 2,5 °C erhöht.

Das Sonnenlicht erwärmt unsere Erde. Die Erdoberfläche gibt einen Teil der Strahlung als Wärmestrahlung wieder ab. Wolken und Treibhausgase reflektieren diese Wärmestrahlen und sie gelangen erneut zur Erde (↗ Abb. 1). Treibhausgase wirken also ähnlich wie die Glasscheiben in einem Gewächshaus.

Durch den **natürlichen Treibhauseffekt** hat sich eine mittlere Temperatur auf der Erde von rund + 15 °C ergeben, die für ein stabiles Leben von Pflanzen, Tieren und Menschen wichtig ist. Ohne Treibhauseffekt würde auf der Erde eine mittlere Temperatur von – 18 °C herrschen.

Zu den **Treibhausgasen** gehören *Wasserdampf, Kohlenstoffdioxid, Methan, Fluorchlorkohlenwasserstoffe (FCKW)* u. a.

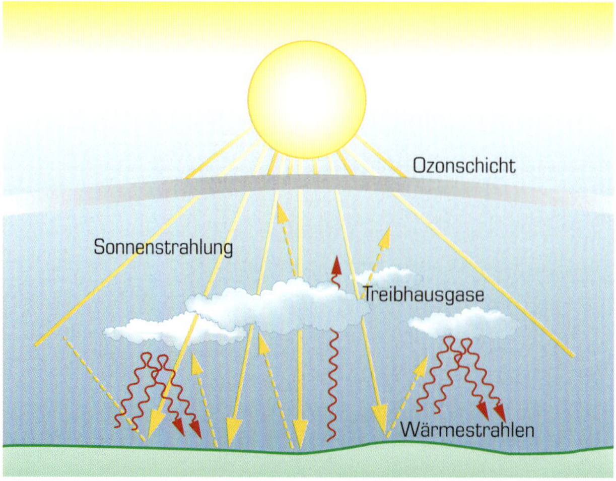

1 ▸ Entstehung des Treibhauseffekts

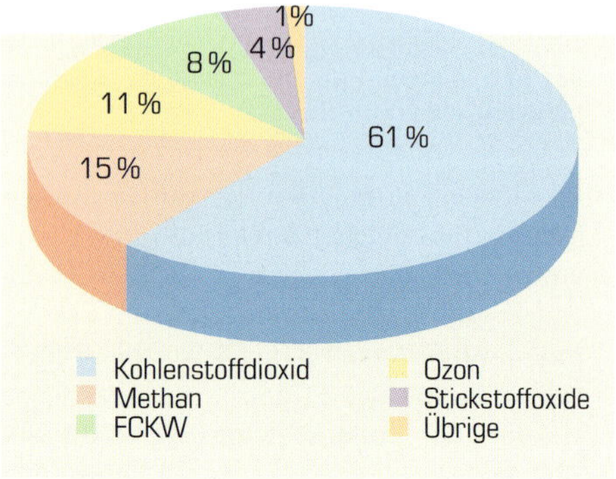

2 ▸ Anteil der Gase am anthropogenen Treibhauseffekt

Bis auf FCKW sind alle anderen Stoffe auch natürliche Bestandteile der Atmosphäre. Sie lassen die Sonnenstrahlen ungehindert durch, behindern aber die Wärmeabstrahlung von der Erde.

Durch die Verbrennung **fossiler Energieträger** gelangen zusätzliche Mengen an Kohlenstoffdioxid in die Atmosphäre. Bei vielen industriellen und landwirtschaftlichen Prozessen werden weitere Treibhausgase (z. B. Fluorchlorkohlenwasserstoffe und Methan) freigesetzt. Der Treibhauseffekt wird dadurch künstlich verstärkt (**anthropogener Treibhauseffekt,** ↗ Abb. 2). Dadurch könnte es zu einer globalen Erwärmung mit weitreichenden Folgen kommen, beispielsweise zu einer Verschiebung der Klimazonen, zur Ausdehnung der Wüstengebiete, zum Ansteigen des Meeresspiegels. Einige Messungen deuten darauf hin, dass schon heute derartige Veränderungen erfolgen. Dies alles würde zur **Vernichtung vieler Arten und ihrer Lebensräume führen.**

Saurer Regen

Er kommt durch die Reaktion von Schadstoffen mit Wasser in der Atmosphäre zustande, vor allem von *Schwefeldioxid* und *Stickstoffoxiden* (z. B. in Auspuffgasen enthalten).

2

Dabei werden Säuren gebildet. Diese gelangen mit den Niederschlägen in den Boden, bewirken z. B. eine Veränderung des pH-Werts und schädigen die Pflanzen.

Ausdünnung der Ozonschicht

Als natürlicher Bestandteil der Luft ist **Ozon** sowohl in den unteren als auch in den oberen Luftschichten der Atmosphäre anzutreffen.

In **Bodennähe** sind höhere Anteile unerwünscht, da Ozon bei stärkerer Konzentration z. B. die Schleimhäute angreift (Hustenreiz) und Pflanzen schädigt.

In den **oberen Luftschichten** ist Ozon dagegen lebensnotwendig. Es absorbiert UV-Strahlen. Dadurch schützt es den Menschen, die Tiere und die Pflanzen vor den schädigenden Wirkungen der UV-Strahlung.

Der Ozongehalt in etwa 20 km Höhe verringert sich von Jahr zu Jahr. An dieser Ausdünnung sind u. a. Fluorchlorkohlenwasserstoffe (FCKW) beteiligt, die z. B. aus Treibgasen und Kühlmitteln stammen und 0in die oberen Luftschichten gelangt sind. Die Chloratome aus diesen Verbindungen bewirken in einem komplizierten Prozess die Zerstörung der Ozonschicht.

1 ▸ Besenheide wird vom Schmetterling besucht.

Sie werden in diesem Prozess wieder frei und können erneut wirksam werden. Die Folge ist eine Zunahme der schädlichen UV-Strahlung (teilweise bereits um 30 %) mit negativen Auswirkungen auf Pflanzen, Tiere und den Menschen (u. a. Zunahme von Hautkrebs).

Zerstörung von Lebensräumen

Werden z. B. in einem Feuchtgebiet durch Entwässerung die Bedingungen gravierend verändert, wird damit Algen und feuchtigkeitsliebenden Pflanzenarten die Lebensgrundlage entzogen. Sie bilden aber wiederum die Lebensgrundlage für Verbraucher (Konsumenten), was letztlich zum Rückgang z. B. der Lurche und des Storches führt. Das Ökosystem bricht zusammen.

Vernichtung einzelner Arten

Schon das Fehlen einer Art kann die Kreisläufe in einem Ökosystem erheblich stören. Von der *Besenheide* (↗ Abb. 1) ernähren sich z. B. rund 30 verschiedene Schmetterlingsraupen, wie die des *Kleinen Nachtpfauenauges*. Heideflächen mit *Besenheide* sind in den letzten 100 Jahren in Deutschland sowohl in Anzahl als auch in Ausdehnung reduziert worden. Dadurch sind heute auch viele früher häufige Tierarten gefährdet und dies hat Auswirkungen auf viele Ökosysteme.

M

Der Mensch beeinflusst derzeit die natürlichen Kreisläufe in einer solchen Weise, dass dadurch für die Natur und ihn selbst große Gefahren erwachsen.

Aufgabe

?

Nenne Tätigkeiten des Menschen und ihre Auswirkungen auf die Umwelt.
Führe dazu eine Pro- und Kontra-Debatte durch. Nutze die Hinweise auf Seite 23.

Seit über 20 Jahren ist der Einsatz der FCKW als Kühlmittel verboten. Entwarnung kann deshalb nicht gegeben werden, weil sich FCKWs u. a. in der Atmosphäre sehr lange halten.

Viele Daten deuten darauf hin, dass sich die Umweltsituation, insbesondere im Hinblick auf die Lebensbedingungen für Organismen, im Ergebnis menschlicher Tätigkeit sowohl lokal als auch global verschlechtert hat.

Maßnahmen zum Schutz der Umwelt

Wenn der Mensch nicht selbst seine Existenzgrundlage unumkehrbar zerstören will, ist ein gründliches Umdenken unerlässlich. Dabei geht es darum, **die grundlegenden Bedürfnisse der gegenwärtig lebenden Menschen zu befriedigen und gleichzeitig die Lebensgrundlagen für künftige Generationen zu erhalten (nachhaltige Entwicklung).** Verschiedene Maßnahmen sollen dieses Ziel unterstützen.

Verringerung der weiteren Zerstörung von Lebensräumen und damit von Ökosystemen. So ist geplant, die Bodenfläche in Deutschland, die in Siedlungs- und Verkehrsfläche umgewandelt wird, von derzeit 120 ha bis zum Jahr 2020 auf 30 ha pro Tag zu reduzieren. Das soll durch ein „Bodengesetz“ gefördert werden.

Ein typisches Problem in Mecklenburg-Vorpommern ist die nach dem 2. Weltkrieg durchgeführte Komplexmelioration von Feuchtwiesen und Mooren. Dadurch wollte man landwirtschaftliche Nutzflächen erschließen.

Grasland zur Futtergewinnung entstand zwar, aber der Lebensraum vieler Pflanzen und Tiere war zerstört. Außerdem beobachtete man in Mooren erste Zersetzungserscheinungen des Torfs. Inzwischen hat man in Mecklenburg-Vorpommern mit der **Renaturierung** von Feuchtwiesen und Moorgebieten (↗ S. 80) begonnen.

Biosphärenreservate *sind großflächige Modellregionen von Natur- und Kulturlandschaften. Sie sollen beispielhafte Formen der Landnutzung unter Beachtung der natürlichen Naturausstattung bieten.*

Die **Verringerung bzw. Vermeidung der Abgabe von Schadstoffen** an die Umwelt zielt darauf ab, die natürlichen Lebensbedingungen zu erhalten bzw. nicht weiter zu verschlechtern. Regelungen dazu sind u. a. im Bundes-Immissionsgesetz (Fassung von 1997) sowie in der Smog-Verordnung und den verschiedenen „Wassergesetzen“ enthalten. Bedeutsam sind u. a.

- das Verbot der Verwendung von FCKW,
- die Reinigung aller Abwässer,
- der sorgsame Umgang mit Chemikalien, u. a. mit Pflanzenschutzmitteln und Insektiziden,
- die Vermeidung von Überdüngung in der Landwirtschaft und im Gartenbau.

Für den Schutz der Umwelt ist die **Einsicht durch jeden Einzelnen** Voraussetzung, beispielsweise wenn es darum geht, den persönlichen Konsum, u. a. auch die Benutzung des eigenen Autos, einzuschränken bzw. das Verbrennen von Stoffen zu kontrollieren.

Maßnahmen zur Erhaltung der Artenvielfalt sind eine unersetzbare Voraussetzung für die Stabilität von Ökosystemen und damit für die Existenz von Leben auf der Erde. Untersuchungen (Kartierung) über das Vorkommen von Arten haben ergeben, dass eine Reihe von Arten gefährdet, vom Aussterben bedroht oder sogar schon ausgestorben ist.

Solche Arten werden in einer **Roten Liste** erfasst. Viele Arten wurden durch die **Bundesartenschutzverordnung** unter besonderen Schutz gestellt. Für diese gesetzlich geschützten Arten gelten strenge Vorschriften.

Als besonders wirksam hat sich die Einrichtung von **Großschutzgebieten** erwiesen. Dazu gehören verschiedene Naturschutzkategorien, z. B. *Nationalparks, Biosphärenreservate, Naturparks, Naturschutzgebiete* und *Landschaftsschutzgebiete* (LSG).

Um auch künftigen Generationen Voraussetzungen für die Sicherung grundlegender Bedürfnisse zu erhalten, ist eine insgesamt nachhaltige Entwicklung in allen Bereichen des Lebens notwendig.

Dabei müssen ökologische, wirtschaftliche und soziale Aspekte als Einheit gesehen werden. Um dies zu erreichen, ist es vor allem wichtig, dass alle über ein anderes „Wohlstandsmodell" nachdenken und wieder lernen, im Einklang mit der natürlichen Umwelt zu leben.

Zu der Aufgabe, die Lebensgrundlagen auch für künftige Generationen zu erhalten, zählt z. B. auch, den **ökologischen Landbau** zu fördern, in verstärktem Maße **nachwachsende Rohstoffe** (z. B. *Raps, Chinaschilf*) zu nutzen und **Renaturierungen** (↗ S. 80) dort vorzunehmen, wo das möglich ist.

Die Belastung der Umwelt macht vor Ländergrenzen nicht Halt. Deshalb ist eine **internationale Zusammenarbeit** erforderlich. Diese Zusammenarbeit äußert sich u. a. in einer Reihe von *Konferenzen zum Schutz der Umwelt* (z. B. der Konferenz der Vereinten Nationen für Umwelt und Entwicklung 1992 in Rio de Janeiro, in deren Ergebnis die Agenda 21 beschlossen wurde; der Klimakonferenz 1997 in Kyoto).

Die Zusammenarbeit äußert sich auch in *internationalen Konventionen und Vereinbarungen,* z. B. zur Einrichtung geschützter Feuchtgebiete in verschiedenen Staaten (Ramsar-Konvention 1971), in der Richtlinie über die Erhaltung wild lebender Vogelarten.

Ziel der Agenda 21 ist eine globale Partnerschaft, die auf eine nachhaltige Entwicklung ausgerichtet ist. Damit soll der zunehmenden Zerstörung der natürlichen Lebensgrundlagen und der wachsenden Kluft zwischen Nord und Süd entgegengewirkt werden.

In der Agenda 21 werden die Kommunen aufgerufen, eine eigene *lokale Agenda 21* aufzustellen, die speziell auf die Gemeinden zugeschnitten ist.

Die Betätigungsfelder können u. a. sein: Verkehr, Landschaftspflege und Naturschutz, Energie und Klimaschutz, Boden, Wasser und Abwasser, Wirtschaft und Arbeit, Tourismus und Erholung, Jugend und Bildung. Jede Kommune muss einige für sie besonders relevante Themen im Sinne von *„Global denken – lokal handeln"* in den Vordergrund stellen.

Aufgabe

Erkundige dich, wie sich die einzelnen Naturschutzkategorien voneinander unterscheiden.

Der Blaue Engel enthält immer zwei Informationen: 1. Unterscheidung ökologischer Produkte und Dienstleistungen von anderen gleichartigen. 2. Übermittlung eines konkreten Hinweises, z. B. bei Farben: „Der Blaue Engel, weil emissionsarm."

1 ▸ Solche Landschaften müssen auch nachfolgenden Generationen erhalten bleiben.

Moore müssen geschützt werden

„Moorschutz in Thüringen" oder „Torfverfall soll gestoppt werden" - Solche Nachrichten kann man häufig in den Tageszeitung aller Bundesländer lesen.
Warum wird Mooren so große Aufmerksamkeit geschenkt?
Um eine Antwort zu finden, muss man sich mit den Kennzeichen und der Entstehung von Mooren beschäftigen.

Moore entstehen in Gebieten, die wasserreich sind und in denen es regelmäßig regnet. In Mulden mit festem Untergrund staut sich das Wasser und bietet Pflanzen, vor allem Moospflanzen, die an das Wasser angepasst sind, günstige Lebensbedingungen. Sie wachsen über dem Wasser, im Wasser sterben Teile ab und sinken auf den Boden. Dabei ist die Menge an lebenden Pflanzen größer als die an abgestorbenen (Besonderheit der Moore). Wasser strömt ständig nach und die Mulde füllt sich allmählich mit abgestorbenen Pflanzenteilen und Wasser. Im oberen Teil befindet sich eine Art „Schwimmdecke" aus vorwiegend Moospflanzen, darunter die abgestorbenen Pflanzenteile im Wasserbad. **Ein Moor ist entstanden.**

Durch den ständigen Wasserüberschuss kommt es zu Sauerstoffmangel im Moor. Das Wasser ist mit Huminsäure angereichert, die verhindert, dass abgestorbene Moos- und andere Pflanzen nicht vollständig zersetzt werden. Die auf diese Weise konservierten Pflanzenreste sinken zu Boden, verdichten sich. Diesen kompakten, dunkelbraunen organischen Stoff mit hohem Kohlenstoffanteil bezeichnet man als **Torf.** Die gesamte Torfschicht bildet den **Torfkörper** der Moore.
Auf den abgestorbenen Pflanzen wachsen ständig neue Moos- und andere Pflanzen nach, sterben ab, werden nicht vollständig abgebaut und sinken zu Boden. Der Torfkörper wächst in die Höhe.

Die **Bedeutung** der Moore liegt darin, dass sie wie ein Schwamm eine Unmenge Wasser binden und es allmählich wieder abgeben. Dadurch tragen sie wesentlich dazu bei, dass unsere Landschaft nicht „austrocknet". Die **Torflager** der Moore stellen außerdem gewaltige Kohlenstoffvorräte dar, bei dessen Bildung schädliche Treibhausgase verbraucht werden.

Nun wird klar, dass Moore geschützt und der Torfverfall gestoppt werden müssen. Dazu gibt es z.B. in Mecklenburg-Vorpommern einige Projekte. Das Jüngste ist die **Renaturierung** des Niedermoors „Martensches Bruch" im Osten des Landes. Die Moorfläche an der deutsch-polnischen Grenze soll als Ausgleich für den Bau der Erdgaspipeline renaturiert werden.

1 ▸ Moorlandschaft bei Schönwalde, Biosphärenreservat Schaalsee

2

Basiskonzept

Entwicklung

Ökosysteme verändern und entwickeln sich

Alle Lebewesen entwickeln und verändern sich. So ist es auch in einem komplexen System, wie in einem **Ökosystem.** Beispielsweise siedeln sich nach einem verheerenden Waldbrand nach einer gewissen Zeit wieder bestimmte Lebewesen einer Lebensgemeinschaft an. Zunächst sind es Lebewesen der Krautschicht. Die untere Abbildung zeigt die weitere zeitliche Abfolge der Ansiedlung von Pflanzen.

Diese zeitliche Abfolge der Ansiedlung von verschiedenen Lebensgemeinschaften bezeichnet man als **Sukzession.** Sie endet mit einem relativ stabilen Endstadium.

Die Aufeinanderfolge der unterschiedlichen Entwicklungsstadien ist das Ergebnis von Wechselwirkungen zwischen sich ändernden Umweltfaktoren (u. a. Temperatur, Licht, Feuchtigkeit) und der Zusammensetzung der Lebensgemeinschaften.

Zeitliche Entwicklung vom Kahlschlag zum Wald

Kahlschlag	bis 10 Jahre Pflanzen der Krautschicht	ca. 10–20 Jahre Pflanzen der Strauchschicht	ca. 20–100 Jahre Pflanzen des Jungwaldes	über 100 Jahre

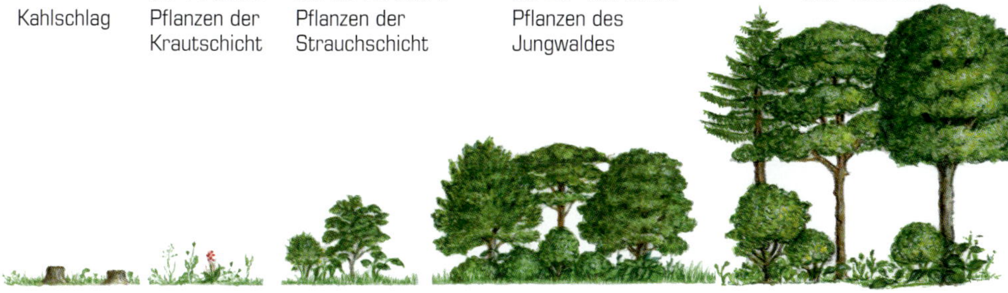

Moospflanzen, niedrige Gräser	lichtliebende Pflanzen als Pionierarten, z. B. Weidenröschen, Greiskraut, Ruhrkraut, Reitgräser	Ansamen von Sträuchern, z. B. Brombeere, Himbeere, und von Bäumen, z. B. Birke, Holunder, Espe, Weide	Wachsen von jungen Waldbäumen, z. B. Eiche, Buche, Kiefer, Fichte	alte Waldbäume

Anfangsstadium — Sukzession — Endstadium

Projekt

Geht bei der Bearbeitung des Projekts nach der Schrittfolge auf Seite 20 vor!

Unsere Erde ist in Gefahr – Was können wir tun?

Es gibt tolle Filme über unsere Erde, über ihre Berg- und Höhlenwelten, Wälder und Dschungel, Steppen und Wüsten, Tiefsee und Flüsse. Die Natur- und Tierfilmer lassen uns sehen, wie einmalig schön unser Planet ist. Wir können hautnah miterleben, wie

- die jungen Eisbären mit den ersten Sonnenstrahlen aus ihren Höhlen krabbeln und den Eisberg herunterrutschen.
- ein kleiner Elefant sich einmal von Mutters Seite weg wagt und Beute für die Löwen wird.
- Mandarinentenküken sich kopfüber aus ihren Baumlöchern stürzen, weil die Mutter unten steht und ruft.

Wir sehen aber auch, wodurch einmalige Landschaften (Polargebiete, tropische Regenwälder) gefährdet sind und damit auch die dort lebenden Pflanzen und Tiere.

1. *Erforscht, wodurch die tropischen Regenwälder und auch die Polargebiete gefährdet sind. Welche Folgen hat das für die gesamte Erde?*

Die in den Filmen dargestellten Landschaften, Tiere und Pflanzen sind meist auf Erdteilen verbreitet, auf die wir nicht so schnell gelangen. Aber schöne Landschaften bewundern können wir auch im eigenen Land, z. B. das Wattenmeer, die Insel Rügen, den Kyffhäuser, die Eifel. Auch hier gibt es unzählige Pflanzen und Tiere. Auch sie sind durch menschliche Tätigkeit gefährdet.

2. *Ermittelt im Umfeld eures Wohnorts Verursacher von Umweltverschmutzungen (z. B. Schornsteine von Industrieanlagen, Betriebe, die Abwässer nicht ordnungsgemäß ableiten).*
   Führt dazu eine Pro-und Kontra-Debatte durch.

1 ▸ Immer weniger Eisschollen gibt es im Eismeer der Arktis, dem Lebensraum des Eisbären.

2

Projekt

3. *Nehmt Kontakt mit der unteren Naturschutzbehörde eures Kreises auf. Informiert euch über Umweltprobleme in eurem Kreis und über Maßnahmen, um diese Probleme zu lösen.*

Viele Tier- und Pflanzenarten sind durch menschliche Tätigkeiten gefährdet. Wandern Arten ab oder sterben aus, können die Kreisläufe in Ökosystemen gefährdet werden. **Naturschutzmaßnahmen** orientieren sich deshalb stark an gefährdeten Arten. Ein wichtiges Instrument des Artenschutzes sind die **Roten Listen.**
Rote Listen sind Verzeichnisse bzw. Bestandsaufnahmen aller bekannten ausgestorbenen, verschollenen und gefährdeten Tier- und Pflanzenarten, Pflanzengesellschaften, Biotoptypen, Biotopkomplexen und Landschaften. 2007 waren weltweit mehr als 16 300 Tier- und Pflanzenarten vom Aussterben bedroht.

1 ▸ Eisvogel

4. *Informiert euch in der Roten Liste eures Bundeslands über gefährdete Tier- und Pflanzenarten. Überprüft, welche der genannten Arten in eurer unmittelbaren Umgebung vorkommen.*

5. *Informiert euch über weitere internationale Natur- und Artenschutzkonventionen. Stellt diese in einer Übersicht zusammen und beschreibt, welche wichtigen Ziele sie verfolgen. Nutzt dazu Informationen aus dem Internet.*

2 ▸ Maiglöckchen

Die Veränderung oder Zerstörung eines Lebensraumes ist häufig der Hauptgrund für den Rückgang der Tier- und Pflanzenarten in diesem Gebiet. Diese Räume müssen überwacht und die Natur darin ihrem eigenen Rhythmus überlassen werden.

6. *Erläutert an Beispielen aus eurer Umgebung, wo Lebensräume von Pflanzen und Tieren nachhaltig zerstört wurden.*
Versucht die Auswirkungen auf das Biotop darzustellen. Nutzt dazu auch grafische Mittel.

Um Lebewesen zu erhalten, müssen ihre Lebensräume geschützt werden. Die **Ausweisung von Schutzgebieten** ist ein wichtiges Instrument des Natur- und Umweltschutzes. Es gibt verschiedene Schutzkategorien mit unterschiedlicher Aufgabenstellung.

3 ▸ Grasfrosch

7. a) *Informiert euch über die unterschiedlichen Schutzkategorien und deren Aufgaben.*
b) *Ordnet jeder Schutzkategorie (wenn möglich) ein Beispiel aus eurem Bundesland zu.*
c) *Fertigt ein Poster über diese Schutzgebiete in eurem Land an.*

Projekt

Im Zusammenhang mit der Luftverschmutzung und der Ozonbelastung wird häufig darüber diskutiert, den Flugverkehr einzuschränken, Fahrverbote für Autos an bestimmten Tagen einzuführen.

8. *Führt dazu eine Pro- und Kontra-Debatte. Nutzt die Schrittfolge auf Seite 23.*

In der Agenda 21 werden die Kommunen aufgerufen, eine eigene *lokale Agenda 21* aufzustellen. Die lokale Agenda 21 zielt auf eine nachhaltige Entwicklung, die umweltverträglich, sozial gerecht und wirtschaftlich tragfähig ist.

9. *Fragt in eurem Wohnort nach, wie die Agenda 21 umgesetzt wird und welche Ziele sich die Gemeinde gestellt hat.*

Jeder Einzelne kann dazu beitragen, die Natur zu schützen und die Umwelt zu schonen. Geht man beispielsweise in Parks spazieren oder wandert durch Feldmark und Wälder, stößt man immer wieder auf weggeworfenen Müll. Kunststoffverpackungen und Flaschen verrotten nicht, sondern verschmutzen unsere unmittelbare Umwelt.

10. *Nehmt Kontakt zu zuständigen Behörden auf und organisiert gemeinsam Säuberungsaktionen, um z. B. Wanderwege oder einen Park in direkter Umgebung vom Abfall zu befreien.*

11. *Plant gemeinsam ein Umweltschutzprojekt in der näheren Umgebung, z. B. eine Bachpatenschaft oder die Gestaltung einer Grünanlage.*

2

gewusst · gekonnt

1. Die Kreisläufe in der Natur werden durch natürliche Vorgänge und derzeit vor allem durch Auswirkungen der menschlichen Tätigkeit bedrohlich belastet. Erläutere die Aussage. Nutze dazu das Internet.

2. **a)** Vergleiche die Eingriffe des Menschen in seine Umwelt früher und heute. Recherchiere dazu auch im Internet.
b) Ermittle im Umfeld deines Heimatorts stark gefährdete und gesetzlich geschützte Arten. Erkundige dich im Umweltamt.

3. Der Rückgang der Fläche des tropischen Regenwaldes hat für die betroffenen Regionen und auch für die Erde insgesamt Folgen. Begründe diese Aussage. Nutze dazu Informationen aus dem Internet bzw. unter www.schuelerlexikon.de.

4. Eine ernste Bedrohung für die Ökosysteme der Erde ist der künstlich verstärkte Treibhauseffekt.
a) Beschreibe die Entstehung des Treibhauseffekts. Nutze dazu die Abbildung auf Seite 76.
b) Manchmal liest man: „Ohne Treibhauseffekt wäre auf der Erde das Leben in der heute existierenden Form nicht möglich." Begründe diese Aussage.

5. Informiere dich über die neuesten Erkenntnisse zu den Ursachen und Folgen des durch den Menschen verursachten (anthropogenen) Treibhauseffekts.
a) Interpretiere das Diagramm rechts oben.
b) Fertige ein Poster zu den Ursachen und Folgen des anthropogenen Treibhauseffekts an.
c) Erstelle eine Übersicht über die Möglichkeiten zur Reduzierung der Freisetzung von Kohlenstoffdioxid.

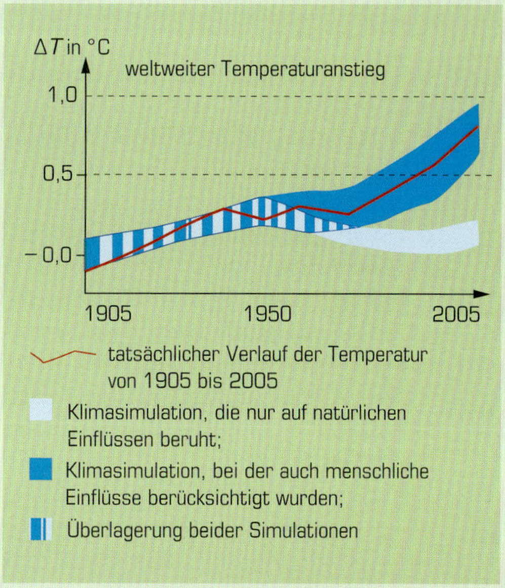

Diskutiere, welche Maßnahmen sinnvoll und schnell realisierbar sind.
d) Informiere dich über die internationalen Vereinbarungen, den Kohlenstoffdioxidausstoß zu senken.
Bewerte dabei die Rolle Deutschlands und der USA im Rahmen dieser Bestrebungen.

6. Naturschutzverbände zeichnen jedes Jahr die Pflanze des Jahres und verschiedene Tiere des Jahres aus. Der *Wisent* war z. B. Wildtier des Jahres 2008.
a) Erläutere die Bedeutung der Auszeichnung für den Schutz der jeweiligen Tier- oder Pflanzenart.
b) Finde weitere aktuelle Tiere und Pflanzen des Jahres.
c) Wähle eine Art aus und erstelle einen Steckbrief. Beachte dabei auch die Gründe für die Auswahl der jeweiligen Art.
d) Die Artenvielfalt ist für das Leben auf der Erde und damit für den Menschen unerlässlich. Begründe diese Aussage.

7. Schutzgebiete sind häufig naturnahe Seen, Moore oder Wälder. Aber auch in menschlichen Siedlungen, in Städten und Dörfern finden Naturschutzmaßnahmen statt.

a) Informiere dich mithilfe des Internets über Maßnahmen zum Umweltschutz und Naturschutz in deinem Heimatland und in deinem Heimatkreis.

b) Diskutiert Naturschutzmaßnahmen in der Stadt. Berücksichtigt dabei auch die Auswirkungen
- auf das Leben der Menschen sowie
- auf Lebensräume und auf die betroffenen Pflanzen und Tiere.

c) Erläutere Maßnahmen, die jeder Einzelne zum Schutz und zur Erhaltung der Artenvielfalt (von Pflanzen- und Tierarten) durchführen könnte.

1 ▸ Haldensanierung

8. Erläutere auch mithilfe des Internets den Begriff „nachhaltige Entwicklung“. Beschreibe Konsequenzen, die sich daraus für Veränderungen unserer Lebensgewohnheiten sowie die Art und Weise der Produktion ergeben.

9. a) Welche Informationen kannst du aus dem unten stehenden Poster ablesen?

b) Bewerte das Stromsparen als Möglichkeit, den Treibhauseffekt einzugrenzen.

ACHTUNG! LUFT IN GEFAHR!

Luftschadstoffe sind u. a.
- Schwefeldioxid SO_2
- Stickstoffoxide NO, NO_2
- hohe Konzentrationen an Kohlenstoffdioxid CO_2
- Ozon O_3
- Fluorchlorkohlenwasserstoffe (FCKW)

Ihre Herkunft:
- Abgase aus Heizkraftwerken
- Abgase von Kraftfahrzeugen
- Abgase aus Industrie und Gewerbe
- z. T. natürliche Quellen

SIE BEWIRKEN

Treibhauseffekt

Smog

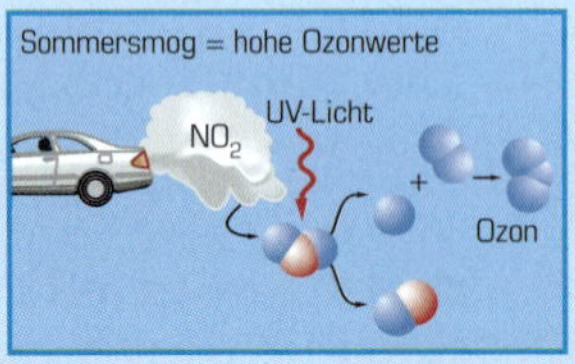

sauren Regen

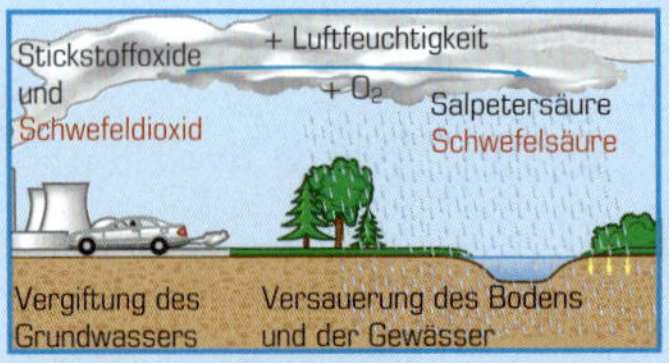

Zerstörung der Ozonschicht

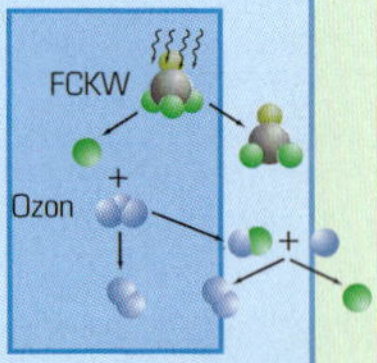

2

Das Wichtigste auf einen Blick

Erhaltung und Schutz von Ökosystemen

Eingriffe des Menschen in die Umwelt

Die Eingriffe des Menschen in seine Umwelt haben heute ganz andere Ausmaße als früher. Ihre Auswirkungen beziehen sich nicht nur auf die nicht lebende Natur, sondern immer auch auf Lebewesen.

Die Eingriffe haben teilweise bedrohliche globale Folgen, z. B. die Verstärkung des Treibhauseffekts und die Verschmutzung der Gewässer.

Eingriffe des Menschen und ihre Folgen

Zerstörung bzw. Umwandlung natürlicher Lebensräume z.B. durch Waldrodung und Bebauung

Eintrag von Schadstoffen in die Umwelt und damit Veränderung der Lebensbedingungen

Einschleppen von Arten aus anderen Gebieten, die heimische Arten verdrängen

Anbau von Kulturpflanzen, die so dicht stehen, dass nur für wenige Wildpflanzen Platz bleibt

Maßnahmen zur Erhaltung und zum Schutz von Pflanzen und Tieren

Um Pflanzen und Tiere zu erhalten und zu schützen, ist es notwendig,

- die Abgabe von Schadstoffen (u. a. Autoabgase, CO_2-Ausstoß der Industriebetriebe und Haushalte, Abwässer) zumindest wesentlich zu verringern;
- gefährdete Arten zu ermitteln und besonders zu schützen, z. B. durch Schutz ihrer Lebensräume;
- natürliche Lebensräume (Hecken, Trockenrasen, Feuchtgebiete) zu erhalten;
- Flächenschutzgebiete zu sichern (z. B. Nationalparks, Biosphärenreservate, Naturparks, Naturschutzgebiete)
- besondere Objekte wie Alleen und Moore zu schützen.

Die Erhaltung und der Schutz der Pflanzen- und Tierwelt als unsere Lebensgrundlage erfordert eine internationale Zusammenarbeit und die Mitwirkung jedes Einzelnen.

3 Grundlagen der Genetik

3.1 Zelluläre Grundlagen der Vererbung

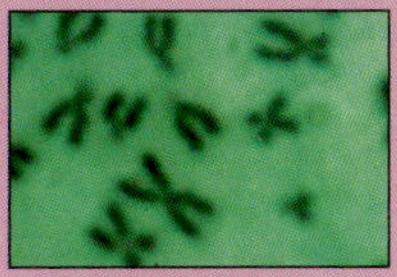

Artgleiche Nachkommen ▸▸ Aus befruchteten Eizellen von Katzen werden wieder Katzen. Innerhalb einer Art gibt es außer Gemeinsamkeiten auch Unterschiede. So ist die Farbe des Fells eines Wurfs unterschiedlich.

Kein Lebewesen gleicht dem anderen ▸▸ Organismen verändern ihr Aussehen mitunter so sehr, dass man sie kaum noch als Vertreter einer Art erkennen kann. Das *Landkärtchen*, ein Tagfalter, bringt eine helle Frühjahrsform und eine dunklere Sommerform hervor.

Träger der Erbanlagen ▸▸ Vor etwa 100 Jahren waren die Struktur und Funktion der Chromosomen als Träger der Erbanlagen schon ziemlich gut bekannt. Untersuchungen der chemischen Zusammensetzung ergaben, dass sie aus Eiweißkomponenten und Nucleinsäuren bestehen.

Gleiches und Unterschiedliches

Wenn du in einen Spiegel schaust, siehst du dein Gesicht. Alle Teile dieses Gesichts, Nase, Mund, Augen, Augen- und Haarfarbe, sind in einer bestimmten Art und Weise angeordnet, die es so, außer bei eineiigen Zwillingen, nicht noch einmal gibt.

Gesichter sind aus einer Vielzahl von Einzelmerkmalen zusammengesetzt, die in ihrer Gesamtheit – wie die Bausteine eines Puzzles – ein unverwechselbares Bild ergeben (↗ Abb. 1). Dieses Prinzip gilt für alle Körperteile. Welcher Puzzlestein beim Aufbau des Körpers in eine bestimmte Stelle eingefügt wird, ist nicht zufällig, sondern in einem Bauplan festgelegt. Dieser Bauplan ist bereits in der **befruchteten Eizelle** enthalten.

Erst mit der Entwicklung der Mikroskopie war es auch möglich geworden, die Vererbung weiter zu erforschen. Denn man konnte nun bis in die Zellen hineinschauen.

Die einzelnen Informationen des Bauplans werden von den Eltern zum Zeitpunkt der Befruchtung an ihre Kinder weitergegeben. Man nennt diesen Vorgang **Vererbung.**

Die Informationen des Bauplans sind in **Erbanlagen (Genen) gespeichert** (↗ S. 92). Dadurch wird sichergestellt, dass die Nachkommen die *gleichen arttypischen Merkmale* wie ihre Eltern ausbilden, dass sich z. B alle Menschengesichter deutlich von allen Schimpansengesichtern unterscheiden.

In den Erbanlagen liegt aber auch das Geheimnis der ganz individuellen Merkmale verborgen.

Die Erforschung der **Vererbung** ist eine der spannendsten Wissenschaftsgeschichten der heutigen Zeit. Dabei begann man erst in den letzten Jahrzehnten des 19. Jahrhunderts sich intensiv mit den Fragen der Vererbung auseinander zu setzen. Das lag zum einen daran, dass erst zu diesem Zeitpunkt die notwendige Entwicklung der Mikroskopie stattgefunden hatte, zum anderen aber auch daran, dass die damaligen Vorstellungen schon alle Fragen zu beantworten schienen.

Man vermutete u. a., dass jedes Lebewesen eine arttypische „Essenz“ (Grundstoff) in sich trägt, von der ein Teil bei der Zeugung an die Nachkommen weitergegeben wird. Deshalb entstünde z. B. aus einer *Honigbiene* wieder eine *Honigbiene* und keine Hummel. Je nachdem, ob ausreichend Essenz übertragen wurde, glichen die Nachkommen den Eltern mehr oder weniger stark. Mit dieser Theorie meinte man zwei wichtige Fragen der Vererbung beantworten zu können:

1. Warum entstehen artgleiche Nachkommen?
2. Warum sind die Nachkommen nicht völlig identisch mit den Eltern?

1 ▸ Wie bei einem Puzzle entsteht aus den Erbanlagen ein einmaliges Gesicht.

3

Basiskonzept

System

Die Teile des Systems Zelle haben spezielle Funktionen und stehen miteinander in Wechselbeziehungen.

Zelle	Zellbestandteile	Funktion
Pflanzenzelle 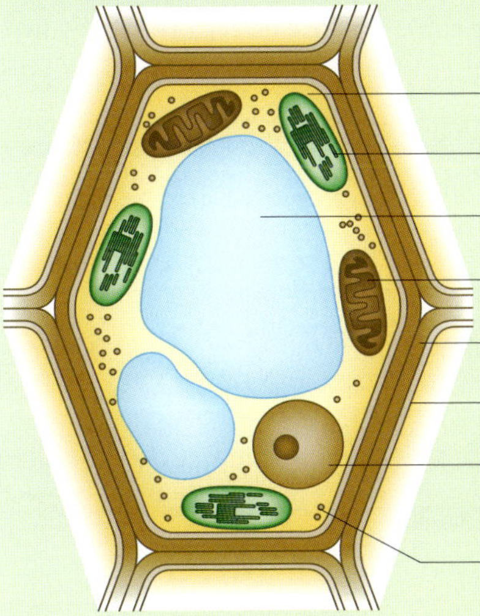	• Zellplasma	• Verdauung
	• Chloroplast	• Fotosynthese
	• Vakuole	• Speicherung
	• Mitochondrium	• Zellatmung
	• Zellwand	• Schutz, Festigkeit
	• Zellmembran	• Schutz
	• Zellkern	• Speicherung der Erbinformation
	• Ribosom	• Eiweißsynthese
Tierzelle 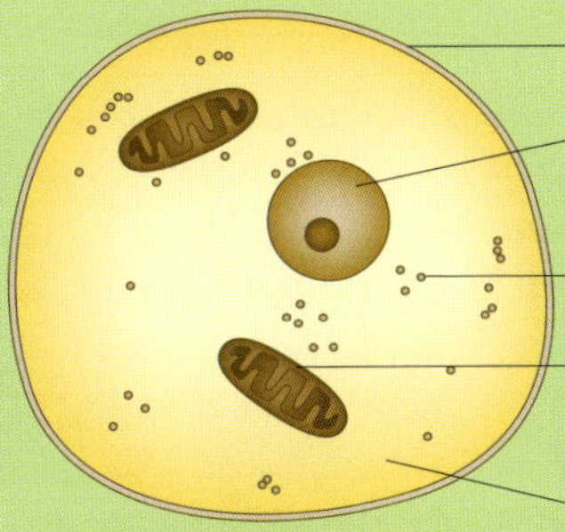	• Zellmembran	• Schutz, Abgrenzung
	• Zellkern	• Speicherung der Erbinformation
	• Ribosom	• Eiweißsynthese
	• Mitochondrium	• Zellatmung, Energieversorgung
	• Zellplasma	• Speicherung von Stoffen

Speichermedien für Erbinformationen

Bei den Zellen höherer Lebewesen kann man mithilfe des Mikroskops Zellkern und Zellplasma sehr gut erkennen.

Der Zellkern (↗ Abb. 2) wird durch eine Doppelmembran vom Zellplasma abgegrenzt. Poren in der Membran dienen dem Stoffaustausch. Der Zellkern enthält Kernplasma, in dem sich das Kernkörperchen und die Erbsubstanz (das Chromatin) befinden. Damit erfüllt der Zellkern die Funktion der Speicherung des Erbmaterials.

Die Gene sind in linearer Form auf den Chromosomen des Zellkerns angeordnet.

In stark wachsenden Geweben kann man mithilfe eines Mikroskops Zellen sichtbar machen, die sich gerade in der **Zellteilung** befinden.

Während der Zellteilung erkennt man jedoch keinen abgegrenzten Zellkern. Vor einer Zellteilung löst sich die Kernmembran auf. Das *Chromatin* spiralisiert sich zu Beginn der Zellteilung, dadurch werden Fäden sichtbar. Diese werden als **Chromosomen** (↗ Abb. 1a) bezeichnet.

Chromosomen bestehen vor einer Zellteilung aus zwei Hälften, den Halbchromosomen **(Chromatiden).** Diese sind an einer Einschnürungsstelle (dem Centromer) fest miteinander verbunden (↗ Abb. 1b und c).

Die Speicherung des Erbmaterials betreffend ist jedes Chromosom mit einem Buch vergleichbar, das eine große Menge an Informationen enthält; der **Zellkern** wäre dann die Bibliothek, in der die Bücher aufbewahrt werden.

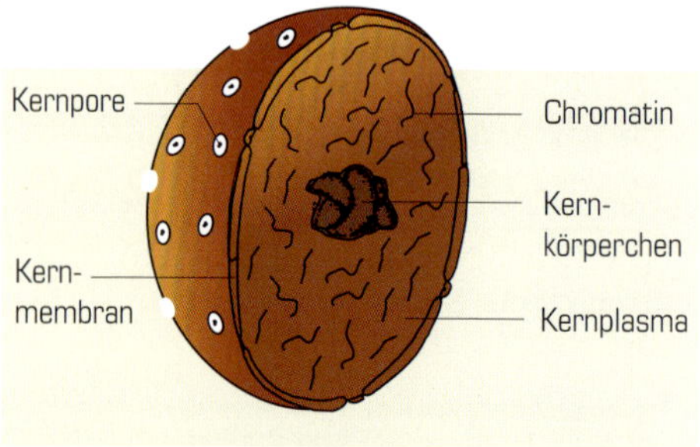

2 ▸ Bau des Zellkerns

Anzahl, Form und Größe der Chromosomen in den Zellkernen sind arttypisch.

Art bzw. Gattung (Auswahl)	Anzahl der Chromosomen in Körperzellen
Schachtelhalm	216
Erdbeere	14
Mais	20
Alpenveilchen	48
Spulwurm	2
Goldfisch	94
Hund	78
Schimpanse	48
Mensch	46

Aufgabe

Vergleiche die Chromosomenzahl der aufgeführten Lebewesen. Ziehe eine Schlussfolgerung über Entwicklungshöhe der Lebewesen und Anzahl der Chromosomen.

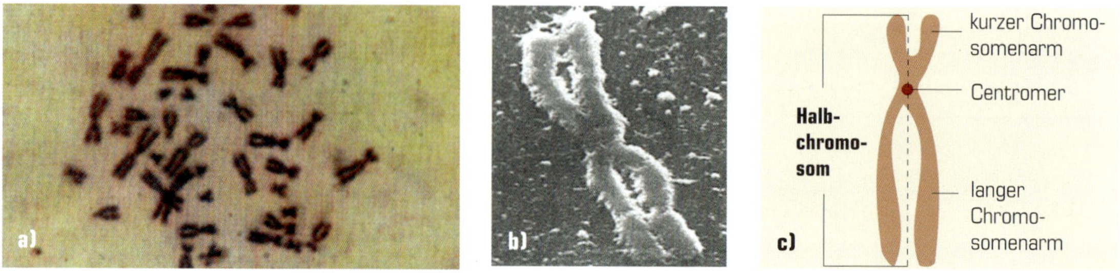

1 ▸ Chromosomen: a) angefärbte Chromosomen einer menschlichen Körperzelle (doppelter Chromosomensatz); b) Aufbau eines Chromosoms (Original), c) Aufbau eines Chromosoms (schematisch)

Chromosomen und Chromosomensatz

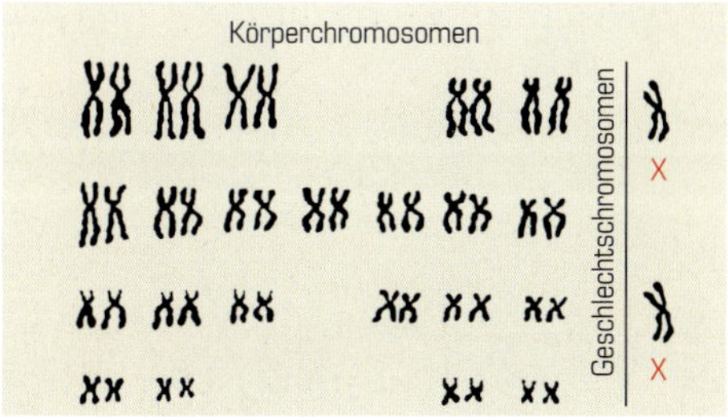

1 ▸ Doppelter Chromosomensatz einer weiblichen Körperzelle (diploide Zelle)

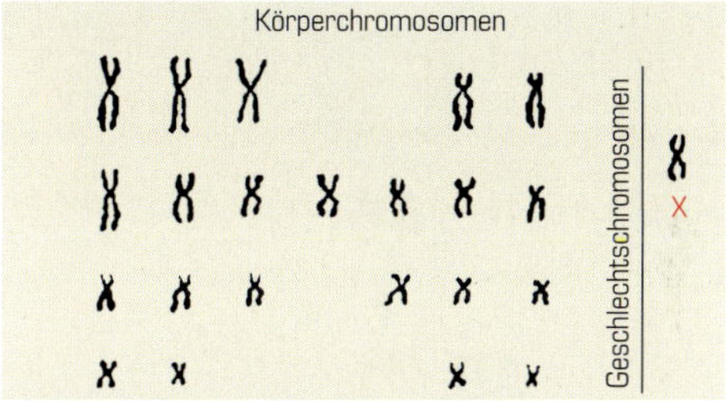

2 ▸ Einfacher Chromosomensatz einer menschlichen Eizelle (haploide Zelle)

Jede Körperzelle eines Regenwurms besitzt 32 Chromosomen, also 16 Chromosomenpaare.

Die Gesamtheit aller Chromosomen einer Zelle ist der **Chromosomensatz.**

In den Körperzellen der meisten Organismen sind die Chromosomen paarweise vorhanden. Die in Größe und Form gleich aussehenden Chromosomen eines jeden Paares nennt man **homologe Chromosomen.**

Jede menschliche Körperzelle besitzt insgesamt 46 Chromosomen, d.h. 23 **Chromosomenpaare.** Eine Körperzelle der *Erdbeere* besitzt z.B. 14 Chromosomen, das entspricht 7 Chromosomenpaaren. Die Körperzelle eines *Pferdes* besitzt 64 Chromosomen, das entspricht 32 Chromosomenpaaren.

Wenn die Chromosomen paarweise vorhanden sind, spricht man von einem *doppelten (diploiden) Chromosomensatz.* **Körperzellen** sind diploide Zellen (↗ Abb. 1).

Die **Geschlechtszellen,** die Ei- und Samenzellen, besitzen nur die halbe Anzahl von Chromosomen der Körperzelle. Jedes Chromosom ist dabei in Größe und Form unterschiedlich. Man spricht dann von einem *einfachen (haploiden) Chromosomensatz.* Geschlechtszellen sind deshalb haploide Zellen (↗ Abb. 2).

Stellt man von den *Chromosomen einer Zelle* Mikrofotos oder Computerbilder her, so kann man sie nach Größe und Form ordnen. Man erhält eine **Chromosomenkarte,** die in der Fachsprache als Karyogramm bezeichnet wird (↗ Abb. 1–3).

Anfertigen eines Karyogramms des Menschen

- Entnahme einer Blutprobe
- Abtrennung weißer Blutkörperchen (speziell Lymphozyten)
- Kultivierung dieser Zellen bei 37 °C
- Anregung zur Zellteilung, Chromosomen werden sichtbar
- Chemische Unterbrechung der Teilung und Fixierung der Chromosomen
- Fotografieren dieser Präparate mithilfe hochauflösender Mikroskope, die mit digitalen Kameras und Computern gekoppelt sind
- Digitale Bearbeitung der Chromosomenpräparate und Einordnen in eine Karyogrammvorlage

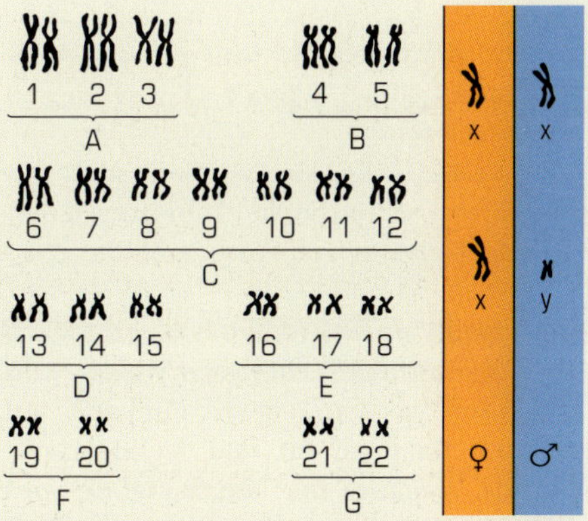

3 ▸ Chromosomenkarte (Karyogramm) des Menschen mit den Chromosomenpaaren

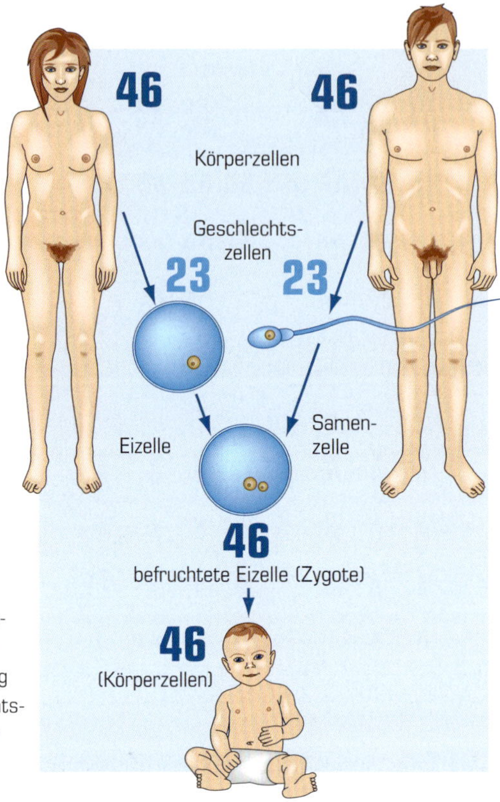

1 ▸ Veränderung der Chromosomenzahl bei der Bildung der Geschlechtszellen und der Befruchtung

Die *homologen Chromosomenpaare* des Menschen sind von 1 bis 22 durchnummeriert und zu sieben Gruppen (Kennbuchstaben A bis G) zusammengefasst (↗ S. 93, Abb. 3). Diese 44 Chromosomen werden auch als **Körperchromosomen** bezeichnet. Sie treten normalerweise immer als homologe Paare auf.

Das 23. Chromosomenpaar trägt die Geschlechtsmerkmale. Diese **Geschlechtschromosomen** sehen beim weiblichen Geschlecht gleich aus und werden mit XX gekennzeichnet (↗ S. 93, Abb. 1–2). Dem ungleichen Aussehen entsprechend werden die männlichen Geschlechtschromosomen mit XY bezeichnet (↗ S. 93, Abb. 3).

Untersuchungen ergaben, dass in den Chromosomen die **Erbanlagen** (die Gene) lokalisiert sind. Dort werden die Informationen zur Ausbildung aller Merkmale gespeichert.

In jedem Chromosom eines Paares befinden sich die Erbanlagen (das Gen) für ein Merkmal immer an der gleichen Stelle. Bei den paarigen Chromosomen ist die Erbinformation also immer doppelt vorhanden.

M

Chromosomen sind Träger der Erbanlagen. Die Erbanlagen (Gene) sind in linearer Reihenfolge auf den Chromosomen des Zellkerns angeordnet. Sie bestimmen jeweils die Ausbildung bestimmter Merkmale.

Die Bedeutung des Zellkerns für die Vererbung

Im Film „Jurassic Park“ wird gezeigt, wie es Forschern gelingt, lebende Dinosaurier zu rekonstruieren.
Dazu verwendeten sie Erbinformation aus fossiliertem Saurierblut und übertrugen diese in die Zellkerne von Froscheizellen.

Auch wenn es wahrscheinlich unmöglich ist, ausgestorbene Lebewesen wieder zum Leben zu erwecken, zeigt der Film doch auf sehr anschauliche Art und Weise grundlegende Vorgänge der Vererbung. So wird deutlich, dass der Zellkern eine entscheidende Rolle dabei spielt.

Die DNA – ein natürlicher Datenspeicher

Da die Chromosomen aller Lebewesen einer Art in Form und Größe normalerweise immer gleich sind, müssen die Unterschiede zwischen den Individuen im Inneren der Chromosomen verborgen sein.

Durch intensive Forschung entdeckte man, dass **Erbinformationen tragende Strukturen** unter anderem aus einer Substanz bestehen, die chemisch in die Gruppe der Nucleinsäuren eingeordnet wird. Diese Säuren bestehen aus den Grundbausteinen *Zucker, Phosphorsäurerest* und *stickstoffhaltigen organischen Basen.* Eine Einheit, bestehend aus jeweils einem der genannten Grundbausteine, nennt man **Nucleotid** (↗ Abb. 2).

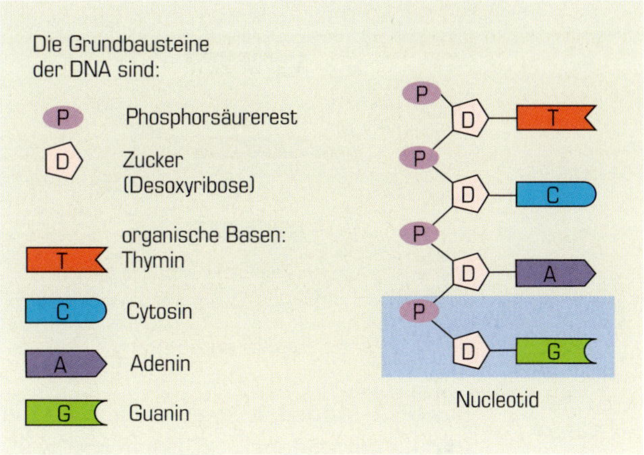

2 ▸ Die DNA besteht aus 3 Grundbausteinen.

Da der Zucker als Desoxyribose identifiziert wurde, gab man der gefundenen Nucleinsäure den Namen **Desoxyribonucleinsäure** (DNS). Heute gilt die Abkürzung **DNA,** weil die englische Sprache in der Forschung weltweit eingesetzt wird (Säure: engl. *acid*).

Für Chemiker sind Nucleinsäuren recht einfach aufgebaute Moleküle. Dennoch war diese Entdeckung eine wissenschaftliche Sensation, für die ihre Entdecker 1962 mit dem **Nobelpreis** in Medizin und Physiologie geehrt wurden.

Die Wissenschaftler James D. Watson und Francis H. C. Crick (↗ S. 103) hatten sich entgegen der damals vorherrschenden Meinung nicht von ihrer Idee abbringen lassen, dass die in den Chromosomen gefundenen Nucleinsäuren wichtig für die **Vererbung** sind. Sie röntgten das Molekül aus verschiedenen Perspektiven und erhielten Daten, aus denen sie die Anordnung der im Molekül enthaltenen Atome berechneten. Die größten Schwierigkeiten bereitete ihnen jedoch der Bau eines Modells, welches ihren Berechnungen in allen Punkten entsprach.

Nach Monaten erfolglosen Probierens kamen sie auf den Gedanken, die Grundbausteine in Form eines spiralig gewundenen **Doppelstrangs (Doppelhelix,** ↗ Abb. 1) anzuordnen. Damit war ein Rätsel der Vererbung gelöst.

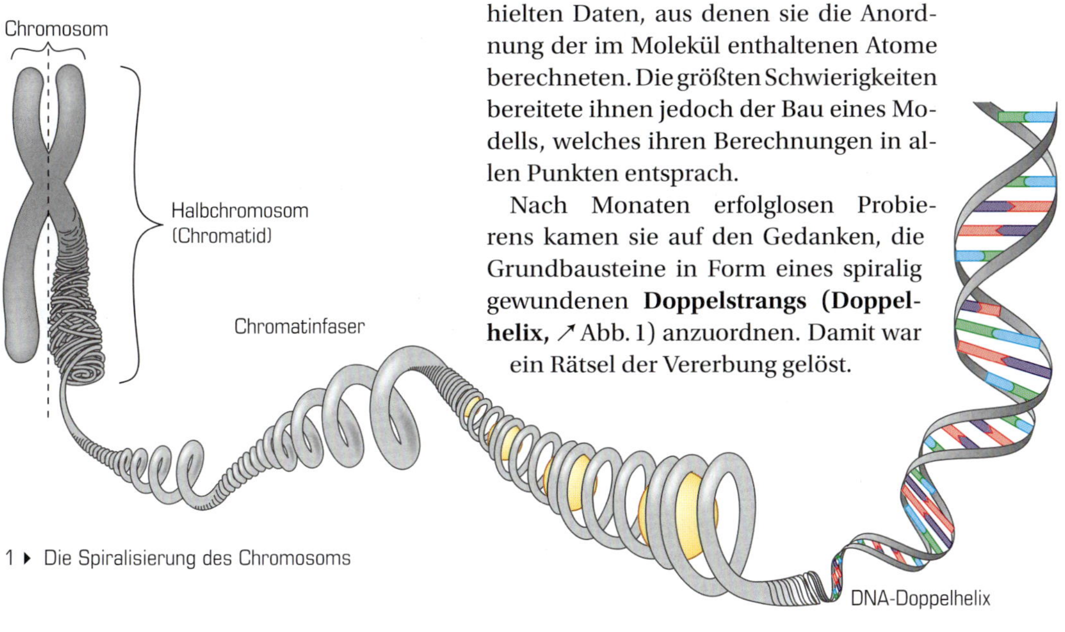

1 ▸ Die Spiralisierung des Chromosoms

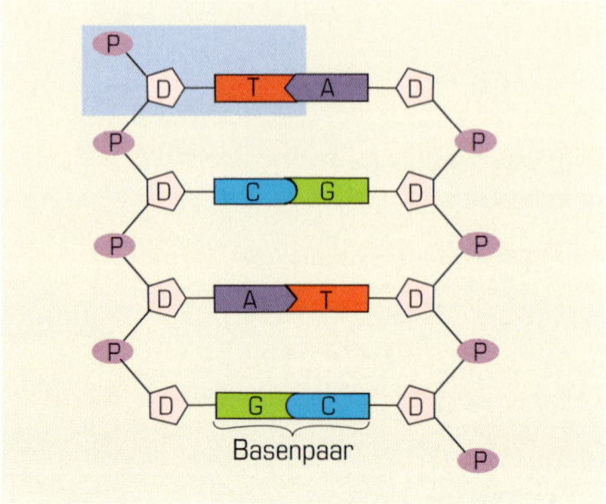

1 ▸ Struktur der DNA als Doppelstrang

Ähnlich wie aus der veränderten Abfolge von Buchstaben unseres Alphabets andere Wörter entstehen (z. B. Rat/Art), entstehen aus veränderten Basenabfolgen andere Informationen.

Das **DNA-Modell** ist vergleichbar mit einer spiralig gewundenen Strickleiter (↗ S. 95, Abb. 1). Die beiden „Leiterholme" bestehen aus der immer wieder kehrenden Abfolge von **Zucker und Phosphorsäureresten**. Die „Leitersprossen" bilden vier organische Basen: **Cytosin (C), Guanin (G), Thymin (T)** und **Adenin (A).**

Dabei sind immer nur Thymin und Adenin bzw. Cytosin und Guanin zu Paaren verbunden. Die Abfolge der Nucleotide in einem Teilstrang bestimmt also die Abfolge im gegenüberliegenden Strang. Beide Stränge, **Nucleotidstränge,** sind komplementär, d. h., sie enthalten die gleichen Informationen.

Alle DNA-Moleküle einer menschlichen Körperzelle ergeben zusammen eine Länge von ungefähr zwei Metern. Bedenkt man, dass der Zellkern sehr großer Zellen etwa stecknadelkopfgroß ist, hat man eine ungefähre Vorstellung davon, wie klein die Datenträger der Erbinformationen sind.

Der Informationsgehalt entspricht aber in etwa dem von 500 Büchern mit jeweils 1 500 Seiten.

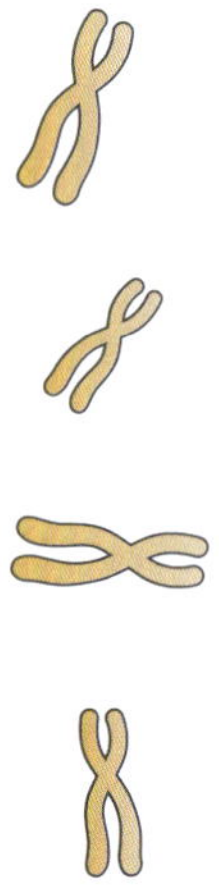

2 ▸ Chromosomen

Wie ist die Erbinformation in der DNA geschrieben?

Die Informationen stecken in der Abfolge der organischen Basenpaare in den DNA-Molekülen. Diese Informationen dienen dazu, Eiweiße herzustellen. Diese Eiweiße regeln alle Funktionen im Organismus und sind wichtige Baumaterialien für die Zellen.

Vereinfacht könnte man die DNA als „Gebrauchsanleitung" zur Herstellung verschiedener Körpermerkmale bezeichnen. Je nach Komplexität der zu erzeugenden Merkmale nimmt die Information zu ihrer Herstellung auf der DNA unterschiedlich viel Platz ein. Man bezeichnet einen DNA-Abschnitt, der die Anweisungen zum Bau eines Merkmals enthält, als **Gen (Erbanlage).**

Den Begriff verwendet man, um einen deutlichen Bezug zur Vererbung herzustellen – **Genetik** (Vererbungslehre), **genetische Informationen** (Erbinformationen) oder **genetischer Code** (Verschlüsselung der Erbinformationen).

Alle Gene eines Lebewesens werden als **Genom** bezeichnet.

Um die Rolle der Gene bei der Entwicklung von Lebewesen genauer zu verstehen, begann im Jahr 1989 in den USA eine weltweite Studie zur Bestimmung des menschlichen Genoms. Ziel der beendeten ersten Phase dieses „**Humangenomprojekts**" war es, die ungefähr 100 000 menschlichen Gene zu finden. In der zweiten Phase geht es nun darum, deren Arbeitsweise aufzuklären. Diese Aufgabe wird die Forscher weltweit auf Jahrzehnte hinaus beschäftigen.

Aufgaben

1. *Erkundige dich genauer über das „Humangenomprojekt". Nutze dazu das Internet.*

2. *Erkläre, warum die Chromosomen nicht die kleinste Einheit der Erbinformation sein können.*

Basiskonzept

Struktur und Funktion

Eiweiße als eigentliche Merkmalsbildner benötigen eine festgeschriebende Bauanleitung. Die Informationen für die Synthese jedes Eiweißes werden in der **DNA** verschlüsselt.
Die Verschlüsselung beruht auf der besonderen Struktur des DNA-Moleküls.

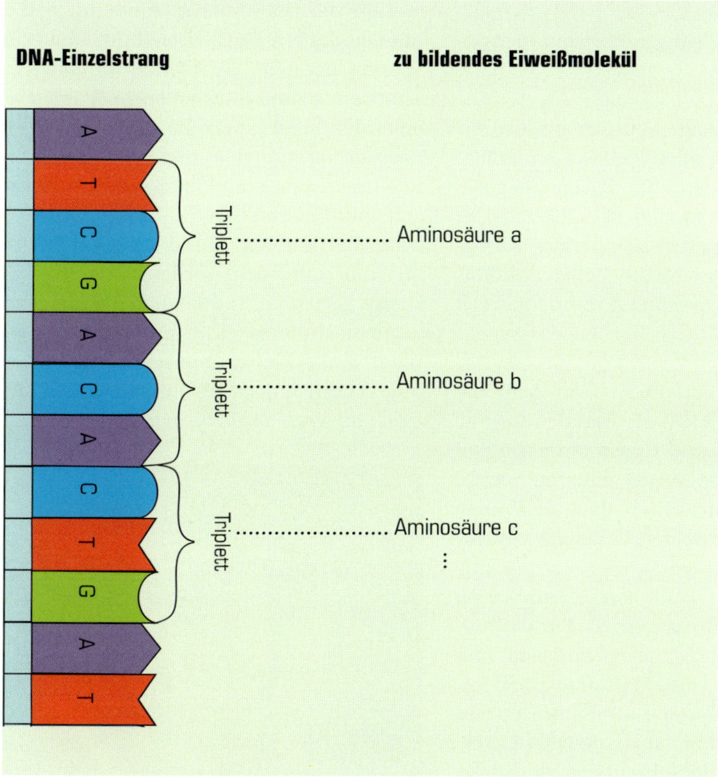

Jedes **Triplett** verschlüsselt eine Aminosäure. Die Reihenfolge der Tripletts im DNA-Strang legt die Abfolge der Aminosäuren im Eiweißmolekül fest.

Spektakuläre Kriminalfälle mithilfe des genetischen Fingerabdrucks gelöst

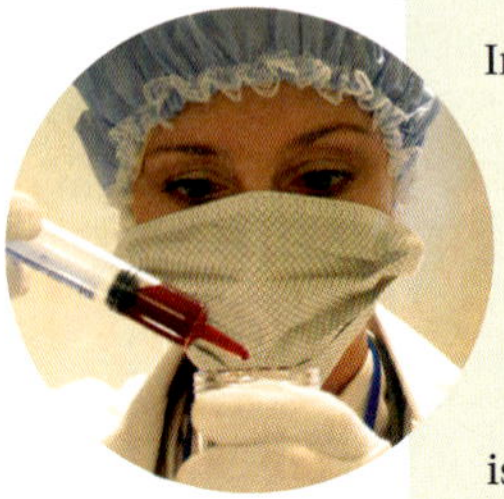

In den Medien tauchen immer wieder Meldungen wie diese auf: „Mord nach 6 Jahren mit DNA-Test gelöst."
Der Täter wurde mit einer Wahrscheinlichkeit von 99,9 % mithilfe des genetischen Fingerabdrucks überführt, denn dieser genetische Fingerabdruck ist einzigartig.

Was steckt hinter dem genetischen Fingerabdruck?

Der genetische Fingerabdruck basiert darauf, dass es bei allen Lebewesen individuelle Abweichungen der Basenabfolge in der DNA gibt, die in allen seinen Zellen zu finden sind. Es reichen also geringe Menge der DNA aus, beispielsweise Zellen des Bluts oder der Mundschleimhaut, um jemanden zu identifizieren.

Durch spezielle Verfahren kann man die Basenabfolge der DNA als „Bandenmuster" sichtbar machen und miteinander vergleichen. Stimmen die Muster überein, besteht eine 99,99 %ige Sicherheit, dass die Proben von ein und demselben Lebewesen stammen.
Dieses Verfahren kann zur Identifikation von Personen genutzt werden. Für die Aufklärung von Verbrechen ist das sehr hilfreich. In den USA wurden deshalb die DNA-Proben von verurteilten Straftätern erfasst. Nun will das FBI aber auch die DNA-Daten, und damit die genetischen Fingerabdrücke, von Menschen speichern, die festgenommen, aber noch nicht verurteilt wurden. Es sollen auch die von illegalen Einwanderern erfasst werden. Durch diesen vergrößerten Datenpool erhofft man, künftig mehr Gewaltverbrechen aufklären zu können. Denn DNA-Proben haben schon jetzt dabei geholfen, Tausende von Kriminellen zu überführen und mehr als 200 unschuldig Verurteilte zu entlasten.
Die massenhafte Speicherung von DNA-Daten stößt bei Bürgerrechtlern in den USA auf heftige Kritik.

In Deutschland gehört der genetische Fingerabdruck seit 1985 zu den vor Gericht zugelassenen Beweismitteln.

Wie läuft die Spurensicherung ab?

Alle gefundenen Spuren an einem Tatort werden sichergestellt, um einen Täter später mithilfe der DNA-Analyse zu identifizieren. Bei den Spuren kann es sich um Blut oder Sperma handeln. Aber auch anhand von Knochen, Haaren, Resten von Körpergeweben oder aus der Scheide kann eine DNA-Typisierung vorgenommen werden.
In Filmen sieht man häufig, wie Verdächtigen mithilfe von Wattestäbchen Schleimhautzellen aus dem Mund entnommen und im Labor untersucht werden.
Dieses Verfahren wendet man z. B. auch an, wenn nach einem Täter in einem Ort gesucht wird („Reihenuntersuchungen"). Das birgt natürlich auch Gefahren, wenn es sich dabei um verschmutzte Stäbchen handelt.

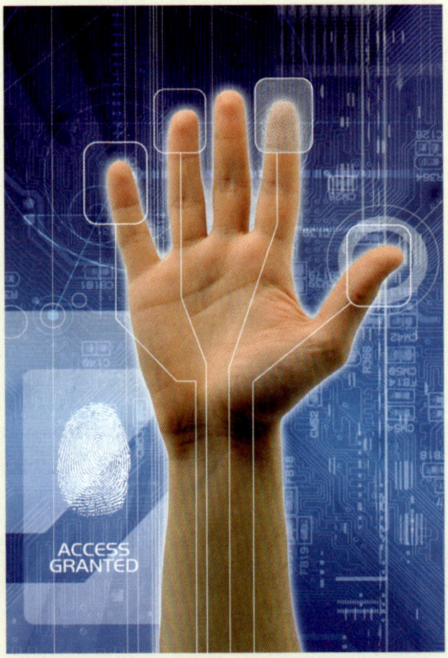

1 ▸ Der genetische Fingerabdruck ist – wie die Abdrücke der Fingerkuppen – einzigartig.

Identische Verdopplung (Replikation) der DNA

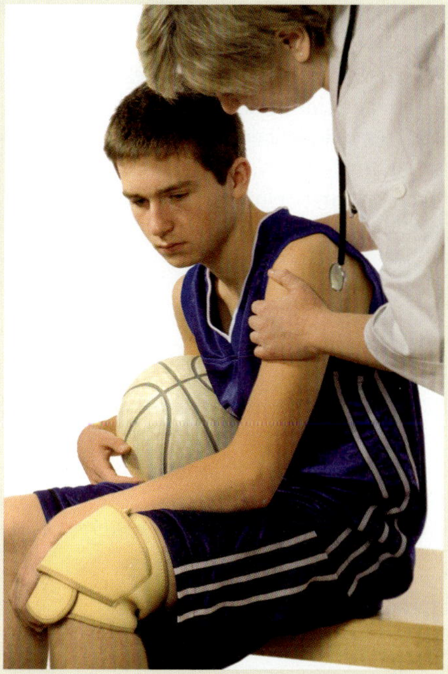

Bei Verletzungen, z. B. bei einem Knochenbruch, muss der Verletzte Geduld haben, bis der gebrochene Knochen wieder belastbar ist.

Was geschieht während des Heilungsprozesses im Körper?

An der Bruchstelle beginnt der Körper mit den „Reparaturarbeiten“: Die Knochenzellen beginnen sich zu teilen. Im Normalfall teilen sie sich alle 2 Tage, jetzt innerhalb von 3 Minuten. So stehen in kurzer Zeit viele solcher Zellen zur Verfügung.

Bei den Teilungen muss gewährleistet sein, dass die **neu entstehenden Zellen ihren Ursprungszellen** in Bau und Funktion gleichen. Dies wird dadurch erreicht, dass die **Erbinformation von den Mutterzellen** vollständig auf die Tochterzellen übertragen wird.

Vor der Zellteilung muss demnach die Erbinformation in den Mutterzellen verdoppelt werden. Im Zellkern entspiralisiert sich die DNA der Chromosomen. Die Bindungen der beiden Einzelstränge lösen sich voneinander. Beide Einzelstränge werden nun durch komplementäre Bausteine (Nucleotide) wieder zum Doppelstrang ergänzt. Zwei Doppelstränge entstehen. Alle Vorgänge werden durch Enzyme katalysiert.

Am Ende dieses Vorgangs, der identischen Verdopplung der DNA **(Replikation der DNA)**, liegen in jedem Chromosom zwei komplette DNA-Stränge vor, die bei der anschließenden Zellteilung auf die zwei Tochterzellen verteilt werden.

Durch die identische Verdopplung der DNA wird gewährleistet, dass die neuen Zellen ihre Aufgaben in den Geweben erfüllen können. Die neuen Knochenzellen bilden wieder neue Knochenzellen und mineralisches Knochenmaterial. Der Bruch verheilt.

Nach einigen Wochen weist nur noch eine kleine Knochenverdickung auf die Verletzung hin.

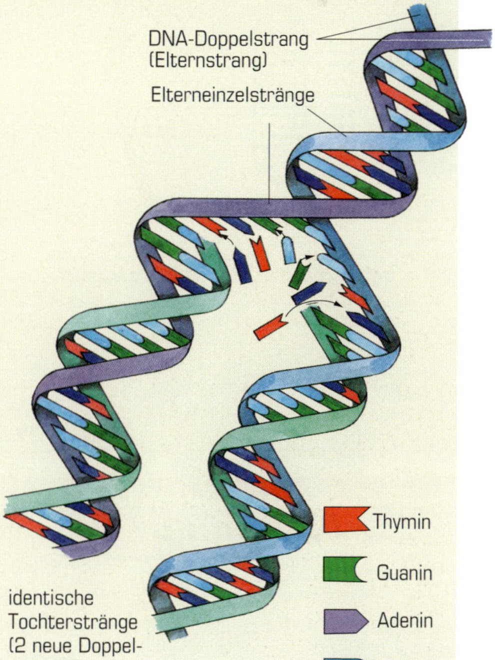

Vom Gen zum Merkmal

Um ein **Merkmal** (z. B. Haarfarbe, Blütenfarbe) zu bilden, wird an der DNA die Stelle „abgelesen“, an der die Informationen für dieses Merkmal stehen. Je nach der Komplexität des Merkmals müssen dafür unterschiedlich viele Gene gelesen werden. Da die Bildung der einzelnen Merkmale aus Platzmangel nicht im Zellkern erfolgen kann, werden die entsprechenden Informationen von der DNA „abgeschrieben“ und durch „Boten“ (mRNA) aus dem Zellkern transportiert. Im Zellplasma „übersetzen“ bestimmte Zellbestandteile (Ribosomen) die Informationen (↗ Abb. 1 und 2).

Die Bildung der Merkmale erfolgt meistens nicht direkt aus den Informationen der Gene. Häufig werden erst Biokatalysatoren (Enzyme) gebildet. Die Enzyme bewirken im Zellstoffwechsel die Herstellung der Grundbausteine des Merkmals (z. B. Farbstoffe). Da die meisten Merkmale sehr kompliziert aufgebaut sind, haben sich die Zellen auf die Herstellung bestimmter Merkmalsbausteine spezialisiert.
Man kann die Zellen mit kleinen „Fabriken“ vergleichen, die als Zulieferer für ein Endprodukt arbeiten.

Eiweiße sorgen als Struktur- oder Enzymeiweiße für die Ausbildung der Merkmale eines Organismus.
Als **Struktureiweiße** sind Eiweiße z. B. am Aufbau von Haaren, Federn, Hörnern, Hufen, Sehnen, Muskelfasern und Blutzellen beteiligt.
Als **Enzymeiweiße** steuern Eiweiße zahlreiche Prozesse.

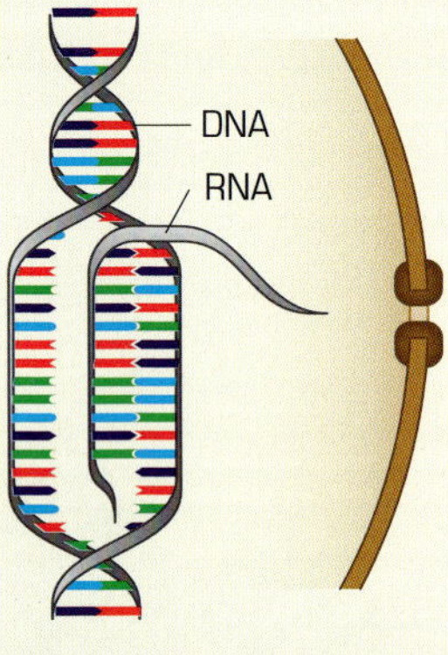

1 ▸ a) Umschreibung der Erbinformation im Zellkern (Transkription)

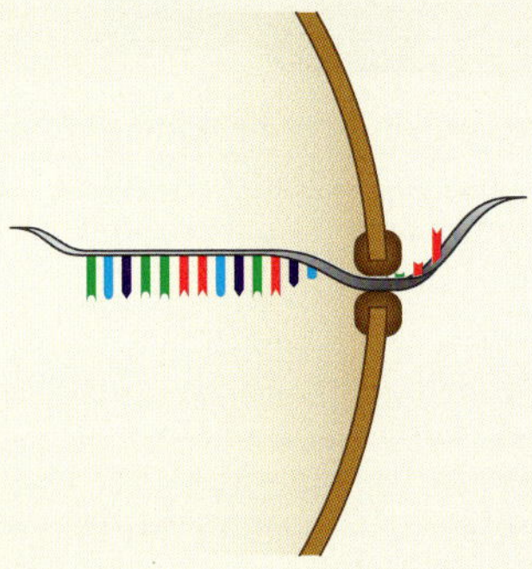

1 ▸ b) Wanderung der mRNA aus dem Zellkern zum Ribosom

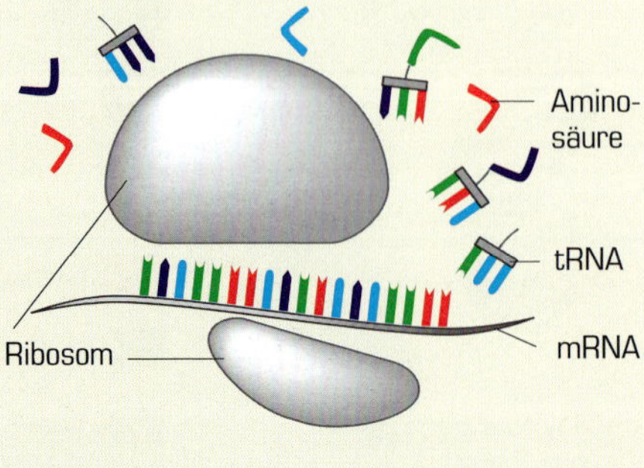

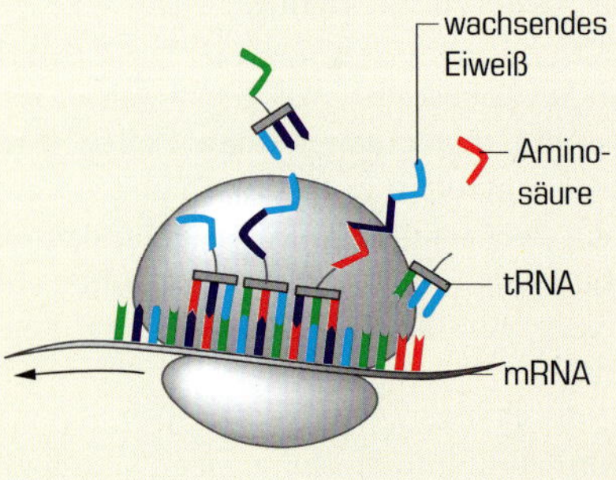

2 ▸ Übersetzung der Erbinformation am Ribosom

Soll beispielsweise das Merkmal blaue Blütenfarbe ausgebildet werden, so muss in den Zellen der Kronblätter ein blauer Farbstoff hergestellt werden. Stofflich gesehen ist das ein ganz bestimmtes Eiweiß.

Die Eiweiße bestehen aus einer Folge von **Aminosäuren** (kleinste Bausteine der Eiweiße). Am Aufbau der Eiweiße sind in der Regel nur 20 verschiedene Aminosäuren beteiligt. In den Nucleinsäuren kommen vier Basen vor. Würde jede Aminosäure durch eine Nucleotidbase verschlüsselt, so könnten nur $4^1 = 4$ Aminosäuren codiert (verschlüsselt) werden.

Würden jeweils zwei Basen für die Verschlüsselung **(Codierung)** einer Aminosäure verantwortlich sein, so ergäben sich $4^2 = 16$ Kombinationen.
Erst die Verbindung von drei Nucleotidbasen (Triplett, ↗S. 97) für die Codierung einer Aminosäure würde $4^3 = 64$ Möglichkeiten für die Verschlüsselung von 20 verschiedenen Aminosäuren ergeben.

Die Reihenfolge der Aminosäuren eines Eiweißmoleküls ist durch die Reihenfolge der organischen Basen in den Nucleotiden festgelegt.

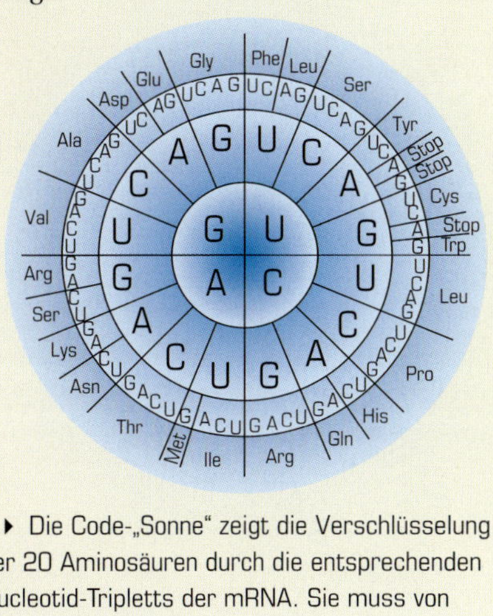

1 ▸ Die Code-„Sonne“ zeigt die Verschlüsselung der 20 Aminosäuren durch die entsprechenden Nucleotid-Tripletts der mRNA. Sie muss von innen nach außen gelesen werden.

Da es 64 verschiedene Codierungsmöglichkeiten gibt und nur 20 verschiedene Aminosäuren codiert (verschlüsselt) werden müssen, gibt es für ein und dieselbe Aminosäure häufig mehrere Möglichkeiten der Verschlüsselung.

Durch Untersuchungen an verschiedenen Organismen konnte nachgewiesen werden, dass, von ganz seltenen Ausnahmen einmal abgesehen, alle Organismen dieselben Tripletts für die Verschlüsselung einer Aminosäure benutzen. Der genetische Code ist quasi universell. Aus diesem Grund sind in der Genetik **mRNA-Codetabellen** aufgestellt worden. Sie ermöglichen es, von einer bestimmten Reihenfolge der Nucleotide auf die Aminosäurenfolge eines Eiweißes zu schließen und umgekehrt.

Der **genetische Code** ist die spezifische Reihenfolge von Nucleotiden in der DNA und RNA, durch die die Aufeinanderfolge (Reihenfolge) der verschiedenen Aminosäuren in einem Eiweißmolekül festgelegt (verschlüsselt) wird.

Die genetische Information für die bestimmte Aminosäurenfolge eines Eiweißes ist also in der DNA oder RNA verschlüsselt.

Die **RNA** (Ribonucleinsäure) besteht ebenfalls aus Nucleotiden, die wiederum einen Zuckerbaustein, einen Phosphorsäurerest und eine Base beinhalten. Allerdings handelt es sich im Gegensatz zur DNA um den Zuckerbaustein Ribose (daher Riobonucleinsäure). Des Weiteren ist in der RNA die organische Base Thymin durch Uracil ersetzt. Adenin, Guanin und Cytosin kommen in beiden Nucleinsäuren vor.

Die DNA befindet sich im Zellkern und verlässt ihn nicht. Die Eiweiße werden aber nicht im Zellkern, sondern im Zellplasma an den Ribosomen aufgebaut. Diese übersetzen die Erbinformation der DNA in eine bestimmte Aminosäurenfolge der Eiweiße.

Untersuchungen • Experimente

Mikroskopische Untersuchung der Zellen der Mundschleimhaut

Materialien:
Mikroskop, Objektträger, Deckgläschen, Streichholz, 2 Pipetten, Filterpapier; Wasser, Methylenblau- oder Eosinlösung; Zellen der Mundschleimhaut

Durchführung:
- Schabe mit dem Streichholz ein wenig Mundschleimhaut ab (Hygiene beachten!) und übertrage diese auf einen Objektträger.
- Vermische sie mit einem Tropfen Wasser und lege ein Deckgläschen auf.
- Sauge mithilfe des Filterpapiers einen Tropfen der Farbstofflösung unter dem Deckgläschen durch.
- Betrachte die Zellen mithilfe des Mikroskops. Zeichne eine Zelle und beschrifte die erkannten Teile.

Auswertung:
Beschreibe den Aufbau des Zellkerns.

Mikroskopische Untersuchung von Riesenchromosomen

Materialien:
Dauerpräparate der Riesenchromosomen von der Zuckmückenlarve (*Chironomus*) und Taufliege (*Drosophila*, ↗ Abb.); Mikroskop

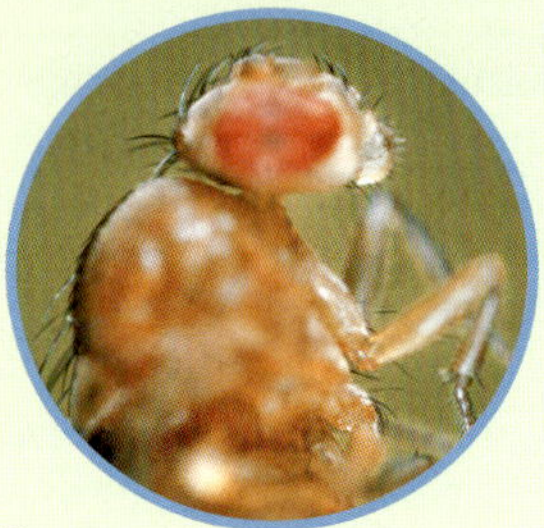

Durchführung:
Betrachte das jeweilige Objekt mithilfe des Mikroskops.
Fertige eine Skizze von einem Chromosomenabschnitt an.

Auswertung:
Beschreibe anschließend den Bau der Chromosomen.

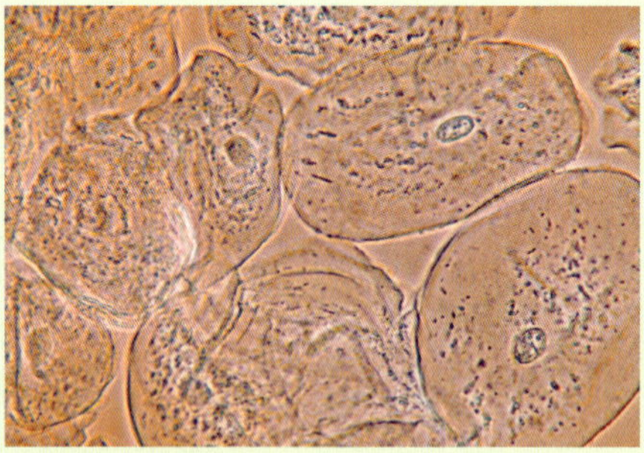

1 ▸ Mundschleimhaut

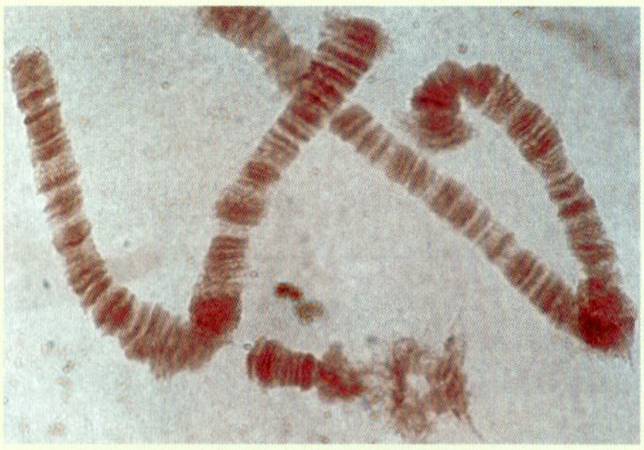

3 ▸ Riesenchromosom

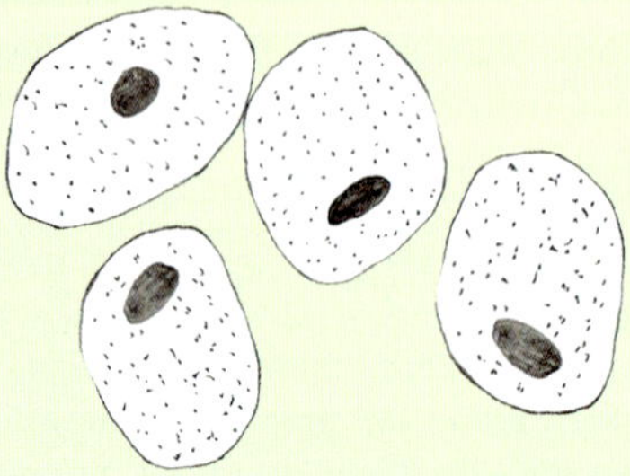

2 ▸ Mundschleimhaut (schematische Zeichnung)

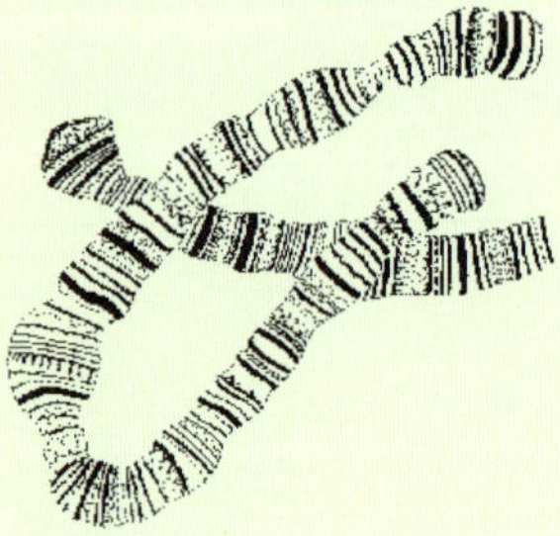

4 ▸ Riesenchromosom (schematische Zeichnung)

3

Methoden

Vorbereiten und Halten eines Vortrags

Gesammelte Informationen zu einem Thema oder Ergebnisse, die in einer Gruppe erarbeitet wurden, sollen allen Mitschülern vorgestellt werden. Das kann durch einen Vortrag geschehen. Folgende **Schritte** sind hierbei hilfreich.

Schritt ①

Vorbereiten eines Vortrags

Bei der Vorbereitung des Vortrags ist es sinnvoll, folgende Hinweise zu beachten:

- Überlege dir, was alles zum Thema gehört. Nutze dazu verschiedene Informationsquellen (↗ Übersicht unten).
- Gliedere den Vortrag in Abschnitte.
- Schreibe dir Schwerpunkte in Kurzform (in Stichwörtern) auf.
- Überlege dir, was du an die Tafel oder auf Folien schreibst.
- Bereite Versuchsaufbauten vor und stelle Geräte bereit.

Schritt ②

Halten eines Vortrags

Beachte beim Halten des Vortrags folgende Tipps:

- Nenne und zeige die Gliederung (Tafel, Folie).
- Wecke am Anfang des Vortrags Interesse und Neugier und nenne das Thema. (Beginne beispielsweise mit: „Wusstet ihr überhaupt, dass …?“ oder, „Hättet ihr gedacht, dass …?“)
- Sprich in kurzen Sätzen.
- Leite neue Absätze deutlich ein, z. B. mit: „Ein weiterer Punkt ist …“ oder, „Als Nächstes …“
- Verwende nur Fachbegriffe, die du auch selbst erklären kannst.
- Bemühe dich, laut, langsam und deutlich zu sprechen. Schaue deine Zuhörer an.
- Achte auf die Zeit. Schließe den Vortrag mit einer kurzen Zusammenfassung ab.

Leistungen von Watson und Crick

1. Einleitung
   Kurzer historischer Abriss über genetische Forschungen vor der Entdeckung der DNA
2. Wissenschaftlicher Werdegang von Watson und Crick
3. Würdigung der Leistungen – Nobelpreis

James D. Watson

Francis H. C. Crick

Informationsquellen

- elektronische Medien: Film, Fernsehen, CD-ROMs
- Literatur: Lexika, Sachbücher, Zeitschriften
- Schulbücher: Lehrbücher, Tabellenwerke, Schülerlexika
- Internet: Suchmaschinen, Direktsuche, z. B. www.schuelerlexikon.de

gewusst • gekonnt

1. a) Mikroskopiere ein Dauerpräparat von einer Pflanzenzelle oder einer Tierzelle. Skizziere die Zellen und beschrifte die erkannten Teile.
   b) Nenne die Funktionen der einzelnen Bestandteile.
   c) Erkläre die Unterschiede zwischen Zellen in Ruhe und sich gerade in Teilung befindenden.

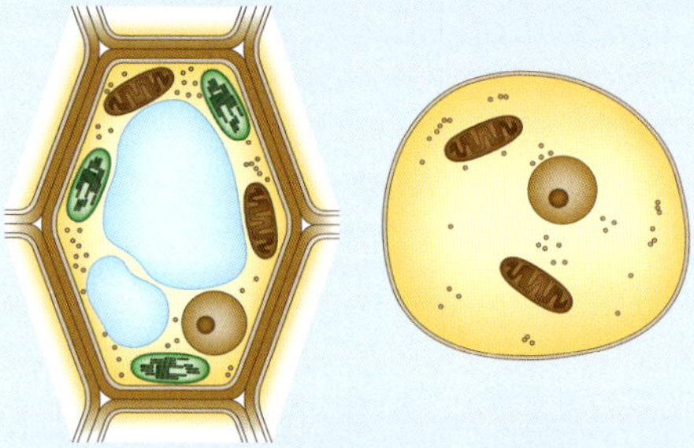

2. Beschreibe und vergleiche den Chromosomensatz einer weiblichen Körperzelle und einer Eizelle.

3. Menschen unterscheiden sich u. a. durch ihr Geschlecht, in ihrer Größe, in der Haut- und Haarfarbe. Wie viele Chromosomen besitzen blonde oder dunkelhäutige Menschen? Begründe deine Antwort.

4. Beschreibe den Aufbau der DNA-Doppelhelix.

5. Gegeben ist ein DNA-Strang mit folgender Basenfolge: TCT TAG AGA CCC GAG.
   a) Ergänze den fehlenden DNA-Strang zum Doppelstrang.
   b) Stelle zeichnerisch die Prozesse dar, die bei der identischen Replikation der DNA ablaufen. Kennzeichne die alten und neuen DNA-Stränge durch unterschiedliche Farbgebung.

6. Informiere dich über Forscher, die sich um die Aufklärung der Struktur des genetischen Materials verdient gemacht haben. Bereite einen Vortrag dazu vor. Nutze die Schrittfolge auf Seite 103.

7. Erläutere anhand der Abbildung 3 auf Seite 93 3ine Chromosomenkarte des Menschen.

8. Definiere die folgenden Begriffe: Chromosomenkarte, Körperchromosomen, Geschlechtschromosom, homologe Chromosomen, Halbchromosomen, doppelter Chromosomensatz, Gen, einfacher Chromosomensatz
   Informiere dich auch in Fachbüchern und im Internet.

9. Vergleiche das Karyogramm von Mann und Frau.

10. Begründe die Notwendigkeit der Halbierung der Anzahl von Chromosomen bei der Geschlechtszellenbildung.

11. Eiweiße bestehen aus Aminosäurenketten. Ein Ausschnitt der Aminosäurenreihenfolge mit international üblichen Abkürzungen eines Wachstumshormons wird so dargestellt: . . . Gln-Gln-Glu-Met-Met-Phe-Ser-Trp . . .
    a) Ermittle die Namen der abgekürzt angegebenen Aminosäuren. Informiere dich dazu auch im Internet.
    b) Gib mithilfe der Code-„Sonne“ auf Seite 101 die Nucleotidreihenfolge der mRNA und DNA an.

Das Wichtigste auf einen Blick

Grundlagen der Vererbung

Im Zellkern ist **Chromatin** bzw. befinden sich **Chromosomen.** Diese enthalten die Erbanlagen (Gene). Die Gene sind Träger der Erbinformation und bestimmen die Ausbildung spezifischer Merkmale. Die informationsspeichernde Substanz ist die DNA.

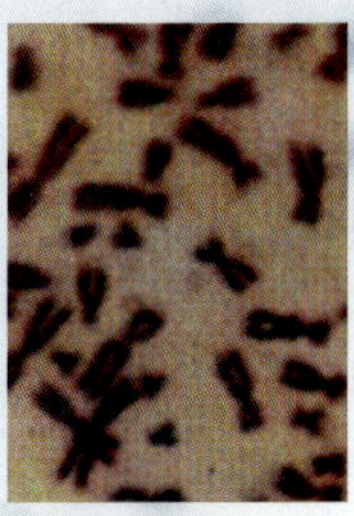

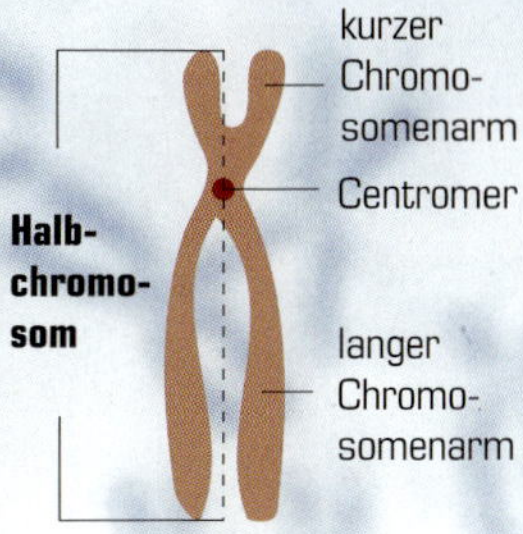

Bau der DNA

Die DNA tritt immer als spiralig gewundener Doppelstrang auf. Die Grundbausteine (Nucleotide) unterscheiden sich durch vier mögliche organische Basen (Thymin, Adenin, Guanin, Cytosin).

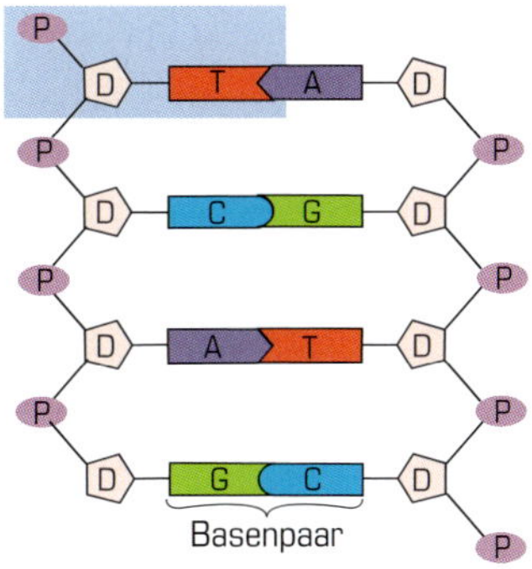

Der **Chromosomensatz** ist die Gesamtheit der Chromosomen einer Zelle.
Die grafische Darstellung der Chromosomen einer Zelle wird als **Chromosomenkarte** bezeichnet.

Der Mensch besitzt *44 Körperchromosomen* (22 homologe Chromosomenpaare) und *2 Geschlechtschromosomen* (XX weiblich, XY männlich).

Körperzellen besitzen einen doppelten (diploiden) Chromosomensatz.
Geschlechtszellen besitzen einen einfachen (haploiden) Chromosomensatz.

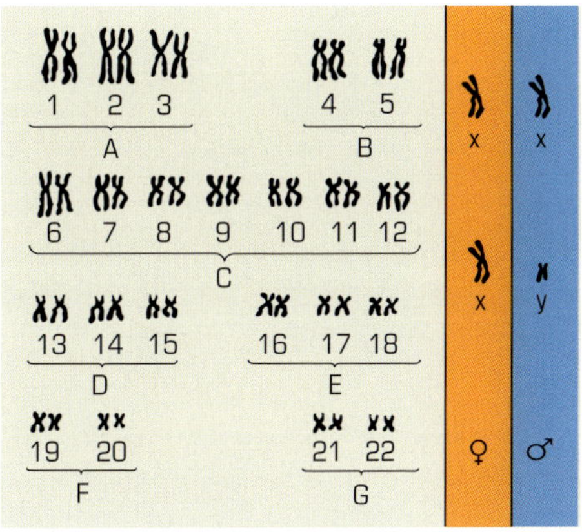

3.2 Weitergabe der Erbinformationen

Ganz der Vater – ganz die Mutter ▸▸ Schon immer beobachtete man Ähnlichkeiten zwischen Großeltern, Eltern und Kindern. Erbanlagen, die von Generation zu Generation fast unverändert weitergegeben werden, verursachen diese Ähnlichkeiten.

Weitergabe der Information ▸▸ Bevor sich Zellen teilen können, wird ihr Erbmaterial nahezu fehlerfrei durch den Prozess der identischen Replikation verdoppelt. Die Tochterzellen besitzen nach der Teilung jeweils den gleichen Genotyp und sind damit auch in ihren Merkmalen identisch.

MENDEL – Begründer der Genetik ▸▸ MENDEL entdeckte, dass es eine Regelhaftigkeit im Erbgeschehen gibt. Durch die wissenschaftliche Auswertung seiner Versuche und die damit gewonnenen Erkenntnisse gilt er als Begründer der Genetik.

Basiskonzept

Entwicklung

Entwicklung ist ein Kennzeichen lebender Systeme. Organismen zeigen artspezifische individuelle Entwicklungszyklen, diese sind eng mit der Form der Fortpflanzung verbunden.

ungeschlechtliche Fortpflanzung

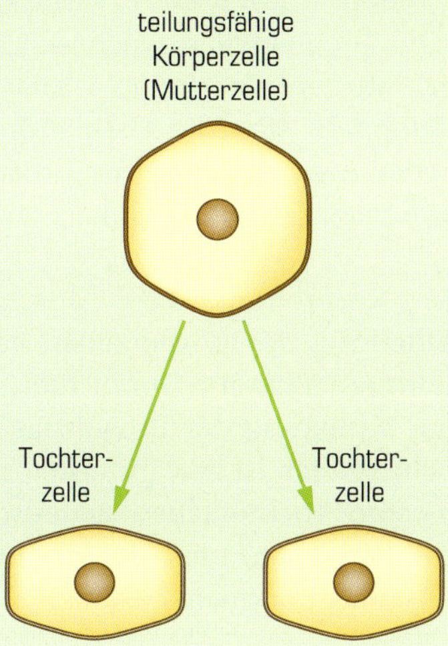

Die Zellkerne der neu entstandenen Organismen enthalten die gleiche Erbinformation wie die Mutterzelle.

Folge:

erbgleiche Nachkommen

geschlechtliche Fortpflanzung

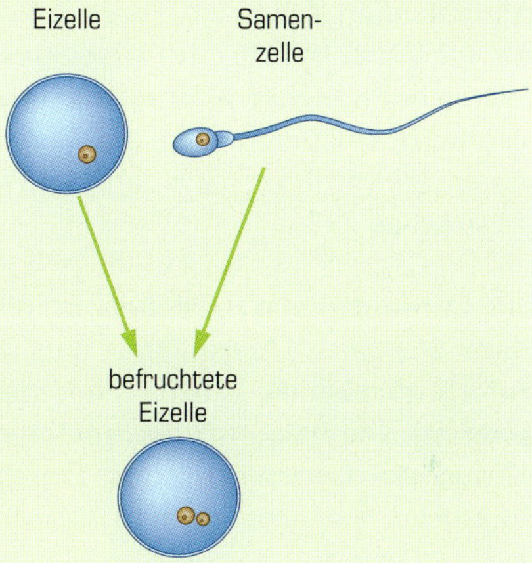

Die Zellkerne der neu entstandenen Organismen enthalten je einen Teil der Erbinformation beider Elternteile.

Folge:

Ähnlichkeit zwischen Eltern und Nachkommen ist unterschiedlich ausgeprägt.

Bildung von Körperzellen (Mitose)

Bei der Kern- und anschließenden Zellteilung der Körperzellen gehen aus einer Mutterzelle zwei genetisch gleiche Tochterzellen hervor.

Die Chromosomen mit den Erbanlagen (Genen) werden durch Kern- und Zellteilungen von einer Generation an die nächste weitergegeben. Vor jeder **Zellteilung** findet in der Zelle eine **Kernteilung** statt.

Chromosomen sucht man in mikroskopischen Präparaten von normalen Zellkernen vergeblich. Erst nach dem Anfärben der Zellkerne ist ein lockeres Fadenwerk, das *Chromatin,* erkennbar.

Chromosomen dagegen sind nur in sich teilenden Zellen zu sehen, z.B. Zellen der Wurzelspitzen. In diesen sich in Teilung **befindlichen Körperzellen (Mutterzellen)** verkürzen sich die Chromosomen. Sie verdicken sich dann und sind gut sichtbar.

Die **Chromosomen** bestehen in dieser Form aus zwei Längshälften, aus zwei Halbchromosomen (auch *Chromatiden* genannt). Die beiden *Halbchromosomen* hängen am Centromer, einer Einschnürungsstelle, zusammen (↗ S. 92, Abb. 1 b – c).

Die Chromosomen wandern in die Zellmitte. Nun erfolgt die Trennung der Chromosomen in die zwei Halbchromosomen. Diese wandern zu den Polen der Zelle. Sie werden mit einer Kernmembran umgeben. Es entstehen zwei Zellkerne mit Chromosomen, die nur aus Halbchromosomen bestehen. Das Zellplasma bildet eine neue Zellwand aus (Tierzellen schnüren sich ein). Zwei identische **Tochterzellen** sind gebildet (↗ Abb. 1).

Die Tochterzellen wachsen zur Größe der Mutterzelle heran. Anschließend verdoppeln sich die Halbchromosomen wieder. Die nächste Kern- und Zellteilung kann beginnen (↗ Abb. 1).

Die **Kernteilung** und anschließende **Zellteilung** der Körperzellen verläuft in mehreren Phasen. Durch die gleichmäßige Verteilung der Erbsubstanz auf die Tochterzellen ist gewährleistet, dass Mutter- und Tochterzellen genetisch gleich (identisch) sind und dieselben Bau- und Funktionsmerkmale besitzen.

1 ▸ Verteilung der Erbsubstanz bei der Teilung von Körperzellen auf die Tochterzellen (dargestellt an 2 Chromosomenpaaren)

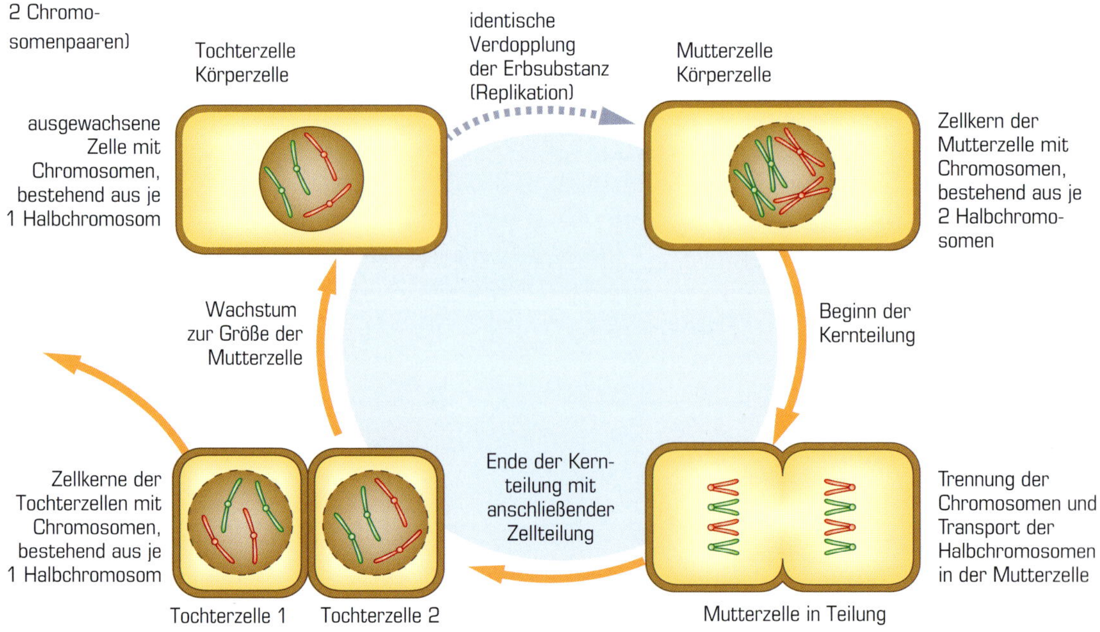

3

Bildung von Geschlechtszellen (Meiose)

Die Körperzellen der Individuen einer Art enthalten die gleiche Chromosomenzahl, z. B. beim Menschen 46, bei der Kartoffelpflanze 48. Diese Chromosomenzahl bleibt von Generation zu Generation unverändert.

Bei der *geschlechtlichen Fortpflanzung* verschmelzen je eine Eizelle und eine Samenzelle. Aus der befruchteten Eizelle (Zygote) entwickelt sich ein neues Lebewesen. Würden die Zellkerne von Ei- und Samenzelle auch die Chromosomenzahl der Eltern besitzen, enthielten die Körperzellen des neuen Lebewesens doppelt so viele Chromosomen wie die der Eltern, z. B. beim Menschen 92, bei der Kartoffelpflanze 96.

Die Anzahl der Chromosomen würde von Generation zu Generation in den Zellen steigen, muss aber bei Individuen einer Art gleich, d. h. konstant, bleiben.

Bei der Bildung von Geschlechtszellen (Ei- und Samenzellen) muss also die Anzahl der Chromosomen, der Chromosomensatz, halbiert worden sein. Man sagt auch, die **Chromosomensätze werden reduziert.**

Im Vergleich zur Teilung von Körperzellen finden bei der Bildung der Geschlechtszellen zwei Kern- und Zellteilungen statt (↗ S. 110, Abb. 1).

Die Chromosomenzahl wird in der *ersten Teilung* vom doppelten (diploiden) auf den einfachen (haploiden) Chromosomensatz reduziert. Weil sich die Anzahl der Chromosomen um die Hälfte verringert, spricht man von einer Reduktionsteilung.

Bei der *Reduktionsteilung* werden die homologen Chromosomen voneinander getrennt und auf die zwei Tochterzellen verteilt. Die beiden Tochterzellen besitzen nach der Teilung nur noch den halben Chromosomensatz der Mutterzelle.

In einer *zweiten Teilung* werden die Chromosomen in den zwei Tochterzellen in Halbchromosomen (Chromatiden) getrennt. Es findet eine zweite Zellteilung statt. Durch diese Teilung sind vier Tochterzellen (Geschlechtszellen) entstanden.

Die Halbchromosomen werden gleichmäßig auf die vier Tochterzellen verteilt.

Bei der Befruchtung verschmelzen Ei- und Samenzelle zur befruchteten Eizelle (Zygote). Dadurch wird der ursprüngliche Chromosomensatz wieder hergestellt.

M

Bei der Bildung der Geschlechtszellen werden aus einer Mutterzelle vier Geschlechtszellen gebildet.
Diese besitzen die halbe Chromosomenzahl im Vergleich zur Mutterzelle. Dadurch bleibt der artspezifische Chromosomensatz nach der Vereinigung der Geschlechtszellen bei der Befruchtung erhalten.

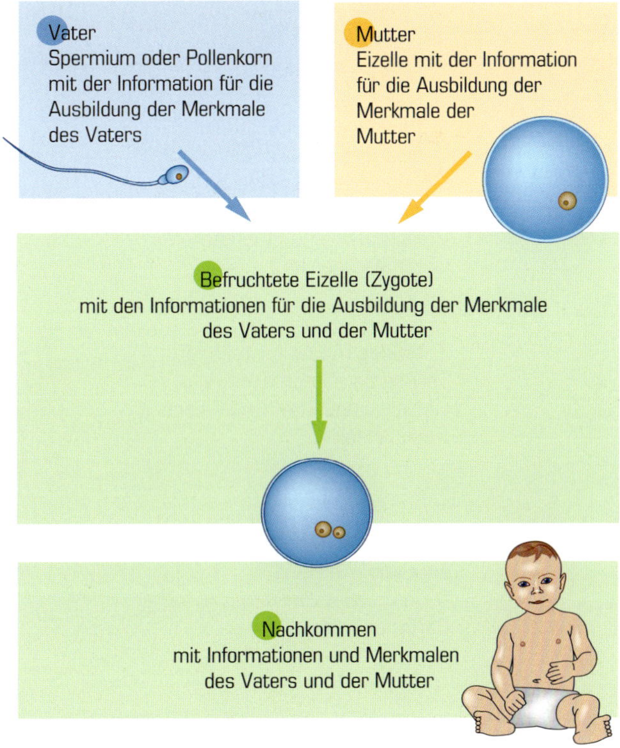

1 ▸ Die Weitergabe der Erbinformation bei der geschlechtlichen Fortpflanzung

Bei der Meiose können durch den Austausch von Chromosomenanteilen neue Genkombinationen entstehen.

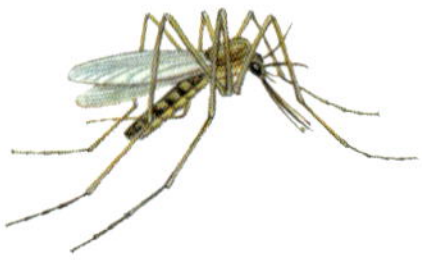

Die durch die zwei Kern- und Zellteilungen aus einer Mutterzelle entstandenen vier Tochterzellen (Geschlechtszellen) sind nicht erbgleich.

Das kommt daher, weil bei diesen Teilungen väterliches und mütterliches Erbgut neu geordnet und kombiniert wird. Es ist völlig vom Zufall abhängig, welche vom Vater bzw. welche von der Mutter stammenden Chromosomen auf die vier Tochterzellen verteilt werden (↗ Abb. 1). Daher ist es fast ausgeschlossen, dass zwei Samenzellen bzw. zwei Eizellen die gleiche Kombination der Chromosomen und damit der Gene und deren Erbinformation aufweisen.

Beispielsweise ergeben sich bei der *Stechmücke* mit nur drei Chromosomenpaaren $2^3 = 8$ Möglichkeiten der Kombination von mütterlichen und väterlichen Chromosomen.

Beim *Mais* mit zehn Chromosomenpaaren ergeben sich schon $2^{10} = 1\,024$ Möglichkeiten, und beim *Menschen* mit 23 Chromosomenpaaren kommt man dann auf $2^{23} = 8\,388\,608$ verschiedene Kombinationsmöglichkeiten.

Aufgabe

Erläutere, welche Bedeutung die Meiose für die Organismen hat.

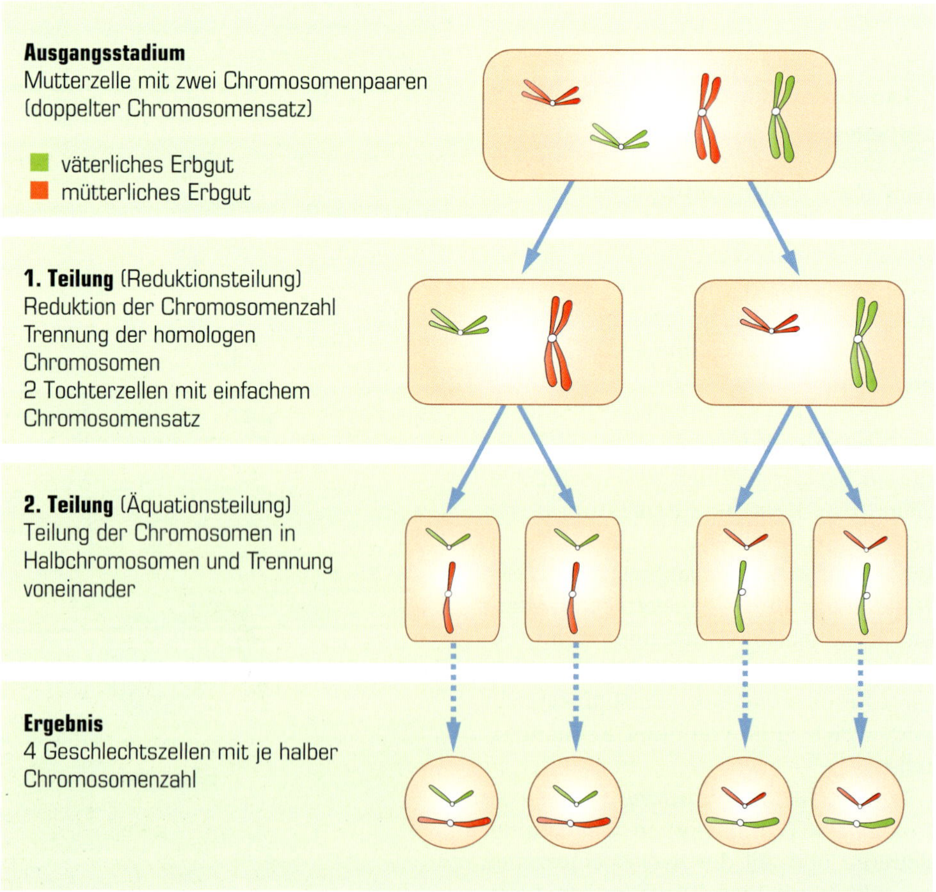

1 ▸ Eine Möglichkeit der Verteilung der Chromosomen bei der Bildung von Geschlechtszellen (dargestellt an zwei Chromosomenpaaren)

Zufall oder Regel?

Jörg hat noch zwei Geschwister. Die beiden haben volles und noch dazu lockiges Haar. Bei ihm dagegen ist es glatt und dünn. Seine Mutter hat lockiges Haar und sein Vater volles.

Ist es Zufall, dass gerade er die schlechte Karte gezogen hat?

Wissenschaftler versuchten schon im 19. Jahrhundert das Rätsel der Vererbung zu lösen. 1859 schrieb DARWIN in seinem Werk „Über die Entstehung der Arten durch natürliche Zuchtwahl“, dass *„... die Gesetze der Vererbung vollkommen unbekannt sind“.*

In seinem Buch „Die Vererbung und die Grundprobleme der Biologie“ schrieb DELAGE, ein französischer Wissenschaftler, im Jahre 1895 gleichsam als Resümee: *„Es gibt keine Gesetze für die Ähnlichkeit zwischen dem Kind und seinen Eltern! Hier ist nichts richtig und alles möglich, angefangen damit, dass zwischen Kind und Eltern überhaupt nichts Gemeinsames besteht, über alle Zwischenstufen der Vermischung von Merkmalen und der Kombination von Ähnlichkeiten bis zu fast völliger Übereinstimmung zwischen dem Kind und einem Elternteil ...“*

Damals nutzten die Wissenschaftler fast ausnahmslos nur *äußere Merkmale* zur Erforschung der Erbgänge über mehrere Generationen, d.h. sie betrachteten nur das Erscheinungsbild, auch **Phänotyp** genannt.

Da Merkmale aber meist durch die komplexe Wirkung vieler Gene im *Phänotyp* entwickelt werden, konnten daraus keine Regeln bei den Erbgängen erkannt werden. Auch heute ist das nicht ganz einfach.

Aus heutiger Sicht, wo Strukturen und Funktionen von Zellkernen, Chromosomen, DNA usw. bekannt sind, lässt sich das Problem – es gab scheinbar keine Regeln bei der Vererbung – der damaligen Wissenschaftler sehr gut erklären.

Heute ist vor allem klar, dass neben dem Erscheinungsbild auch die Gesamtheit der Gene, der **Genotyp,** beachtet werden muss.

Erst dem Augustinermönch **GREGOR JOHANN MENDEL** gelang der Durchbruch bei der Klärung Zufall oder Regel. Durch seine Experimentiermethode, einschließlich der statistischen Auswertung, erkannte er die nach ihm benannten **Vererbungsregeln.** Mit seinen fundamentalen Erkenntnissen war er 1866 seiner Zeit weit voraus, deshalb stieß er auf Unglauben und geriet in Vergessenheit.

Unabhängig voneinander entdeckten um 1900 DE VRIES, CORRENS und TSCHERMARK erneut die Vererbungsregeln und erkannten, dass sie MENDEL zuzuschreiben waren.

1 ▸ Die Augen hat sie eindeutig vom Papa.

Gregor Johann Mendel – Mönch, Naturforscher und Begründer der Vererbungslehre

GREGOR JOHANN MENDEL wurde am 22.7.1822 als Sohn eines fronpflichtigen Bauern geboren. Dieser hielt im Garten seines Hauses Bienen und züchtete edle Obstsorten. Durch ihn und auch durch den Pfarrer und den Lehrer seines Heimatorts wurde MENDEL in seiner Liebe zur Natur bestärkt. Frühzeitig lernte er einige biologische Veredlungsmethoden kennen, z.B. das Pfropfen der Obstbäume.

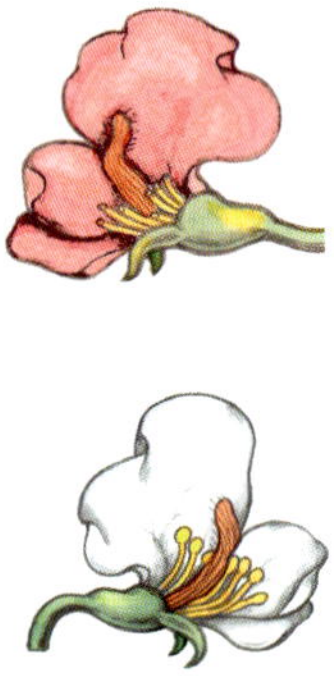

1 ▸ Rosa und weiße Erbsenblüte

Trotz großer finanzieller Schwierigkeiten studierte er am Philosophischen Institut Olmütz (Olomouc), um Geistlicher zu werden. 1843 trat er als Novize in das Augustinerkloster von Brünn (Brno) ein und erhielt den Klosternamen GREGOR.
Sein Theologiestudium an der Universität Brünn begann er 1844, 1847 wurde er zum Priester geweiht. Während des Studiums besuchte er auch Vorlesungen über Landwirtschaft, Obst- und Weinanbau. Das war u.a. die Voraussetzung dafür, dass er 1848 den Versuchsgarten des Brünner Klosters übernehmen konnte. Da MENDEL die Lehramtsprüfung für die Fächer Griechisch, Deutsch und Mathematik nicht bestanden hatte, studierte er in Wien Naturwissenschaft.

2 ▸ Übertragung des Pollens

1855 begann MENDEL mit den Kreuzungsexperimenten an Erbsen. Die daraus resultierenden drei Regeln beruhen ausschließlich auf der statistischen Auswertung der **Merkmalsverteilung** nach Erbgängen von Generation zu Generation.
Das forschungsmethodische Vorgehen von MENDEL wurde durch folgende Grundsätze geprägt:

- MENDEL wählte als Objekt die *Saaterbse (Pisum sativum)*. Sie bringt in kurzer Zeit viele Nachkommen hervor und kann sich selbst bestäuben und befruchten.
- Über zwei Jahre prüfte er, ob die äußeren Merkmale der Nachkommen denen der Eltern entsprachen, es also keine Merkmalsänderungen gab. Er züchtete reinerbiges Saatgut.
- MENDEL verglich keine Merkmale unterschiedlicher Arten, sondern bezog sich auf individuelle Merkmale der Saaterbsenpflanzen.
- Er verglich die Nachkommen nicht als Ganzes mit ihren Eltern, sondern immer nur ein Merkmal, das in zwei verschiedenen Varianten auftritt. Insgesamt erfasste MENDEL sieben solcher Merkmalspaare. Dadurch wurde das Vererbungsgeschehen überschaubar.
- MENDEL erfasste eine große Zahl von Individuen und wertete die Ergebnisse statistisch aus.

MENDEL übertrug bei seinen Experimenten beispielsweise Pollen aus der Blüte einer Pflanze, die aus gelben Samen hervorgegangen war, auf die Narbe einer Pflanze, die aus grünen Samen hervorgegangen war (↗ Abb. 2). Damit sich diese Blüte nicht selbst bestäubt, entfernte er vorher die Staubfäden (Kastration). Zusätzlich schützte er sie auch vor anderen Fremdbestäubungen.

Bei diesem Beispiel kreuzte MENDEL gelbsamige Pflanzen (männlich) mit grünsamigen Pflanzen (weiblich). Alle sich entwickelnden Samen (Erbsen) waren dann gelb. Wenn er aus diesen Samen wieder Pflanzen zog, konnte er diese miteinander kreuzen und wiederum Merkmalsverteilungen beobachten.

3 ▸ Kreuzungsversuch von MENDEL

3

Mendels Vererbungsregeln

Richtige Symbole für wichtige Erkenntnisse

MENDEL legte seine Kreuzungsexperimente so an, dass eine statistische Auswertung möglich war. So konnte er aus der großen Zahl der Einzelergebnisse einfache Mengenverhältnisse ableiten, die ihn zu folgenden entscheidenden Schlussfolgerungen veranlassten:

- Die **Vererbung erfolgt nach festen Regeln.**
- Es werden nicht die Merkmale **vererbt,** sondern **Anlagen,** die für die Ausbildung bestimmter Merkmale verantwortlich sind.
- In der Zygote müssen jeweils **zwei Erbanlagen für jedes Merkmal** enthalten sein, eine von der Mutter und eine vom Vater.

Heute werden die Erbanlagen, die zur Ausprägung eines Merkmals (z. B. Samenfarbe) notwendig sind, **Gene** oder **Genorte** (meist mehr als ein Gen für ein Merkmal verantwortlich) genannt. Da ein Gen zu unterschiedlicher Merkmalsausprägung führen kann (z. B. grün und gelb), muss es verschiedene Versionen eines Gens geben. Diese werden **Allele** genannt.

Die Einheitlichkeit der Nachkommen aus der Kreuzung gelb- und grünsamiger Erbsen in der **1. Tochter- bzw. Filialgeneration (F_1-Generation)** begründet MENDEL damit, dass es **Merkmal bestimmende (dominante)** und **Merkmal unterlegene (rezessive) Erbanlagen** gibt.

Später fand der Wissenschaftler CARL ERICH CORRENS (1864–1933) bei Forschungen mit der *Japanischen Wunderblume* noch eine gleichwertige, gemischte Merkmalsausbildung. Sie wird als **intermediär** bezeichnet (↗ S. 114, Abb. 1 re.).

In **Körperzellen** (diploid) befindet sich immer ein **Allelpaar** und in **Geschlechtszellen** (haploid) nur ein **einzelnes Allel.**

MENDEL führte eine **Buchstabensymbolik** ein, um den Erbgang eines Merkmals genauer verfolgen zu können.

Dominante Allele werden mit großen Buchstaben und rezessive Allele mit kleinen Buchstaben gekennzeichnet. Jedem Gen (Allelpaar) werden somit zwei Buchstaben zugeordnet (↗ Tab.).

Aufgaben

1. *Begründe , warum die Zuordnung reinerbig bzw. mischerbig nicht für den gesamten Phänotyp eines Lebewesens gilt, sondern nur für ein bestimmtes Merkmal.*

2. *Erläutere die Begriffe dominant-rezessive und intermediäre Merkmalsausbildung.*

Bezeichnung für die Darstellung von Erbgängen	
P	Eltern-(Parental-)generation
F_1	1. Tochter-(Filial-)generation
F_2	2. Tochter-(Filial-)generation
X	Kreuzung zweier Individuen
großer Buchstabe	dominantes Allel A
kleiner Buchstabe	rezessives Allel a
reinerbig	Allele eines Gens sind gleich
mischerbig	Allele eines Gens unterscheiden sich

1 ▸ Die Bezeichnungen sind lateinisch: *parentes* = Eltern; *filia* = Tochter; *dominare* = herrschen; *recedere* = zurücktreten

Uniformitätsregel

MENDELS Beobachtungen und Ergebnisse werden in den mendelschen Regeln zusammengefasst. Ausgehend von MENDELS Forschungsgrundlagen wird bei der 1. und 2. mendelschen Regel nur **ein** Merkmalspaar betrachtet.

Bei der Kreuzung wird von Individuen ausgegangen, die hinsichtlich des ausgewählten Merkmals reinerbig sind. Dies bedeutet, das mütterliche und väterliche Allele für dieses Merkmal gleich sind.

Betrachtet man das Merkmal Farbe bei Erbsensamen, dann ist das Allel für die gelbe Farbe dominant, das Allel für die grüne Farbe rezessiv. In der Buchstabensymbolik bedeutet das:

gelb/dominant = G   grün/rezessiv = g

Bei der Kreuzung einer reinerbig gelbsamigen Pflanze (Genotyp: GG) mit einer reinerbig grünsamigen Pflanze (Genotyp: gg) führen die Kombinationsmöglichkeiten der Keimzellen zu folgenden Genotypen in der ersten Tochtergeneration (↗ Abb. 1).

2 ▸ Japanische Wunderblume

Alle Nachkommen der ersten Tochtergeneration weisen hinsichtlich des betrachteten Merkmals den gleichen Phänotyp und Genotyp auf. Nach dieser Gleichheit (Uniformität) heißt die 1. mendelsche Regel **Uniformitätsregel.**

Die 1. mendelsche Regel (Uniformitätsregel) lautet: Kreuzt man Eltern (P), die sich in einem Merkmal reinerbig unterscheiden, so sind alle Nachkommen (F_1) in diesem Merkmal untereinander gleich (uniform).

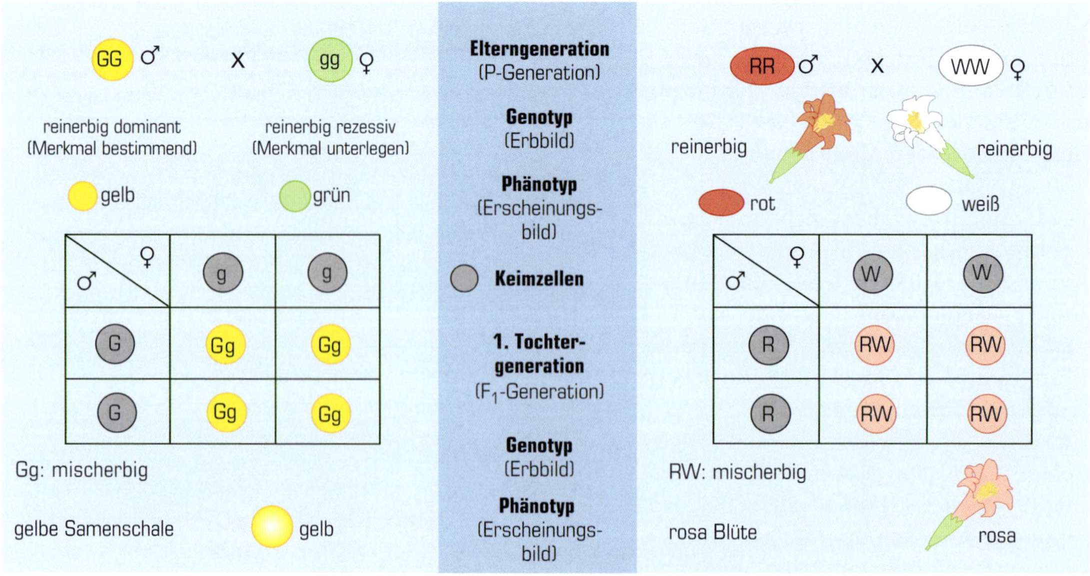

1 ▸ Kreuzungsschema zur 1. mendelschen Regel (Uniformitätsregel);
links: dominant-rezessiver Erbgang, rechts: intermediärer Erbgang

Spaltungsregel

Gregor Mendel und später auch Carl Erich Correns, ein deutscher Botaniker, kreuzten die mischerbigen Nachkommen der 1. Tochtergeneration (F_1-Generation, ↗ Abb. 1) und untersuchten das Aussehen der Nachkommen in der 2. Tochtergeneration (F_2-Generation). Die festgestellten Ergebnisse konnten in der **2. mendelschen Regel** zusammengefasst werden.

Die einheitlichen Merkmale der mischerbigen 1. Tochtergeneration spalten sich in der 2. Tochtergeneration in einem bestimmten Zahlenverhältnis auf. Die Regel wurde deshalb **Spaltungsregel** genannt.

M **Die 2. mendelsche Regel (Spaltungsregel) lautet: Kreuzt man die Individuen der F_1-Generation untereinander, so erhält man in der F_2-Generation eine Aufspaltung der Merkmale in festen Zahlenverhältnissen.**

Beim **dominant-rezessiven Erbgang** erfolgt die Aufspaltung in der F_2-Generation im Verhältnis 3 : 1 des dominanten zum rezessiven Phänotyp. Im Genotyp liegt ein Verhältnis 1 : 2 : 1 zwischen reinerbig-dominant zu mischerbig zu reinerbig-rezessiv vor (↗ Abb. 1).

Correns bestätigte 1900 Mendels Beobachtungen durch seine Experimente mit der *Japanischen Wunderblume* (*Mirabilis jalapa*, ↗ S. 114, Abb. 2).

Bei der hier auftretenden **intermediären Vererbung** führt die Kreuzung weiß blühender und rot blühender Pflanzen in der F_1-Generation zu einheitlich rosa blühenden Nachkommen **(Uniformitätsregel).** Das Erscheinungsbild, der Phänotyp, liegt zwischen den beiden elterlichen Phänotypen.

Beim intermediären Erbgang erfolgt im Phäno- und Genotyp (F_2) eine Aufspaltung im Zahlenverhältnis 1 : 2 : 1 zwischen der einen reinerbigen Form, der Mischform und der anderen reinerbigen Form, **Spaltungsregel.**

Aufgabe ?

Rechtshändigkeit wird dominant vererbt. In welchem Verhältnis müsste nach der Spaltungsregel die Rechts- und Linkshändigkeit vorliegen?
Erfasst in der Klasse die Häufigkeit der Rechts- und Linkshänder.
Wertet das Ergebnis statistisch aus und interpretiert es.

1 ▸ Kreuzungsschema zur 2. mendelschen Regel

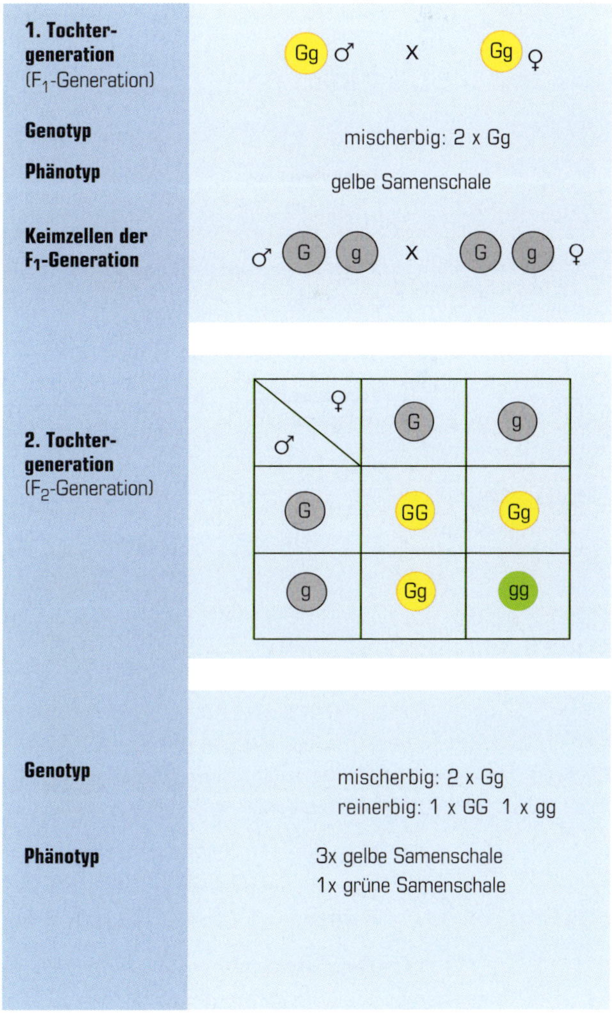

Die 3. mendelsche Regel (Unabhängigkeitsregel)

MENDEL kreuzte auch Erbsensorten, die sich in zwei Merkmalspaaren, nämlich Samenfarbe (gelb/grün) und Samenform (rund/runzlig), voneinander unterschieden. Ein Elternteil hatte nur gelbe, runde und der andere grüne, runzlige Samen.

In der F_1-Generation fand er nur gelbe, runde Samen. Damit bestätigte sich die Uniformitätsregel.

In der F_2-Generation erhielt er 556 Samen, von denen 315 gelb und rund, 101 gelb und runzlig, 108 grün und rund sowie 32 grün und runzlig waren.

Das bedeutet ein Spaltungsverhältnis aller möglichen Phänotypen von 9 : 3 : 3 : 1 und für jedes Merkmal selbst betrachtet wieder von 3 : 1.

Betrachtet man das Kombinationsquadrat (↗ Abb. 1), so fällt auf, dass Erbsen entstanden sind, deren Merkmalskombinationen weder in der Elterngeneration noch in der 1. Tochtergeneration auftraten, nämlich gelb und runzlig sowie grün und rund. Die **Erbanlagen** (Gene) müssen also **neu kombiniert** und **unabhängig voneinander vererbt** worden sein.

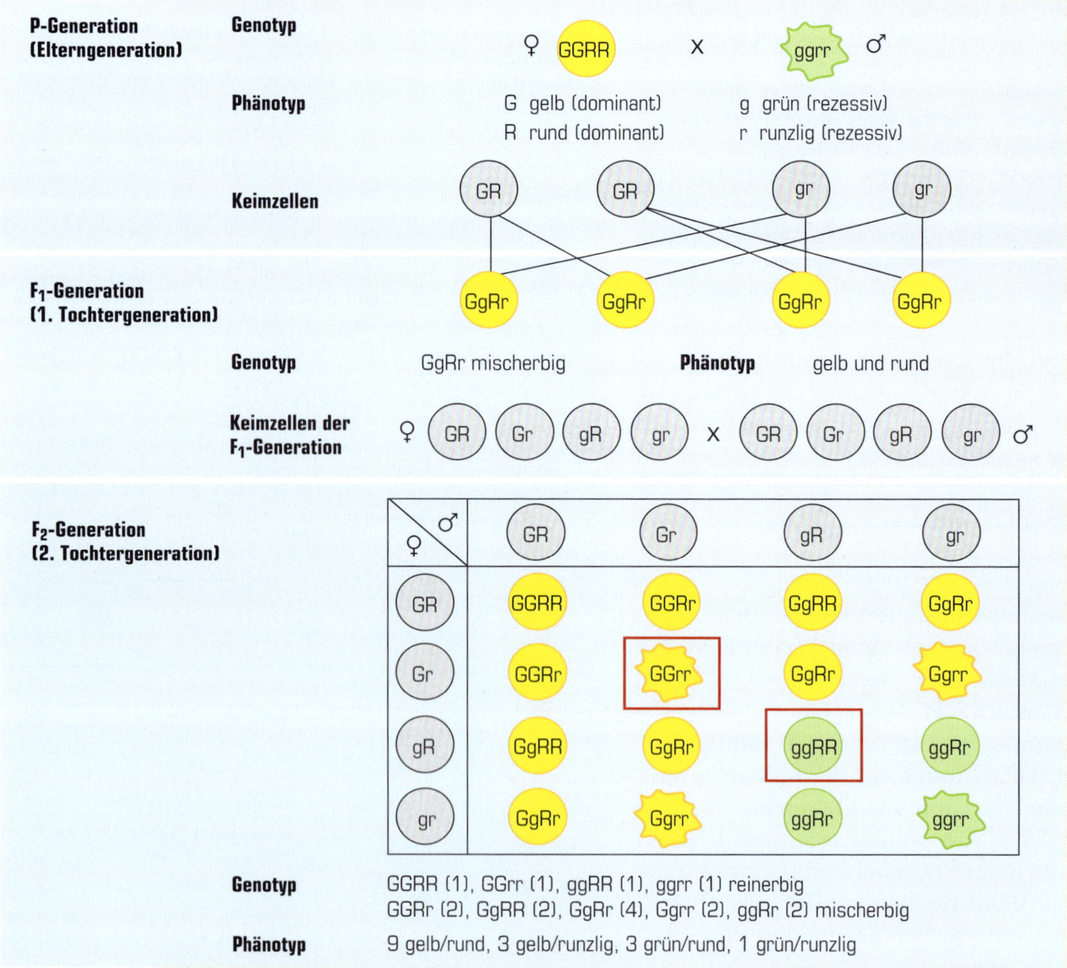

1 ▸ Kreuzungsschemata zur 3. mendelschen Regel (▭ reinerbige Neukombinationen)

3

Untersuchungen • Experimente

Modellversuche zu den mendelschen Regeln

Rote Rosen und weiße Rosen sollen bis zur F_2-Generation gekreuzt werden. Die Rosen der F_1-Generation blühen rosa. Vollzieht die Gen-und Allelverteilung in einem Modellversuch nach.

Materialien:
5 Bechergläser, je 40 Kugeln in zwei unterschiedlichen Farben (z.B. rot, weiß), Augenbinde

Durchführung:
1. Arbeitet in Zweiergruppen zusammen. Bedenkt vor Beginn des Versuchs, dass jeweils eine Kugel für ein Allel eines Individuums Modell steht.
2. Gebt die roten und die weißen Kugeln jeweils in ein Becherglas.
3. Fügt nun jeweils eine rote und eine weiße Kugel in ein drittes Becherglas zusammen.
4. Macht das so lange, bis alle Kugeln beider Farben in dem einen Becherglas sind.
5. Verteilt nun die Kugeln aus diesem Becherglas gleichmäßig auf drei Bechergläser. Dabei entnimmt ein Schüler eurer Gruppe nun mit verbundenen Augen mit jeder Hand aus diesem Becherglas eine Kugel.

Der zweite Schüler sortiert die gezogenen Kugeln nach der Farbe in drei Kategorien. In das erste Becherglas kommen die Kugeln, wenn beide rot sind, ins zweite rot und weiß und ins dritte zwei weiße.

Beobachtung und Auswertung:
1. Nennt die entstandenen Geno- und Phänotypen. Berechnet ihr Zahlenverhältnis.
2. Vergleicht eure Ergebnisse mit denen der anderen Arbeitsgruppen.
   Ermittelt die Summe der Geno- und Phänotypen aller Arbeitsgruppen und berechnet daraus das Zahlenverhältnis.
3. Stellt eure Ergebnisse übersichtlich dar (↗ Abb.).
4. Interpretiert und diskutiert das Gesamtergebnis.
5. Benennt die mendelschen Regeln, die ihr modellhaft nachgestellt habt.
   Vergleicht die von euch errechneten Zahlenverhältnisse mit den nach den mendelschen Regeln zu erwartenden.
6. Übertragt eure Ergebnisse auf einen anderen Erbgang.
7. Benennt den Vorgang, den ihr mit Schritt 3 modelliert habt.
8. Benennt die Anzahl der Individuen, die jede Arbeitsgruppe nachgestellt hat.
9. Beschreibt die Schwächen des Modells.

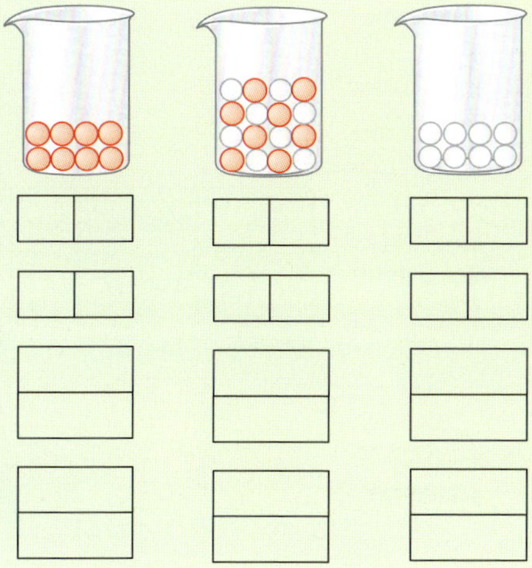

Genotypen, Anzahl

Phänotypen, Anzahl

Summe der Genotypen aller Arbeitsgruppen

Zahlenverhältnis

Summe der Phänotypen aller Arbeitsgruppen

Zahlenverhältnis

Anwendung der mendelschen Regeln auf die Vererbung beim Menschen

Vererbung des Geschlechts

Die Geschlechtsbestimmung beim Menschen erfolgt auch nach den **mendelschen Regeln.** Insgesamt befinden sich in jeder Körperzelle des Menschen 46 Chromosomen, nämlich 44 Körperchromosomen (Autosomen) und 2 Geschlechtschromosomen (Gonosomen).

Das Geschlecht eines Menschen wird durch die Geschlechtschromosomen (X bzw. Y) festgelegt. Die Entscheidung über das Geschlecht erfolgt bereits bei der Befruchtung der Eizelle (↗ Abb. 2). Die Eizelle enthält immer ein X-Chromosom, die Samenzelle ein X- oder ein Y-Chromosom. Das Geschlecht des Menschen wird bei der Befruchtung der Eizelle durch die Kombination der Geschlechtschromosomen bestimmt (XX = weiblich, XY = männlich).

Die **Vererbung des Geschlechts beim Menschen** kann schematisch dargestellt werden (↗ Abb. 3). Theoretisch ist eine Geschlechtsverteilung von 1 : 1 zu erwarten. Praktisch werden aber auf 100 Mädchen 106 Jungen geboren. Die Ursache dafür ist nicht geklärt (↗ Randspalte).

Man vermutet, dass Spermien mit Y-Chromosomen leichter und schneller beweglich sind und dadurch eher zur Befruchtung kommen als X-Chromosomen tragende Spermien.

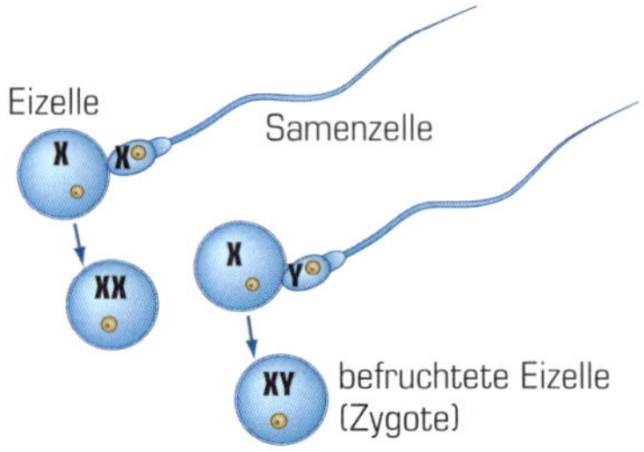

2 ▸ Festlegung des Geschlechts bei der Befruchtung der Eizelle

Die **Differenzierung des Geschlechts** beginnt etwa am 35. Tag der Embryonalentwicklung. Bis dahin entwickeln sich die Anlagen für die Keimdrüsen und für die Geschlechtsorgane geschlechtsunabhängig. Hat der Embryo ein Y-Chromosom geerbt, wird dort jetzt ein Gen aktiv, das aus den Keimdrüsenanlagen Hoden entstehen lässt. Diese produzieren das männliche Sexualhormon Testosteron.

Das Hormon aktiviert als Signalstoff dann Gene im gesamten Erbmaterial (Genom), die eine männliche Differenzierung bewirken.

Ohne dieses Gen, es ist fast die einzige Erbinformation auf dem Y-Chromosom, entstehen Eierstöcke. Dann entwickelt sich der Embryo weiblich.

1 ▸ Junge oder Mädchen? – theoretisch 1 : 1

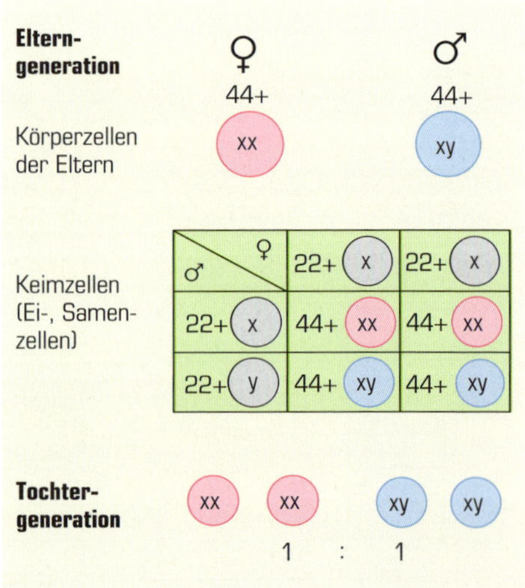

3 ▸ Vererbung des Geschlechts beim Menschen

Vererbung der Blutgruppen

Zeit seines Lebens besitzt jeder Mensch eine bestimmte charakteristische Blutgruppe. Auch **Blutgruppen werden vererbt.**

Es werden die Blutgruppen A, B, AB und 0 (Null) unterschieden (↗ Tab.). Die Vererbung der Blutgruppenmerkmale A, B und 0 erfolgt nach den **mendelschen Regeln.** Bestimmt werden die Blutgruppenmerkmale durch drei Allele, nämlich A, B und 0. Die Allele für die Blutgruppen befinden sich auf dem homologen Chromosomenpaar Nr. 9. Je zwei der drei möglichen Allele A, B und 0 sind für eine bestimmte Blutgruppe, d. h. die Ausbildung eines bestimmten Antigens auf den roten Blutkörperchen, verantwortlich.

Das Allel 0 ist gegenüber den Allelen A und B rezessiv, während A und B gleich stark vererbt werden.

Die Allelpaare AA und A0 ergeben die Blutgruppe A, die Allelpaare BB und B0 die Blutgruppe B, das Allelpaar AB die Blutgruppe AB. Die Vererbung der Blutgruppen kann in Erbgängen dargestellt werden (↗ Abb. unten).

Die Kinder, deren Eltern die Allele AA und 00 für die Blutgruppen A und 0 haben, können theoretisch nur die Blutgruppe A erhalten. Aus den Gesetzmäßigkeiten der Blutgruppenvererbung kann man von den Eltern auf die Kinder schließen und umgekehrt.

Das macht die Zuordnung und den Ausschluss von Vätern möglich. Dabei bleiben aber immer noch Fragen offen. Heute nutzt man für Vaterschaftstests meist den genaueren „genetischen Fingerabdruck", bei dem bestimmte DNA-Sequenzen verglichen werden (↗ S. 98).

Blutgruppe (Phänotyp)	mögliche Genotypen
A	AA, A0
B	BB, B0
AB	AB
0	00

Aufgabe ?

Zwei Männer mit unterschiedlichen Blutgruppen (0 und AB) stehen für eine mögliche Vaterschaft zur Diskussion. Die Mutter hat die Blutgruppe 0 das Kind B. Überprüfe mithilfe eines Kreuzungsschemas, wer der Vater ist.

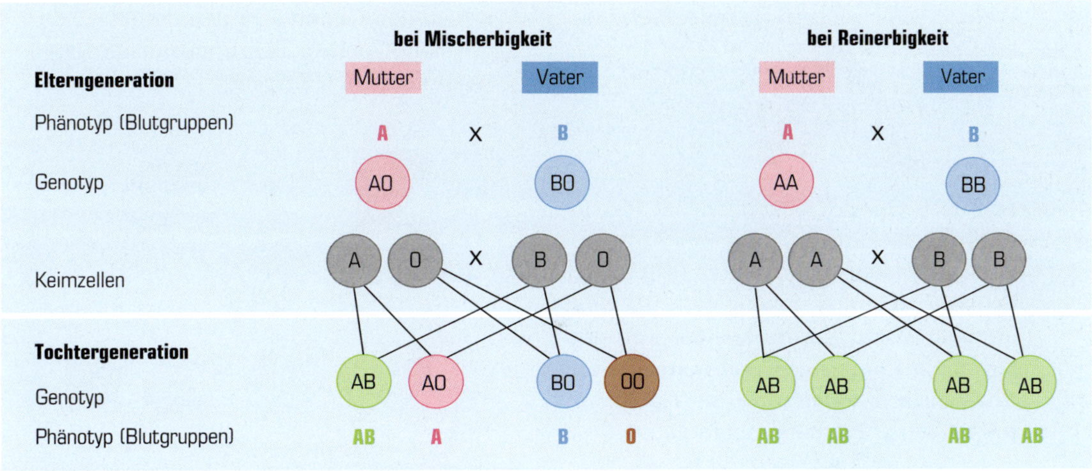

gewusst • gekonnt

1. a) Erläutere, wie durch die Mitose eine identische Weitergabe der Erbsubstanz erfolgt.
   b) Vergleiche in Form einer Tabelle die Kern- und Zellteilung von Körperzellen und die Bildung von Geschlechtszellen. Ziehe eine Schlussfolgerung bezüglich der Funktion von Keim- und Körperzellen.
   c) Geschlechtszellen besitzen im Vergleich zur Zygote nur den halben Chromosomensatz. Begründe.

2. a) Mikroskopiere Dauerpräparate von einer Zelle (z. B. Pflanzenzelle) und einer Zelle, die sich in Teilung befindet (z. B. Wurzelzelle).
   b) Fertige von beiden Dauerpräparaten eine mikroskopische Zeichnung an.
   c) Beschreibe und vergleiche beide mikroskopischen Zeichnungen miteinander.

3. Merkmale werden vererbt. Ermittle äußerliche Ähnlichkeiten und Verhaltensweisen, die in deiner Familie häufig auftreten. Stelle deine Ergebnisse grafisch dar.

4. Beschreibe das Vorgehen MENDELS bei der Bestäubung seiner Versuchspflanzen. Erkläre seine Vorgehensweise. Welche Schlussfolgerungen leitete er daraus ab?

5. Erst nach vielen Kreuzungsversuchen hat MENDEL die Ergebnisse seiner Untersuchungen in Regeln formuliert. Falls an der Schule vorhanden, mache dich mit dem Simulationsprogramm „Mendel“ vertraut. Simuliere Kreuzungen und betrachte am Bildschirm die Merkmale der Nachkommen in der 1. Tochtergeneration.

6. Ein reinerbig blau blühendes und ein reinerbig weiß blühendes Stiefmütterchen werden miteinander gekreuzt. Die F_1-Nachkommen blühen blau.

   a) Ermittle die Art der Merkmalsausbildung.
   b) Gib den Eltern und den F_1-Nachkommen entsprechende Symbole.
   c) Stelle die Kreuzungsschemata bis zur F_2-Generation auf.

7. a) Benenne die allgemeinen Regeln, die sich in dem Erbgang für den Blattrand der Brennnessel widerspiegeln (↗ Abb. unten).
   b) Gib den Genotyp zu den dargestellten Phänotypen an. Begründe mit dem entsprechenden Erbgang.

Das Wichtigste auf einen Blick

Weitergabe der Erbinformation

Bildung der Körperzellen (Mitose)
Aus einer Mutterzelle mit doppeltem Chromosomensatz entstehen zwei genetisch gleiche Tochterzellen mit ebenfalls doppeltem Chromosomensatz.

Grundlage der ungeschlechtlichen Fortpflanzung
Es entstehen artgleiche Nachkommen.

Notwendig für Wachstum, Entwicklung und Heilung.

Bildung der Geschlechtszellen (Meiose)
Aus einer Mutterzelle mit doppeltem Chromosomensatz entstehen vier Tochterzellen mit einfachem Chromosomensatz.

Grundlage der geschlechtlichen Fortpflanzung
Es entstehen Nachkommen, die nicht erbgleich sind, weil bei der Befruchtung weibliche und männliche Geschlechtszellen zusammenkommen.
Notwendig für hohe Variation, die noch durch Kombination von männlichem und weiblichem Erbgut erhöht wird.

Mendel – Begründer der modernen Genetik

GREGOR JOHANN MENDEL (1822–1884) führte von 1855 bis 1864 im Klostergarten zu Brünn (Brno) Kreuzungsexperimente mit der Saaterbse *(Pisum sativum)* durch. Sie waren die Grundlage für die Formulierung der mendelschen Regeln im Jahre 1865, die Grundregeln der Vererbung darstellen.

Mendelsche Regeln

1. **Uniformitätsregel:**
   Kreuzt man reinerbige Eltern, die sich in einem Merkmal unterscheiden, sind alle Nachkommen der F_1-Generation untereinander gleich (uniform).

2. **Spaltungsregel:**
   Kreuzt man Individuen der F_1-Generation untereinander, so erhält man in der F_2-Generation eine Aufspaltung der Merkmale in festen Zahlenverhältnissen.

3. **Unabhängigkeitsregel:**
   Kreuzt man reinerbige Eltern, die sich in mehreren Merkmalen unterscheiden, so werden die Erbanlagen (Gene) frei kombiniert und unabhängig voneinander vererbt.

3.3 Vielfalt und Veränderlichkeit der Organismen

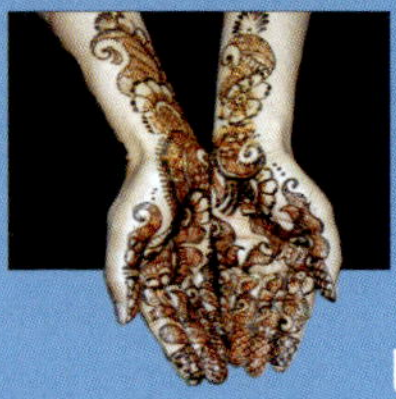

Unüberschaubare Vielfalt von Lebewesen ▸▸ Gegenwärtig werden etwa 300 000 Pflanzenarten und 1,4 Millionen Tierarten beschrieben. Groß ist auch die Vielfalt der Arten bei Bakterien (ca. 3 600) und Pilzen (ca. 100 000).

Erblich bedingte Veränderungen ▸▸ Individuen einer Art, beispielsweise Trauerweiden, Rinder, Menschen, ähneln sich in ihrem Äußeren. Beim genauen Betrachten fällt aber auf, dass sie sich auch in Merkmalen unterscheiden.

Umweltbedingte Veränderungen ▸▸ Haben Ferkel eines Wurfs nach der Geburt alle ungefähr das gleiche Gewicht, kann man nach kurzer Zeit große Unterschiede feststellen: der Umweltfaktor Nahrung spielt hierbei eine große Rolle.

3

Vielfalt

Die Abbildungen zeigen einige der Millionen Arten von Lebewesen. Sie spiegeln nur einen Ausschnitt aus der **Vielfalt aller Lebewesen** wider. Um diese Vielfalt zu erfassen und beschreiben zu können, muss man Lebewesen vergleichen.

Nicht nur das *äußere* **Erscheinungsbild** (Phänotyp) der Lebewesen ist vielfältig. Auch *innerhalb* eines Lebewesens gibt es auf der Zellebene viele Unterschiede.

Im menschlichen Körper gibt es z. B. mehr als 200 unterschiedliche Zellvarianten. Nur dadurch gelingt es unserem Körper, die komplizierten Lebensvorgänge zu bewältigen.

Lebewesen besiedeln **verschiedene Lebensräume** und sind somit auch unterschiedlichen **Umweltfaktoren** ausgesetzt.

Diese Umweltfaktoren ändern sich ständig. Je mehr Varianten von Lebewesen einer Art auftreten, umso höher ist die Chance, dass einige Varianten mit den neuen Bedingungen zurechtkommen.

Die **Neukombination von Erbanlagen** bei der sexuellen Fortpflanzung führt zur Entstehung vielfältiger Lebewesen (Individuen) innerhalb einer Art.

Weiteren Einfluss auf die Veränderlichkeit der Arten haben **Mutationen** und **Modifikationen.**

Die Vielfalt ist eine entscheidende Voraussetzung für die **Evolution** einer Art. Die an die herrschenden Umweltbedingungen angepassten Individuen können sich fortpflanzen und ihre Merkmale vererben.

Unangepasste Individuen erreichen selten ein fortpflanzungsfähiges Alter und können ihre Merkmale nicht weitergeben.

Vielfalt beschreibt, dass es verschiedene Arten von Lebewesen gibt und dass sich innerhalb einer Art die Lebewesen (Individuen) auch unterscheiden.

Ursachen dafür sind Unterschiede im Erbmaterial und die Umweltbedingungen, denen die Lebewesen ständig ausgesetzt sind.

Mutationen – erbliche Veränderungen der Organismen

Mutationen sind stoffliche Veränderungen der Erbanlagen. Zusammen mit der Neukombination der Erbanlagen bei den Zellteilungsvorgängen sind Mutationen die Grundlage für die **Vielfalt der Lebewesen.** Mutationen werden aber nur auf die Nachkommen übertragen, wenn sie das Erbgut der Geschlechtszellen betreffen.

Ursachen der Mutationen

Nitrit (NO_2) ist das Anion der salpetrigen Säure. Es wird als Natriumnitrit im Nitritpökelsalz zur Konservierung bei der Fleisch- und Wurstverarbeitung genutzt.

Mutationen sind in der Natur sehr selten, sodass man sich ihr Auftreten lange Zeit nicht erklären konnte. Sie können spontan, vor allem durch Fehler bei der Verdopplung der DNA auftreten. Äußere Einflüsse spielen aber auch eine Rolle.

Experimente an der Fruchtfliege *Drosophila* konnten zeigen, dass sich die Mutationsraten durch Röntgenstrahlen und chemische Substanzen erhöhen. Solche Faktoren, die mutationsauslösend sind, nennt man **Mutagene.** Man kennt physikalische und chemische Faktoren, die Mutationen auslösen können.

Neu in den Handel kommende Substanzen werden in Testlaboratorien geprüft, um Schäden zu vermeiden.

Physikalische Mutagene sind z.B. die Röntgenstrahlen und die UV-Strahlen. Die Strahlungsenergie kann zu direkten Veränderungen der Erbsubstanz führen oder Prozesse auslösen, die Mutationen zur Folge haben. Deshalb wird bei Röntgenuntersuchungen darauf geachtet, dass die Eierstöcke bzw. Hoden mit einem Bleischutz bedeckt sind. Blei adsorbiert die Strahlung. Übermäßige UV-Bestrahlung beim Sonnenbaden kann z.B. zu DNA-Veränderungen der Hautzellen führen und Hautkrebs auslösen. Radioaktive Strahlen können u.a. Missbildungen bei Neugeborenen oder bösartige Tumore bewirken.

Chemikalien wirken ebenfalls als Mutagene. Versuche mit Pflanzen und Tieren beweisen, dass zahlreiche chemische Stoffe mutagen sind. Hierzu gehören u.a. Genussmittel (z.B. Bestandteile des Tabakrauchs), Sucht- und Rauschmittel (z.B. LSD, Mescalin), Schädlings- und Unkrautbekämpfungsmittel sowie einige Zusätze von Kosmetika. Nachgewiesen ist außerdem auch die DNA-verändernde Wirkung von Nitrit.

In welchem Umfang chemische Verbindungen, mit denen wir im täglichen Leben zu tun haben, mutagen wirken können, ist bislang noch unvollständig untersucht.

Auch bestimmte Medikamente können Mutationen auslösen.

M

Mutationen können spontan auftreten oder durch äußere Faktoren, Mutagene, ausgelöst werden. Mutagene können chemischer oder physikalischer Natur sein.

1 ▸ Farbveränderungen bei Fröschen

2 ▸ Farbveränderungen bei Weintrauben

Mutationsformen

Je nachdem, welche Strukturen der Erbanlagen durch Mutagene verändert wurden, unterscheidet man drei Grundformen von Mutationen: *Gen-, Chromosomen-* und *Genommutationen.*

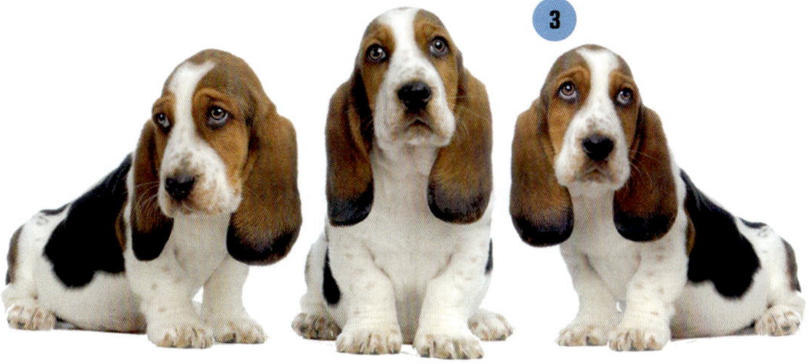

1 ▸ Hunderassen, z. B. Basset, sind Genmutationen.

Genmutationen sind zellulär schwer nachweisbar und erst dann zu beobachten, wenn sie sich im äußeren Erscheinungsbild zeigen.

Bei Genmutationen ändert sich die Basenabfolge in einem Gen. Dies kann durch Verlust, Einfügen oder Austausch einzelner Basen erfolgen. Damit verändert sich die Information des Gens und ein verändertes Merkmal wird ausgebildet. Strukturveränderungen wie bei der Kurzbeinigkeit von Schafen oder die Trauerformen von Laubbäumen (↗Abb. 2) können die Folge sein.

Die Mutation kann aber auch dazu führen, dass die Information des Merkmals nicht mehr lesbar ist und das Merkmal nicht mehr gebildet wird. Ein Beispiel dafür ist die **Phenylketonurie** (PKU) beim Menschen (↗S. 132).

Bei **Chromosomenmutationen** kann es zum Verlust von Chromosomenstücken bzw. zur Übertragung von Chromosomenabschnitten auf andere Chromosomen kommen. Ein Beispiel für diese Mutationsform ist das **Katzenschreisyndrom** beim Menschen.

Ursache dafür ist das Fehlen eines Chromosomenstücks am Chromosom Nr. 5. Betroffene stoßen katzenartige, hohe und schrille Schreie im frühen Kindesalter aus, die sich mit der Zeit verlieren. Körperliche und geistige Beeinträchtigungen kommen hinzu.

Bei **Genommutationen** ändert sich die Anzahl der Chromosomen im Chromosomensatz. Betrifft die Änderung nur einzelne Chromosomen, sind Fehler bei der Meiose die Ursache.

Ein bekanntes Beispiel ist die **Trisomie 21** beim Menschen, bei der das Chromosom 21 statt zweimal dreimal vorhanden ist (↗S. 131).

Die *Vervielfachung ganzer Chromosomensätze* (Polyploidie) kann durch chemische Stoffe (z. B. Colchicin) ausgelöst werden. Bei Pflanzen führt die Polyploidie zu widerstandsfähigeren Sorten mit höheren Erträgen. Das macht man sich in der Pflanzenzüchtung zunutze.

Bei Tieren und beim Menschen führt Polyploidie hingegen zu so starken Schäden, dass der Tod eintritt bzw. eine Fehlgeburt die Folge ist.

Aufgaben

1. *Definiere den Begriff Mutation. Nenne Ursachen für Mutationen.*

2. *Nach dem Reaktorunglück in Tschernobyl kamen in der Region vermehrt Kinder mit Missbildungen zur Welt. Erkläre diese Erscheinung.*

2 ▸ Trauerweide – Folge einer Genmutation

Modifikationen

Entstehung von Modifikationen

Wie sich die in den **Erbanlagen** gespeicherten **Merkmale** ausbilden, hängt auch von den jeweils herrschenden **Umweltbedingungen** ab. Werden z. B. *Kartoffeln einer Pflanze* (gleiche Erbanlagen) auf verschiedenen Feldern gesteckt, wachsen oft unterschiedlich große Kartoffelpflanzen mit unterschiedlich großen und vielen Knollen. Ursachen hierfür sind z. B. die Wasser- bzw. Mineralstoffversorgung oder auch Schädlinge, die eines der Felder befallen haben könnten.

Aus kleineren Knollen entwickeln sich bei optimalen Umweltbedingungen in der nächsten Generationsfolge wieder Pflanzen mit großen Knollen. Das zeigt, dass in den Erbanlagen die Merkmale nicht mit einem bestimmten Wert gespeichert sind. Es gibt eine **Reaktionsnorm** (Minimum – Maximum), innerhalb derer sich das Merkmal ausbilden kann. Die jeweiligen Ausbildungsformen bei bestimmten Umweltbedingungen nennt man **Modifikationen.** Sie sind nicht erblich, da die Erbinformationen nicht verändert sind.

M **Modifikationen sind nicht erbliche Veränderungen des Phänotyps durch Anpassung an bestehende Umweltverhältnisse.**

Art	Modifikation
Chinesische Primel 	Kronblätter rot bei Temperaturen < 30 °C Kronblätter weiß bei Temperaturen > 30 °C
Wasserknöterich 	Wasserpflanze mit kahlen Blättern, bis 3 m Landpflanze mit behaarten Blättern, 0,3–1 m
weibliche Honigbienen 	Arbeiterin, unfruchtbar – Larvenfütterung mit Nektar Königin, fruchtbar – Larvenfütterung mit Weiselsaft
Hermelin 	braunes Sommerfell bei höheren Temperaturen weißes Winterfell bei niedrigen Temperaturen

Bei *Siamkatzen* entscheidet die Hauttemperatur über die Fellfärbung. Ist die Hauttemperatur unter 34° Celsius wird schwarzes Fell gebildet, bei Temperaturen über 34 °C bildet sich die helle Fellfarbe (↗ Abb. 1).

Bei *Mississippi-Alligatoren* entscheidet die Temperatur im Bruthügel über das Geschlecht des Nachwuchses. Bei weniger als 30 °C Bruttemperatur entstehen nur weibliche, bei mehr als 36 °C nur männliche *Mississippi-Alligatoren* (↗ Abb. 2).

1 ▸ Siamkatze

2 ▸ Mississippi-Alligator

Durch Kenntnis der Umweltfaktoren, die bestimmte Modifikationen auslösen, kann der Mensch gezielt Einfluss auf den Phänotyp von Pflanzen und Tieren nehmen. Dies macht man sich u.a. in der Landwirtschaft zunutze, z.B. bei der Haltung von Rindern in Ställen oder im Freien. Auch im Gartenbau, z.B. bei der Entwicklung von Pflanzen im Gewächshaus unter Zusatzbelichtung und Kohlenstoffdioxidbegasung, werden diese Erfahrungen ausgenutzt.

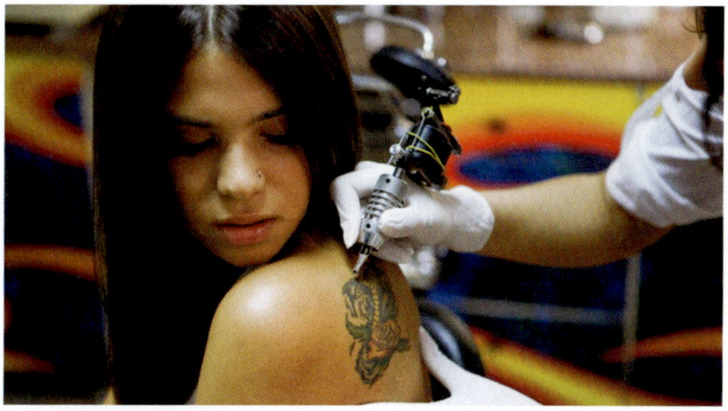

1 ▸ Einritzen eines Tattoos

Modifikationen beim Menschen

Auch wir können unseren Körper positiv „modifizieren". Regelmäßige sportliche Aktivitäten führen dazu, dass unser Körper ausdauernder und widerstandsfähiger wird. Wird z.B. mehrmals in der Woche ein gezieltes Krafttraining durchgeführt, so werden die beanspruchten Muskeln nach und nach vergrößert.

Ist allerdings das Maximum der genetisch festgelegten Reaktionsnorm erreicht, kann die Muskelmasse auch durch Erhöhung des Trainingsumfangs nicht mehr gesteigert werden. Diese natürliche Grenze sollte man auch durch *Doping* (z.B. anabole Steroide) nicht überschreiten. Das kann schwerwiegende gesundheitliche Folgen nach sich ziehen. Beispielsweise können innere Organe (z.B. Nieren) geschädigt und Geschlechtsmerkmale aufgrund der hormonellen Wirkung verändert werden.

Bei Menschen, die in großen Höhen leben, bildet das Blut verstärkt rote Blutzellen aus. Dies ist eine Reaktion auf das verminderte Sauerstoffangebot. Leistungssportler machen sich diesen Effekt zunutze und trainieren vor großen Meisterschaften in der Höhe. Zum Wettkampf auf Normalhöhe kann ihr Körper dann mit den zusätzlichen roten Blutzellen mehr Sauerstoff transportieren, wodurch in den Muskelzellen mehr Energie bereit steht (↗ Zellatmung).

Auch modische Veränderungen unseres äußeren Erscheinungsbilds, z.B. Tätowierungen, Piercings, kann man zu den Modifikationen zählen (↗ Abb. 1). Einige dieser Modifikationsformen dienen u.a. dazu, die Zugehörigkeit zu bestimmten Gruppen oder Stämmen zu verdeutlichen. Bei einigen afrikanischen Stämmen ist es z.B. Sitte, rituelle Narben in die Haut zu ritzen.

Modifikationen können aber auch *negative Auswirkungen* haben. So führen Rauchen und Trinken von Alkohol während der Schwangerschaft häufig zu einer verzögerten Entwicklung der Kinder. Sie werden oft mit Untergewicht geboren und sind krankheitsanfälliger. Bei starkem Alkoholkonsum können körperliche und geistige Schäden auftreten, da der Alkohol in die Stoffwechselvorgänge des heranwachsenden Kindes eingreift. Weiterhin können Erkrankungen oder Unfälle unser äußeres Erscheinungsbild stark verändern.

Aufgaben

1. *Begründe, warum Modifikationen nicht vererbt werden.*

2. *Erkläre, warum bei Siamkatzen das Fell an Gesicht, Ohren und Gliedmaßen dunkler gefärbt ist als am Rest des Körpers.*

Methoden

Vergleichen

Beim **Vergleichen** werden mindestens zwei oder mehrere Objekte oder Vorgänge einander gegenübergestellt, um Gemeinsamkeiten oder Unterschiede herauszufinden.

Das Ergebnis des Vergleichs wird z. B. als Text oder in Form einer Tabelle dargestellt. Ein Vergleich wird immer zu einem bestimmten Zweck durchgeführt.
Auch beim Vergleichen kannst du **schrittweise** vorgehen.

Aufgabe

Vergleiche Mutation und Modifikation.

Schritt ①

Festlegen der Objekte/Vorgänge, die verglichen werden sollen

Es soll verglichen werden, inwiefern sich Mutationen und Modifikationen als Veränderungen der Organismen unterscheiden bzw. gleichen.

Schritt ②

Auswählen geeigneter Merkmale für den Vergleich

Vergleichsmerkmale:
- Dauerhaftigkeit der Veränderung
- Ursache der Veränderung
- Häufigkeit des Auftretens

Schritt ③

Durchführen des Vergleichs

Ermitteln von Gemeinsamkeiten und Unterschieden

Gemeinsamkeiten:
- Veränderung der Erscheinungsform des Organismus

Unterschiede:
- Genotyp (Mutation)
- Phänotyp (Modifikation)

Schritt ④

Darstellen der Ergebnisse

(z. B. in einer Tabelle)

	Mutation	Modifikation
Gemeinsamkeiten	Veränderung im Erscheinungsbild (Phänotyp) des Organismus	
Unterschiede	Veränderung im Genotyp und Phänotyp	nur Veränderung im Phänotyp
	spontan oder durch Mutagene (u. a. UV-Strahlung) verursacht	verursacht durch Umwelteinflüsse (u. a. Licht, Wasser, Temperatur, Nahrung)
	verändern den Organismus lebenslang	verändern den Organismus nicht lebenslang

Schritt ⑤

Ableiten einer weiterführenden Erkenntnis (Schlussfolgerung)

Mutationen verändern den Organismus zeitlebens, da eine Veränderung im Erbgut vorliegt. Sie sind meist nicht reparabel.
Modifikationen betreffen nur das Erscheinungsbild. Ändern sich die Umweltbedingungen wieder, können sich Veränderungen wieder zurückbilden.

1 ▸ Zwei Ferkel desselben Wurfs bei unterschiedlicher Fütterung

3

Neukombination der Erbanlagen (Gene)

Die **Neukombination** der Erbanlagen ist eine Ursache für die genetische **Vielfalt** (Mannigfaltigkeit und Variabilität) der Organismen. Sie ergibt sich aus der Trennung und Verteilung der Chromosomen mit den Genen bei der Bildung der Geschlechtszellen und der Zufälligkeit der Kombination der Gene bei der Befruchtung.

Bei der *geschlechtlichen Fortpflanzung* werden die Erbanlagen neu gemischt und nach dem Zufallsprinzip verteilt; auf diese Weise entstehen neue, individuelle Erbbilder (Genotypen).

Während der Bildung der Geschlechtszellen kann es zusätzlich zu einem Stückaustausch zwischen den Chromosomen kommen. Dadurch können einige ihrer Gene ausgetauscht werden. Danach verteilen sich die Chromosomen mit den Genen nach dem Zufallsprinzip auf verschiedene Geschlechtszellen.

Jede aus einer Befruchtung hervorgehende befruchtete Eizelle (Zygote) enthält infolge der zufälligen Vereinigung einer Samen- mit einer Eizelle eine einzigartige Ansammlung von Genen. Die geschlechtliche Fortpflanzung sorgt also in jeder Generation für eine **Neukombination** alter Gene zu einer neuen genetischen Ausstattung.

Der Mensch nutzt die Neukombination der Erbanlagen in der Tier- und Pflanzenzüchtung. Auf diese Art und Weise werden z. B. unterschiedliche Kartoffelsorten (↗ Abb. 1), Pflanzensorten und Tierrassen gezüchtet.

Aufgabe ?

Informiere dich, welche Tiere und Pflanzen mithilfe der Neukombination der Gene gezüchtet wurden.
Nutze dazu das Internet.

1 ▸ Durch Züchtung entstanden diese unterschiedlichen Kartoffelsorten.

Menschen, die anders sind

Jeder von uns ist ein Individium, d.h., jeder ist einmalig. Das bezieht sich nicht nur auf unsere biologischen Merkmale. Wir betonen unsere Individualität u.a. auch durch unsere Kleidung und die Dinge, mit denen wir uns umgeben.

Zu dieser Vielfalt gehören auch Menschen mit genetisch bedingten Behinderungen. Sie fallen uns auf, weil sie in ihrem Verhalten bzw. Körperbau von der „Norm" abweichen, wobei man sich streiten könnte, was eigentlich normal ist. Die Behinderungen können sehr unterschiedlich ausgeprägt sein. Sie reichen von nicht sichtbaren Stoffwechselstörungen bis hin zu schweren, bettlägerigen Pflegefällen.

Viele Betroffene bezeichnen sich nicht als behindert bzw. krank, da sie sich nicht so fühlen. Sie müssen fast immer Hilfsbedürftigkeit und Einschränkungen hinnehmen, ihr Leben empfinden sie aber als lebenswert. Mehr zu schaffen machen ihnen die Reaktionen ihrer Mitmenschen. Diese sind oft unsicher im Umgang mit behinderten Menschen.

Das kann Ignorieren, falsch verstandene Rücksichtnahme und bewusste Ablehnung zur Folge haben.

Man fasst genetisch bedingte Behinderungen in der Medizin als **Erbkrankheiten** zusammen. Es werden rezessive und dominante Anlagen für Erbkrankheiten unterschieden.

Rezessive Erkrankungen brechen nur dann aus, wenn auf beiden homologen Chromosomen der krank machende Gendefekt vorhanden ist. Trägt eines der beiden Chromosomen das intakte Gen, wird das krank machende Gen ausgeschaltet. Die Erkrankung wird im Phänotyp nicht sichtbar.

Mediziner gehen davon aus, dass jeder Mensch einige Anlagen für rezessive Erbkrankheiten in sich trägt. Da die Chance gering ist, dass zwei Elternteile, die nicht miteinander verwandt sind, genau dieselben Anlagendefekte besitzen, ist das Risiko ein Kind mit einer Erbkrankheit zu zeugen ungefähr 1 : 2500.

Anders ist es bei Erbstörungen, die durch **dominante Gendefekte** hervorgerufen werden. Ist hier eines der Chromosomen mit dem Gendefekt behaftet, bricht die Erkrankung aus, auch wenn ein zweites intaktes Gen auf dem homologen Chromosom vorhanden ist.

Einige Erbkrankheiten sind geschlechtsgebunden. Sie werden meist von defekten Genen verursacht, die auf dem Geschlechtschromosom X liegen. Deshalb sind Männer häufiger davon betroffen, da sie kein zweites X-Chromosom haben. Das Y-Chromosom kann den Defekt nicht ausgleichen.

Beispiele für Erbkrankheiten beim Menschen

Beispiel	**Merkmale Phänotyp**	**Merkmale Genotyp**
Albinismus	Pigmentmangel bei Haut, Haaren und Augen	Mutationen im Tyrosinase-Gen des Melaninstoffwechsels
Bluterkrankheit	Blut gerinnt nicht, Gefahr des Verblutens bei Verletzungen	Veränderung eines Gens, das auf dem X-Chromosom liegt.
Mukoviszidose	Drüsenzellen geben nur sehr zähflüssigen Schleim ab, Gasaustausch stark beeinträchtigt	defektes Gen auf dem Chromosom 7

3

Weitere Beispiele für erblich bedingte Krankheiten

Trisomie 21

Eine erblich bedingte Krankheit ist die **Trisomie 21,** auch **Down-Syndrom** genannt. Unter 1 000 Neugeborenen kommt diese Krankheit heute etwa einmal vor.

Auffällige äußere Merkmale (phänotypische Merkmale) dieser Krankheit sind eine veränderte Kopfform mit Sattelnase, niedrig sitzende Ohren, schmale Lidfalte und Kleinwuchs (↗ Abb. 2). Die Zunge ist oft stark vergrößert. Wegen der Lidfalte, die die Erkrankten mongolenhaft aussehen lassen, nannte man diese Krankheit früher auch Mongolismus. Einige innere Organe (Herz und Darm) weisen häufig Fehlbildungen und Fehlfunktionen auf.

Die Lebenserwartung der Betroffenen war dadurch früher stark reduziert. Durch die Verbesserung der medizinischen Methoden hat sich die Lebenserwartung von Europäern mit Down-Syndrom von durchschnittlich 9 Jahren (1929) auf 60 Jahre (2006) gesteigert, wenn keine organischen Fehler (Herzfehler) vorliegen.

Der Grad der geistigen Behinderung bei Menschen mit Down-Syndrom ist sehr unterschiedlich. Einige haben sogar ein Studium absolviert, bei anderen ist ein Schulbesuch möglich, weitere sind schwerste Pflegefälle. Jeder Fall ist einzigartig und die Entwicklung von Menschen mit Down-Syndrom verläuft genauso individuell wie die von Nichtbetroffenen.

Menschen mit Down-Syndrom sind meist sehr anhänglich und liebebedürftig. Sie können sehr charmant sein und hartnäckig eigene Ziele verfolgen. Sie verstellen sich nicht und bringen ihre positiven oder negativen Gefühle sehr deutlich zum Ausdruck. Ihre psychische und physische Entwicklung kann durch eine intensive und liebevolle Betreuung günstig beeinflusst werden.

Die Trisomie 21 wurde erstmals 1886 von dem englischen Kinderarzt und Neurologen JOHN LANGDON-DOWN (1828–1896) beschrieben. Im **Karyogramm** befinden sich am Platz 21 drei Chromosomen. Normalerweise sind dort nur 2 (↗ Abb. 1). Die Fehlverteilung erfolgt während der Bildung der Geschlechtszellen.

Aufgabe

Trisomie 21 ist eine erblich bedingte Krankheit. Nenne phänotypische sowie genotypische Veränderungen.

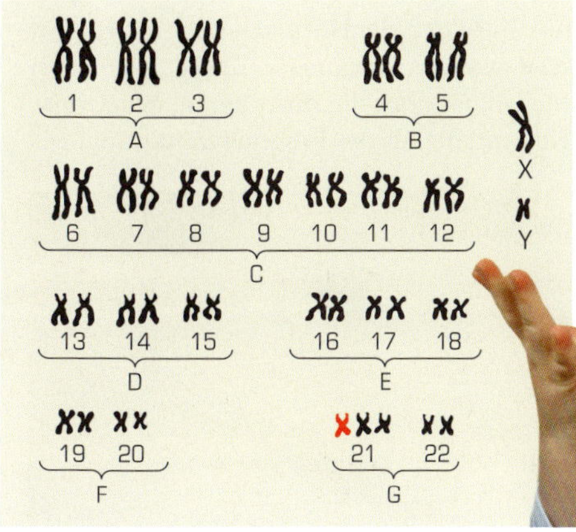

1 ▸ Karyogramm beim Down-Syndrom

2 ▸ Phänotypische Merkmale beim Down-Syndrom

Phenylketonurie

Die Wahrscheinlichkeit, an Phenylketonurie zu erkranken, liegt etwa bei 1 : 15 000. Bei 10 000 bis 15 000 Geburten leidet also ein Kind an einer Phenylketonurie.

Phenylketonurie (kurz PKU genannt) ist ebenfalls eine genetisch bedingte Krankheit. Das Besondere dieser Krankheit besteht darin, dass man die Symptome behandeln kann, obwohl die Erbsubstanz nicht reparierbar ist.

Gesunde Menschen wandeln die mit der Nahrung aufgenommene Aminosäure *Phenylalanin* durch ein Enzym zur Aminosäure *Tyrosin* um. Infolge einer Mutation am Gen dieses Enzyms wird es nicht oder funktionsunfähig gebildet. Phenylalanin häuft sich im Blut an und wird durch ein anderes Enzym zu Phenylbrenztraubensäure umgewandelt. Dieser Stoff, ein *Phenylketon*, wird mit dem Urin ausgeschieden, was zum Namen der Erbkrankheit führte. Beide vermehrt im Blut vorkommenden Stoffe führen während der Entwicklung von Kindern zu geistiger Behinderung.

Da die **Ursache,** das defekte Gen, noch nicht repariert werden kann, ist diese erblich bedingte Krankheit nicht heilbar. Behandelbar sind aber ihre Symptome. Die Behandlung besteht in der Verabreichung einer phenylalaninarmen Diät.

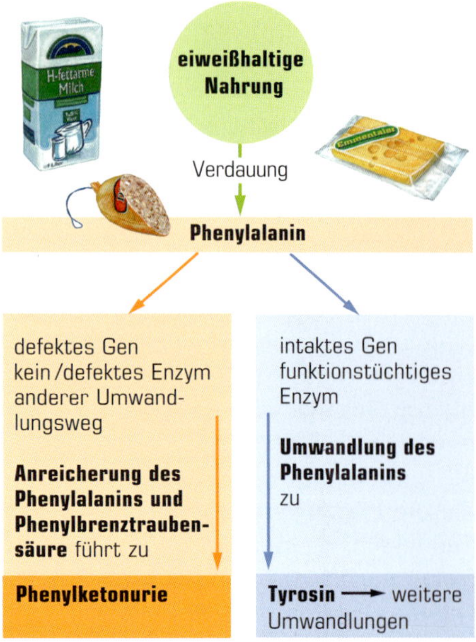

1 ▸ Entstehung von Phenylketonurie

Jedes neugeborene Kind wird auf PKU getestet. Wenn die Krankheit früh genug erkannt wird, ist durch Diät eine nahezu normale Entwicklung des Kindes möglich. Bis zur Pubertät muss die Diät durchgehalten werden, danach wirken beide Stoffe nicht mehr schädigend.

Unbehandelt führt PKU zu Schädigungen des Gehirns bis hin zur Demenz.

Der Guthrie-Test – zum Erkennen der PKU

Routinemäßig wird heute jedes Neugeborene auf die Stoffwechselkrankheit PKU getestet. Das gehört zum Neugeborenen-Screening. Dieser frühe Termin ist deshalb so wichtig, um Schäden im Gehirn zu verhindern, wenn wirklich ein Krankheitsfall vorliegt. Diese Schäden sind meist nicht mehr rückgängig zu machen, wenn erste Symptome beim Betroffenen auftreten.
Die Untersuchung wird zwischen dem 2. und 5. Lebenstag durchgeführt. Dabei wird ein Tropfen Blut aus der Ferse des Babys entnommen (↗ Abb.) und auf ein Filterpapier aufgetragen. Aus dieser Probe wird die Konzentration an Phenylalanin (Guthrie-Test) im Blut bestimmt. Ist die Konzentration höher als der Normalwert, erfolgt sofort eine genaue Diagnostik. Diese gibt dann Aufschluss über die Ausprägung der Krankheit und die Art der Erbgutveränderung.

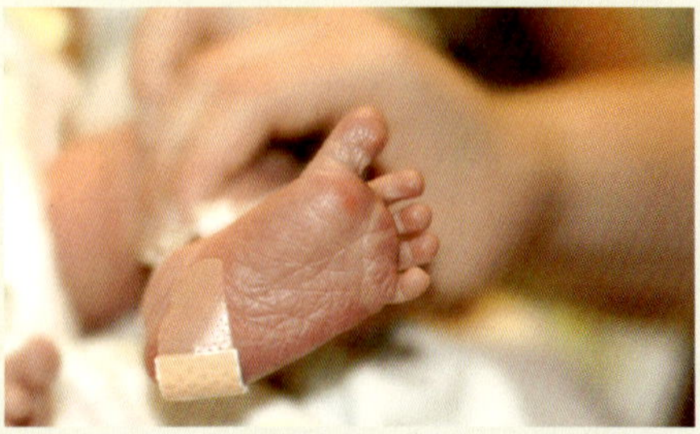

Gefahren für das Ungeborene durch Infektionskrankheiten

Einige Infektionskrankheiten können sich schädigend auf die Entwicklung des Embryos auswirken. Dazu gehören beispielsweise die Röteln.

Röteln ist z.B. eine relativ harmlose Infektionskrankheit, deren Erreger durch Tröpfcheninfektion (Husten und Niesen) übertragen werden. Obwohl sie zu den Kinderkrankheiten zählt (sie tritt in der Regel bei Kindern zwischen dem 3. und 10. Lebensjahr auf), erkranken auch Erwachsene häufig daran.
Auslöser für diese Krankheit sind *Röteln-Viren* (↗Abb. 2). Hat man sich mit diesen **Krankheitserregern** infiziert, breiten sich nach etwa 14 bis 21 Tagen (Inkubationszeit) am Körper rote Flecken aus. Die Flecken bedecken den ganzen Rumpf einschließlich der Arme und Beine (↗Abb. 1). Nach drei Tagen verschwinden diese Flecken aber wieder.
Weitere **Symptome** für diese Krankheit sind leichtes Fieber (meist um 38 °C) und Lymphknotenschwellungen im Kopf- und Halsbereich.
Maßnahmen zur Behandlung **(Therapie)** beschränken sich auf die bestehenden Symptome. Wenn die Krankheit ohne Komplikationen verläuft, werden Bettruhe und fiebersenkende Mittel empfohlen.
Manchmal tritt als Begleiterscheinung eine Mittelohrentzündung auf. Dagegen werden dann häufig Antibiotika verschrieben. Als sehr seltene Komplikation können Gelenkschmerzen oder eine Hirnhautentzündung auftreten.

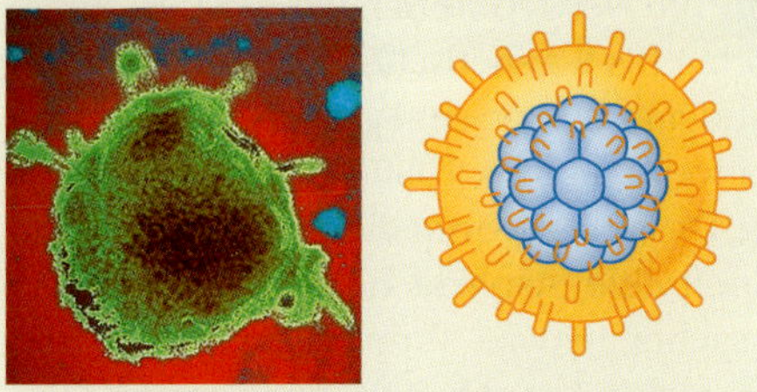

2 ▸ Rötelnviren sind die Erreger der Röteln. Mikroskopische Vergrößerung und schematische Zeichnung

Obwohl Röteln eigentlich eine relativ harmlose Kinderkrankheit sind, stellen sie eine sehr ernste Gefahr für ungeborene Kinder dar. Wenn *Schwangere* an *Röteln* erkranken, können sie über den Mutterkuchen den Embryo infizieren. Die Gefahr besteht vor allem in den ersten drei Schwangerschaftsmonaten.
Durch diese Rötelninfektion kann es zu schweren **Schädigungen** des Kindes kommen. Betroffen sind u.a. die Augen, Ohren und das Gehirn. In schweren Fällen kann es zu Fehl- und Totgeburten kommen.
Deshalb sollte sich jede Frau, die plant, ein Kind zu bekommen, testen lassen, ob sie im Kindesalter Röteln hatte (Antikörperstatus).
Wenn dabei festgestellt wird, dass diese Antikörper im Blut fehlen, werden sie dem Körper durch eine Impfung zugeführt (passive Immunisierung). Auch bei Kontakt mit Rötelnkranken sollte dieser Test durchgeführt werden.
Kinder werden heute im Rahmen des Impfprogramms gegen Röteln geimpft.

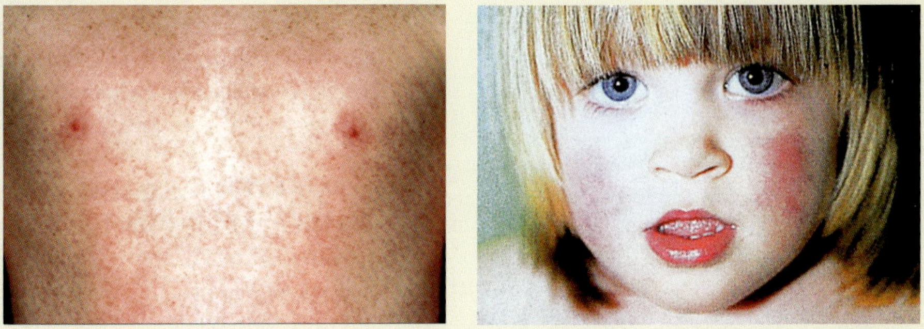

1 ▸ Rote Flecken bedecken Rumpf, Gesicht, Arme und Beine bei Ausbruch der Röteln.

Humangenetische Beratung und ethische Probleme

Die genetische Familienberatung ist eine ärztliche Tätigkeit im Interesse der Gesundheit unserer Kinder.

Auch bestimmte Einflüsse während der Schwangerschaft, z. B. eine Infektion mit Rötelnviren sowie Medikamenten-, Alkohol- und Drogenmissbrauch, können zu Schäden führen.

Von 100 Neugeborenen weisen rein statistisch 4 bis 6 genetische Defekte auf. Nach heutigem Wissen sind genetische Faktoren bei weit mehr als 2000 Krankheiten beteiligt. Deshalb gewinnt die Berücksichtigung genetischer Aspekte bei der Erkennung, Ursachenanalyse, Prophylaxe und Therapie vieler Krankheiten zunehmend Bedeutung. Häufig besteht die Möglichkeit, exakte Aussagen und Prognosen über das Auftreten von Risiken und möglichen genetischen Defekten zu machen.

Elternpaare, die befürchten ein erbkrankes Kind zu bekommen, können sich an eine **humangenetische Beratungsstelle** wenden. Anzeichen für eine solche Befürchtung können u. a. sein:

- wenn bei einem der Partner oder in dessen Familie ein Erbleiden vorhanden ist oder der Verdacht besteht;
- wenn bei der Mutterschaftsvorsorge Anhaltspunkte für ein genetisch bedingtes Risiko bestehen (z. B. Geburt eines vorangegangenen Kindes mit Erbkrankheit, Auffälligkeit im Ultraschall);
- wenn zwei oder mehr Fehlgeburten in der Familie bekannt sind.

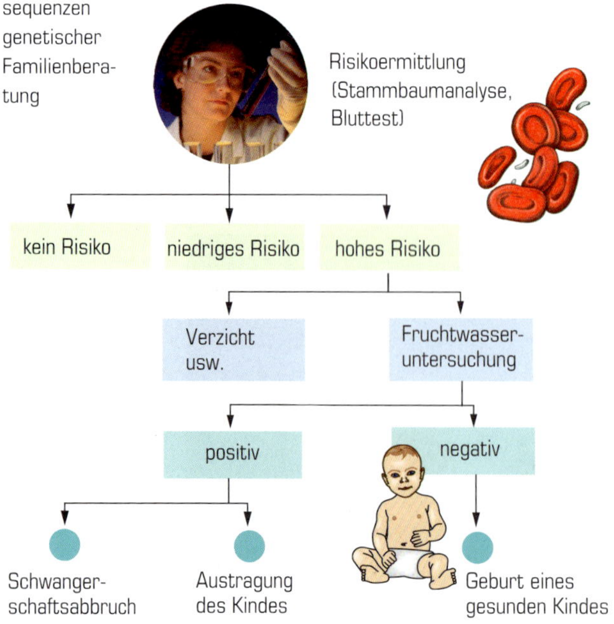

1 ▸ Möglichkeit und Konsequenzen genetischer Familienberatung

Eltern können aber eine humangenetische Beratungsstelle auch aufsuchen, wenn sie allgemeine Fragen zur Familienplanung und zu humangenetischen Untersuchungsmöglichkeiten haben.

Wie läuft eine genetische Beratung ab?

Erfolgt der Besuch einer Beratungsstelle **vor** der Schwangerschaft, klärt der Arzt durch eine Stammbaumanalyse der beiden Partner ab, ob überhaupt ein Risiko für eine genetisch bedingte Erkrankung bei dem Kind bestehen könnte.

Der **Familienstammbaum** sollte über drei Generationen, also bis zu den Großeltern reichen. Mit ihm wird die spezifische familiäre Belastung ermittelt, und zwar auf der Basis der Vererbungsregeln. Allerdings sind auch Grenzen gesetzt: Bei einigen vererbten Krankheiten kann man einen Gesunden nicht von einem Überträger unterscheiden. Sollte sich ein solches Risiko herausstellen, berät der Arzt hinsichtlich weiterer Tests und Untersuchungen.

Wird die Beratungsstelle erstmals **während** der Schwangerschaft aufgesucht, stehen dem Arzt zur Abklärung möglicher Erkrankungen weitere Analysemethoden zur Verfügung. Dazu gehören: u. a. der **Bluttest** (↗ Abb. 1) zur Erkennung von mischerbigen gesunden Anlagenträgern und die **Fruchtwasseruntersuchung** (Amniozentese; ↗ S. 135, Abb. 2).

Mit dem *Bluttest* (Heterozygotentest) kann nun ermittelt werden, ob die betreffende Person mischerbiger Überträger einer Krankheit ist oder nicht, z. B. bei Rotgrünblindheit und Sichelzellenanämie. Dieser Test lässt sich auch an embryonalen Zellen durchführen.

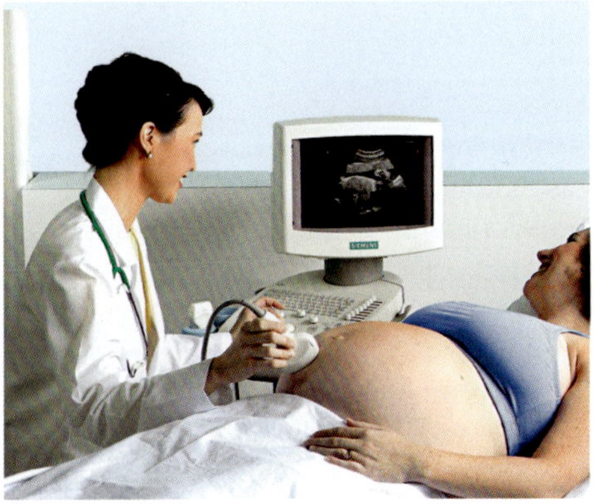

1 ▸ Mithilfe der Ultraschalluntersuchung kann man die Entwicklung des Embryos verfolgen.

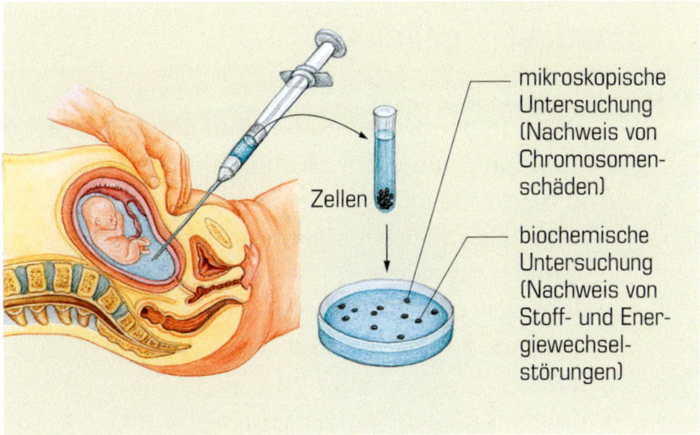

2 ▸ Fruchtwasseruntersuchung – ein Verfahren zur vorgeburtlichen Diagnostik

Des Weiteren ist die **Fruchtwasseruntersuchung** ein Verfahren, um mögliche genetische Defekte bereits beim Fetus zu erkennen (↗Abb. 2). Sie wird zwischen der 15. und 18. Schwangerschaftswoche durchgeführt. Wegen des Risikos, eine Frühgeburt auszulösen, sollte diese vorgeburtliche Diagnostik nur in begründeten Fällen vorgenommen werden. Gründe für eine Fruchtwasseruntersuchung sind u. a.:

- Bei einem Elternteil ist eine Chromosomenanomalie bekannt.
- Es wurde bereits ein Kind mit einer Chromosomenveränderung oder mit einem Erbleiden geboren.
- Die Mutter ist über 35 Jahre alt.
- Die Mutter ist während der Schwangerschaft z. B. an Röteln (↗S. 133) erkrankt, und dadurch besteht ein Risiko für eine gestörte Embryonalentwicklung.

Die Rat suchenden Paare können selbst entscheiden, ob sie eine Fruchtwasseruntersuchung durchführen lassen. Bei positiven Testergebnissen, d. h., ein genetischer Defekt ist vorhanden, ist zu entscheiden, ob man die in § 218 geregelte Möglichkeit zum **Schwangerschaftsabbruch** nutzen oder das prognostizierte Risiko mit all seinen Konsequenzen akzeptieren will.

Um diese Situation zu bewältigen, brauchen Eltern fachliche und emotionale Hilfe. Denn sie stehen vor einer Entscheidung, die, egal wie sie getroffen wird, ihr weiteres Leben bestimmt und auch ihre Partnerschaft auf eine harte Probe stellt.

Entschließen sich die Eltern zum Schwangerschaftsabbruch, zerstören sie das, worauf sie sich am meisten gefreut haben. Entschließen sie sich, das Kind zu bekommen, werden sie ihr Leben neu ordnen und auf liebgewonnene Gewohnheiten verzichten müssen.

Für diese Entscheidung brauchen die Eltern Zeit. Sie müssen die Möglichkeit haben, in Ruhe alle Konsequenzen zu überdenken. Die *genetische Familienberatung* ist dabei einer der Partner, die den Eltern dabei hilfreich zur Seite stehen.

Aufgabe

Im § 218 des Bürgerlichen Gesetzbuchs sind Voraussetzungen aufgeführt, wann ein Abbruch der Schwangerschaft möglich ist.

a) *Informiere dich über den Inhalt dieses Paragrafen.*

b) *Im Falle einer positiven Fruchtwasseranalyse (genetischer Defekt ist vorhanden) ist ein Schwangerschaftsabbruch möglich. Diskutiere, welche Auswirkungen eine Entscheidung für oder gegen den Abbruch für die betroffenen Eltern haben könnte.*

gewusst • gekonnt

1. Ordne folgende Merkmalsänderungen den Mutationen oder Modifikationen zu und begründe deine Zuordnung:
   - unterschiedliche Größe von Bohnensamen einer Sorte
   - Sommer- und Winterfell der Rehe
   - gelbbraune Fellfärbung von Wüstentieren
   - unterschiedliche Größe von Möhren einer Sorte
   - mittelfruchtige und großfruchtige Fleischtomate
   - unterschiedliche Süße von Weintrauben einer Sorte

2. a) Definiere den Begriff Modifikation.
   b) Nenne zwei weitere Beispiele für Modifikationen.

3. a) Nenne Formen von Mutationen. Welche genetischen Ursachen liegen ihnen zugrunde?
   b) Beschreibe für jede Mutationsform ein Beispiel.

4. Erkläre am Beispiel der Licht- und Schattenblätter einer *Rot-Buche* das Zusammenwirken von Erbanlagen und Umwelt bei der Merkmalsausbildung.

5. a) Krankheiten des Menschen können verschiedene Ursachen haben. Vergleiche eine genetisch bedingte Krankheit mit einer Infektionskrankheit. Gehe dabei auf Ursachen, Verlauf, Therapien und Heilungschancen ein. Fertige dazu eine Tabelle an.
   b) Erkläre, wo die Therapie von genetisch bedingten Krankheiten ansetzen müsste, um die Erkrankung zu heilen.

6. Schau dir das folgende Diagramm genau an und interpretiere es. Diskutiere Gründe, die zu solch einem Anstieg des Kurvenverlaufs führen könnten. Leite eine Schlussfolgerung ab.

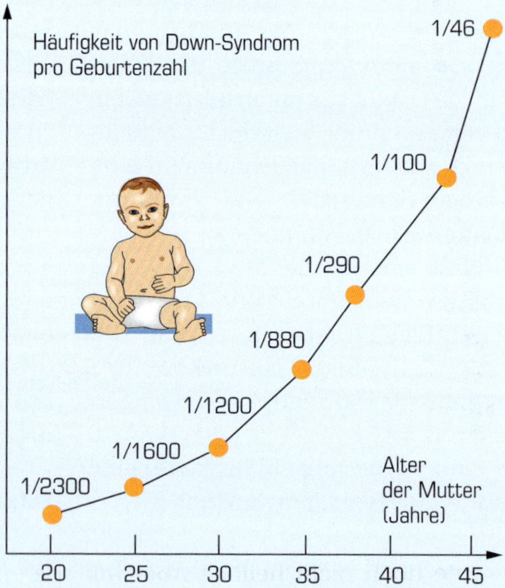

7. Informiere dich in Fachbüchern oder im Internet ausführlich über Mukoviszidose und Albinismus. Bereite einen Vortrag vor.

8. Begründe, warum die Kinder nah verwandter Eltern ein höheres Risiko zur Ausbildung von Erbkrankheiten besitzen. Recherchiere auch im Internet.

Das Wichtigste auf einen Blick

Vielfalt (Veränderlichkeit) der Organismen

Die Vielfalt der Organismen beruht auf Veränderungen in der Erbsubstanz durch Mutationen und Neukombinationen der Erbanlagen sowie auf umweltbedingten, nicht erblichen Veränderungen im Erscheinungsbild durch Modifikationen.

Modifikationen – durch Umweltbedingungen hervorgerufene Veränderungen im äußeren Erscheinungsbild (Phänotyp) eines Lebewesens.

Mutationen – spontan oder durch Mutagene hervorgerufene Veränderungen der Erbsubstanz (im Genotyp); sie werden vererbt, wenn sie in den Geschlechtszellen vorliegen.
Mutationsformen sind Chromosomenmutation, Genmutation, und Genommutation.

Neukombinationen der Erbanlagen (Gene) – erfolgen zufällig bei der Bildung der Geschlechtszellen und der Befruchtung der Eizelle während der geschlechtlichen Fortpflanzung.
Eine gewollte und gezielte Veränderlichkeit der Organismen durch die Neukombination von Genen führt der Mensch in der Tier- und Pflanzenzüchtung durch.

Genetisch bedingte Krankheiten

Genetisch bedingte Krankheiten werden durch Veränderungen der Erbsubstanz verursacht und sind oft phänotypisch sichtbar.

Therapie und Heilungserfolge
Genetisch bedingte Krankheiten sind heute noch nicht heilbar. Aber mit speziellen Therapien kann man den betroffenen Menschen in einigen Fällen ein relativ normales Leben ermöglichen.

Humangenetische Familienberatung ist für Eltern sinnvoll, die sich unklar darüber sind, ob bei ihren Kindern mit dem Auftreten einer erblich bedingten Krankheit zu rechnen ist.

3.4 Anwendung genetischer Kenntnisse

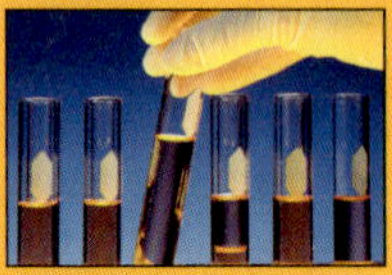

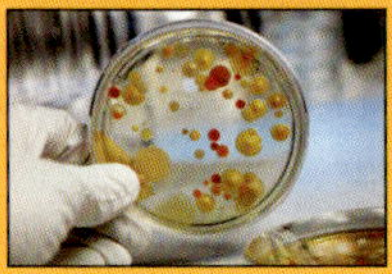

Schaf Dolly – erster Klon ▸▸ Im Februar 1997 schockierten schottische Wissenschaftler die Weltöffentlichkeit mit der Nachricht, erstmals aus Körperzellen eines erwachsenen Schafs ein genetisch identisches Lamm erzeugt zu haben. Dabei wurde der Zellkern einer Euterzelle in eine unbefruchtete Eizelle eingepflanzt. Diese wiederum wurde in die Gebärmutter einer „Leihmutter" platziert.

Gentechnik – Fluch oder Segen ▸▸ Diese Frage beschäftigt seit Langem die Gemüter. Denn beim Wort Gentechnik ist noch häufig die Horrorvision des genetisch maßgeschneiderten Menschen in greifbarer Nähe. Während die Befürworter für eine Freigabe aller gentechnischen Experimente sind, sprechen sich die Gegner für ein generelles Verbot aus.

3

Nutzung genetischer Forschung

Züchtung durch Neukombination der Erbanlagen (Gene)

Jede aus einer Befruchtung hervorgehende Eizelle (Zygote) enthält infolge der zufälligen Vereinigung einer Samen- mit einer Eizelle eine einzigartige Ansammlung von Genen. Die geschlechtliche Fortpflanzung sorgt also in jeder Generation für eine **Neukombination** alter Gene zu einer neuen genetischen Ausstattung.

Der Mensch führt bei der **Tier- und Pflanzenzüchtung** gezielt Neukombinationen der Erbanlagen herbei. So wurden durch Kombinationszüchtung z. B. verschiedene *Kartoffel-* und *Tomatensorten* (↗ Abb. 1) oder auch *Getreidesorten* mit höheren Erträgen und größerer Widerstandsfähigkeit gegenüber verschiedenen Umweltfaktoren gezüchtet.

Gentechnik

Die **Gentechnik** (Gentechnologie) umfasst die theoretischen Grundlagen und praktischen Methoden zur Isolation, Analyse und Veränderung von DNA, deren Einführung in andere Organismen sowie ihre Vermehrung und Realisierung in diesen Organismen.

Im Jahre 1972 wurden zum ersten Mal DNA-Stücke verschiedener Organismen verknüpft. Bereits ein Jahr später konnte gezeigt werden, dass sich solche DNA über Artgrenzen hinweg in fremde Erbanlagen einfügen lässt und dort in Proteine (Eiweiße) „übersetzt" wird.

Die Gentechnik war geboren. Zunächst wurde nur mit Bakterien gearbeitet. Als in den 1980er-Jahren viele neue Methoden, z. B. die künstliche Vervielfältigung von DNA (PCR: *Polymerase Chain Reaction*; deutsch: Polymerase-Kettenreaktion) entwickelt wurden, ging es auch mit der Gentechnik rasant weiter.

Neben Bakterien konnten dann auch pflanzliche oder tierische Organismen genetisch verändert werden. Es entstanden **transgene Organismen.**

Die Anwendungsbereiche der Gentechnik sind sehr vielfältig. Gentechnische Verfahren werden vor allem in folgenden Bereichen angewendet:
- Medizin mit Diagnose- und Behandlungsverfahren (Nutzung von Gensonden),
- Arzneimittelforschung und -herstellung (z. B. Insulinproduktion),
- Landwirtschaft mit Pflanzen- und Tierzüchtung (transgene Arten),
- Nahrungsmittelproduktion (Genmais),
- industrielle Produktion von Enzymen (beispielsweise für Waschmittel),
- Verbrechensbekämpfung mit Abstammungsnachweisen und Personenidentifizierung (genetischer Fingerabdruck).

In transgenen Organismen wurden Gene von unterschiedlichen Arten miteinander kombiniert.

Bei der Bildung von Geschlechtszellen werden die von der Mutter und dem Vater stammenden Chromosomen zufällig auf die vier Tochterzellen verteilt. Dadurch werden auch die Gene mit ihrer Erbinformation neu kombiniert.

Reife Tomaten der Sorte Mandarin

Reife Tomaten einer gezahnten Sorte

1 ▸ Tomatensorten, durch Züchtung entstanden

Herstellung von Insulin

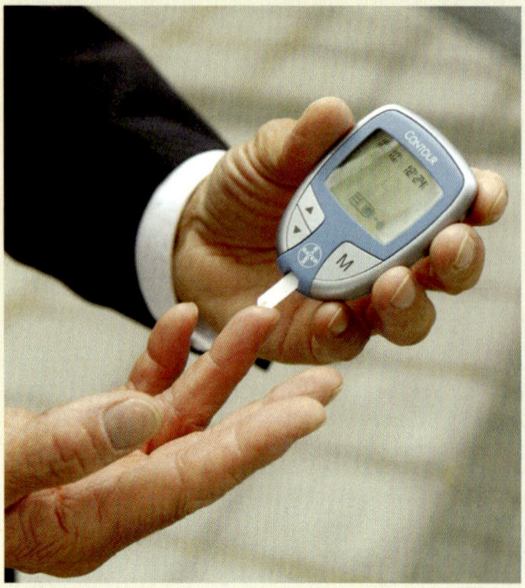

2 ▸ Messgerät zur Blutzuckerkontrolle

Die Krankheit Diabetes ist schon seit der Antike bekannt. Der griechische Arzt ARETÄUS VON KAPPADOKIEN beschrieb sie im Jahr 100 nach Christus in etwas so: „Fleisch und Bein fließen zusammen. Die Kranken hören niemals auf, Flüssigkeit abzugeben. Die Flut ist nicht zu stoppen, als ob eine Wasserleitung geöffnet wäre. Das Leben des Kranken ist kurz, elend und schmerzvoll."

Doch obwohl die Krankheit bereits seit der Antike bekannt war, wurde eine wirksame Behandlung erst am Ende des 19. Jahrhunderts erforscht. Bis dahin wurde nur eine strenge Diät verordnet.

Mit der Entdeckung des Insulins gelang der Durchbruch, und Betroffene konnten auf ein „normales" Leben hoffen.

Einem Forscherteam aus Kanada unter der Leitung von SIR FREDERIK GRANT BANTING gelang es Anfang der 1920er-Jahre, Insulin aus Bauchspeicheldrüsen von Tieren zu isolieren und für die therapeutische Anwendung weiterzuentwickeln. BANTING erhielt bereits 1923 den Nobelpreis für seine Leistung.

Als eines der ersten Medikamente wird das Hormon Insulin schon seit 1980 im industriellen Maßstab mit gentechnisch veränderten Bakterien hergestellt. Insulin wird zur Behandlung der Zuckerkrankheit *(Diabetes mellitus)* eingesetzt und senkt den Blutzuckerspiegel. Dieses Hormon besteht aus insgesamt 51 Aminosäuren (Eiweißbausteine), die eine A- und eine B-Kette bilden. Beide Ketten sind miteinander verbunden. In den Zellen der Bauchspeicheldrüse wird zuerst eine 110 Aminosäuren lange Vorstufe des Insulins hergestellt, die dann ihre funktionstüchtige Struktur erhält und in den Körper abgegeben wird. Das gentechnologische Herstellungsverfahren des Insulins verläuft so ähnlich wie seine Biosynthese.

In Bakterien der Art *Escherichia coli* wurde dazu ein Plasmid, das die Bildungsvorschrift für die Insulinvorstufe beinhaltet, eingefügt. (Plasmid ist ein ringförmiges DNA-Molekül, das nur wenige Gene enthält, ↗ Abb. 3.) Die Insulinherstellung verläuft in drei Stufen. Zuerst werden die Bakterien in Bioreaktoren vermehrt und die Insulinvorstufe wird gebildet. Dann wird das Protein aus den abgetöteten Bakterien isoliert. Durch Falten und Abspalten der überschüssigen Aminosäuren entsteht im dritten Schritt aus der Vorstufe das gebrauchsfertige Insulin.

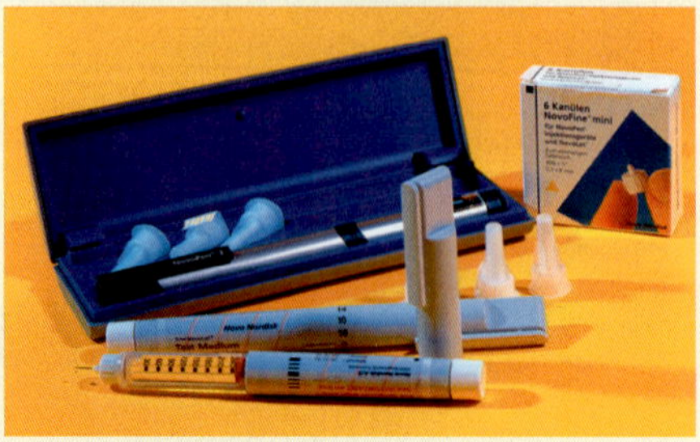

1 ▸ Insulinbesteck

3 ▸ Transgenes Bakterium zur Insulinherstellung

Reproduktives Klonen

Als **Klonierung** wird die Herstellung genetisch identischer Organismen bezeichnet. Solche erbgleichen Nachkommen können durch Formen der **ungeschlechtlichen Fortpflanzung** erzeugt werden. Die erbgleichen Nachkommen werden als **Klone** bezeichnet.

Pflanzen verfügen über viele Möglichkeiten der ungeschlechtlichen Fortpflanzung. Sie erzeugen z.B. Ausläufer, Brutzwiebeln oder -knollen, aus denen dann wieder vollständige Pflanzen wachsen, die mit ihren Vorläufern genetisch identisch sind. Diese Methode können wir nutzen, um beispielsweise *Kartoffeln, Knoblauch* oder *Erdbeeren* (↗ Abb. 3) zu vermehren.

Eine Weiterentwicklung dieser Klonierung ist die **Zellkulturtechnik.** Hier werden Pflanzen aus isolierten, noch teilungsfähigen Einzelzellen des Bildungsgewebes aufgezogen. Die Vorteile sind, dass diese Zellen meist nicht mit ertragsmindernden Viren infiziert sind und die Aufzucht platzsparender ist (↗ Abb. 1).

Bei **Nutztieren** werden wenigzellige Embryonen geteilt und „Ammentieren" eingepflanzt. Diese tragen dann beispielsweise Nachkommen von Hochleistungsrassen aus. Innerhalb kurzer Zeit können somit viele genetisch identische, merkmalsgleiche Nachkommen erzeugt werden.

Identische Nachkommen von Hochleistungsrassen kann man aber auch erzeugen, wenn man **Zellkerne** ihrer Körperzellen in andere artgleiche Eizellen überträgt und diese einer Amme einsetzt. Die entstandenen **Klone** sind alle genetisch identisch. Dieses Verfahren gelang bei einem Säugetier erstmalig beim sogenannten Klonschaf **Dolly**.

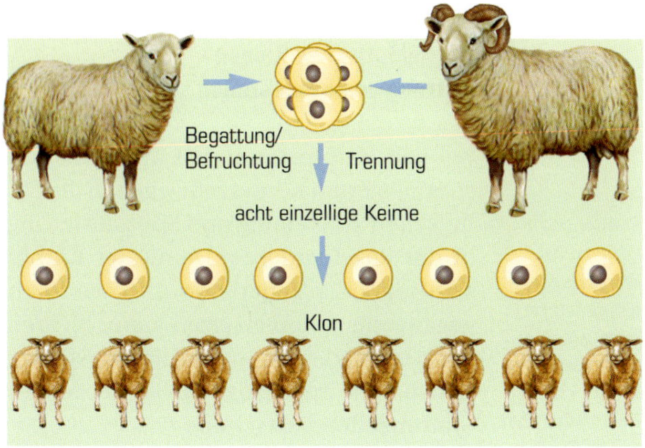

2 ▸ Klonen durch Teilen des Embryos

3 ▸ Ungeschlechtliche Fortpflanzung durch Ausläufer

4 ▸ Klonen durch Kerntransfer

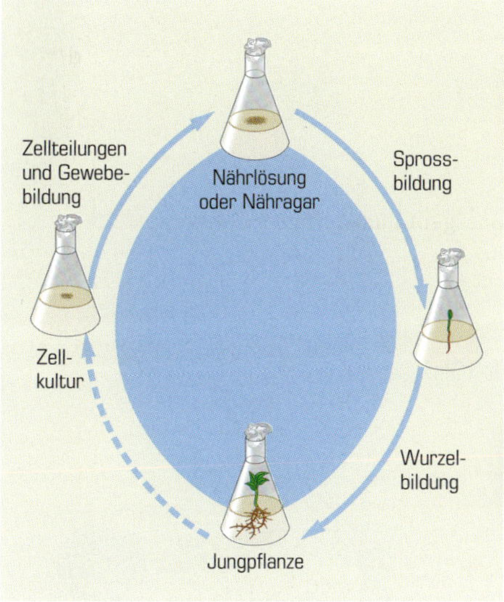

1 ▸ Aufzucht einer Pflanze auf Zellkultur

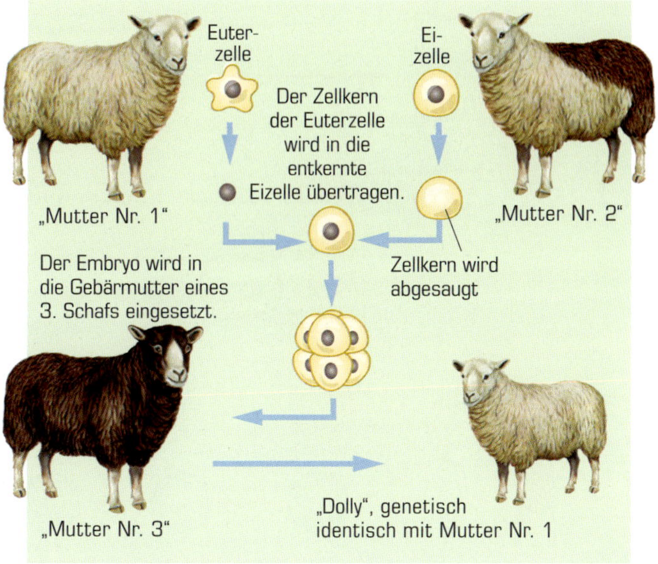

Therapeutisches Klonen – Nutzung von Stammzellen

Stammzellen könnten bei der Parkinson-Krankheit verloren gegangene Nervenzellen im Gehirn ersetzen. Dadurch erhofft man sich, dass die Symptome dieser Krankheit, z. B. Sprach- und Bewegungsstörungen, behoben werden.

Bei voll ausgeprägten, auf ihre Funktion spezialisierten Körperzellen gehen die Fähigkeiten zur Teilung und Spezialisierung in der Regel verloren. Damit der Körper sich jedoch regenerieren, d. h. verloren gegangene Zellen ersetzen kann, bleiben noch teilungs- und spezialisierungsfähige Zellen im Körper erhalten. Sie werden als **Stammzellen** bezeichnet.

Stammzellen können aus Embryonen (embryonale Stammzellen), Nabelschnurblut oder, was sehr kompliziert ist, aus Organen Erwachsener (adulte Stammzellen) isoliert werden. Im Anschluss daran werden sie in Zellkulturen vermehrt. Über viele Jahre können so Stammzelllinien erhalten bleiben.

Die Nutzung von Stammzellen wird im Moment rege erforscht. Erste Ansätze zur Behandlung von bisher unheilbaren Krankheiten wurden bereits entwickelt. Im Prinzip werden die Zellen verwendet, um zerstörte bzw. erkrankte Zellen und Gewebe des Körpers zu ersetzen.

Aus Stammzellen kann auch künstliche Haut zur Abdeckung großer Brandwunden oder Knorpelgewebe beispielsweise in Form eines Ohrs hergestellt werden.

Die Nutzung von Stammzellen zur Gewinnung von Geweben und Organen für die Transplantation bezeichnet man als **therapeutisches Klonen.**

Die Diskussion um Stammzellen reißt nicht ab. Im Juli 2008 hatte der Bundestag mit klarer Mehrheit eine Lockerung des strengen deutschen Stammzellengesetzes beschlossen. Wissenschaftler dürfen seitdem mit jüngeren embryonalen Stammzelllinien aus dem Ausland forschen. Den vielen guten Seiten der Therapie mit Stammzellen stehen aber auch Bedenken gegenüber. Die Gewinnung embryonaler Stammzellen wird als Ausbeutung ungeborenen Lebens angesehen, da sie mit der Zerstörung der Embryonen verbunden ist.

In Zukunft wird auch die Gefahr der *Klonierung von Menschen* als „Ersatzteilspender" aus Stammzellen gesehen. Im **Embryonenschutzgesetz** sind gesetzliche Regelungen formuliert.

1 ▸ Therapeutisches Klonen

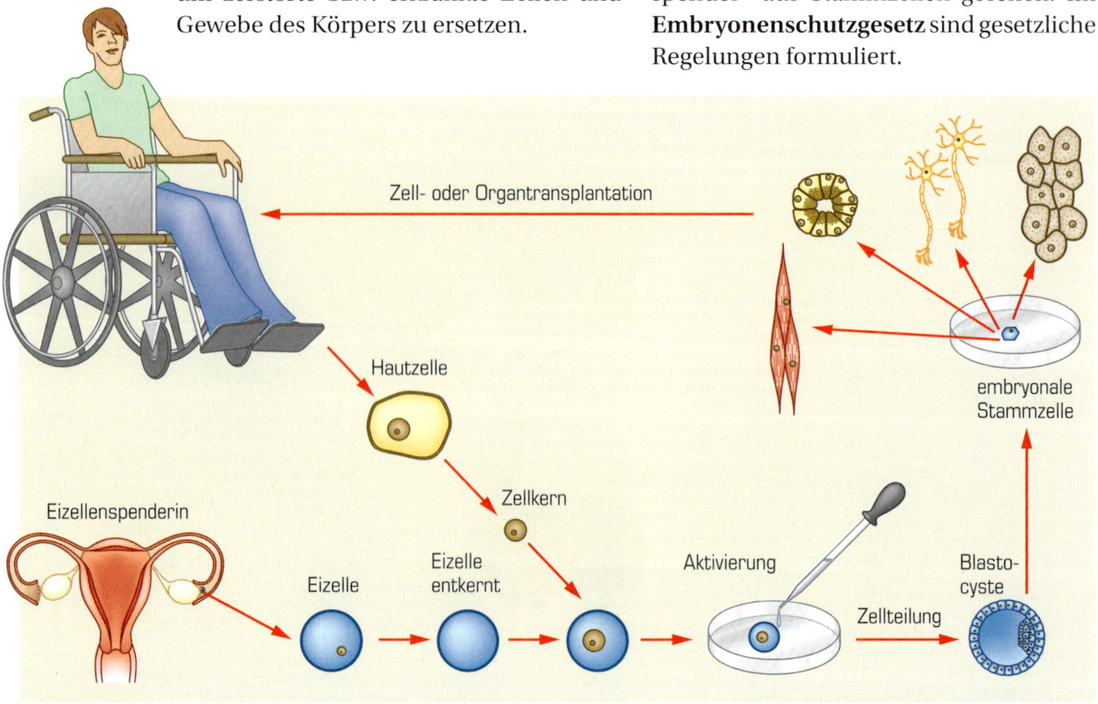

Gendiagnostik

Zur Zeit sind über 2 000 genetisch bedingte Erkrankungen bekannt. Etwa 4 bis 6 % der Neugeborenen weisen eine erblich bedingte Fehlbildung oder Behinderung auf. Denkt man an erblich bedingte Erkrankungen, z. B. Formen von Krebs, so erschließt die Möglichkeit der **Frühdiagnose von Erbleiden** natürlich auch die Aussichten auf eine erfolgreiche Therapie. Fehler in den Erbanlagen lassen sich heute mit modernen **Gendiagnostikverfahren** identifizieren. Aus solchen Diagnosen können sich wichtige therapeutische Konsequenzen ergeben.

Für die meisten Erbkrankheiten gibt es jedoch noch keine entsprechenden Behandlungsmöglichkeiten.

Gentherapie an Körperzellen

Unter **Gentherapie** an Körperzellen versteht man die Übertragung spezifischer Gene auf Körperzellen mit dem Ziel, defekte Gene zu ersetzen.

So wäre es z. B. denkbar, Diabetikern intakte Gene zur Insulinproduktion in die Bauchspeicheldrüse zu übertragen. Dies würde sie von ihrem Leiden befreien und die Prozedur des täglichen Spritzens überflüssig machen.

Es gibt auch Körperzellen, die sich stark vermehren, z. B. Knochenmarkszellen und Leberzellen. An solchen Geweben kann man auch bei Erwachsenen eine Gentherapie versuchen. So können einem Patienten kranke Leberzellen entnommen und in Kultur die gesunden Gene aus gesunden Leberzellen zugefügt werden. Als Überträger dieser Gene dienen *Retroviren*. Nach der Vermehrung der gentechnisch veränderten Zellen können sie dem Patienten wieder implantiert werden. Die eingespritzten Zellen und alle ihre durch Zellteilung entstandenen Nachkommen produzieren dann das fehlende Protein, und dies könnte möglicherweise zu einer Heilung des Patienten führen (↗ Abb. 1).

Seit einigen Jahren wird auch in Deutschland die Gentherapie als neues Behandlungsverfahren erprobt. Weltweit werden inzwischen mehr als 100 klinische Studien durchgeführt.

Da die Gentherapie nur Körperzellen betrifft, werden die genetischen Veränderungen der Körperzellen nicht an die Nachkommen weitergegeben. Die so körperlich gesunden Menschen würden daher noch immer ihren Gendefekt an ihre Kinder vererben.

Präimplantationsdiagnostik

Unter dem Begriff **Präimplantationsdiagnostik** (kurz PID genannt) werden gentechnische Methoden zusammengefasst, die dazu dienen, im Vorfeld einer künstlichen Befruchtung bestimmte Erbkrankheiten und Chromosomenbesonderheiten zu erkennen. Danach wird dann entschieden, ob die Zygote in die Gebärmutter eingepflanzt werden soll oder nicht.

Normalerweise entnimmt man am dritten Tag nach der Befruchtung eine Zelle des Embryos. Die DNA wird dann auf das Vorhandensein genetischer Besonderheiten mithilfe gentechnischer Methoden untersucht. Die Zelle wird dabei zerstört.

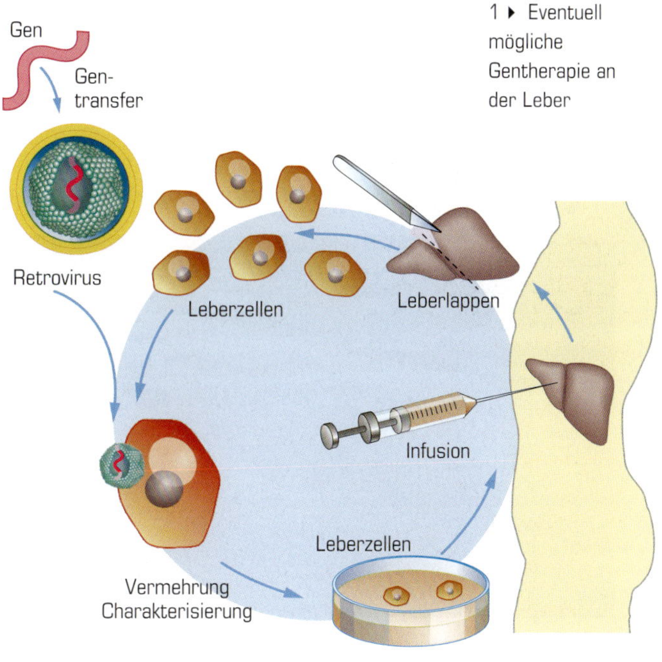

1 ▸ Eventuell mögliche Gentherapie an der Leber

Genetische Forschungsergebnisse – Segen oder Fluch?

Die Gentechnik sollte bei ihrer **ethischen Beurteilung** nicht pauschal behandelt werden. Die Forderung nach Freigabe aller gentechnischen Experimente auf der einen Seite und die nach einem generellen Verbot der Gentechnik auf der anderen Seite spiegeln die derzeitigen konträren Auffassungen in politischen und anderen öffentlichen Diskussionen wider.

Die gentechnische Veränderung von Pflanzen wird in Europa sehr kritisch diskutiert.

Die *Hauptbedenken* gegen die Anwendung gentechnischer Methoden beruhen einerseits auf einer denkbaren *Gefährdung unserer Umwelt,* andererseits auf der Möglichkeit der gezielten *Manipulation des genetischen Materials des Menschen.* Beides sind mögliche Gefahren, die durch geeignete Gesetze eingegrenzt werden können.

Die Freisetzung von **gentechnisch veränderten Organismen** in die Umwelt wird als problematisch angesehen, z. B. genetisch veränderte Mikroorganismen zum Abbau umweltschädigender Substanzen oder von Nutzpflanzen mit Resistenzgenen gegenüber bestimmten Pestiziden. Bedenken werden dahin gehend geäußert, dass diese Gene auf andere Organismen übertragen werden.

Dadurch könnten vielleicht Wildkräuter gegenüber den Pestiziden resistent werden. Kritiker meinen auch, dass der Pestizideinsatz und somit die Umweltbelastung durch den Anbau resistenter Kulturpflanzen nicht notwendigerweise geringer werden würde.

1 ▸ Larve des Maiszünslers

Mehr als 70 % der veränderten Nutzpflanzen sind gegen Unkrautvernichtungsmittel resistent gemacht worden. Wo Unkräuter nach Spritzaktionen eingehen, wachsen diese **herbizidresistenten** Pflanzen weiter.

Das Merkmal der Herbizidresistenz ist in den letzten Jahren auf eine ganze Reihe unterschiedlicher Kulturpflanzen und Sorten übertragen worden. Dazu gehören z. B. *Mais, Soja, Raps* und *Baumwolle.* Diese herbizidresistenten Sorten haben sich am Markt, besonders in den USA, rasch durchgesetzt. Sie sind oft auch kostengünstiger als andere Produkte.

Dem **Insektenfraß** fällt eine häufig unterschätzte Menge an Ernteerträgen zum Opfer. Pflanzen haben zwar im Laufe der Evolution bestimmte Abwehrstoffe gegen Insekten entwickelt. Den Kulturpflanzen wurden diese Stoffe aber meist weggezüchtet, weil sie oft auch für den Menschen unangenehm sind. Deshalb entwickelten Wissenschaftler insektenresistente Pflanzen.

Beispielsweise fällt in manchen Regionen dem *Maiszünsler* (↗ Abb. 1) ein Drittel der Maisernte zum Opfer. Der *Maiszünsler* frisst u. a. an den Blättern, im Stängel und in den Blütenständen der Maispflanze. Zur Sicherung der Erträge wurden insektenresistente Maissorten gezüchtet.

Gegenwärtig wird in Deutschland sehr heftig und kontrovers über die Forschung mit **embryonalen Stammzellen** diskutiert, wie sie z. B. in den USA und in Großbritannien längst erfolgt.

3

Ziel dieser Forschungen ist es, Eizellen, die im Reagenzglas befruchtet und bisher verworfen wurden, als Zellkulturen zu bebrüten, bis sie sich zu Keimbläschen entwickelt haben. In diesen Keimbläschen sind **embryonale Stammzellen** (↗ Abb. 1) enthalten, die sich nahezu unbegrenzt vermehren und in verschiedene Zelltypen des Menschen differenzieren lassen. Daraus ließen sich dann verschiedene Gewebe entwickeln, z. B. Muskel-, Knochen- und Nervengewebe (↗ S. 142, Abb. 1). Krankheiten wie z. B. *Alzheimer, Parkinson, Mukoviszidose* und *Leukämie* könnten so geheilt und besiegt werden.

Der Vorteil des **therapeutischen Klonens** besteht darin, dass der Gewebe- oder Organempfänger gleichzeitig der Spender ist, weil ein aus seiner eigenen Körperzelle (z. B. Hautzelle) gewonnener Zellkern in die entkernte Eizelle übertragen wird.

Die Frage, ob eine **Gentherapie** überhaupt wünschenswert oder notwendig ist und welche Folgen sie haben könnte, wird sehr heftig diskutiert. Neben der Therapie von Erbleiden besteht auch ein Ziel darin, Krebs, Herz- und Kreislaufleiden sowie Aids behandeln zu können.

Im Zusammenhang mit der **Gendiagnose** und der Gentherapie stellen sich auch **ethische Fragen,** die oft schwer zu beantworten sind. So könnten z. B. der Eingriff und die Manipulation des menschlichen Erbguts zur gezielten Veränderung des Menschen führen.

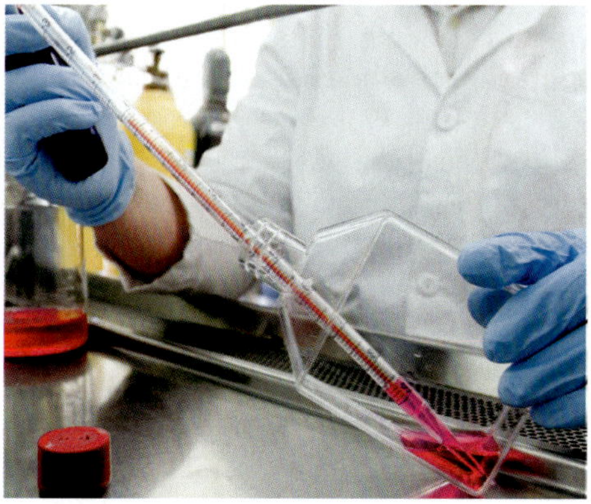

1 ▸ Forschung an Stammzellen im Labor

Um Missbrauch auszuschließen, verbietet das Embryonenschutzgesetz von 1991 in Deutschland, Menschen zu klonen und an frühen Embryonen zu forschen.

Auch die **Präimplantationsdiagnostik** ist heftig umstritten. In Deutschland ist dieses Verfahren bisher noch nicht zugelassen. Aber die Debatte darum ist in vollem Gange.

Die Argumente der *Befürworter* sind u. a.:

- Paaren, bei denen der Verdacht besteht, ein Kind mit einer erblichen Behinderung zu bekommen, zu helfen, ein gesundes Kind zur Welt zu bringen.
- Die Präimplantationsdiagnostik sollte nur auf Einzelfälle beschränkt bleiben.

Die Argumente der *Gegner* sind u. a.:

- Eine Zulassung der Präimplantationsdiagnostik könnte eine Auswahl nach „lebenswertem“ und „nicht lebenswertem“ Leben nach sich ziehen.
- Es kann kein Recht auf ein gesundes, nicht behindertes Kind geben.

Für die **Humanmedizin** bedeutsam wäre die gentechnische Veränderung von Tieren auch dahingehend, dass deren Organe sich zur Transplantation in den Menschen eignen. Das Spendertier wird durch den Einbau menschlicher Gene so programmiert, dass die zu transplantierenden Organe dem Immunsystem des Menschen angepasst sind und nicht mehr abgestoßen werden.

Mit Transplantationen von gentechnisch veränderten Organen von Tieren könnte vielen Menschen wirksam geholfen werden. Der Bedarf an Organen übersteigt bei Weitem die Zahl der zur Verfügung stehenden Organe.

Aufgaben

1. *Informiere dich über die Begriffe Pestizid, Herbizid und Resistenz.*

2. *Embryonale Stammzellen sind für die gentechnische Forschung interessant. Stelle Pro- und Kontra-Argumente der Verwendung von embryonalen Stammzellen in einer Tabelle gegenüber. Welchen Standpunkt vertrittst du? Begründe deine Auffassung.*

gewusst • gekonnt

1. Insulin wird heute gentechnisch hergestellt. Das war nicht immer so.
Informiere dich, wie Insulin früher hergestellt wurde. Vergleiche beide Herstellungsformen des Insulins.

2. Die Gentechniker verschiedener Länder forschen an Heilverfahren mit Stammzellen. Dabei nutzen sie u. a. Zellen, die sie aus den Embryonen gewinnen, die bei einer künstlichen Befruchtung nicht verwendet wurden.
   a) Definiere den Begriff Stammzellen.
   b) Beschreibe das Prinzip des therapeutischen Klonens.
   c) Beurteile die Verwendung embryonaler Stammzellen aus verschiedenen Perspektiven: Arzt, Patient, Kirchenvertreter, Ethiker.

3. Unsere Körperzellen vervielfältigen sich durch Klonierung.
   a) Nenne die Zellteilungsform, die der Klonierung zugrunde liegt.
   b) Definiere den Begriff Klon.
   c) Beschreibe das Verfahren Klonierung.

4. Die Agrarwirtschaft nutzt die Klonierung für die Pflanzenzüchtung.
   a) Erläutere die Vorteile dieses Verfahrens bei der Pflanzenvermehrung.
   b) Erkläre, warum in die klonierten Zuchtlinien in Abständen wieder neues Erbmaterial eingekreuzt werden muss.

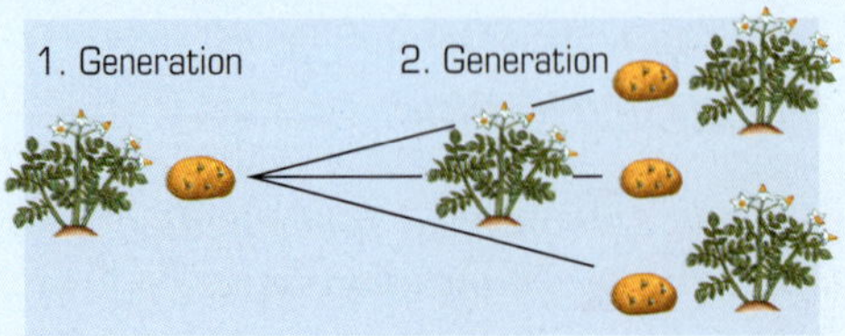

5. Die Gentechnik ermöglicht es, Erbmaterial von Lebewesen zu verändern. Man hat u. a. Erdbeerpflanzen mit eingeschleusten Fischgenen kälteunempfindlich gemacht.
   a) Erkläre, warum Pflanzenzellen in der Lage sind, tierische Erbinformation umzusetzen.
   b) Stelle eine Vermutung an, warum diese Erdbeeren nicht nach Fisch schmecken.

6. In über 20 Ländern der Erde werden gentechnisch veränderte Pflanzen angebaut. Zu den veränderten Sorten gehören insbesondere *Mais, Soja, Baumwolle* und *Raps.*
   a) Ermittle für die aufgeführten Pflanzensorten die Hauptanbaugebiete der Erde, die jährlichen Anbaumengen und den jeweiligen Anteil an gentechnisch veränderten Sorten.
   b) Stelle die Anbaumengen gentechnisch veränderter Pflanzen in einem Diagramm dar.
   c) Finde Gründe, warum ausgerechnet diese Pflanzen gentechnisch verändert wurden.
   d) Diskutiere, ob es Möglichkeiten gibt, den Anbau solcher Pflanzen sicherer zu machen.

7. Gentechnische Verfahren beinhalten neben großen Möglichkeiten zur Lösung von globalen Problemen der Menschheit auch viele Risiken.
   a) Nenne Probleme, die sich mithilfe der Gentechnik wahrscheinlich lösen ließen.
   b) Nenne Risiken der Gentechnik.
   c) Informiere dich über Gesetze und Kontrollmöglichkeiten in Bezug auf die Gentechnik.
   d) Beurteile den Einsatz gentechnischer Verfahren. Wäge Pro und Kontra ab und formuliere eine begründete Meinung. Nutze die Hinweise auf der Lehrbuchseite 23.

Das Wichtigste auf einen Blick

Aspekte genetischer Forschung

Die **Gentechnik** umfasst alle Verfahren, bei denen das Erbgut von Lebewesen analysiert und gezielt verändert wird.

Aspekte in der Gentechnik sind u. a.:
- Stammzellenforschung
- Klonierungsverfahren
- Gendiagnostik und Gentherapie
- genetische Veränderung von Lebewesen

Klonierung (Klonen)
Darunter versteht man die Erzeugung von genetisch identischen Nachkommen.

Klonierungsverfahren sind u. a.:
1. Reproduktives Klonen (Erzeugen von Lebewesen)
2. Therapeutisches Klonen (Erzeugen von Geweben und Organen)

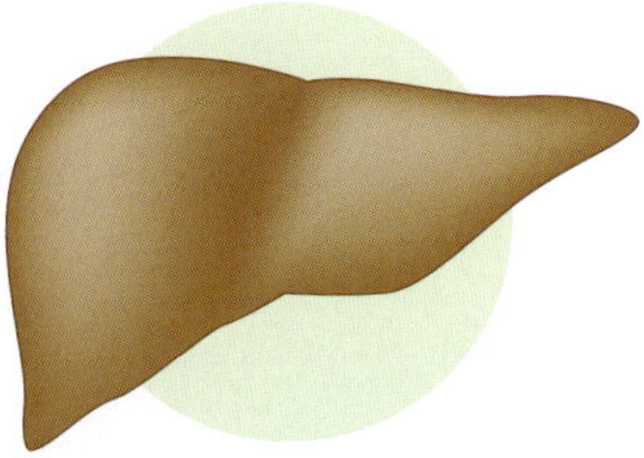

Stammzellenforschung
Stammzellen sind Zellen mit unbegrenzter Teilungs- und Entwicklungsfähigkeit.

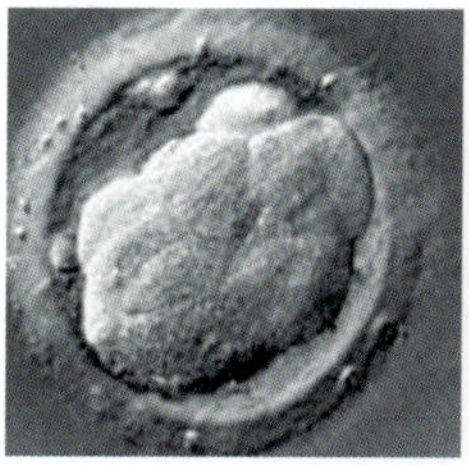

Man unterscheidet:
1. embryonale Stammzellen
2. adulte Stammzellen

Transgene Pflanzen und Tiere
Gene verschiedener Organismen werden miteinander kombiniert.

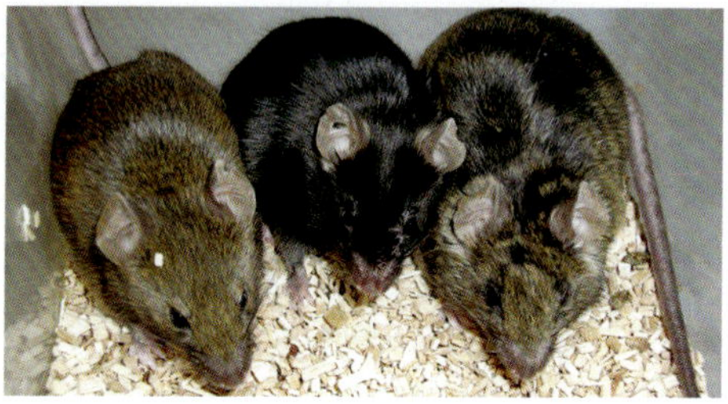

4 Evolution

4.1 Entwicklung der biologischen Vielfalt

Fossilien – Spuren vergangenen Lebens ▸▸ Die Geschichte des Lebens auf dem Planeten Erde könnte nicht geschrieben werden, wenn die Vorfahren der heute lebenden Pflanzen und Tiere nicht ihre Spuren hinterlassen hätten.

Übergangsformen – Indizien für die Evolutionstheorie ▸▸ Übergangsformen wie der Archaeopteryx sind Organismen, die Merkmale von stammesgeschichtlich älteren und jüngeren verwandten biologischen Gruppen vereinen. Sie besitzen Merkmale beider Gruppen, zwischen denen sie stehen. Derzeit sind über tausend Übergangsformen entdeckt.

Übergang vom Wasser zum Land ▸▸ Die Besiedlung des Festlands vor ca. 500 bis 450 Millionen Jahren war aus evolutiver Sicht ein entscheidender Schritt.

Die Besiedlung der Erde im Zeitraffer: von Null bis heute in 24 Stunden

Von der Entstehung der Erde bis heute sind 4,5 Milliarden Jahre (↗ S. 227) vergangen. Es soll versucht werden, diesen unvorstellbar langen Zeitraum auf 24 Stunden zu schrumpfen.

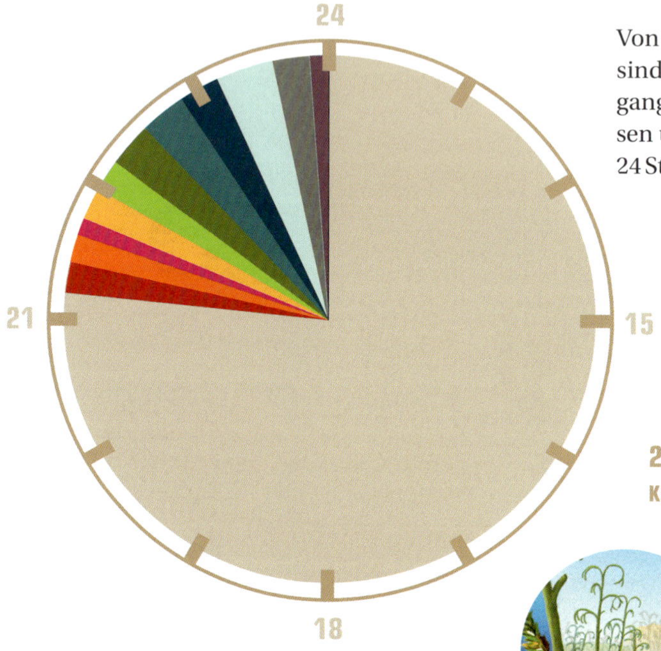

4

24.00 bis 2.30 Uhr
Die Erde ist ein unwirtlicher Planet ohne Leben.

2.45 Uhr
In den Meeren bilden sich große Moleküle, die Grundbausteine des Lebens.

5.00 Uhr
Leben existiert in Form primitiver Einzeller, z. B. Blaualgen, den Erfindern der Fotosysnthese. Sie leben von Kohlenstoffdioxid, Wasser und Sonnenlicht. Sie setzen Sauerstoff frei.

20.10 Uhr
Gruppen von Einzellern verbinden sich zu größeren Kolonien.

20.30 Uhr
Die ersten Mehrzeller leben im Meer.

20.48 Uhr
Viele wirbellose Tiere, beispielsweise Schwämme, Hohltiere, Stachelhäuter, Gliederfüßer, besiedeln die Meere.

21.30 Uhr
An den Ufern bilden sich grüne Spuren. Pflanzen beginnen das Land zu erobern. Erste Wirbeltiere, Fische, entwickeln sich im Meer.

21.50 Uhr
Fische vermehren sich explosionsartig.

21.57 Uhr
Das erste Holz entsteht. In den Wäldern ist es totenstill.

21.59 Uhr
Die ersten Wirbeltiere gehen an Land.

22.00 Uhr
Es ist die Blütezeit der Lurche und Rieseninsekten.

22.24 Uhr
Riesenlibellen mit einer Spannweite der Flügel von 70 cm fliegen herum.

22.29 Uhr
Die Kriechtiere erobern alle Lebensräume.

22.40 Uhr
Unser Planet hat sein Aussehen stark verändert. Das Klima ändert sich radikal. Viele Tierarten sterben aus. 90 bis 95 % der Arten verschwinden innerhalb weniger Sekunden.

22.58 Uhr
Nur die Kriechtiere überleben und beherrschen den Planeten.

23.39 Uhr
Ein Meteorit aus dem All rammt die Erde. Die Erde verdunkelt sich. Es kommt zum Massensterben. Nur wenige Arten überleben, dazu gehören kleine Säugetiere.

23.40 Uhr
Die Säugetiere nehmen Besitz von der Erde. Die Artenvielfalt entwickelt sich.

23.58 Uhr
Die ersten „Zweibeiner" erscheinen.

8 Sekunden vor Mitternacht
Das erste vernunftbegabte Lebewesen, der Mensch, tritt auf.

Die Entwicklung von Organismen

Die Vorsilbe „prä" bedeutet vor.

Man nimmt an, dass sich unser Sonnensystem vor ca. 5 Milliarden Jahren aus Gas- und Staubpartikeln explodierter Sonnen zu entwickeln begann. Der Großteil dieser Partikel verdichtete sich zu unserer Sonne, nur etwa 1 Prozent davon bildete die heutigen Planeten.

Von den Planeten wiederum hatte wahrscheinlich nur die Erde günstige Voraussetzungen für die Entstehung des Lebens. Sie besitzt z. B. die richtige Größe, um eine Atmosphäre halten zu können. Die Atmosphäre schützt die Lebewesen vor lebensbedrohlicher Strahlung aus dem All. Der Abstand der Erde von der Sonne gewährleistet, dass Wasser in flüssiger Form und nicht als Eis auftritt, verhindert aber auch, dass alles Wasser verdampft.

Leben (zumindest das bekannte Leben) setzt aber die Verfügbarkeit von flüssigem Wasser voraus. Viele weitere astronomische, geologische und chemische Faktoren kommen noch dazu.

Entwicklung im Wasser

Trotz des Zusammentreffens dieser günstigen Bedingungen ging die Entwicklung der Lebewesen nicht kontinuierlich vor sich. Phasen, in denen sich scheinbar keine Entwicklung vollzog, wurden von Phasen abgelöst, in denen massenhaft neue Arten der Lebewesen entstanden. So eine „Artenexplosion" fand z. B. beim Übergang vom **Präkambrium** zum **Kambrium** statt.

Bis zum Beginn des Kambriums waren die Ozeane und Gewässer Millionen von Jahren von Kleinstlebewesen besiedelt. Sie ernährten sich räuberisch oder durch Fotosynthese. Diese einzelligen Lebewesen (Einzeller) bildeten die Vorstufen zur Entwicklung der Pflanzen und Tiere. Zu Beginn des Kambriums traten in den Meeren gehäuft neue Formen von Lebewesen auf. Dabei handelte es sich nicht nur um weitere Varianten von Einzellern, sondern auch um vielfältige Formen wirbelloser Tiere.

1 ▸ Vielfältiges Leben in den Ozeanen im Kambrium

Wie ist diese Vielfalt zu erklären?
Für die Ursachen dieser „Artenexplosion" gibt es mehrere Theorien.

Eine besagt, dass die *Sauerstoffproduktion* der einzelligen Algen so groß wurde, dass sie die Entwicklung von vielzelligen Lebewesen ermöglichte. Der Sauerstoff ist für die meisten Arten eine Grundbedingung für die Energieumwandlung (biologische Oxidation).

Eine andere Theorie geht davon aus, dass durch die ständigen Unwetter in der Atmosphäre verstärkt *Calcium-Ionen* der Erdkruste in die Meere gespült wurden. In diesen Konzentrationen ist Calcium jedoch ein Zellgift. Die Tiere reagierten darauf, indem sie das überschüssige Calcium ausschieden und Außenskelette daraus bildeten.

Weitere Theorien gehen davon aus, dass die Nährstoffgrundlage in den Ozeanen zu knapp wurde und der Existenzkampf der Lebewesen zu dieser Vielfalt führte.

4

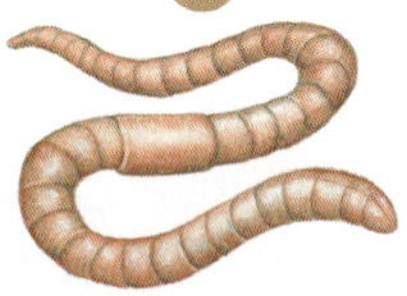

Übergang vom Wasser zum Land

Eine weitere entscheidende Etappe in der Evolution der Lebewesen war die Besiedlung der Landflächen im **Silur** und **Devon.**

Wesentlich für die Besiedlung des Landes war die Bewältigung der veränderten Umweltfaktoren. Da Wasser an Land nicht in unbegrenzten Mengen und überall zur Verfügung steht, mussten sich Formen des Verdunstungsschutzes entwickeln. Die Fortpflanzung musste sich so verändern, dass sie auch außerhalb der Gewässer möglich war. Weiterhin erschwerten u.a. der Temperaturwechsel von Tag und Nacht, die Aufnahme von Sauerstoff aus der Luft sowie die Fortbewegung unter Einwirkung der erhöhten Schwerkraft den Wechsel vom Wasser auf das Festland.

Übergangsformen – Bindeglieder zwischen zwei Gruppen von Lebewesen

Belege für den komplizierten Wechsel der Lebensräume liefern die **Übergangsformen** (oft auch als Zwischenformen oder Brückentiere bezeichnet). Diese Lebewesen besitzen Merkmalskombinationen stammesgeschichtlich älterer und jüngerer Gruppen der Lebewesen. Damit stellen sie ein Bindeglied zwischen diesen Gruppen dar und lassen Aussagen über den Verlauf der Evolution zu.

Als **Vorfahren der Lurche** sehen Wissenschaftler eine ausgestorbene Gruppe der **Quastenflosser** (↗ Abb. 1a) an.

Ihren Namen erhielten die *Quastenflosser* aufgrund der Beschaffenheit ihrer Flossen. Die paarigen Flossen auf der Bauchseite waren ähnlich wie ein Quast (breiter Pinsel) gestielt. Die Flossen besaßen eine von Schuppen bedeckte Haut und waren muskulös. Ähnlich aufgebaut waren auch die zweite Rückenflosse und die Schwanzflosse.

Man nimmt an, dass diese Fische in der Lage waren, sich mithilfe der gliedmaßenähnlichen paarigen Flossen auch auf dem Meeresgrund zu bewegen. Hinzu kommt, dass bei einigen *Quastenflossern* die Schwimmblasen so umgebildet waren, dass diese vorübergehend Sauerstoff aufnehmen konnten. Die im **Devon** lebenden *Quastenflosser* besaßen also **Fisch- und einige Lurchmerkmale** und bilden somit die Verbindung zwischen den beiden Wirbeltierklassen.

Ursprünglich gebaute Lebermoose können als Brückenpflanzen zwischen Algen und Pflanzen betrachtet werden.

Ausgestorbener Quastenflosser (Eusthenopteron; Länge ca. 60 cm)

Im Oberen Devon (Erdaltzeit; vor etwa 400 Millionen Jahren) entstanden aus Quastenflossern die frühesten Landwirbeltiere. Quastenflosser *(Crossopterygii)* der Erdaltzeit werden als direkte Vorfahren der ersten Vierfüßer angesehen. Ihre stärkste Verbreitung hatte diese Tiergruppe im Devon.

1a ▸ Ausgewachsener fossiler Quastenflosser

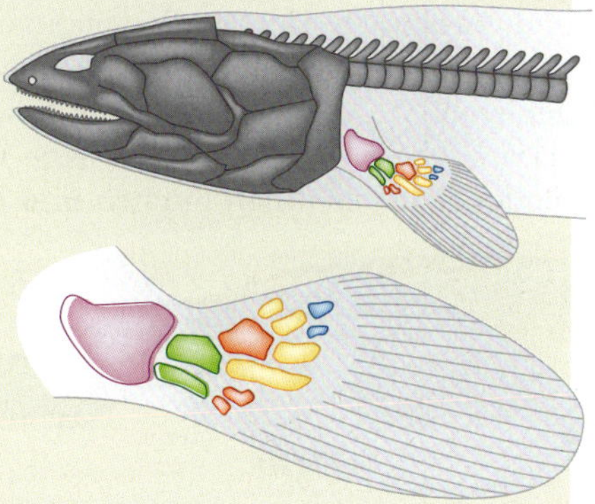

b ▸ Schädel und Flossenskelett

1 ▸ Lebende Fossilien

a ▸ Quastenflosser (Latimeria chalumnae) b ▸ Nautilus c ▸ Ginkgoblatt

Die in der heutigen Zeit gefangenen *Quastenflosser* (*Latimeria chalumnae,* ↗Abb. 1a) sind zwar ähnlich gebaut wie ihre ausgestorbenen Verwandten, sie gehören aber zur Gruppe der *Quastenflosser,* die weiter im Wasser lebte und nicht das Land „eroberte". Sie blieben weiter an das Leben im Wasser angepasst.

Wegen ihrer zahlreichen ursprünglichen Merkmalskombinationen bezeichnet man sie auch als **lebende Fossilien.** Es gibt noch andere solcher lebenden Fossilien, so z. B. den *Nautilus* und den *Ginkgobaum.*

Heute noch lebende Organismen bezeichnet man auch als rezente Organismen.

Die Evolution der Landwirbeltiere

Die **Entwicklung der Landwirbeltiere** wird überwiegend auf einen „Urtyp" zurückgeführt, den **Urlurch** (*Ichthyostega,* ↗Abb. 2). Begründet wird dies mit den gefundenen Übereinstimmungen zwischen den Schädelmerkmalen, Zahnanlagen und Strukturen der Vordergliedmaßen beim Urlurch und den heutigen Landwirbeltieren.

Damit stellt auch dieses Tier eine Verbindung zwischen den Fischen und den Lurchen her. Im Vergleich zu den *Quastenflossern* war der *Urlurch* jedoch schon in der Lage, Sauerstoff durch einfache Lungen und die feuchte Haut aufzunehmen.

2 ▸ Der Urlurch (Ichthyostega) lebte überwiegend auf dem Land. Er ist eine Übergangsform zu den auf dem Land lebenden Vierfüßern.

Mit der **Spezialisierung der Atmungsorgane** auf den Gasaustausch an Land war ein entscheidender Schritt zur dauerhaften Besiedlung des Festlands durch die Wirbeltiere erfolgt. Allerdings blieben die **Lurche** an eine feuchte Umgebung gebunden (Feuchtlufttiere), weil nur so ihr Gasaustausch und ihre Fortpflanzung funktionieren. Um eine größtmögliche Unabhängigkeit vom Wasser zu erlangen, waren weitere Veränderungen nötig.

Vom **Trias** bis in die **Kreide** dominierte eine neue Wirbeltierklasse die Erde, die **Kriechtiere.** Ihre Hautoberfläche wurde von trockenen Hornschuppen vor dem Austrocknen geschützt. Mehrfach gekammerte Lungen vergrößerten die Fläche für den Gasaustausch und ermöglichten eine höhere Leistungsfähigkeit im Vergleich zu den Lurchen.

Im Gegensatz zu diesen konnten Kriechtiere auch in Trockengebieten leben (Trockenlufttiere), weil sich auch ihre Fortpflanzung vom Wasser löste. Kriechtiere legen Eier, die so aufgebaut sind, dass sich die Nachkommen in ihnen sehr weit entwickeln können.

Diese Veränderungen stellen einen entscheidenden Schritt (Progression) bei der Evolution der Landwirbeltiere dar.

4

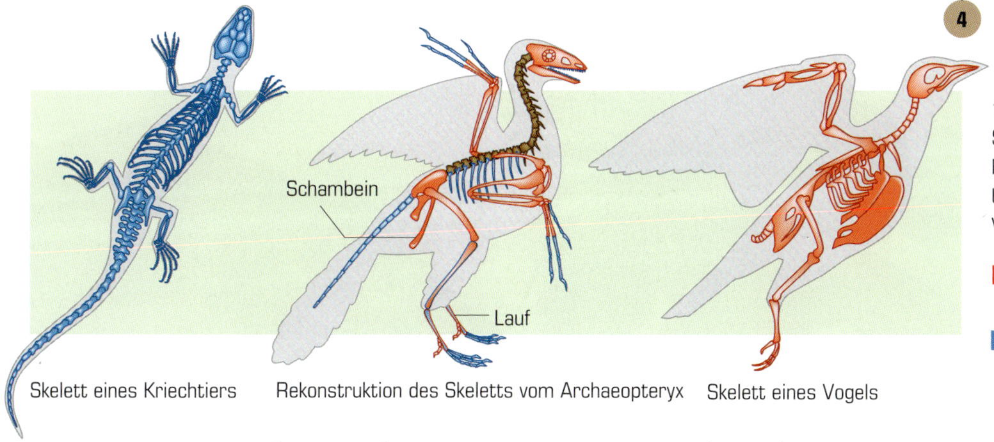

1 ▸ Skelett von Kriechtier, Urvogel und Vogel

■ Vogelmerkmale

■ Kriechtiermerkmale

Von **Progression** wird immer dann gesprochen, wenn durch eine stärkere **Differenzierung** von Körpermerkmalen oder Verhaltensweisen ein Zuwachs an Leistungsfähigkeit und Unabhängigkeit von der Umwelt erzielt wird.

Die **Dinosaurier,** eine Gruppe der Kriechtiere, beherrschten ungefähr 140 Millionen Jahre lang die Erde. Spezialisierte Formen der Dinosaurier hatten alle Lebensräume besiedelt. So eroberten Flugsaurier wie *Pteranodon* den Luftraum.

Dieses ca. 3 m lange Tier wog etwa 17 kg und hatte Flügel mit lederartigen Schwingen von bis zu 7,5 m Spannweite. Sein Körperbau und seine Verhaltensweisen waren auf das Leben in der *Luft* spezialisiert.

Er ließ sich von Aufwinden über das offene Meer treiben und war in der Lage, eigenständig durch Flügelschlag zu fliegen. So gut er an den Luftraum angepasst war, so hilflos war er am Boden. Mit seinen kleinen Hintergliedmaßen konnte er nur langsam laufen und wurde dort eine leichte Beute für Räuber.

Die **Spezialisierung** auf den Lebensraum Luft führte zu Nachteilen in anderen Lebensräumen. Von Spezialisierung spricht man, wenn durch eine extreme Angepasstheit an ganz bestimmte Umweltbedingungen die Leistungsfähigkeit erhöht wird.

Die Lebewesen sind von diesen speziellen Umweltbedingungen abhängig. Nur solange diese gegeben sind, stellt die Spezialisierung einen Vorteil dar.

Zur gleichen Zeit wie die Flugsaurier entwickelten sich in den Wäldern die ersten Vogelformen.

Es mussten zunächst Landpflanzen entstehen, ehe sich Tiere an Land entwickeln konnten.

2 ▸ Übergang der Tiere vom Wasser auf das Land

1 ▸ Urvogel (Rekonstruktion)

2 ▸ Schnabeltier

Bei der Rekonstruktion der Stammbäume von Lebewesen helfen auch genetische Analysen.

Es kam aber auch zu rückläufigen Entwicklungen (Rückbildungen). Beispielsweise war der Vorfahre des Wals eine landlebende Huftierart. Sie lebte u. a. an Küsten. Aus ihr entwickelten sich Wale mit Beinen und später der heutige Wal.

Der **Urvogel** (*Archaeopteryx lithigraphica*, ↗ Abb. 1) gilt als **Übergangsform zwischen Kriechtieren und Vögeln.**

Der Urvogel besaß sowohl Merkmale der heutigen Vögel als auch heutiger Kriechtiere.

Der ungefähr taubengroße *Urvogel* war kein so guter Flieger wie die Flugsaurier. Dazu fehlten ihm u. a. die kräftigen Flugmuskeln und die hohlen Knochen der heutigen Vögel. Er besaß aber ein Gefieder, das nicht so leicht zerstört wurde wie Flughäute und den Körper warm hielt. Am Boden war er nicht hilflos, sondern konnte mit angelegten Flügeln schnell laufen. Dies führte dazu, dass der *Urvogel* und seine Nachfahren sich gegen die Konkurrenz der Flugsaurier behaupten konnten und nicht ausstarben.

Eines der großen Rätsel der Wissenschaft ist das Verschwinden der Saurier, der bis dahin erfolgreichsten Tiergruppe, vor ungefähr 65 Millionen Jahren. Bis heute kann keine Theorie dieses Aussterben eindeutig erklären. Tatsache ist aber, dass erst das Aussterben der Saurier die erfolgreiche *Evolution der Vögel und der Säugetiere* ermöglichte.

Die Vorfahren der heutigen **Säugetiere** lebten schon vor 200 Millionen Jahren neben den Dinosauriern. Sie besetzten ökologische Nischen in den Regenwäldern, wodurch eine Konfrontation mit den Sauriern ausblieb. Die etwa rattengroßen Tiere waren zumeist nachtaktiv und ernährten sich von Insekten und Früchten. Ihre geringe Größe führte zur positiven Auslese der Arten, die ein Fell entwickelten und ihre Körpertemperatur aktiv regeln konnten (gleichwarm).

Vor ungefähr 100 Millionen Jahren wurden die Säugetiere in die heute noch vorhandenen Gruppen der Eier legenden Säugetiere, Beuteltiere und Säugetiere mit Plazenta (Mutterkuchen) aufgespalten.

Das Eier legende **Schnabeltier** (↗ Abb. 2) besitzt noch einige Merkmale der ursprünglichen Säugetiere. Man kann es als **Übergangsform zwischen Kriechtieren und Säugetieren** bezeichnen.

Kriechtiermerkmale sind z. B., dass es weichschalige Eier legt, mit einem Schnabel nach Nahrung sucht und einen gemeinsamen Ausgang für Darm, Harn- und Geschlechtsorgane hat (Kloake). Daneben besitzt das *Schnabeltier* die für Säugetiere charakteristischen Merkmale wie Milchdrüsen auf der Bauchseite, eine gleichwarme Körpertemperatur und ein Fell.

M

Progression und Spezialisierung werden als Erscheinungen der Evolution (oder Evolutionsrichtungen) bezeichnet. Beide Vorgänge führen zur erhöhten Umweltunabhängigkeit der Organismen.

4

Archaeopteryx – Brückentier zwischen Kriechtier und Vogel

Vor 150 Millionen Jahren, als noch Dinosaurier die Erde bevölkerten, flatterte ein fremdartiges Lebewesen am tropischen Himmel des heutigen Bayerns. Seine Merkmale: taubengroß, mit Federn bedeckter Körper, vogelähnlicher Schädel, zu Flügeln umgebildete Arme und ein nach hinten gerichtetes Schambein. Alles Merkmale, die Vögel besitzen. Aber es hatte auch Kiefer mit spitzen Zähnen, Finger an den Armen, Krallen an Vorder- und Hintergliedmaßen und eine lange Schwanzwirbelsäule. Das wiederum waren typische Merkmale der Dinosaurier, die zur Gruppe der Kriechtiere zählen und in der Jurazeit lebten.

Das erste Skelett eines *Archaeopteryx*, so nannten Wissenschaftler dieses Lebewesen, kam fast zur gleichen Zeit zutage wie DARWINS berühmtes Werk „Über den Ursprung der Arten". Und damit wurde der *Archaeopteryx* zu einem der wichtigsten Beweisstücke für CHARLES DARWINS Theorie von der Entwicklung der Arten. Denn DARWIN wies in seinem Werk schon auf die Bedeutung solcher Übergangsformen mit Merkmalen der alten, aber auch bereits der neuen Art hin.

Im Naturkundemuseum zu Berlin ist das Skelett eines *Archaeopteryx* ausgestellt. Es ist das mit Abstand am vollständigsten und besten erhaltenste aller Funde und wurde 1876 in einem Steinbruch bei Eichstätt in Bayern entdeckt. Mithilfe der finanziellen Unterstützung des Industriellen WERNER VON SIEMENS wurde es 1880 für 20 000 Goldmark erworben.
Aus aller Welt kommen jährlich Tausende Wissenschaftler, um dieses einzigartige Fossil zu untersuchen. Und immer wieder finden sie dank verbesserter Untersuchungstechniken und -methoden neue Informationen.
Wie über einen Prominenten wird über den Berliner Urvogel viel geschrieben und sein Bild taucht in vielen wissenschaftlichen und populären Publikationen auf, da er zu einem der wichtigsten Beweise für den Entwicklungsgedanken DARWINS geworden ist.

1 ▸ Urvogel-Versteinerung des Skeletts

Basiskonzept

Struktur und Funktion

Im Verlauf der Evolution entstehen ständig neue Varianten von Lebewesen, die an die jeweils herrschenden Umweltfaktoren angepasst sind. Diese Angepasstheit wird u. a. durch Abwandlungen des Körperbaus, Veränderungen der Stoffwechselchemie oder des Verhaltens erreicht. Betrachtet man den Evolutionsprozess, so lassen sich im Verlauf der Stammesentwicklung von Lebewesen drei Evolutionserscheinungen erkennen, die diese Angepasstheit hervorbringen: **Spezialisierung, Rückbildung** und **Differenzierung/Zentralisierung** von Organen und Organsystemen.

Die Spezialisierung führt bei Lebewesen durch Veränderungen im Bau bzw. durch Ausbildung bestimmter Verhaltensweisen zu einer besseren Angepasstheit an bestimmte Umweltfaktoren. Dabei wird die Toleranz gegenüber Änderungen dieser Umweltfaktoren verkleinert.

Entstehung und Bedeutung der Fossilien

Fossilien (lat. *fossilis* = ausgegraben) sind Dokumente aus der Vergangenheit. Sie geben uns Hinweise auf die Umwelt und das Leben auf der Erde vor unserer Zeit. Organismen, Teile von ihnen oder Spuren ihres Lebens, z. B. Kriechspuren oder Wohnbauten aus vergangenen erdgeschichtlichen Perioden, werden in ihrer Gesamtheit als Fossilien zusammengefasst. Fossilien findet man auch von Pflanzen, obwohl die Pflanzen in der Regel eine weniger feste Struktur haben.

Fossilfunde sind oft zufällig, z. B. werden sie bei Bauarbeiten gemacht. Es ist wichtig festzuhalten, dass nicht alle Teile der Lebewesen über eine längere Zeit erhalten werden.

Auch die Art der **Fossilation (Bildung von Fossilien)** und die Umstände ihrer Entstehung sind unterschiedlich (↗ Tab.).

So findet man von den Wirbeltieren z. B. meist Knochen, Zähne oder Hornstrukturen. Selten oder nie aber werden Weichteile gefunden, sondern nur Abdrücke von ihnen.

Unter Fossilation versteht man die vielfältigen Formen der Bildung von Fossilien unter verschiedensten Entstehungsbedingungen.

Es gibt Gegenden, an denen gehäuft Fossilien gefunden werden. In **Deutschland** sind dies z. B. die *Hunsrück-Schiefer,* die *Solnhofer Jurakalke,* die *Grube Messel* bei Frankfurt und das *Geiseltal* bei Halle.

Diese Orte weisen in der Regel gewisse geologische Besonderheiten auf, die mit dafür verantwortlich sind, dass Funde heute gemacht werden können.

Vor allem in Sedimentations- oder Absatzgesteinen (z. B. Kalkstein, Sandstein, Löss), die durch Ablagerungen von im Wasser gelösten oder schwebenden Bestandteilen entstanden sind, finden sich häufig Fossilien.

Formen und Entstehung von Fossilien

Versteinerung	Inkohlung	Einschluss
Zersetzung der organischen Substanzen von Körpern, Ausfüllen der entstandenen Hohlräume mit Kalk oder Kieselsäure, die erhärten, z. B. versteinerte Trilobiten, Muschelschalen (echte Versteinerung)	Unter bestimmten Temperaturbedingungen und Luftabschluss Umbildung organischer Stoffe zu Kohle, langsame Zersetzung, Kohlenstoff bleibt übrig, z. B. Steinkohlenfarne	Luftdichter Einschluss in Harz, Salz oder Eis, z. B. Insekten in Bernstein, Mammut im Eis

Versteinerung eines Trilobiten aus dem Kambrium	Abdruck eines Farnwedels aus dem Karbon	Einschluss eines Hundertfüßers in Bernstein aus dem Paläogen

Erdneuzeit	Quartär	1,6
	Neogen	23
	Paläogen	65
Erdmittelzeit	Kreide	145
	Jura	200
	Trias	251
Erdaltzeit	Perm	299
	Karbon	359
	Devon	416
	Silur	444
	Ordovicum	488
	Kambrium	542

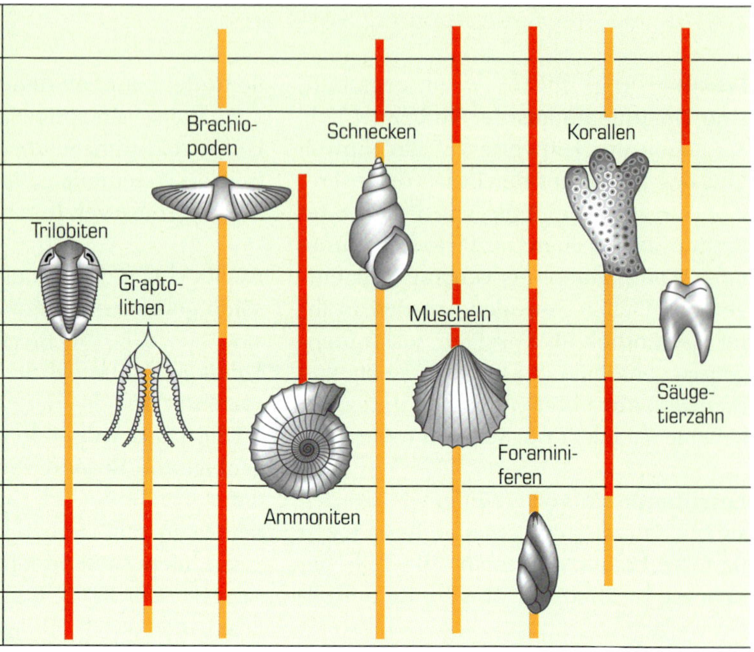

1 ▸ Vorkommen ( ) und Bedeutung als Leitfossilien ( ) in der Erdgeschichte (Auswahl)

Ein wichtiger Faktor bei der **Fossilation** ist die Schnelligkeit, in der die Organismen oder Spuren von ihnen in den Untergrund eingebettet und gegen Luftsauerstoff abgeschlossen wurden. Fossilien werden oft durch Gesteinsverschiebung (Verwerfung), Auswaschung durch Wasser oder Vulkanismus zerstört und gehen gänzlich verloren.

Die Datierung des Fundes ist ein wesentlicher Arbeitsschritt nach der Bergung der **Fossilien** . Hierunter versteht man die zeitliche Einordnung des Fundes, kurz: sein Alter.

Diese Bestimmung kann auf verschiedene Weise erfolgen, z. B. durch:

Die Wissenschaft, die sich mit der Erforschung der Lebewesen vergangener Zeiten beschäftigt, wird als Paläontologie bezeichnet.

- eine **relative Altersbestimmung** (ist das Alter des Fundorts bekannt, ordnet man dem Fossil das gleiche Alter zu). Umgekehrt ist es aber auch möglich, der Gesteinsschicht ein Alter zuzuordnen, wenn man in ihr ein Fossil findet, dessen Alter schon bekannt ist. Fossilien, die für einen bestimmten Zeitabschnitt typisch sind und somit häufig in einer bestimmten Gesteinsschicht vorkommen, werden **Leitfossilien** genannt (↗ Abb. 1).
- eine **absolute Altersbestimmung** wird durch den **radioaktiven Zerfall bestimmter Atome** ermöglicht.

Oft sind die Fossilfunde nur mit gewissen Fehlern zeitlich einzuordnen. Fossilien sind häufig sehr unvollständig. Dann werden häufig **Rekonstruktionen** angefertigt. In den Museen findet man Skelette, bei denen neben echten Bereichen auch rekonstruierte Strukturen vorliegen.

Zu den Aufgaben der Paläontologen gehört auch, die Fossilien hinsichtlich der hinter ihnen stehenden Verwandtschaftsbeziehungen einzuordnen, mögliche Evolutionsabläufe nachzuvollziehen und gegebenenfalls allgemein gültige Regeln abzuleiten.

Aufgabe ?

Erläutere die Bedeutung von Fossilien in der Abstammungslehre.

Projekt

Nachbilden von Fossilien

Als **Fossilien** bezeichnet man alle Spuren vergangenen Lebens. Solche Spuren können körperliche Überreste, aber auch Zeugnisse der Aktivität von Lebewesen sein.
Je nachdem, wie diese Fossilien entstanden sind, unterscheidet man Abdrücke, Versteinerungen, Einschlüsse, Mumifizierung, Inkohlung und Hartteile (↗ Abb. 2 und 3).

2 ▸ Versteinerungen von Ammonit, Trilobit, Seeigelsteinkern

1. *Informiert euch im Lehrbuch, in Fachbüchern oder im Internet über das Entstehen dieser unterschiedlichen Fossilien. Vergleicht die Formen.*

Die Fossilienbildung erfolgte in der Natur über einen Zeitraum von vielen Tausend Jahren. Modellhaft kann man diesen Prozess nachvollziehen.

2. *Stellt nach folgender Anleitung Fossilien von Schneckengehäusen her.*

Materialien:
Gussform (z.B. Schale aus Alufolie), etwas Gips und Wasser, kleiner Hammer, dünnes Papier, Vaseline, Creme oder Öl sowie als Fossilien unterschiedliche Muschelschalen oder Schneckengehäuse

Durchführung:
- Rührt so lange Gips in Wasser ein, bis ein dicker Gipsbrei entsteht.
- Füllt eine Gussform ca. 3 cm mit Gipsbrei und bedeckt ihn mit dünnem Papier (oder mit Creme, Öl bzw. Vaseline bestreichen).
- Drückt verschiedene Muschelschalen oder Schneckengehäuse (ausgehöhlte Seite oder Öffnung zeigt nach oben) in den papierbedeckten (oder mit Öl, Creme bzw. Vaseline bestrichenen) Gipsbrei und lasst den Gips etwas erhärten.
- Füllt jetzt die Muschelschalen oder Schneckengehäuse mit Gipsbrei, bedeckt diese mit Papier (oder mit Öl, Creme bzw. Vaseline bestreichen) und füllt die Gussform mit Gipsbrei auf.
- Lasst den Gips aushärten und entnehmt den Gipsblock nach dem Aushärten aus der Gussform (↗ Abb. 1).

3 ▸ Abdruck des Wedelrestes eines Samenfarns

1 ▸ Mit Gips, Karton und Pflanzenteilen kann man Fossilien selber herstellen.

Projekt

1 ▸ Ammonitina-Fossilien

- Trennt vorsichtig (evtl. mit Hammer) den Gipsblock an den Stellen, wo sich das Papier (Öl, Creme bzw. Vaseline) befindet.
- Entfernt vorsichtig die Muschelschalen oder Schneckengehäuse sowie das Papier.
- Betrachtet die Innenflächen der beiden Gipsblockhälften. Beschreibt, was ihr festgestellt habt.
- Zerschlagt vorsichtig die Muschelschalen oder Schneckengehäuse. Beschreibt, was ihr erhalten habt.

Auswertung:
Welche Formen der Fossilien habt ihr hergestellt?
Beschreibt die Entstehung dieser Fossilienform.

An der Ostseeküste kann man jede Menge Fossilien, z. B. Trilobiten, Seeigel, Donnerkeile und andere, finden (↗ Abb.). Versteinertes Holz ist im Kyffhäuser/Thüringen schon oft gefunden worden. Aber auch in vielen anderen Gebieten kann man Erfolg haben.

Tipp:
Holt euch von den Geländebesitzern vor der Suche eine Genehmigung dafür ein.

2 ▸ Seeigelsteinkern

3 ▸ Insekten, in Bernstein eingeschlossen

3. *Erkundigt euch im Internet, bei eurem Geografielehrer oder im Naturkabinett über Fundstätten von Fossilien in eurer Umgebung.*
Begebt euch dann auf Fossiliensuche.
Benötigtes Material: *Zeitungspapier zum Einwickeln der Fossilien, Handschuhe, kleine Werkzeuge zum Befreien der Fossilien; Wundpflaster, falls ihr euch verletzt*

4. *Legt mit den Funden eine Fossiliensammlung an.*
Dazu werden die Fossilien mit Wasser und Bürste gereinigt.
Anschließend wird versucht, den Namen des Fossils und den Zeitabschnitt, aus dem es stammt, herauszufinden.
Hilfe findet ihr sicher unter folgendem Internet-Link:
http://www.fossilien.online.de/

Stammbaumforschung

Die **Stammbaumforschung** bezieht sich auch auf Organismen, die nicht mehr existieren bzw. ausgestorben sind. Über Bauplanmerkmale werden wesentliche Gemeinsamkeiten gefunden, die eine nahe Verwandtschaft belegen, und auch Unterschiede, die eine Abgrenzung ermöglichen. Hierbei werden zwangsläufig auch Fehler passieren, die immer wieder zu Veränderungen in der Einschätzung der Verwandtschaftsverhältnisse führen.

Das Wesentliche an einem **Stammbaum** ist – analog zu einem Baum im botanischen Sinne – die Tatsache, dass eine Wurzel die Basis der Betrachtung ist, von wo aus Stamm und Äste abzweigen. Diese Verzweigungen erstrecken sich in zumeist unterschiedliche Richtungen. An jedem dieser Äste kann es in der Folge zu weiteren Astbildungen kommen, sodass im Laufe der Zeit eine weit verzweigte Struktur, die auf einen gemeinsamen Ursprung zurückzuführen ist, entsteht. Erste Darstellungen eines Stammbaums aus dem Tier- und Pflanzenreich haben daher auch starke Ähnlichkeit mit dem realen Vorbild, einem Baum.

Aufgrund der **Fossilfunde** und vergleichender Untersuchungen an fossilen und heute lebenden (rezenten) Wirbeltieren lässt sich der **Stammbaum der Wirbeltiere** aufstellen.

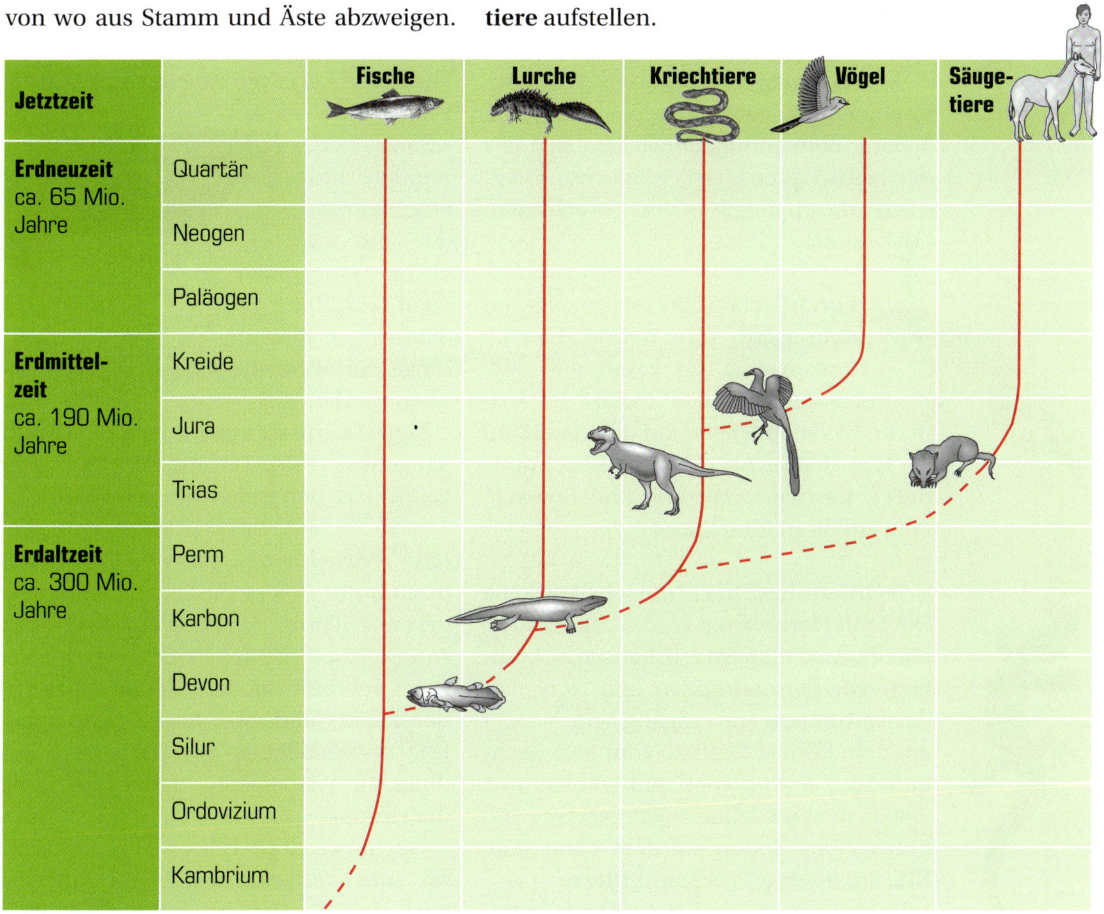

1 ▸ Vereinfachter Stammbaum der Wirbeltiere: Hauptlinien der fünf Klassen (———), Übergangsformen (- - - -)

Das **Ordnungskriterium** dieses Stammbaums ist die Verwandtschaft der Organismengruppen untereinander. Diese Betrachtung soll die **„Stammesentwicklung“** (Phylogenese) der Wirbeltiere wiedergeben.

Die **ersten Wirbeltiere** entstanden vor etwa 500 Millionen Jahren. Diese Organismen waren im Wasser lebende Tiere, die wir heute in die Gruppe ursprünglicher Fische einordnen würden.

Die **Fische** leben ständig im Wasser. Sie sind **Wassertiere.** Alle Lebenserscheinungen wie Fortbewegung, Ernährung, Atmung, Fortpflanzung und Entwicklung finden im Wasser statt. Fische besitzen eine schleimige, mit Schuppen besetzte, feuchte Haut. Sie atmen durch Kiemen. Nach Besamung der abgelaichten Eier und deren äußerer Befruchtung entwickeln sich aus den befruchteten Eiern Fischlarven. Diese wachsen zum Jungfisch und erwachsenen Fisch heran.

Lurche leben die meiste Zeit auf dem Land. Ihre nackte, feuchte Haut schützt sie kaum vor Austrocknung. Deshalb halten sie sich an feuchten Stellen auf dem Land auf bzw. leben im Wasser **(Feuchtlufttiere).** Ihre Fortpflanzung und Entwicklung erfolgt stets im Wasser.

Kriechtiere besitzen eine sehr trockene Haut mit Hornplatten (z. B. Schildkröten) oder Hornschuppen (z. B. Echsen, Schlangen). Die Hornschuppen und Hornplatten verhindern die Abgabe von Wasser aus dem Körper. Deshalb können Kriechtiere auch an trockenen und sehr warmen Stellen der Erde leben. Fortpflanzung und Entwicklung finden auf dem Land statt. Kriechtiere sind **Trockenlufttiere.**

Fische, Lurche und Kriechtiere gehören zu den wechselwarmen Tieren.

Vögel leben meistens auf dem Land. Sie bewegen sich mithilfe ihrer Flügel in der Luft fort. Sie besitzen eine trockene Haut mit Federn. Ihr Körper wird durch Daunen- und Deckfedern vor Wärmeverlust sowie gegen Wasser und Wind geschützt. An das Fliegen sind die Vögel durch die Ausbildung von Flügeln, einen spindelförmigen Körper, durch hohle Knochen sowie einen starken Brustbeinkamm mit Brustmuskeln angepasst. Vögel legen kalkschalige Eier, die von den Elterntieren ausgebrütet werden.

Säugetiere sind auf dem Land und im Wasser zu Hause. Sie besitzen ein Haarkleid (Fell), das die Abgabe von Wärme aus dem Körper vermindert, und eine Lunge, die aus sehr vielen Lungenbläschen aufgebaut ist. Sie bringen lebende Junge zur Welt, die vom Muttertier gesäugt werden.

Vögel (Körpertemperatur ca. 42 °C) und Säugetiere (Körpertemperatur ca. 37 °C) gehören zu den gleichwarmen Tieren.

Jede Wirbeltiergruppe ist also durch bestimmte unterschiedliche Merkmale gekennzeichnet. Sie besitzen aber auch wesentliche gemeinsame Merkmale. Dazu gehören die Ausbildung eines Innenskeletts und zwei Paar Gliedmaßen. Das entscheidende Merkmal ist allerdings die **Wirbelsäule,** daher der Name der Gruppe.

Die Entwicklung vollzog sich vom Wasser- zum Landleben. Damit verbunden ist auch, dass die Tiere immer unabhängiger von ihrer Umwelt werden.

Die Vorfahren unserer Pferde

Seit Jahrtausenden nutzen Menschen **Pferde** zum Transport schwerer Lasten, zum Überwinden weiter Strecken, aber auch zum Führen von Kriegen. Die Haltung und Nutzung von Pferden hat die kulturelle Entwicklung der Menschen entscheidend beeinflusst. Heute spielen sie für uns vor allem im Sport- und Freizeitbereich eine große Rolle.

Die majestätisch wirkenden Pferde stammen von etwa fuchsgroßen laubfressenden **Urpferdchen** ab. Das haben Wissenschaftler anhand von Fossilfunden herausgefunden.

In einem ehemaligen Ölschiefer-Tagebau in der Nähe von Darmstadt fand man nämlich 50 Millionen Jahre alte Fossilien von Tieren und Pflanzen, die in weiches Gestein (Ölschiefer) eingebettet und sehr gut erhalten waren: Vögel mit Federn, Säugetiere mit Fell, Fledermäuse mit Flughaut.

Man fand auch etwa 70 Exemplare von Säugetieren (↗ Abb. 1), die so groß wie ein Terrier oder Fuchs waren und an den Vorderbeinen vier, an den Hinterbeinen drei Zehen hatten. In den Mägen fand man Überreste von Blättern und sogar Weintrauben.

Wissenschaftler erkannten, dass sie dem sogenannten *Hyracotherium* ähnelten, das vor etwa 50 Millionen Jahren in Nordamerika gelebt hatte und als *Urpferd* bezeichnet wird. Schwer vorstellbar, dass diese Tiere die Vorfahren unserer heutigen langbeinigen, grasfressenden Pferde sind.

Bezieht man aber weitere **Fossilfunde** in die Betrachtung mit ein, so findet man eine fast lückenlose Reihe von Übergangsformen (↗ S. 166, Abb. 1).

Das dreizehige *Mesohippus,* das später als das *Urpferdchen* lebte, hatte bereits kräftigere und hochkronigere Backenzähne als sein Vorfahr.

Beim *Merychippus* sind schon ein hufartiger Hauptzeh und zwei kleinere Nebenzehen ausgebildet; die Zähne weisen Schmelzleisten auf, die das Zermahlen von Grasnahrung ermöglichen.

1 ▸ Urpferd *(Propalaeotherium parvulum)* aus der Grube Messel

2 ▸ Das Pferd ist von jeher Sinnbild für Abenteuer und Freiheit.

Beim *Pliohippus* ist dann nur noch ein Huf ausgebildet und die Zähne sind kräftiger als beim *Merychippus*.

Die **Fossilien,** die die Pferdeentwicklung dokumentieren, sind so umfangreich, dass man auch Verzweigungen in der Entwicklungslinie nachweisen kann.

Auch das Urpferd aus der Grube Messel bei Darmstadt (↗ S. 165, Abb. 1) ist dem eigentlichen Vorfahren unserer Pferde zwar ähnlich und mit diesem verwandt, aber kein Glied der direkten Linie.

In Europa starben die Urpferde aus. Die Fossilfunde der Übergangsformen stammen alle aus Nordamerika, sodass die Wissenschaftler davon ausgehen, dass die Pferdeentwicklung in Nordamerika stattfand.

Erst nach der vollständigen Entwicklung des hochbeinigen Steppentiers *„Pferd“* verbreiteten sich die Tiere in alle Welt.

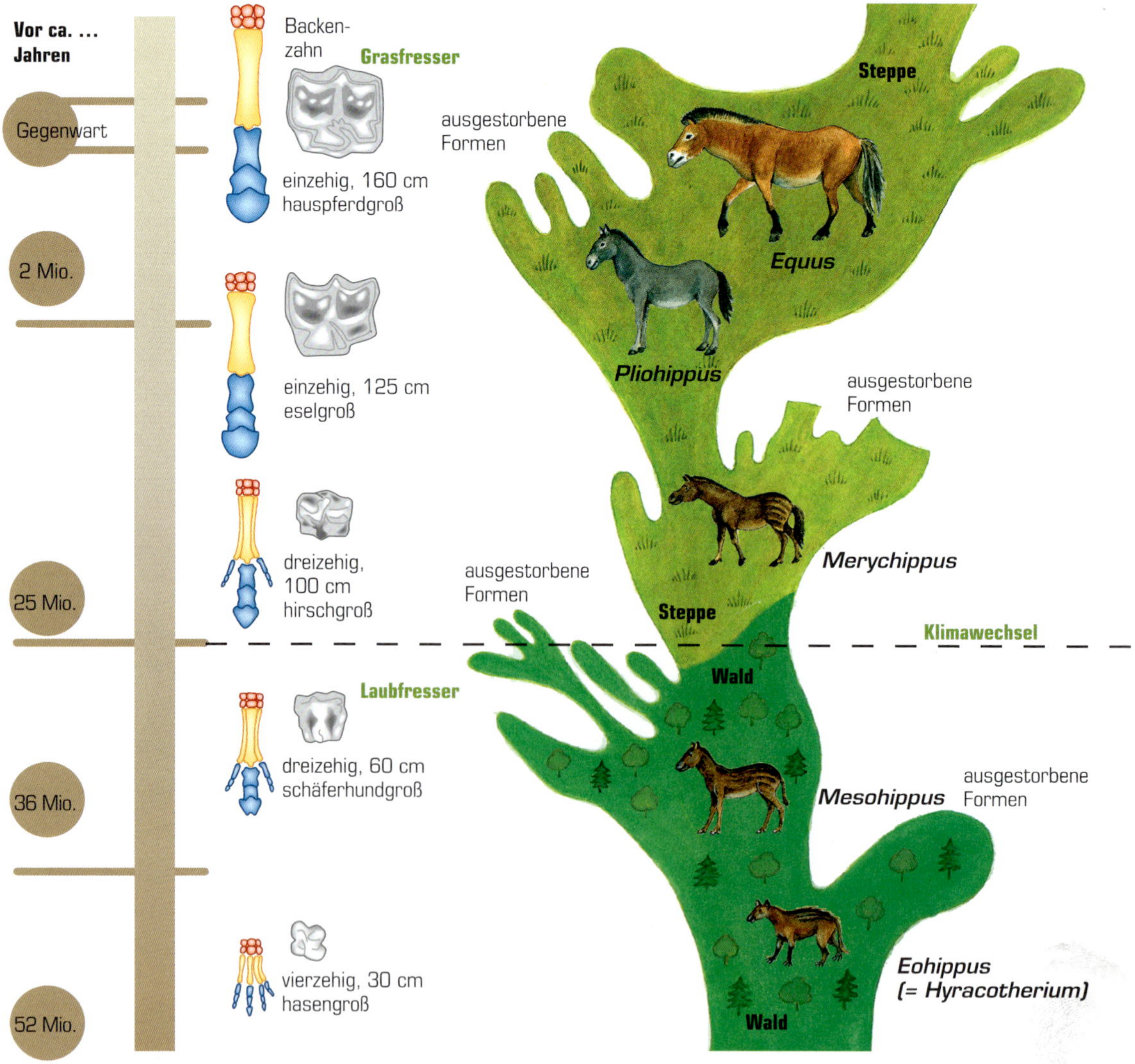

1 ▸ Die Evolution des Pferdes lässt sich heute durch Fossilfunde fast vollständig belegen, deshalb konnte ein Stammbaum entwickelt werden.

gewusst · gekonnt

1. a) Erläutere, was man unter einem Fossil versteht.
   b) Man findet sehr selten Fossilien pflanzlicher Herkunft. Nenne mögliche Gründe dafür.

2. Es wurde in einem Gestein ein interessanter Fund eines Säugetiers gemacht. In der gleichen Schicht fand man auch viele fossile Ammoniten und einzelne Vögel.
   a) Gib an, in welcher Epoche das Säugetier vermutlich gelebt hat. Begründe deine Meinung.
   b) Erläutere, woran man erkennen könnte, dass es sich um ein Säugetier gehandelt hat.

3. Moore sind nasse Lebensräume, in denen dauerhaft Sauerstoffmangel herrscht. Der weiche Torfboden, in dem Gegenstände leicht versinken können, ist außerdem sehr säurehaltig.
   In Torf sind Reste von Pflanzenstrukturen leicht erkennbar.
   Sensationelle Funde beim Torfabbau sind Moorleichen. Das sind gut erhaltene Menschenreste, die oftmals aus dem 3. und 4. Jahrhundert stammen, aber auch über 2 500 Jahre alt sein können.

   a) Erläutere, inwiefern der Erhalt der Pflanzenstrukturen und Leichen den „Regeln der Natur“ zunächst widerspricht.
   b) Nenne die Bedingungen, die für die Erhaltung verantwortlich sind, und begründe sie.

4. Zur Zeit der Dinosaurier traten auch große Saurier mit Flughäuten und Flugvermögen auf.
   Im Skelettbau unterscheiden sie sich erheblich von Vögeln und werden in die Klasse der Kriechtiere eingeordnet.
   a) Stelle die Unterschiede im Skelettbau zwischen Kriechtieren und Vögeln zusammen (↗ S. 155, Abb. 1).
   b) Welche Merkmale müsste ein Skelett aufweisen, um eindeutig zu den Vögeln gezählt zu werden?
   c) Stelle zusammen, welche Gemeinsamkeiten alle 5 Wirbeltierklassen haben.
   d) Nenne die Merkmale, die die Unterteilung in 5 Klassen begründen.

5. Konstruiere eine Übergangsform, die im Wasser und auf dem Land leben kann.
   a) Skizziere diese Form und kennzeichne die entsprechend notwendigen Körpermerkmale.
   b) Begründe die Wahl der Körpermerkmale. Beschreibe Verhaltensweisen, die die Angepasstheit an beide Lebensräume fördern.

6. Von dem ungewöhnlichen *Schnabeltier*, das Eier legt, aber auch Haare hat und die Jungen säugt, sind Fossilien aus Schichten bekannt, die bis zu 170 Millionen Jahre alt sein können.
   Heute weiß man, dass das *Schnabeltier* nicht zu den direkten Vorfahren der Säugetiere gehört.
   a) Erläutere, inwiefern das *Schnabeltier* ein „lebendes Fossil“ ist.
   b) Erörtere, ob das *Schnabeltier* Hinweise auf die Stammesentwicklung der Säugetiere geben kann.

Das Wichtigste auf einen Blick

Fossilien

Fossilien sind erhalten gebliebene Reste und Spuren von Lebewesen aus vergangenen Zeiten. Sie geben begründete Hinweise darauf, dass eine Stammesentwicklung stattgefunden hat.

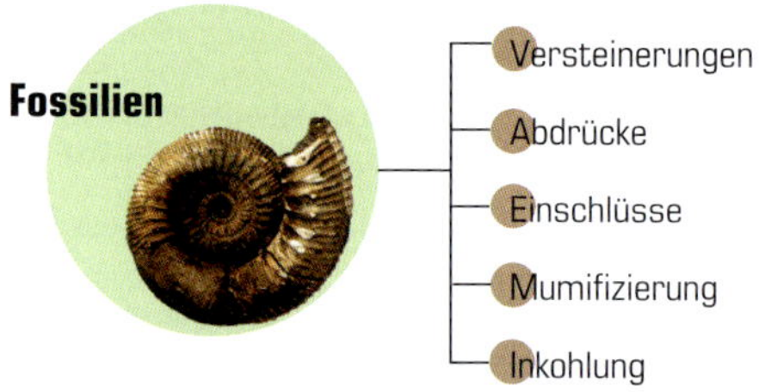

Entwicklung der Organismen

Im Verlauf der Evolution entstand die heutige Vielfalt der Lebewesen, wobei in den verschiedenen Erdzeitaltern von der Erdurzeit über die Erdfrühzeit, Erdaltzeit und Erdmittelzeit bis zur seit 65 Millionen Jahren andauernden Erdneuzeit nicht immer nur neue Arten von Lebewesen entstanden, sondern auch viele Arten ausgestorben sind.

In jedem Erdzeitalter lebten charakteristische Gruppen von Pflanzen und Tieren.

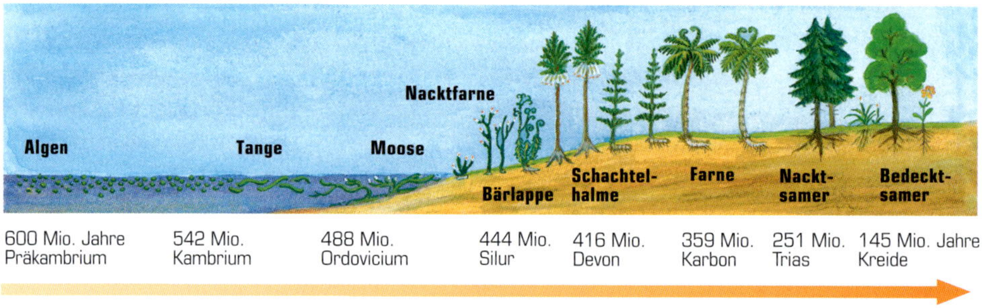

Brückentiere

Brückentiere (Übergangsformen oder Zwischenformen) sind Organismen mit Merkmalen von meist zwei verschiedenen Organismengruppen. Es gibt ausgestorbene (fossile) und lebende (rezente) Brückentiere.

Urlurch – Übergangsform zu den auf dem Land lebenden Vierfüßern

Urvogel *Archaeopteryx* (fossiles Brückentier) zeigt Merkmale der Kriechtiere und Vögel.

Quastenflosser *Latimeria* (lebendes Brückentier) zeigt Merkmale der Fische und Lurche.

4.2 Evolutionstheorien und Evolutionsfaktoren

Entstehung des Lebens – ein Rätsel? ▸▸ Viele Wissenschaftler haben sich bemüht, die Entstehung des Lebens und die Existenz der Vielfalt der Arten aus z. T. sehr unterschiedlichen Ansätzen heraus zu erklären. Auch die in der Bibel dargestellte Schöpfungsgeschichte stellt eine Art Deutung dar. Die synthetische Evolutionstheorie versucht die Abstammung der Organismen und ihre Entwicklung als natürlichen Prozess zu erklären.

Charles Darwin – Begründer der Evolutionstheorie ▸▸ Erst vor ca. 150 Jahren wurden die theoretischen Grundlagen für diese Evolutionstheorie gelegt. In diesem Zusammenhang hört man oft von Charles Darwin und den Darwinfinken (↗ Abb.).

Theorien zur Herkunft der verschiedenen Lebewesen

Als Evolution wird die Entwicklung von Lebewesen in langen Zeiträumen bezeichnet.

Zu allen Zeiten und in allen Kulturkreisen haben sich Menschen die Frage nach ihrer eigenen Herkunft und die aller anderer Lebewesen gestellt. Sie haben auf diese Fragen sehr unterschiedliche Antworten gefunden.

Schöpfungsmythen

Als Schöpfung versteht man in vielen Religionen die Erschaffung der Welt, der Lebewesen und der unbelebten Natur durch eine eigenständige Macht, z.B. einen Gott. In allen Kulturen, die eine eigene Weltanschauung oder Religion entwickelt haben, gibt es **Schöpfungsmythen.** Alle beantworten meist sehr bildhaft die Frage nach der Herkunft der Götter, der Menschen und der Welt.

Mythos = Sage, Dichtung von Göttern, Helden, Geistern; legendäre glorifizierte Person

Ein bis heute bei vielen Menschen als absolute Wahrheit geltender Mythos ist in der biblischen **Schöpfungsgeschichte** niedergelegt. Bis ins 19. Jahrhundert hinein galt die göttliche Schöpfung auch vielen Naturwissenschaftlern als gesicherte Grundlage. Sie stimmte nämlich mit ihrer Alltagserfahrung überein, dass Eltern einer Tier- oder Pflanzenart immer wieder Nachkommen derselben Art hervorbringen. Schöpfungsmythen sind keine wissenschaftlichen Theorien.

1 ▸ Schafbaum

Die Legende vom Schafbaum entstand wohl im 14. Jahrhundert.

Theorien vor Darwin

Sehr frühe Vorstellungen über die Entwicklung von Lebewesen wurden schon in der Antike vom griechischen Naturforscher und Philosophen Aristoteles (384–322 v. Chr.) geäußert.

Dieser prägte die lange Zeit akzeptierte Vorstellung, dass niedere Tiere einfach aus dem Zusammenrinnen eines Urstoffs entstehen würden. Noch bis weit über das Mittelalter hinaus stellte man sich vor, dass z.B. Würmer oder Motten aus Schlamm und Unrat entstehen würden.

So verwundern auch Darstellungen nicht, bei denen nach mittelalterlicher Vorstellung die Schafe aus den Früchten des Schafbaums (↗Abb. 1) entstehen. Als Früchte des Schafbaums wurden übrigens die Kürbisse angesehen. Diese sollten sich nach dem Ausreifen öffnen und ein Lamm mit weißer Wolle und sehr schmackhaftem Fleisch sollte zutage kommen.

Solche heute sicherlich in das Reich des Aberglaubens einzuordnenden Vorstellungen wurden erst durch die Versuche von **Louis Pasteur** (1822–1895) widerlegt. Er konnte nachweisen, dass Lebewesen nicht spontan aus Schmutz oder Ähnlichem entstehen, sondern nur aus Lebewesen hervorgehen können. Seine Experimente zeigten, dass sich aus sterilen, von allen lebenden Keimen befreiten Stoffen keine Lebewesen entwickeln können.

Obwohl schon mehrere erfolgreiche Artkreuzungen vorlagen, herrschte bis zu Beginn des 19. Jahrhunderts auch in der Biologie die Lehre von der **Konstanz der Arten** vor. Aber die wachsenden Kenntnisse, vor allem über die Vielfalt der Lebewesen, bereiteten die Grundlage für die Frage, wie sich diese Vielfalt entwickeln konnte.

Die **Evolution** ist ein auch noch heute, insbesondere im Bereich der Religion, heftig diskutierte Themenbereich.

Bei der Entwicklung des Evolutionsgedankens leistete J. B. de Lamarck einen wichtigen Beitrag. Er war der Erste, der den Namen „Biologie“ verwendet hat.

Jean Baptiste de Lamarck (1744–1829), ein französischer Naturforscher (Studium der Medizin, Chemie, Botanik, Zoologie), prägte die Begriffe Wirbeltiere, Wirbellose und stellte ein System der Tiere auf.

Jean Baptiste de Lamarck besaß eine große Artenkenntnis, aus der heraus er versuchte, Gedanken zur Abstammung der Lebewesen zu formulieren. So erkannte er, dass

- eine mehr oder minder große Ähnlichkeit von Organismen als ein Maß für eine abgestufte Verwandtschaft gedeutet werden kann;
- Organismen in ihrem Bau und in der Funktion ihrer Organe gut an die Umwelt angepasst sind;
- sich Organismen auch während ihres Lebens individuell an die Umwelt anpassen können.

Georges de Cuvier (1769–1832) ist der Begründer der „Katastrophentheorie“. Sie besagt, dass Naturkatastrophen Organismen vernichten und danach neue Arten geschaffen werden.

Lamarcks Evolutionslehre ging davon aus, dass sich Tier- und Pflanzenindividuen an ändernde Umweltbedingungen anpassen. Als Folge würden z. B. bestimmte Organe schwächer oder stärker genutzt. Durch Gebrauch oder Nichtgebrauch würden die Organe (und Strukturen) mehr oder weniger stark ausgeprägt (Beispiel Giraffe). Auf diese Weise käme es zu den beobachtbaren Veränderungen im Bauplan der Lebewesen **(Lamarckismus).**

Lamarck glaubte, dass diese Veränderungen erblich wären, d. h., eine **Vererbung erworbener Eigenschaften auf die Nachkommen** (↗ Abb. 1) erfolgt.

Während einige von Lamarck gewonnenen Erkenntnisse immer wieder bestätigt wurden, hat sich seine Hypothese über die **Vererbung erworbener Eigenschaften als nicht richtig** erwiesen. Modifikationen sind nicht vererbbar.

Die erworbenen Eigenschaften „lange Hälse“ und „lange Vorderbeine“ vererbten sich auf die Nachkommen. Sie konnten ihre Nahrung erreichen.

Die Nachkommen hatten durch häufiges Strecken nach Blättern schon etwas längere Hälse und Vorderbeine. Auch diese Nachkommen streckten sich nach dem Laub.

Urgiraffen hatten kurze Hälse und gleich lange Hinter- und Vorderbeine. Die Tiere versuchten, durch Strecken des Halses das Laub der Bäume zu erreichen.

1 ▸ Lamarcks Theorie über die Stammesentwicklung der Giraffen

Die Begründung der Evolutionstheorie durch Darwin

CHARLES ROBERT DARWIN wird im Jahre 1809 als fünftes Kind einer Arztfamilie in England geboren. Er gilt als der Begründer der Evolutionstheorie. Am 19. April 1882 stirbt DARWIN an Herzschwäche.

CHARLES DARWIN konnte nach Beendigung seines Studiums 1831, als 22-Jähriger, bei einer Vermessungsreise mit dem Segelschiff „Beagle" in südamerikanische Gewässer mitfahren.

Diese Reise (27.12.1831 bis 2.10.1836) wurde von DARWIN später als der „Beginn meines wirklichen Lebens" bezeichnet.

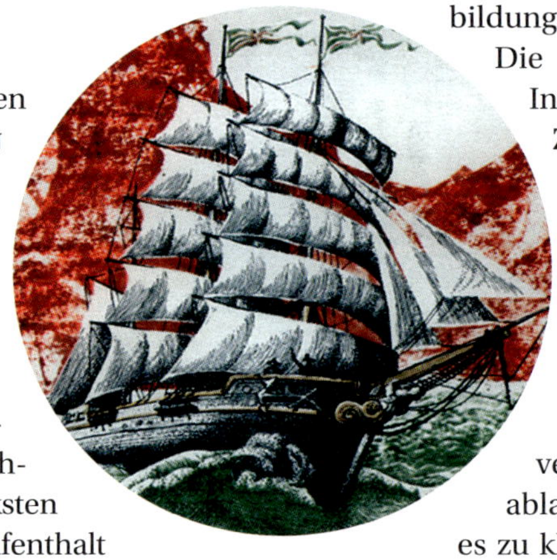

Während der ganzen Reise glaubte DARWIN noch an die *Konstanz der Arten.* Zweifel tauchten erst bei der Aufarbeitung des mitgebrachten Materials und der Durchsicht der vielen festgehaltenen Einzelbeobachtungen auf. Am stärksten prägte DARWIN der Aufenthalt der „Beagle" im Bereich der **Galapagosinseln.** Hier hatte er die Möglichkeit, die Geologie sowie die Tier- und Pflanzenwelt genauer zu studieren.

Im Jahre 1858 erhielt DARWIN von dem Engländer **ALFRED RUSSEL WALLACE** (1823–1913) das Manuskript der Darstellung einer Evolutionstheorie, die weitgehend mit seiner übereinstimmte.

WALLACE hatte seine Vorstellungen auf weiten Forschungsreisen entwickelt. In seinen Ansichten hinsichtlich der Erblichkeit der „Variationen" war er DARWIN sogar überlegen.

Die von DARWIN gewählten Formulierungen vom „struggle for life" führten auch zu Missverständnissen in der Auslegung.

Daraufhin entschloss sich DARWIN, seine Erkenntnisse zu veröffentlichen. Am 24. November 1859 erschien die erste Auflage von DARWINS **„Entstehung der Arten durch natürliche Auslese"** (englischer Originaltitel: *On the origin of species by means of natural selection*). Dieses, sein Hauptwerk, von dem mehrere Auflagen erschienen, erweiterte und korrigierte der Naturforscher bis an sein Lebensende.

DARWIN ging von Beobachtungen aus, die er auch als Taubenzüchter gewonnen hatte. Jeder, der Tiere züchtete, wusste zur damaligen Zeit, dass unter den Nachkommen von Zuchttieren immer auch solche mit besonders starker oder schwacher Herausbildung von Merkmalen vorkamen, selten sogar welche mit Neubildungen.

Die Weiterzucht solcher Individuen **(künstliche Zuchtwahl)** führte im Laufe der Zeit zu Individuen, die von der Ausgangsform erheblich abwichen.

DARWIN erkannte nun, dass in der Natur vergleichbare Vorgänge ablaufen müssten, wobei es zu klären galt, wer hier die Rolle des Züchters übernahm und welches die Kriterien der Auswahl waren. Bei der Untersuchung möglicher Ursachen, die ein Überleben begünstigen, sind solche Individuen die „besseren" Nachkommen, die sich in der Auseinandersetzung mit der Umwelt behaupten müssen. Es sind u.a. diejenigen, die widerstandsfähiger gegenüber Krankheiten oder erfolgreicher bei der Nahrungsbeschaffung sind. DARWIN formulierte es so: Im *„Kampf ums Dasein"* zeichnet sich ein *„Überleben der Bestgeeigneten"* ab.

Selbstverständlich ist eine solche **„natürliche Zuchtwahl"** oder **Selektion** nur dann möglich, wenn auch Merkmalsunterschiede zwischen den Individuen einer Art bestehen.

Diese Unterschiede **(Variationen)** existieren und werden durch die natürliche Zuchtwahl innerhalb der Nachkommenschaft „sortiert".

Durch natürliche Auslese von Generation zu Generation überlebten nur die Giraffen mit den langen Hälsen und Vorderbeinen.

Nachkommen mit längeren Hälsen und Vorderbeinen konnten die Blätter erreichen, sie fraßen, überlebten (natürliche Auslese) und konnten die Erbanlagen für diese Merkmale weitervererben.

Urgiraffen hatten kurze, aber unterschiedlich lange Hälse und Vorderbeine infolge spontaner Variationen (Mutationen).

1 ▸ DARWINS Theorie über die Stammesentwicklung der Giraffen

DARWIN erkannte zwei Arten von Veränderungen:

- die *milieubedingten Variationen* (heute Modifikationen), z. B. den Schiefwuchs von Bäumen bei ständigem Wind,
- die *spontanen Variationen* (heute Mutationen), z. B. das Auftreten roter Blüten bei sonst weiß blühenden Pflanzen.

ERSNT HAECKEL (1834–1919) verbreitete wie kein anderer die Evolutionstheorie von DARWIN in Deutschland. Deshalb wurde er auch der „deutsche DARWIN“ genannt.

DARWIN war der Erste, der die Evolution als einen dynamischen Prozess mit entgegengerichteten Kräften erkannte, wobei die Überproduktion der Nachkommen die Basis für die „aussondernde“ Auslese bietet. Ein Merkmal, das heute noch vorteilhaft ist, kann morgen in einer veränderten Umwelt schon wieder nachteilig sein. Durch die Verschiedenheit und die Auslese bleiben tierische und pflanzliche Strukturen flexibel und folgen gewissermaßen den Umweltänderungen auf dem Fuß. Das Ergebnis dieses Vorgangs nennt man **Angepasstheit.**

Zur Verdeutlichung ist es sinnvoll, das Beispiel der **Veränderung der Giraffen** aus der Sicht DARWINS zu betrachten.

DARWINS **Erkenntnisse** besagen:

- Die Lebewesen erzeugen eine Überproduktion von Nachkommen.
- Die Nachkommen sind nicht völlig gleich; es existieren Variationen.
- Durch „natürliche Zuchtwahl“ wird das Überleben der bestangepassten Nachkommen gesichert.
- Alle Arten sind veränderlich.
- Die heutigen Organismenarten haben sich im Verlauf langer Zeiträume aus anderen Formen entwickelt.
- Veränderte Umweltbedingungen verändern die Ausleserichtung.

Aufgabe ?

Vergleiche mithilfe der Abbildungen die Theorien von LAMARCK und DARWIN über die Stammesentwicklung der Giraffen.

Synthetische Evolutionstheorie

Aufgrund der Erkenntnisse in der Zellforschung, Genetik und Populationsbiologie, die erst nach DARWINS Tod gewonnen wurden, wurde seine ursprüngliche Evolutionstheorie um diese Elemente erweitert. Sie ist unter dem Namen **Synthetische Evolutionstheorie** in die Wissenschaft eingegangen. Ein veralteter Begriff dafür ist auch „Neodarwinismus".

AUGUST WEISMANN (1834–1914), ein Mediziner und Zoologe, machte sich nach DARWINS Tod Gedanken zu dieser synthetischen Evolutionstheorie. Sie wurde von Evolutionsbiologen des 20. Jahrhunderts ständig weiterentwickelt. Der wissenschaftlichen Öffentlichkeit wurde sie allerdings erstmals 1942 durch ERNST MAYR (1904–2005) und JULIAN HUXLEY (1887–1975) vorgestellt.

DARWINS Evolutionstheorie

Die wichtigsten Gedanken der Evolutionstheorie von CHARLES DARWIN sind folgende:
- Die Evolution ist ein langfristiger, fortschreitender Prozess der Entwicklung von Organismen.
- Die Individuen einer Population unterscheiden sich durch erbliche Zufalls-Veränderungen.
- Durch natürliche Auslese werden diejenigen Veränderungen, die ihren Träger besser an eine gegebene Umwelt anpassen, häufiger an die nächste Generation weitergegeben.
- Alle heutigen Arten stammen von gemeinsamen Vorfahren ab.

Neue Gedanken der synthetischen Evolutionstheorie

Die **Genetik** liefert zur synthetischen Evolutionstheorie eine Reihe von Erkenntnissen. Dadurch konnten zusätzlich die molekularen Mechanismen zur Erzeugung der genetischen Variabilität aufgedeckt werden, z. B.:
- Gene bestimmen den Phänotyp.
- Mutationen sind die erblichen Zufalls-Veränderungen, die die Gene und damit auch den Phänotyp verändern. Mutanten werden der Auslese durch biotische und abiotische Faktoren, der Selektion, ausgesetzt.

Vonseiten der **Populationsbiologie,** dabei insbesondere der Populationsgenetik, kamen mathematische Modelle zur Veränderung der Allelfrequenz in einer Population hinzu. Die Entwicklung neuer Arten wird vor allem durch die Struktur und Verteilung von Populationen bestimmt. Grundvoraussetzung hierfür ist die Isolation von Arten (Individuen, die miteinander in Genaustausch stehen und fruchtbare Nachkommen produzieren, bilden eine Art).

Durch die Entwicklung in fast allen Gebieten der Biologie und anderer Wissenschaftszweige, z. B. Geologie (Plattentektonik), sowie durch die Entwicklung neuer Beobachtungs- und Experimental-Technologien (Elektronenmikroskop, Gel-Elektrophorese) werden immer neue Erkenntnisse gewonnen und damit wird die synthetische Evolutionstheorie ständig bestätigt und ausgebaut.

Die Erforschung der DNA liefert beispielsweise die molekularen Grundlagen genetischer Prozesse und damit Erkenntnisse über die Mechanismen der Evolution auf molekularer Ebene. Anzahl, Anordnung und Zusammenstellung der Gene in den Chromosomen spielen eine ebenso wichtige Rolle wie die Mutation als Motor der genetischen Variation.

1 ▸ DNA wird isoliert.

Evolutionsfaktoren

Die **Evolution** ist in ihrem Verlauf nicht vorherbestimmt. Vielmehr ist dieser Verlauf abhängig von der Wechselwirkung zwischen den Umweltbedingungen und den Lebewesen. Nicht alle Umwelteinflüsse sind dabei aber für den Verlauf der Evolution wesentlich.

Man fasst die wirksamen Einflüsse als **Evolutionsfaktoren** zusammen. Für die Evolution bedeutsam ist dabei die Wirkung der Faktoren auf **Populationen** und nicht auf die einzelnen, oft kurzlebigen Individuen. Populationen bilden beispielsweise die Rehe eines Waldes, die Wölfe in einem bestimmten Gebiet (↗ Abb. 1) oder die Rapspflanzen eines Rapsfeldes.

Die einzelnen Individuen einer Population tragen in der Regel unterschiedliche Gene. Auch bei uns Menschen kann man feststellen, dass wir nicht alle gleich aussehen. Dies ist verständlich, wenn man sich überlegt, dass wir alle unterschiedliche Erbinformationen tragen, also einen anderen Genotyp besitzen.

Die Gesamtheit aller Genotypen der Individuen einer Population bezeichnet man als **Genpool** der Population.

Das äußere Erscheinungsbild, der **Phänotyp**, wird außer durch die Gene auch durch die verschiedenen Aktivitäten eines Individuums geprägt. Dies bedeutet z. B., dass Menschen, die viel Krafttraining machen, eine größere Muskelmasse besitzen als untrainierte. Diesen Vorgang bezeichnet man als **Modifikation.** Im Sinne von DARWIN handelt es sich um milieubedingte Variationen.

Diese Veränderungen sind nicht genetisch bedingt und bewirken deshalb keine Veränderung der Individuen im Verlauf der Evolution.

Wesentliche **Evolutionsfaktoren** sind *Mutation, natürliche Auslese (Selektion)* und *Isolation.*

Mutationen

Alle **natürlichen Mutationen** (Veränderungen im Erbgut, ↗ S. 124) erfolgen richtungslos, d. h. zufällig.

Durch Mutationen erhöht sich die Vielfalt der Genotypen in einer Population. Dadurch entstehen immer wieder veränderte oder neue Merkmale bei einzelnen Individuen. Diese zufälligen Merkmalsänderungen sind eine Voraussetzung für die Evolution. Nun kann die **Auslese (Selektion)** wirksam werden.

Unter Population versteht man die Gesamtheit aller Individuen einer Art in einem bestimmten Lebensraum. Sie stellen eine Fortpflanzungsgemeinschaft dar.

Natürliche Auslese (Selektion)

Ein weiterer Evolutionsfaktor ist die **natürliche Auslese** oder **Selektion.** Ihre Wirkung besteht darin, dass die Häufigkeit von weniger tauglichen Individuen einer Gruppe von Lebewesen bezogen auf die bestehenden Umweltverhältnisse verringert wird. Diejenigen Individuen, deren Gene eine günstige Anpassung an die bestehende Umwelt bewirken, können überleben und sich verstärkt fortpflanzen. Hierdurch bestimmt die natürliche Auslese die Richtung der Evolution. Sie wirkt also als richtunggebender Evolutionsfaktor.

Durch die Auslese wird die Nachkommenschaft allein der Gruppe von Lebewesen erhöht, die besser an die Umwelt angepasst ist.

Die Summe der in den Genen enthaltenen Informationen eines Organismus ist der Genotyp (Erbbild). Der Genotyp beeinflusst wiederum das Erscheinungsbild eines Individuums, seinen Phänotyp.

1 ▸ Die Wölfe eines Waldes bilden eine Population.

1 ▸ Domestikation (Züchtung) von Wildtieren zu Haustieren

Bei der Auslese durch den Menschen werden immer die Pflanzen und Tiere für die weitere Zucht selektiert, die bestimmte Eigenschaften besitzen, die es zu erhalten oder zu verstärken gilt.

Die **Mutationen** schaffen sozusagen das „Rohmaterial" für die dann wirkende **Auslese** (Selektion). Während die Mutation Veränderungen in den Genen und damit im Genotyp bewirkt, wirkt die Auslese über den Phänotyp, d. h. über die ausgebildeten Merkmale. Insofern ist die Evolution primär durch die **Wechselwirkung dieser beiden Faktoren** bedingt. Das Zusammenwirken von Mutation und Auslese kann man beim *Birkenspanner* (↗ S. 178) gut erkennen.

Eine **Auslese** wendet der Mensch auch bei der Züchtung von Pflanzen und Tieren an. So wurden z. B. viele Wildtiere eingefangen und gezähmt. Dann wurden bestimmte Eigenschaften herausgezüchtet.

Beispiele dieser Zucht und **Domestikation** sind unsere *Rinder, Hunde, Pferde* und *Hausschweine* (↗ Abb. 1). Auch Kulturpflanzen (z. B. Getreide) wurden aus Wildpflanzen auf diese Weise gezüchtet.

Isolation

Eine wichtige Eigenschaft von Populationen ist es, dass alle ihre Individuen miteinander fortpflanzungsfähig sind. Auf diese Art und Weise kommt es über einen längeren, viele Generationen umfassenden Zeitraum zu einem ständigen Genaustausch. Wird dieser Austausch von Erbanlagen unterbrochen, spricht man von **Isolation** (↗ Abb. 2).

Die Wirkungsweise dieses Evolutionsfaktors kann man gut am Beispiel von Inseln verdeutlichen. Wenn Inseln neu entstehen, werden sie mit der Zeit von Arten benachbarter Festländer besiedelt. Sind die Inseln weit genug vom Festland entfernt, wird es in der Zukunft nur selten zu einem Genaustausch zwischen der Ursprungsart und der Inselpopulation kommen. Aus einer Population sind zwei Teilpopulationen entstanden. Im Laufe der Jahrtausende und Jahrmillionen kommt es dann im Wechselspiel zwischen neuer Umwelt und eingewanderten Individuen zu einer starken Veränderung des gesamten Genpools der ursprünglichen Inselpopulation.

Aufgaben

1. *Definiere den Begriff Domestikation.*

2. *Nenne einige Beispiele für die Züchtung von Kulturpflanzen.*

2 ▸ Isolation als Evolutionsfaktor

4

Basiskonzept

Entwicklung

Entstehung einer neuen Art

Als Paradebeispiel für Artbildung gelten die bereits von DARWIN beobachteten Grundfinken-Arten der Galapagosinseln (↗ Abb. 2). Wie man heute weiß, stammen sie alle von einer Ursprungsart des südamerikanischen Festlands ab. Die Galapagosinseln, die etwa 1 000 km vor der Küste Ecuadors im Pazifik liegen, beherbergen eine große Zahl verschiedener solcher Grundfinken. Sie konnten sich auf den Galapagosinseln entwickeln, da sie praktisch keine Konkurrenz hatten.
So besiedelten sie allmählich ganz unterschiedliche Lebensräume, die jeweils in bestimmter Weise auf die Teil-Populationen einwirkten. Die Umwelt wurde gewissermaßen in verschiedene Bereiche aufgeteilt, in denen die Umweltbedingungen in Wechselwirkung mit den Teil-Populationen zu verschiedenen Erbanlagen und damit auch zu verschiedenen Merkmalen führten. Die Darwinfinken – wie diese Galapagos-Grundfinken auch genannt werden – unterscheiden sich besonders deutlich in der Form ihrer Schnäbel.
Das ist eine Angepasstheit an ihre jeweilige Ernährungsweise.

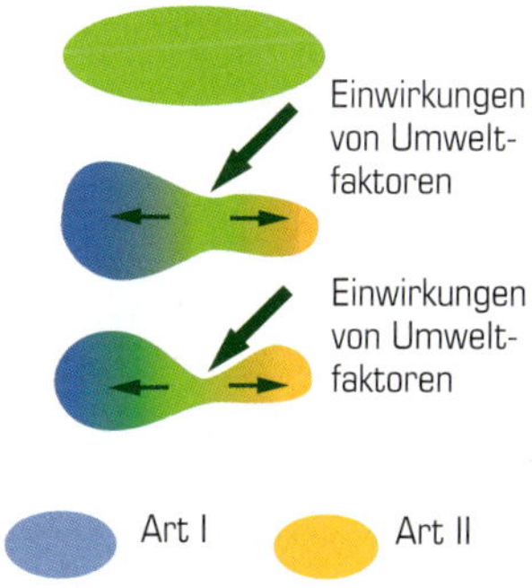

1 ▸ Entstehung von Arten (Modellvorstellung)

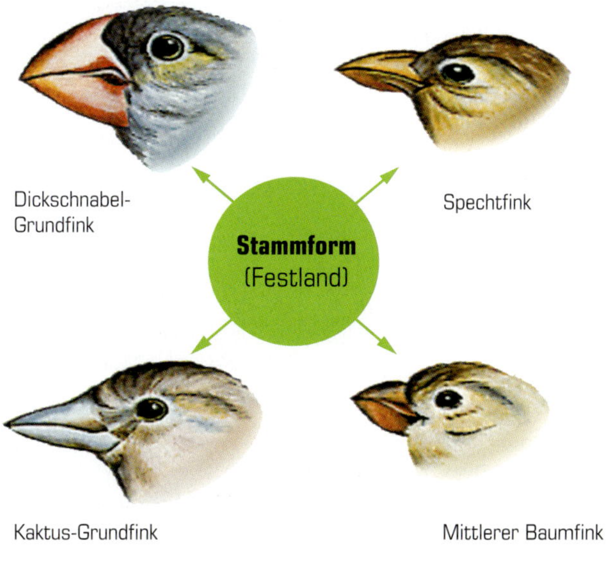

2 ▸ Auf den Galapagosinseln lebende Finkenarten

Vielfalt und Angepasstheit am Beispiel der Wirkung von Evolutionsfaktoren

Am Beispiel des *Birkenspanners* (*Biston betularia,* ↗Abb. 1) konnte das Wirken von Evolutionsfaktoren nachgewiesen werden. Von ihm existieren zwei Formen: eine hell gefärbte und eine dunkel gefärbte Form. Beide Schmetterlingsformen sitzen häufig auf Stämmen und Ästen von Birken und anderen Laubbäumen, die durch Flechtenbewuchs in der Regel relativ hell gefärbt sind. Sie unterscheiden sich durch **Mutationen** an Genen, die für die Produktion des Farbstoffs **Melanin** zuständig sind.
Auf hellem Untergrund ist die helle Mutante schwer auszumachen, während sie auf dunklem Untergrund leicht zu erkennen ist und für Feinde eine leichte Beute darstellt (↗Abb. 2). Je nachdem, welche Gebiete man untersuchte, wurden unterschiedlich viele der einen bzw. anderen Form gefunden.

In Gebieten mit hoher Industrialisierung und damit in der Regel stärkerer Luftverschmutzung findet man vorwiegend Bäume, die kaum oder keinen Flechtenbewuchs zeigen und darüber hinaus durch Ruß- und Staubablagerungen eher dunkel gefärbt sind. In solchen Gebieten fand man ein deutlich stärkeres Vorkommen der dunkleren und ein geringeres Auftreten der hellen Form des *Birkenspanners.*

Demgegenüber ist die Verteilung in gering oder unbelasteten Gebieten eher umgekehrt. Die hell gefärbten Flechten bedecken normalerweise die Baumrinde und sind ein sogenannter Bioindikator für saubere Luft.

Offensichtlich wird jeweils die Mutante durch Fressfeinde, in der Regel Vögel, reduziert, die sich deutlich vom Untergrund abhebt, während die andere durch die gute Tarnung eher übersehen wird und somit überlebt.
Die überlebenden Tiere können sich dann fortpflanzen. So kommt es dazu, dass in der nächsten Generation mehr Tiere der Form da sind, die sich besser an die Umwelt angepasst zeigt.

Aufgabe

Lies den Text gründlich durch. Beschreibe im Anschluss daran die mögliche Entstehung verschiedener Formen des Birkenspanners unter Einbeziehung des Wirkens der Evolutionsfaktoren.

1 ▸ Birkenspanner

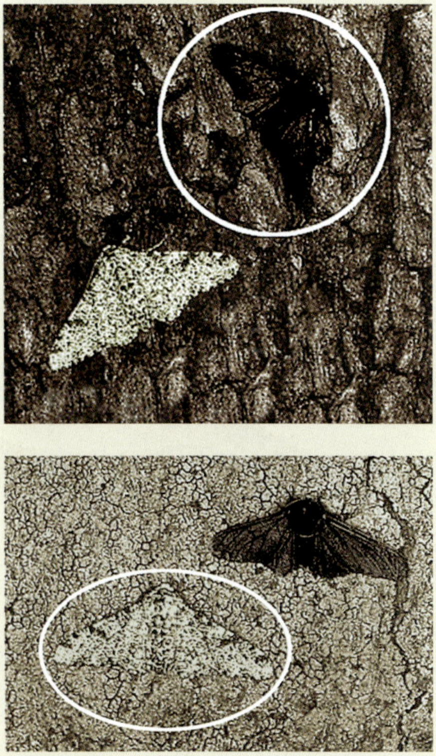

2 ▸ Helle und dunkle Form des Birkenspanners

4

gewusst · gekonnt

1. Erkläre die Entstehung langbeiniger Schreitvögel, z. B. Reiher oder Störche, aus der Sicht der Evolutionstheorien von LAMARCK und von DARWIN.

2. Bereite einen Vortrag über den Verlauf der Reise von DARWIN auf der „Beagle“ vor. Gehe dabei auch auf Erkenntnisse ein, die der Naturforscher während der Reise gewonnen hat.

3. Nenne Evolutionsfaktoren und erläutere ihr Wirken.

4. Erkläre mithilfe der Evolutionstheorie DARWINS folgende Erscheinungen: die Vielfalt, die Verwandtschaft und die Angepasstheit der Arten.

5. Erläutere, wie durch Isolation das Evolutionsgeschehen beeinflusst wird.

6. In englischen Industriegebieten fand man fast nur die dunkle Form des Birkenspanners und nur wenige Vertreter der hellen Form. Begründe diesen Sachverhalt.

7. Bei der *Blutbuche* wird im Gegensatz zur *Rot-Buche* (↗ Abb.) in den Laubblättern das Chlorophyll durch den im Zellsaft gelösten Farbstoff Anthocyan überlagert.
   Ist die *Blutbuche* ein Beispiel für eine Mutation oder eine Modifikation? Begründe deine Meinung.

8. Die Mutation ist ein wesentlicher Evolutionsfaktor. Begründe diese Aussage.

9. Definiere den Evolutionsfaktor Auslese. Worin unterscheiden sich natürliche und künstliche Auslese (z. B. bei der Züchtung von Pflanzen und Tieren)?

10. Die Besiedlung von vulkanischen Inseln (z. B. Galapagosinseln) mit Organismen wird von Wissenschaftlern besonders untersucht. Erkläre diesen Sachverhalt.

11. Auf Inseln findet man sehr häufig flügellose Arten von Organismengruppen, die sonst immer beflügelt sind (z. B. flügellose Fliegen). Erkläre diese Tatsache.

12. Darwinfinken sind verwandt mit dem Buchfink. Erkläre die Entstehung der Darwinfinken unter Verwendung
    a) der Evolutionsfaktoren,
    b) geeigneter Basiskonzepte.

Das Wichtigste auf einen Blick

Theorien zur Herkunft der verschiedenen Lebewesen

Darwinsche Evolutionstheorie
Begründet von DARWIN; Arten erzeugen zahlreiche, vielfältige Nachkommen, die der Auslese unterworfen sind. Arten verändern sich.

Synthetische Evolutionstheorie
Baut auf DARWIN auf; bestimmte Evolutionsfaktoren (z. B. Mutation) erhöhen die Vielfalt, andere Faktoren (z. B. Selektion oder Isolation) wirken richtunggebend auf die Veränderung der Arten.

Schöpfungsgeschichte
Gott schuf die Arten; sie sind unveränderlich und entwickeln sich nicht (Konstanz der Art).

Katastrophentheorie
Begründet von CUVIER; Weltkatastrophen vernichten Organismen, anschließend werden neue erschaffen.

Lamarckismus
Begründet von LAMARCK; bedingt durch Umweltbedingungen, entwickeln sich Organe stärker oder schwächer (Vererbung erworbener Eigenschaften).

Evolutionsfaktoren

Mutationen
Veränderungen der Erbanlagen, Formen sind Gen-, Genom- und Chromosomenmutationen

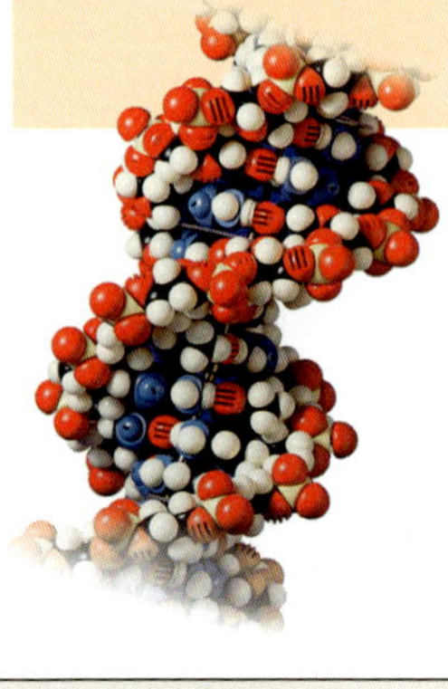

Natürliche Auslese (Selektion)
optimal angepasste Individuen bleiben erhalten und pflanzen sich fort; richtunggebende „Kraft“ der Evolution

Isolation
Trennung von Organismengruppen in Teil-Populationen, teilweise oder vollständige Unterbindung der Paarung und damit des Genaustauschs, Entstehen neuer Arten

4

4.3 Die Evolution des Menschen

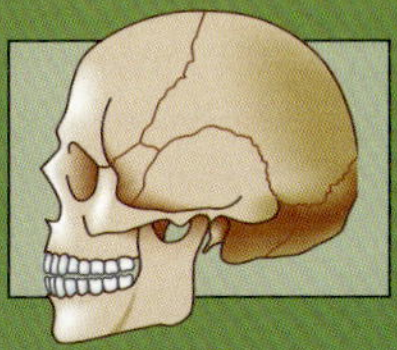

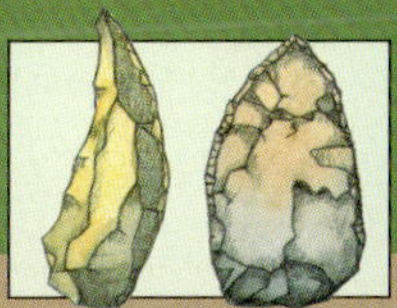

Spuren führen nach Afrika ▸▸ 1924 wurden in einem südafrikanischen Steinbruch die Überreste eines 2,5 Millionen Jahre alten Schädels freilegt. DARWINS Theorie von der Entstehung des Menschen als Nachfahr des Affen schien belegbar. 1974 entdeckte man „Lucy" in Äthiopien; sie war 3,2 Millionen Jahre alt und wies Merkmale von Menschen und Affen auf. Im Oktober 2000 fand man in Kenia die Überreste des bisher ältesten Hominiden, des sogenannten „Millennium-Manns".

Hypothesen zum Ursprung des Menschen ▸▸ Wissenschaftler streiten sich hauptsächlich um die Frage, wann und wie der heutige moderne Mensch die Welt besiedelte. Die einen meinen, dass der *Homo sapiens* seinen Ursprung ausschließlich in Afrika hat. Die anderen behaupten, dass sein Ursprung parallel in verschiedenen Teilen der Welt liegt.

Der Mensch – ein besonderes Lebewesen?

Betrachtet man nur den Körperbau des Menschen, fällt eine Einordnung in das **Reich der Tiere** nicht schwer. Menschen besitzen die typischen Merkmale der Säugetiere.
Ihrem Aussehen nach gehören sie zur Gruppe der Primaten und sind mit den Schimpansen und Zwergschimpansen (Bonobos) am engsten verwandt. Ins Auge fallen vor allem Unterschiede in der Behaarung, dem dauerhaften aufrechten Gang und dem Verhältnis von Hirn- und Gesichtsschädel.
Im Vergleich zu den vielen Gemeinsamkeiten von **Mensch** und **Menschenaffen** sind diese anatomischen Unterschiede geringfügig.
Genetische Untersuchungen belegen zudem, dass unsere Gene nur in 1,6 % von Schimpansengenen verschieden sind.

Sind wir also eine weitere „Schimpansenart"?

Diese Frage lässt sich nicht eindeutig und schon gar nicht nur auf der Grundlage von Körperbauvergleichen beantworten. Sicher ist, dass der Mensch eine im Tierreich einzigartige Kontrolle über seine Umwelt erlangt hat. So gestalten Menschen große Landschaften nach ihren Vorstellungen, der Grad ihrer Leistungsfähigkeit und Umweltunabhängigkeit wird von keiner anderen Art erreicht.
Tatsache ist aber auch, dass alle unsere Verhaltensweisen ihre Wurzeln im Tierreich haben.

Warum haben die Schimpansen keine ähnliche Entwicklung durchlaufen?

Auch darauf gibt es keine fertigen Antworten, sondern Hypothesen, die sich auf entsprechende Untersuchungen (genetische, anatomische, verhaltensbiologische) stützen. Der entscheidende Schritt für die Herausbildung der heutigen Leistungsfähigkeit unserer Art könnte die **Entstehung einer differenzierten Sprache** gewesen sein. Verständigung im Pflanzenreich (chemische Stoffe) und im Tierreich (Gebärden, Laute, chemische Stoffe) sind weit verbreitet. Wahrscheinlich ist es aber keiner anderen Art gelungen, eine ähnlich komplexe Verständigungsform mit einem so riesigen Wortschatz zu schaffen.

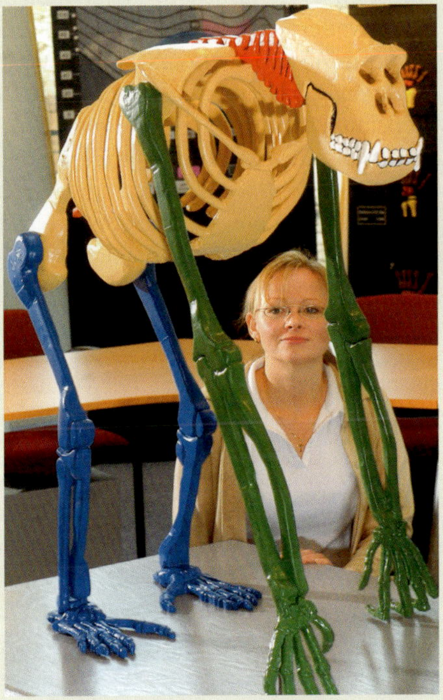

Der Aufbau des Stimmapparats lässt bei Schimpansen die Bildung von bestimmten Lauten nicht zu. Deshalb konnte sich bei dieser Art keine differenzierte Lautsprache entwickeln. Menschenkinder können zu Beginn ihrer Entwicklung jede Sprache erlernen, die von den Eltern gesprochen wird. Die Sprache wiederum versetzt den Menschen in die Lage, Gedanken zu formulieren, zu diskutieren und neue Lösungen zu finden.

Durch den Austausch von Erfahrungen konnten größere Gruppen gebildet und geführt werden. Das wiederum hatte Auswirkungen auf die **sozialen Beziehungen.** Menschenaffen leben in überschaubaren Gruppen von wenigen Tieren.
Menschen leben heutzutage oft in anonymen Großstädten. Je größer aber die Gruppen sind, in denen wir uns bewegen, um so **flexibler** muss auch unser **Verhalten** werden, weil die Reaktionen der Gruppenmitglieder schwerer vorausschaubar sind.

Die **Lebenserwartung des Menschen** liegt über der Lebenserwartung der meisten anderen Tierarten. Auch dies beeinflusst unser Verhalten maßgeblich. In den Partnerschaften werden stabile Beziehungen angestrebt, auch wenn diese häufig nicht halten.
Bei den Schimpansen z. B. gibt es feste sexuelle Partnerschaften nicht. Menschen investieren sehr viel Zeit und Energie in ihre Nachkommenschaft. Junge Schimpansen gehen nach der Entwöhnung auf Nahrungssuche, unsere Kinder werden jahrelang versorgt und erzogen.

Die Frage, ob der Mensch etwas „Besonderes" ist, sollte man so nicht stellen. Jedes Lebewesen ist etwas „Besonderes", weil es einmalig ist.
Menschen sind Lebewesen mit einer hohen Lernfähigkeit, die ihnen im Vergleich zu den Tieren viele Verhaltensvarianten zur Auswahl gibt.

Der Sprachgebrauch erhöhte die Variabilität der Verhaltensweisen. Das führte in den letzten 40 000 Jahren zu mehr kultureller Evolution beim Menschen als in den Jahrmillionen davor.

Ausgestorbene Menschenformen

Im Jahre 1974 wurde in Äthiopien ein 3,2 Millionen Jahre altes Australopithecus-Skelett („Lucy", ↗ Abb. 2) entdeckt. Anhand von Bruchstücken des Beckens und des Schädels rekonstruierte man das Skelett.

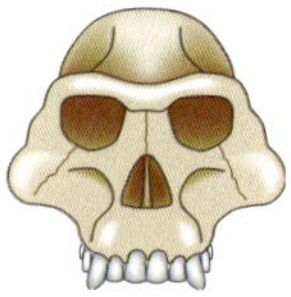

1 ▸ Ausgeprägter Kiefer mit breiten Backenzahnkronen

Die **Stammesgeschichte** des Menschen trennte sich vor ca. 6 bis 10 Millionen Jahren von der der Menschenaffen. Geologische Veränderungen im Ostteil Afrikas zwangen einen Teil der dort lebenden Primaten aus den Regenwäldern in die Randgebiete bzw. in die Savannen. Nur wenige Arten kamen wahrscheinlich mit den erschwerten Bedingungen zurecht und entwickelten sich zu menschenartigen Frühformen.

Eine Gruppe dieser **Vormenschen** waren die *Australopithecinen* („Affenmenschen"). Vor 3 bis 4 Millionen Jahren spaltete sich diese in weitere Gruppen auf, z. B. in *Australopithecus robustus* und *Australopithecus africanus*.

Durch Fossilfunde aus Afrika konnte belegt werden, dass diese Vormenschen aufrecht gingen und menschenähnliche Hände und Gebisse besaßen. Ihr Schädel mit der stark fliehenden Stirn hatte ein Hirnschädelvolumen von ca. 400 cm^3.

Sie nutzten Naturgegenstände wie Steine, Knochen und Holz. In kleinen Gruppen zogen sie durch die Savannen und stellten sich der Konkurrenz der Fleisch- und Pflanzenfresser (↗ Abb. 3).

Während von *Australopithecus robustus* keine weitere Entwicklung ausging, stellt die Form *Australopithecus africanus* nach heutigen Erkenntnissen die Wurzel der Menschen dar.

Ursache für die bessere Angepasstheit von *Australopithecus africanus* war sicher auch die abwechslungsreiche Nahrung. Neben pflanzlichem Eiweiß wurde tierisches Eiweiß aufgenommen, das von gefundenen Tierkadavern, Vogeleiern und gefangenen kleinen Tieren stammte. Tierisches Eiweiß ist u. a. eine der Voraussetzungen für das Wachstum des Gehirns.

Vor ca. 2 Millionen Jahren traten in den afrikanischen Savannen die ersten Vertreter der **Frühmenschen** auf. Sie erhielten von den Wissenschaftlern den Namen *Homo habilis* („geschickter Mensch").

Diese Formen hatten ein größeres Hirnschädelvolumen als *Australopithecus africanus* und bedienten sich verschiedenster selbst hergestellter Steinwerkzeuge. Ihr regelmäßiger Gebrauch hatte Auswirkungen auf die **Evolution des Menschen.**

Gruppen, die gutes Werkzeug herstellten, hatten erhebliche Vorteile beim Nahrungserwerb.

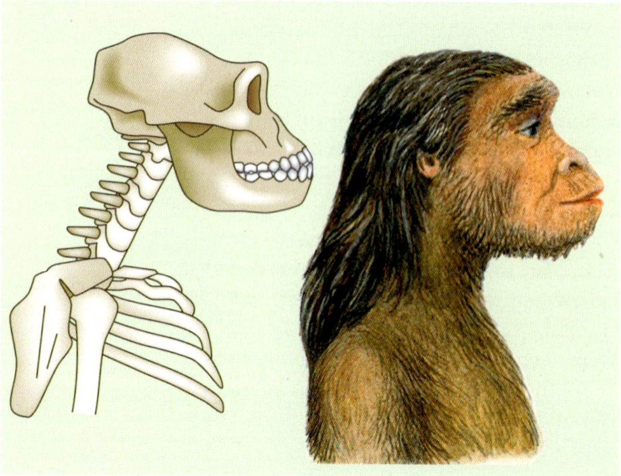

2 ▸ Rekonstruktion von „Lucy", Skelett und Erscheinungsbild

3 ▸ Lebensbild der Australopithecinen

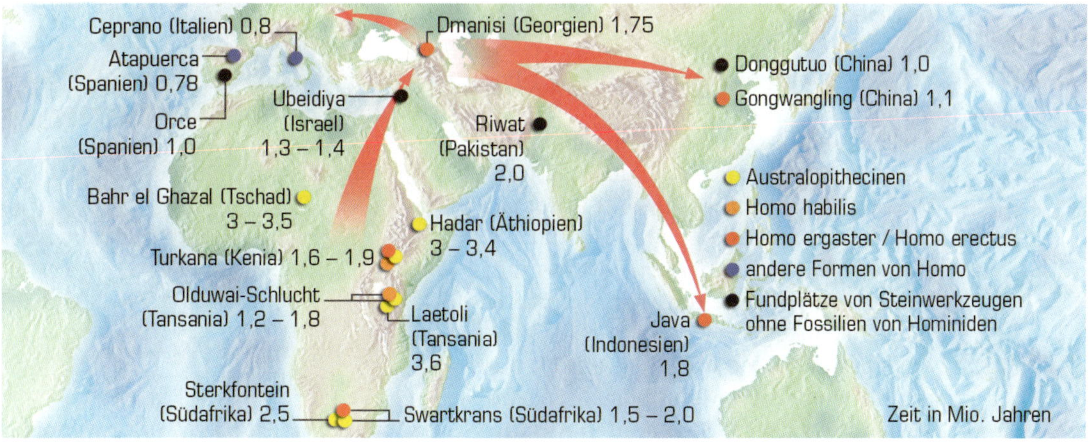

1 ▸ Fundstellen und Wanderungen von Homo erectus

Dadurch erhöhte sich ihre Fortpflanzungsrate, sie konnten ihre Gene und damit z.B. die Tendenz zur Hirnzunahme weitergeben. Vor ungefähr 1,7 Millionen Jahren haben mehrere menschliche Arten parallel gelebt.

Der *Homo erectus* („aufrechter Mensch") entwickelte sich aus *Homo habilis*. Man geht heute davon aus, dass es mindestens drei verschiedene Formen von *Homo erectus* gegeben hat (↗ Abb. 2). Das Hirnschädelvolumen stieg auf 940 cm^3, ihr Körperbau entsprach schon weitgehend dem unseren. Die *Homo-erectus*-Formen stellten Werkzeuge aus Feuersteinknollen her und bauten zeltartige Behausungen. Mit der Anfertigung von Lanzen und dem Gebrauch des Feuers verschafften sich die Gruppen von *Homo erectus* einen Vorteil gegenüber den anderen Menschenformen. Vor ungefähr 1,2 Millionen Jahren gab es nur noch *Homo erectus*, die anderen Menschenformen waren verschwunden.

Rund 200 000 Jahre später begannen Gruppen von *Homo erectus* den afrikanischen Kontinent in Richtung Asien und Europa zu verlassen. Anhand fossiler Funde kann man diesen Weg verfolgen (↗ Abb. 1). Dabei führten die veränderten Umweltbedingungen zu veränderten Anpassungen.

2 ▸ Lebensbild von Frühmenschen *(Homo erectus)*, Bilzingsleben im Thüringer Becken

Aus einer Form des *Homo erectus*, die als *Homo ergaster* („Handwerker") bezeichnet wird, entwickelten sich in den besiedelten Kontinenten verschiedene Formen des *Homo sapiens* („wissender Mensch").

Mit einer zweiten Auswanderungswelle aus Afrika, die vor ungefähr 100 000 Jahren begann, erreichten unsere Vorfahren vor ca. 40 000 Jahren den europäischen Kontinent. Dort trafen sie auf Gruppen des *Homo sapiens neanderthalensis* („Neandertaler"), mit denen sie wahrscheinlich um die vorhandenen Ressourcen konkurrierten. Nur wenige tausend Jahre nach dem Erscheinen unserer Vorfahren verschwand der Neandertaler aus Europa.

Schädelfunde aus dem Dorf Dmanisi (Georgien, an den Südausläufern des kleinen Kaukasus) aus den Jahren 1991 bis 2001 weisen sowohl Ähnlichkeiten mit Homo habilis als auch mit Homo erectus auf.

Jetztmenschen

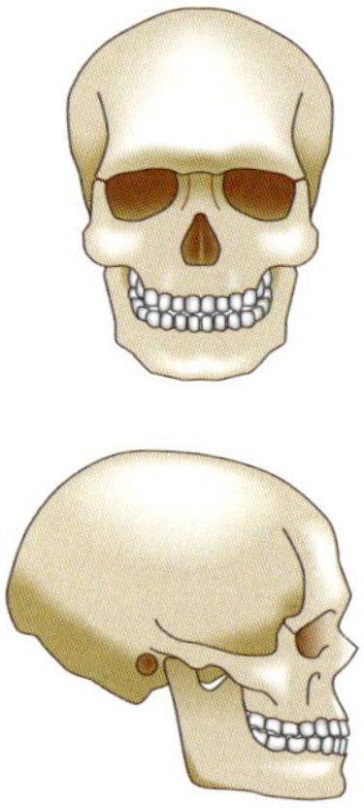

1 ▸ Schädel des eiszeitlichen Jetztmenschen von Cro Magnon (Frankreich)

Vor 40 000 Jahren wanderte eine Teil-Population des *Homo sapiens* nach Europa aus. Die ältesten europäischen modernen Menschen sind die *Cro-Magnon-Menschen*, die nach ihrem Fundort in Frankreich benannt wurden.

Die *Cro-Magnon-Menschen* waren nun bereits in der Lage, filigrane Steinwerkzeuge herzustellen.

Nicht nur in der Werkzeugtechnik waren die modernen Menschen ihren Vorgängern überlegen. Sie konnten z. B. die Ressourcen der Umwelt besser nutzen, ihr Skelett- und ihr Muskelbau waren weniger energieaufwendig, die Kindersterblichkeit war niedriger, sie erreichten ein höheres Alter und waren fruchtbarer. Damit gelang es ihnen, die in Europa seit Jahrtausenden lebenden *Homo sapiens neanderthalensis* zu verdrängen.

Dieser **Jetztmensch** unterschied sich anatomisch von seinen Vorgängern. Das Hirnschädelvolumen des eiszeitlichen Jetztmenschen betrug etwa 1 200 bis 1 700 cm^3 und entspricht damit sowohl dem des Neandertalers als auch dem des lebenden Menschen.

2 ▸ Lebensbild eines eiszeitlichen Jetztmenschen

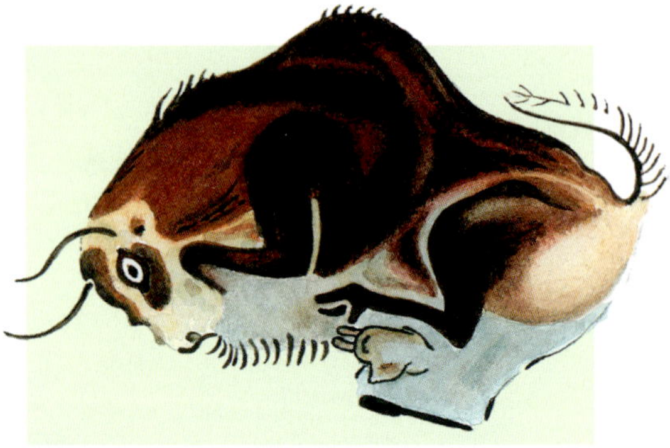

3 ▸ Das Höhlengemälde vom eiszeitlichen Jetztmenschen stellt ein Rind dar.

Der Schädel (↗ Abb. 1) ist dünnwandiger als beim Neandertaler, wie insgesamt das Skelett graziler wirkt. Es fehlen die Überaugenwülste. Der kleine Gesichtsschädel wirkt wie ein Anhang an der großen und hohen Schädelkapsel. Am Unterkiefer ist ein Kinnvorsprung vorhanden.

Bei Grabungen wurde zusammen mit den fossilen Knochenfunden auch eine Vielzahl von Gerätschaften entdeckt, durch die sich recht genaue Rückschlüsse auf die Lebensweise dieser Menschen ziehen lassen (↗ Abb. 2).

Als neue Errungenschaften in kulturell-technischer Hinsicht gelten

- Fernwaffen wie Pfeil und Bogen, Wurfspeere, Harpunen und Schleudersteine (zusammengesetzte Werkzeuge),
- Behausungen aus Holz und Stein, oft mit Tierfellen bespannt,
- Schmuck aus Zähnen, Muschelschalen und Schneckengehäusen.

Beeindruckend sind auch Zeugnisse der künstlerischen Betätigung wie Höhlengemälde (↗ Abb. 3) und Plastiken. Die Vielfalt der Gerätschaften lässt auf Arbeitsteilung innerhalb der Horde schließen.

Bis vor 15 000 Jahren lebten die Menschen nur von dem, was die Natur ihnen bot – sie waren noch immer **Jäger** und **Sammler.**

4

1 ▸ Schmuck und Steinplastik vom eiszeitlichen Jetztmenschen

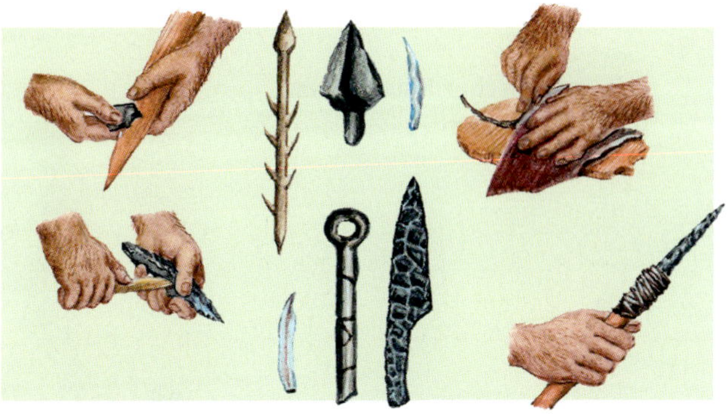

2 ▸ Geräte des eiszeitlichen Jetztmenschen und deren Verwendung

Vor etwa 10 000 Jahren gingen die Menschen dazu über, Tiere nicht mehr nur zu jagen, sondern sie auch lebendig einzufangen und zu zähmen. Auf diese Weise schufen sie sich Nahrungsreserven. Wenig später fingen die Menschen an, in einigen Gebieten der Erde den Boden zu bearbeiten und Pflanzen zu kultivieren. Damit begann die Zeit der **Ackerbauer** und **Viehzüchter.**

Aus dem eiszeitlichen (fossilen) Jetztmenschen entwickelte sich der **heute lebende Jetztmensch** (↗ S. 188, Stammbaum). Es kam zu einer stürmischen **kulturellen Entwicklung** des Menschen. Pflanzen und Tiere wurden nicht mehr nur gehalten, sondern schrittweise durch **Züchtung** nach den Vorstellungen und Bedürfnissen des Menschen verändert.

Der Mensch lernte, Energieformen ineinander umzuwandeln und diese für technische Zwecke zu nutzen. Er hat unzählige **Erfindungen** gemacht und ist heute damit in der Lage, großflächige Landschaften nach seinen Vorstellungen zu verändern.

Der Mensch wurde zum Gestalter seiner Umwelt und seines Lebens und trägt damit eine große Verantwortung.

M

Die eiszeitlichen (fossilen) Jetztmenschen lebten in Höhlen oder Zeltbehausungen und fertigten Arbeits- und Jagdgeräte an, z. B. Fernwaffen. Sie waren noch Jäger und Sammler. Der heute lebende Jetztmensch ist sesshaft und hat eine differenzierte Arbeitsteilung.

Aufgaben

?

1. *Stelle in einer Übersicht die Etappen der Entwicklung des Menschen dar.*

2. *Nenne Gründe, warum einige Wissenschaftler die Australopithecinen als Übergangsform bezeichnen.*

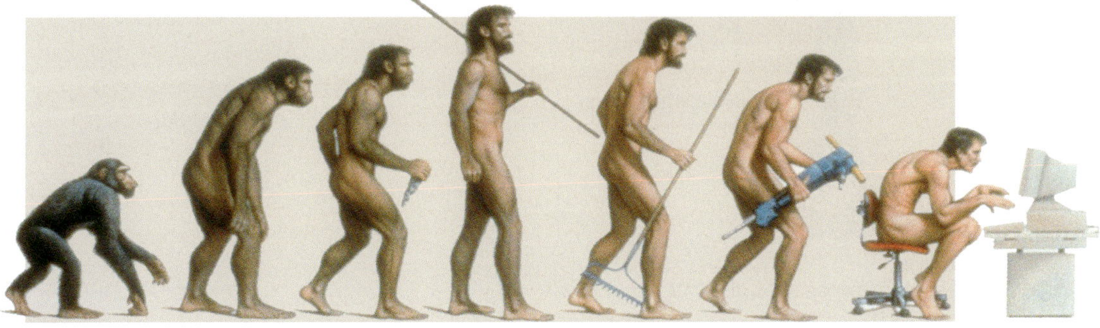

Hypothetischer Stammbaum des Menschen

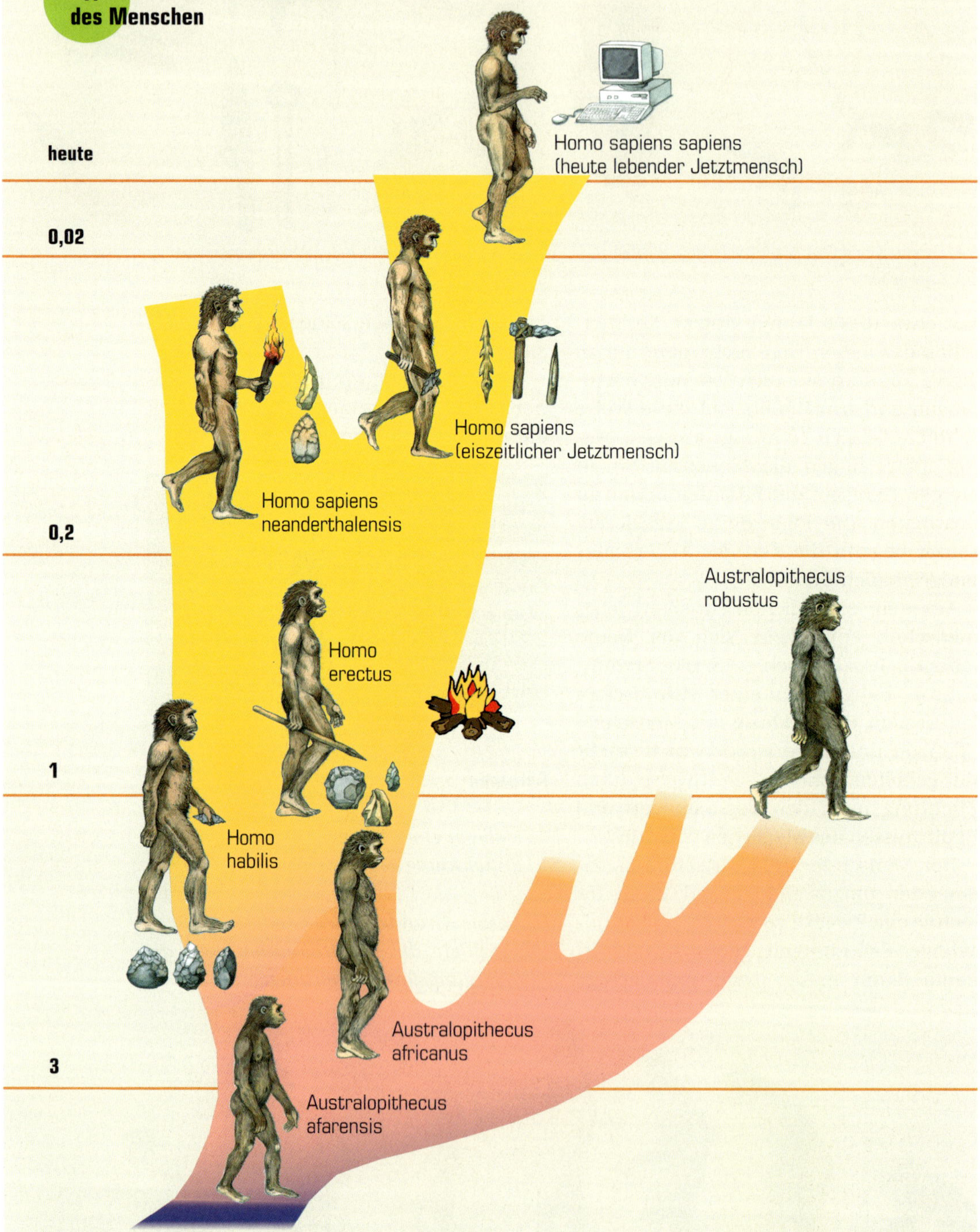

Zeit in Mio. Jahren
(Beachte, dass die Zeitachse nicht gleichförmig eingeteilt ist.)

Ursprung des Menschen

Schon Darwin vermutete, dass die **Ursprünge des Menschen** in Afrika liegen müssten. Zu dieser Annahme gelangte er durch die Tatsache, dass Afrika die Heimat der *Gorillas* und *Schimpansen* ist, die unsere nächsten stammesgeschichtlichen Verwandten im Tierreich sind. Beweisen konnte er diese Vermutung nicht, dazu fehlte ihm u. a. das Wissen über die Genetik.

Nach der zurzeit vorherrschenden Theorie begannen unsere unmittelbaren Vorfahren erst vor ungefähr 100 000 bis 150 000 Jahren von Afrika aus die anderen Kontinente zu besiedeln *(Out-of-Africa-Hypothese)*.

Dabei folgten sie den Spuren einer anderen Menschenart, die schon vor ca. 2 Millionen Jahren anfing, andere Kontinente als Lebensräume zu entdecken. Gruppen des *Homo erectus* zogen über Generationen hinweg entlang den Küsten nach Europa und Asien. Zurzeit ist es nicht klar, ob es zu einer Vermischung zwischen den beiden Menschenformen kam oder ob *Homo sapiens* die alteingesessenen Vertreter des *Homo erectus* verdrängte.

Einige Wissenschaftler vertreten die Ansicht einer direkten Linie der Menschwerdung. Für sie stammen die heutigen Menschen linear von den *Australopithecinen* über *Homo habilis* und *Homo erectus* ab. In verschiedenen Regionen der Erde hätten sich aus Gruppen von *Homo erectus* unsere Vorfahren entwickelt (multiregionale Hypothese). Nach ihrer Meinung gab es weniger fossile Menschenarten, als heute angenommen wird. Viele der als eigene Art beschriebenen fossilen Menschenformen wären demnach nichts anderes als genetische Varianten der Hauptlinie.

1 ▸ Homo habilis

2 ▸ Homo erectus

DNA-Distanzwert

Neuere molekulargenetische Untersuchungen lassen die Schlussfolgerung zu, dass der Mensch und der Schimpanse am engsten miteinander verwandt sind und sich erst vor ca. 7 Millionen Jahren getrennt haben.
Diese Erkenntnisse stammen aus DNA-Vergleichen von Mensch und Menschenaffen. Die DNA ist das grundlegende Molekül der Speicherung der genetischen Information. Durch den Vergleich homologer DNA-Sequenzen lassen sich verwandtschaftliche Entfernungen bestimmen.

Dabei werden alle Sequenzen paarweise miteinander verglichen und der DNA-Distanzwert wird berechnet. Es gilt: Je geringer dabei die DNA-Distanz ist, desto näher sind zwei Arten miteinander verwandt.

Einige Distanzwerte:

Schimpanse : Mensch	1,6
Gorilla : Mensch	2,5
Orang-Utan : Mensch	3,5
Gorilla : Schimpanse	2,5
Orang-Utan : Schimpanse	3,5

3 ▸ Im Verhalten kann man deutliche Gemeinsamkeiten zwischen Schimpansen und Menschen beobachten.

Man hat Spuren verschiedener Menschenformen gefunden, die ein zeitgleiches Auftreten in einigen Regionen der Erde belegen.

In Europa z. B. lebten *Neandertaler,* die europäischen Nachfahren des *Homo erectus,* und *Jetztmenschen* für mindestens 10 000 Jahre nebeneinander, vielleicht sogar miteinander.

LUCA CAVALLI-SFORZA wurde am 25. Januar 1922 in Genua geboren.

Ein weiterer Beleg für das Nebeneinander verschiedener Menschenformen wurde 2003 auf der indonesischen Insel Flores entdeckt. Forscher fanden fossile Überreste zwergwüchsiger Nachfahren des *Homo erectus,* die erst vor 12 000 Jahren ausstarben. Zu diesem Zeitpunkt war diese Insel vom *Homo sapiens* aber schon besiedelt.

Der **Stammbaum der Menschen** wird in den nächsten Jahren sicher noch oft verändert, da jeder neue Fossilfund die bisherigen Erkenntnisse auf den Prüfstand stellt.

Erst mit der Kenntnis über die Genetik und den technischen Möglichkeiten für DNA-Analysen können Verwandtschaften zweifelsfrei nachgewiesen werden.

Der italienische Evolutionsbiologe und Genetiker LUCA CAVALLI-SFORZA veröffentlichte zusammen mit seinen Mitarbeitern 1994 den unten abgebildeten **genetischen Stammbaum** des **Jetztmenschen** (↗ Abb. 1). Er wurde auf der Basis von weltweiten DNA-Tests erstellt. Dabei wurden jeweils bei Vertretern aus 42 Eingeborenenpopulationen die gleichen 110 Gene untersucht.

Aus dem Stammbaum wird ersichtlich, dass sich die anfangs einheitliche Linie in zwei Hauptlinien trennte. Dies bestätigt die Hypothese vom **gemeinsamen Ursprung aller Menschen.** Dass diese Wurzeln in Afrika liegen, wird vor allem durch die zahlreichen Fossilfunde bestätigt. Es gibt keine Funde fossiler Menschen außerhalb Afrikas, die älter als 2 Millionen Jahre sind. Alle älteren Funde hat man nur auf dem afrikanischen Kontinent entdeckt.

Während die eine der beiden neuen Linien auf dem direkten Weg zu den heutigen Afrikanern führt, spaltet sich die andere Linie in zwei Gruppen auf: Zu der einen Gruppe gehören u. a. die Ureinwohner Südasiens, Australiens, Neuguineas und der pazifischen Inseln; zu der anderen Gruppe die Ureinwohner Nordasiens, die Indianer und die Europäer. Eine Stellung zwischen den beiden Gruppen nehmen die Ureinwohner Ostasiens ein.

Anhand dieser genetischen Untersuchungen lassen sich die Wanderungsbewegungen unserer Vorfahren ableiten. Der Weg aus Afrika führte eine Gruppe über Südostasien bis nach Australien. Die andere Gruppe bewegte sich über den Kaukasus nach Nordasien, von wo aus sowohl die Besiedlung Europas als auch der amerikanischen Kontinente erfolgte.

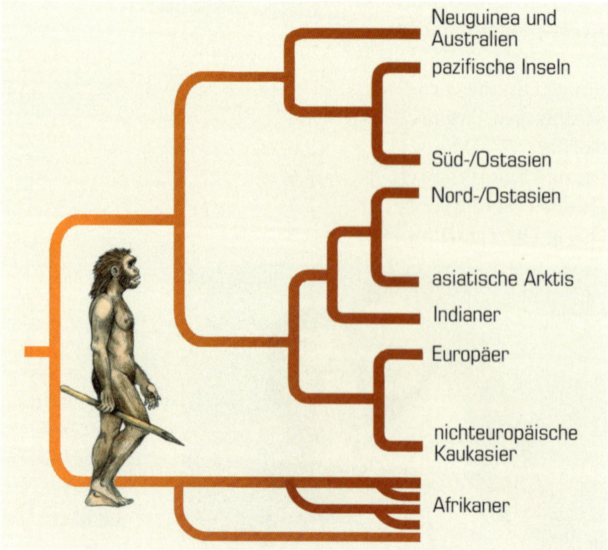

1 ▸ Genetischer Stammbaum des Menschen

Basiskonzept

Entwicklung

Lebendige Systeme verändern sich in Abhängigkeit von der Zeit. Sie sind also durch **Entwicklung** gekennzeichnet. Man unterscheidet dabei die Individualentwicklung und die evolutionäre bzw. stammesgeschichtliche Entwicklung.

Während in der **Out-of-Africa-Hypothese** formuliert wird, dass sich alle modernen Menschen aus den afrikanischen Nachfahren des *Homo erectus* einer zweiten großen Wanderungswelle – vor etwa 100 000 Jahren von Afrika aus – entwickelten, nehmen die Vertreter der **multiregionalen Hypothese** an, dass der moderne Mensch in den verschiedenen Regionen der Erde aus regionalen Abkömmlingen des *Homo erectus* hervorging, der sich bereits vor ein bis zwei Millionen Jahren von Afrika aus ausbreitete.

Die Entwicklung des anatomisch modernen Menschen

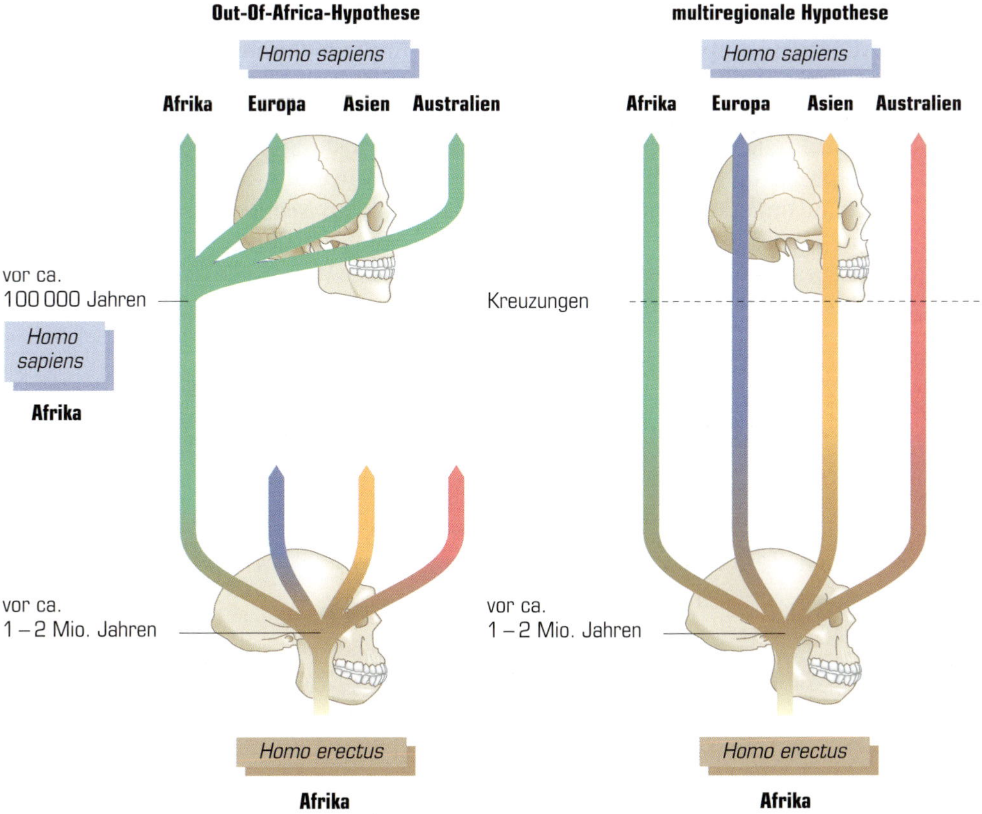

Kulturelle Evolution

Der Faustkeil ist ein Beleg der handwerklichen Fertigkeiten.

Die **Stammesgeschichte des Menschen** und der Menschenaffen trennte sich vor ca. 6 bis 7 Millionen Jahren. Ungefähr 4 Millionen Jahre besiedelten dann die frühen Formen des Menschen die afrikanischen Lebensräume, ohne Werkzeuge oder künstlerische Spuren zu hinterlassen.

Erst vor ca. 2 Millionen Jahren entwickelten sich Menschenformen, die sich durch ein vergrößertes Gehirn von den bis dahin auftretenden Formen unterschieden.

Das vergrößerte *Hirnvolumen* war u. a. die Voraussetzung für die Entwicklung einer **Sprache.** Diese wiederum war wahrscheinlich Haupttriebkraft für die **kulturelle Entwicklung** des Menschen.

Die ältesten Spuren gezielter Handwerkskunst des **Jetztmenschen** wurden in Südafrika gefunden. Man schätzt die Knochenwerkzeuge, kunstvoll behauenen Steinspitzen und Symbolzeichnungen in Ocker auf ungefähr 70 000 Jahre. Ähnliche Funde kannte man bis dahin nur aus Europa. Diese hatten allerdings nur ein Alter von bis zu 32 000 Jahren.

Ältere Funde in Australien (von vor ca. 62 000 Jahre) belegen, dass schon der aus Afrika auswandernde Jetztmensch Fertigkeiten in der Werkzeug- und Waffenherstellung und auch kulturelle Fähigkeiten besaß.

Vor ungefähr 40 000 Jahren begann eine bis dahin in Umfang und Geschwindigkeit beispiellose technische und kulturelle Entwicklung der Menschen.

In Europa hat man viele modern aussehende Gegenstände eiszeitlicher Menschen gefunden. Man fand sehr fein gearbeitete Steinklingen und Werkzeuge aus Stein und Knochen sowie zahlreiche Skulpturen von Tieren und Menschen aus den verschiedensten Materialien.

Höhlenmalereien aus dieser Zeit belegen die künstlerischen Fertigkeiten der damaligen Menschen. Eine Ursache dieser Entwicklung sehen Wissenschaftler in der Konkurrenz zwischen unseren Vorfahren und dem *Neandertaler.*

Auch von den *Neandertalern* sind hochwertige Werkzeuge und Gebrauchsgegenstände aus dieser Zeit gefunden worden.

1 ▸ Biologische und kulturelle Evolution des Menschen

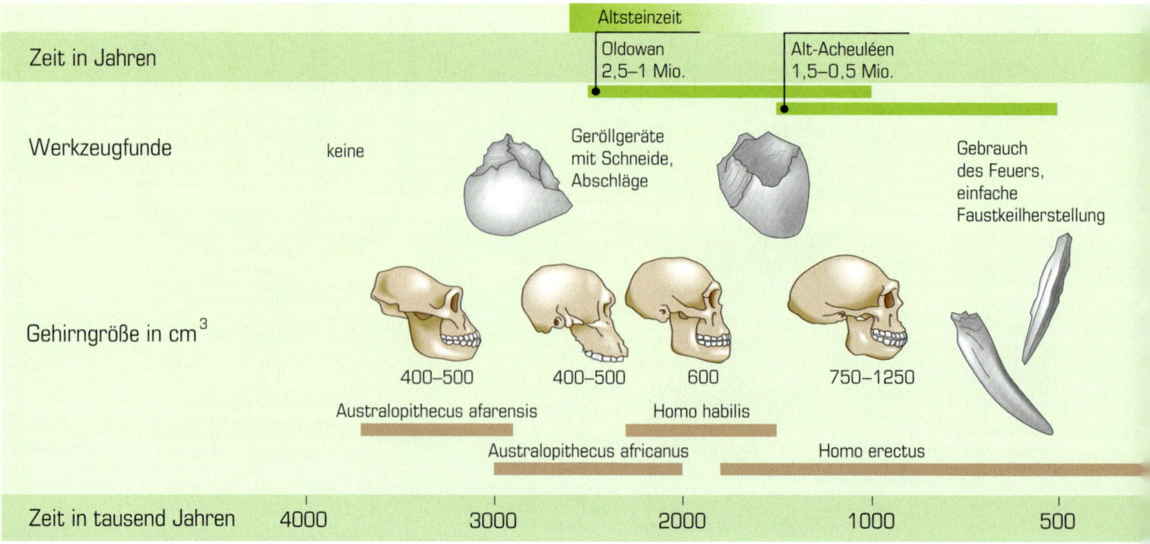

Durch die allmähliche Zunahme der Bevölkerungsdichte in Europa waren beide Menschengruppen, sowohl die eingesessenen *Neandertaler* als auch die Neuankömmlinge aus Afrika, gezwungen, ihre Arbeitstechniken weiterzuentwickeln.

Gleichzeitig mussten die sozialen Verbindungen innerhalb der Gruppen gestärkt werden, wobei kulturelle Rituale und Traditionen einen wichtigen Beitrag leisteten. Durch den Gebrauch einer immer komplexeren Sprache waren unsere Vorfahren in diesem Wettbewerb wahrscheinlich im Vorteil. Sie konnten die vorhandenen Ressourcen der Umwelt besser nutzen als die *Neandertaler*, da sie Erfahrungen differenzierter austauschen und Verbesserungen schneller umsetzen konnten. Hinzu kamen eine geringere Säuglingssterblichkeit, die höhere Lebenserwartung und eine höhere Fruchtbarkeit im Vergleich zu den *Neandertalern.*

Unsere Vorfahren konnten sich daher viel stärker vermehren als die *Neandertaler,* die wahrscheinlich in ungünstigere Lebensräume abgedrängt wurden.

Diesem Druck waren die *Neandertaler* auf Dauer nicht gewachsen. Nachdem sie Zehntausende Jahre den Eiszeiten und klimatischen Verhältnissen getrotzt hatten, verschwanden die *Neandertaler* vor ca. 35 000 Jahren aus Europa. Ihre Lebensräume wurden vom **Jetztmenschen** übernommen. Diese folgten in kleinen Gemeinschaften als Nomaden den wandernden Tierherden und wichen dem immer wieder vordringenden Eis nach Süden aus.

Vor ca. 20 000 Jahren zwang eine Eiszeit unsere Vorfahren, sich für 5 000 Jahre in den Mittelmeerraum zurückzuziehen. Die eingeschränkten Jagdmöglichkeiten führten wahrscheinlich zu einer weiteren Verbesserung der Jagd- und Werkzeugtechniken.

Zahlreiche Funde von Schmuck- und Kunstgegenständen dieser Periode belegen, dass der Lebensstandard der Menschen für damalige Verhältnisse hoch war. Nach dem Zurückweichen des Eises erfolgte die endgültige Besiedlung Europas.

Mit dem Übergang von der Lebensweise des Jagens und Sammelns zum sesshaften Ackerbau verlangsamte sich die *biologische Evolution* des Menschen und seine *kulturelle Evolution* beschleunigte sich weiter.

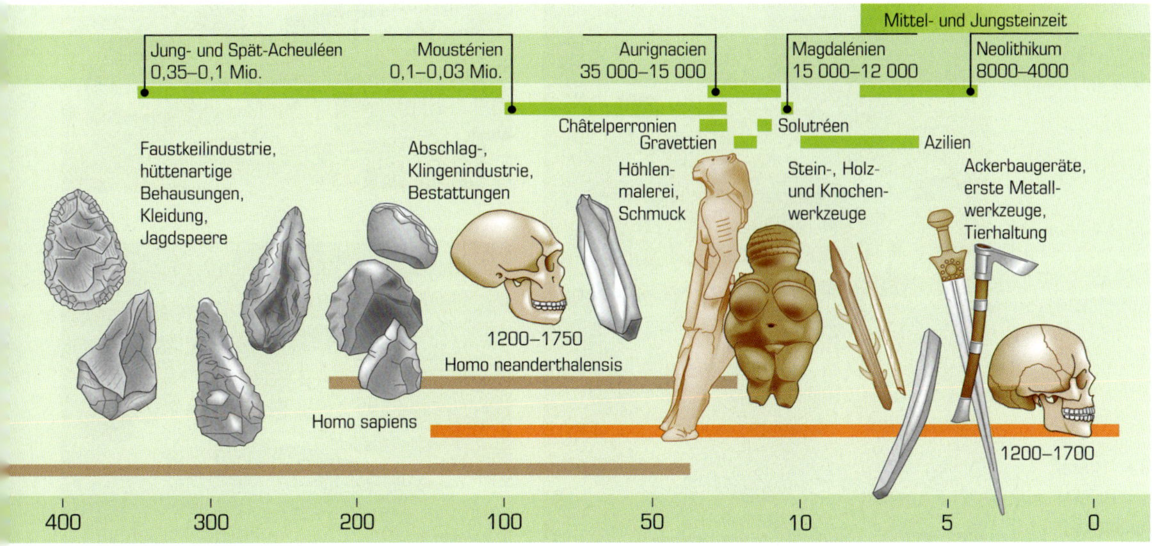

Durch die gezielte Nutzung und Züchtung von Pflanzen und Tieren standen größere Nahrungsmengen zur Verfügung. Nahrung war nicht länger ein Auslesefaktor, da sie ständig am selben Ort nachwuchs.

Es kam zu einem beschleunigten Bevölkerungswachstum in den Anbaugebieten, die ständig vergrößert werden mussten, was schließlich zur Herausbildung von Städten und Stadtstaaten führte.

In diesen existierte der alte Stammesverband von maximal 200 Menschen nicht mehr, sodass neue Führungsstrukturen entstanden, um im Kampf um die Ressourcen zu bestehen und die Menschen lenken zu können. Nur so konnten sich einheitliche kulturelle Vorstellungen entwickeln.

Begleitet von einem tief greifenden Wandel der ursprünglichen Lebensweise ging damit auch eine weitere Aufteilung der Menschen in Gruppen einher.

Der Besitz von materiellen und kulturellen Werten bedeutete dabei hohes Ansehen. Anstelle der sozial gleich gestellten Jäger und Sammler unterteilte sich die Bevölkerung immer mehr in *Besitzende* und *Besitzlose*.

In den Städten entwickelten sich verschiedene *Religionen* und *Kultrituale,* wobei Feste, Kunst und Handwerk die Verehrung der jeweiligen Gottheiten förderten und andererseits das Regieren ermöglichten.

Mit dem Entstehen der **Stadtstaaten** nahm die Häufigkeit und Härte der Konflikte zwischen Menschengruppen zu. Konnte man sich zur Zeit der Jäger und Sammler noch ausweichen, war dies kaum noch möglich, da die beanspruchten Gebiete immer größer wurden. Es kam zu Kriegen um Land und Vormachtstellungen.

Um die Bevölkerung auf diese Konflikte einzuschwören, war es nötig, sich vom Konkurrenten eindeutig abzugrenzen. Neben religiösen Motiven wurden dabei auch immer äußere Kennzeichen der Menschen als abgrenzende Merkmale herangezogen.

1 ▸ Religionen, Kultrituale und Verehrung von Gottheiten entwickeln sich früh in den Städten.

2 ▸ Hütten und Paläste in Südafrika

Zusammenhänge zwischen biologischer und kultureller Evolution

Der Mensch als biologisches Wesen unterliegt ebenfalls biologischen Gesetzmäßigkeiten.

Die **biologische Evolution** bildete die Voraussetzung für die kulturelle Evolution. Folgende biologische Merkmale des Menschen waren der Motor für seine kulturelle Evolution:

- Der **aufrechte Gang** war Ursache für weitere anatomische Veränderungen, u. a. für die Umwandlung der Wirbelsäule, des Beckens und des Fußes sowie das Entstehen der Greifhand. Dadurch und durch den gegenüberstehenden beweglichen Daumen war es möglich geworden, Werkzeuge herzustellen und zu gebrauchen.
- Die Ausbildung des stark entwickelten und differenzierten **Gehirns** bildete die Grundlage zur Entwicklung von **Wortsprache** und **abstraktem Denken,** für lebenslanges Lernen und die Entwicklung von Kreativität.
- Das Entstehen der **Sprache** hatte wesentliche Folgen für die weitere Entwicklung des Menschen. Nur mit ihr wurde eine differenzierte und zunehmend exaktere Weitergabe von Informationen innerhalb der Gruppe und damit von Generation zu Generation ermöglicht. Eine Voraussetzung für die Sprachentwicklung war die Ausbildung eines differenzierten Kehlkopfs.

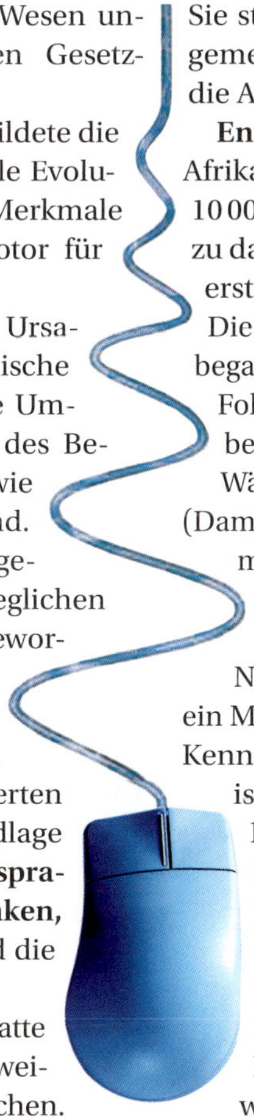

Die biologische Entwicklung war Ausgangspunkt für die **kulturelle Evolution.** Es entwickelten sich soziale Normen und Gesetze des Zusammenlebens und unterschiedliche kulturelle Traditionen.

Man kann die kulturelle Evolution in verschiedene Stadien einteilen: **Zeit der Jäger und Sammler** der afrikanischen Savanne vor 2 Millionen Jahren. Sie stellten Werkzeuge her, organisierten gemeinschaftliche Aktivitäten und teilten die Arbeit auf.

Entwicklung der Landwirtschaft in Afrika, Eurasien und Amerika vor etwa 10 000 bis 15 000 Jahren. Dadurch kam es zu dauerhaften Ansiedlungen und die ersten Städte wurden gegründet.

Die **industrielle Revolution** begann im 18. Jahrhundert als Folge der Aufklärung. Hierbei war die Erfindung von Wärmekraftmaschinen (Dampfmaschine, Benzinmotor usw.) ganz entscheidend. Vom ersten Flug der Gebrüder Wright bis zur Mondlandung Neil Armstrongs verging weniger als ein Menschenalter.

Kennzeichen der kulturellen Evolution ist, dass sie sich kaum auf genetischer Ebene abgespielt hat. Die Fähigkeit, Computer zu konstruieren, ist nicht in unseren Genen verankert, sondern das angesammelte Ergebnis von vielen Generationen menschlicher Erfahrung, die durch Eltern, Lehrer und Bücher weitergegeben wurde.

Durch die Erweiterung des Gehirns wurde der Mensch zu einer Organismenart, die in der Lage ist,

- sich über ihre körperlichen Einschränkungen hinwegzusetzen,
- zielgerichtet für die Weitergabe und Erweiterung ihres Wissens zu sorgen,
- die biologische Evolution abzukürzen bzw. in ihrer Geschwindigkeit um mehrere Größenordnungen zu übertreffen,
- die Umwelt mithilfe von Technik und Medizin nach ihren Bedürfnissen zu modifizieren.

Zwischen biologischer und kultureller Evolution bestehen Wechselwirkungen. M

Die negativen Folgen der kulturell bedingten Veränderungen durch den Menschen sind u. a. Überbevölkerung, chemische Umweltverschmutzung und die Zerstörung von Lebensräumen.

Durch die Übernahme von Wertvorstellungen, Techniken oder Verhaltensweisen entstehen Traditionen.

Vielfalt des heutigen Menschen

Früher bezeichnete man die unterschiedlichen Menschengruppen als Rassen. Dieser Begriff ist mit einer Reihe negativer Faktoren belastet.

Der frühe *Homo sapiens* breitete sich vor ca. 100 000 Jahren von Afrika aus in kleinen Populationen auf andere Kontinente aus. Man kann heute einige voneinander getrennte Gebiete unterscheiden, in die der Mensch einwandern konnte und wo sich die **Teil-Populationen isoliert voneinander weiterentwickelten.**

Dazu gehören westliches Europa und Mittelmeer, Schwarzes Meer, Nordafrika, Kongobecken, Indien, Südostasien mit Indonesien und Ostchina. Die Fossilien dieser Gebiete belegen, dass in sich geschlossene, durch gemeinsame Eigenschaften verbundene Gruppen entstanden waren. Man spricht heute von **geografischen Menschengruppen** bzw. **typologischen Kategorien.**

Die heute lebenden Menschen stammen vom eiszeitlichen Jetztmenschen ab und **stimmen in wesentlichen Merkmalen überein.**

Sie weisen eine prinzipielle Gleichartigkeit in Bau und Funktion des Skeletts, der Muskulatur, des Gehirns und des gesamten Stoffwechsels auf. Sie sind zu gleichen körperlichen und geistigen Leistungen befähigt. Übereinstimmend sind auch die Schwangerschaftsdauer, zahlreiche wesentliche Blut- und Serumeigenschaften sowie Anzahl und Bau der Chromosomen.

1 ▸ Menschen unterschiedlicher geografischer Herkunft

Das entscheidende Kriterium für die Zuordnung aller auf der Erde lebenden Menschen ist, dass die Vertreter der unterschiedlichen Menschengruppen untereinander **fruchtbare Nachkommen** zeugen können und sehr geringe genetische Unterschiede aufweisen.

Sie gehören demzufolge **alle zu einer Art,** zu den *Homo sapiens sapiens.*

Äußerliche Unterscheidungsmerkmale der verschiedenen Gruppen sind z. B. Hautfarbe, Haarfarbe und Haarform, Form von Schädel, Nase, Lippen und Augenlidern, Körpergestalt. Dabei gilt die Hautfarbe als ein erbliches und von der Umwelt unabhängiges Merkmal.

Man teilt die Menschen aufgrund dieser Merkmale in drei Gruppen ein: **Europide, Mongolide** und **Negride.**

Dabei sind äußerliche Unterschiede dieser Gruppen allerdings fließend. So kommt z. B. die dunkle Hautfarbe – wichtiges Merkmal der Zentral- und Westafrikaner – auch bei manchen Südindern vor, die zu den Europiden gehören.

Die heutigen geografischen Menschengruppen entstanden aufgrund von Isolation (geografisch, sozial, kulturell) aus dem eiszeitlichen Jetztmenschen.

Aufgabe

Vergleiche das Aussehen eines Afrikaners, eines Asiaten sowie eines Europäers hinsichtlich der im Text genannten äußerlich sichtbaren Körpermerkmale.
Nutze dazu die Abbildungen auf dieser und den folgenden Seiten sowie auf der Seite 201. Fertige eine Tabelle an.

1 ▸ Inuit (Eskimos)

2 ▸ Pygmäe

Klimatische Auslese

Die äußerlichen Unterschiede sind durch die Gene bedingt. Sichtbare Unterschiede zwischen den Menschen sind die Folge der Evolution des Menschen in unterschiedlichen klimatischen Regionen (**Auslese durch Klimafaktoren**).

Da die Besiedlung der Lebensräume über lange Zeiträume erfolgte, hatten die neuen Varianten die nötige Zeit, von Generation zu Generation weitergegeben zu werden.

In den *kalten asiatischen Steppen* z. B. bildeten sich kompakte, abgerundete Körper, die der Kälte und dem eisigen Wind wenig Angriffsfläche boten.

Im Verhältnis zum Volumen wird die **Körperoberfläche** verringert. Dadurch treten weniger Wärmeverluste auf. Kleine Nasen und schmale Atemwege verhindern Erfrierungen der Atemwege.

Die **Augen** werden durch fettverstärkte Augenlider vor der Kälte isoliert und die Lidfalten bewirken zusätzlich einen Schutz vor Wind bzw. aufgewedeltem Staub.

Die **Pigmentierung** (Färbung) der Haut gewährleistet einen ausreichenden UV-Schutz. Sie lässt aber noch genügend UV-Anteile hindurch, um Vitamin D zu bilden.

Anders sehen die Verhältnisse im *tropischen Regenwald* aus. Bei einer Luftfeuchtigkeit von 100 % und Temperaturen von 20 bis 30 °C entsteht das Problem, dass der Schweiß kaum noch für Abkühlung sorgen kann, da zu wenig verdunstet.

In den afrikanischen Regenwäldern leben die kleinwüchsigen *Pygmäen*. Mit kleinen Körpern steigt das Verhältnis von Oberfläche zu Volumen zugunsten der Oberfläche. Über die größere Körperoberfläche kann mehr Wärme an die Umgebung abgegeben werden.

Weiterhin müssen kleine Menschen zur Fortbewegung weniger Energie aufbringen, da sie leichter sind. Die Muskulatur ist weniger belastet, wodurch auch weniger Wärme an die Umgebung abgegeben werden muss.

Die Nasen der *Pygmäen* sind breit und haben große Atemöffnungen, da die Atemluft nicht vorgewärmt und angefeuchtet werden muss. Die dunkel gefärbte Haut absorbiert die intensive UV-Strahlung und verhindert Schädigungen der tieferen Hautschichten.

Klimatische Auslese kann auch zu anderen Veränderungen führen. Beispielsweise verändert sich die Anzahl der roten Blutkörperchen in Abhängigkeit zur Höhe des Lebensraums.

In der Werbung werden genau diese Schlüsselreize zur Überbringung einer Botschaft genutzt, z. B. durchtrainierter muskulöser Mann, der Getränke bringt.

1 ▸ Haut, Haare und Körperproportionen sowie Geruch bilden Schlüsselreize.

Sexuelle Auslese

Schlüsselreize, z. B. Körperrundungen bei Frauen, unterliegen aber auch dem Zeitgeist.

Bei der Wahl unserer Partner lassen wir uns sehr stark vom Aussehen leiten. Wir reagieren unbewusst auf **Schlüsselreize,** die uns Informationen über den potenziellen Partner liefern. Insbesondere *Haar, Haut* und *Körperproportionen* werden bewertet, da deren Aussehen über den gesundheitlichen Zustand (indirekt auch über den Genbestand) Auskunft gibt.

Aber auch andere Sinne liefern Informationen. Bei Tests mit *Mäusen* hat man z. B. herausgefunden, dass der **Körpergeruch** verrät, inwieweit ein Tier als Partner infrage kommt. Je näher verwandt die Tiere miteinander sind, desto ähnlicher ist ihr Geruch. Geschwister werden bei der Partnerwahl ignoriert, wenn andere Partner mit einem attraktiveren Geruch zur Verfügung stehen.

Auch beim **Menschen** übermittelt der Geruch **Signale,** die wir unbewusst wahrnehmen. So verändert sich z. B. das Geruchsempfinden der Frauen während der fruchtbaren Tage. In dieser Zeit werden Gerüche von männlichem Schweiß (allerdings nicht von jedem Mann) als attraktiv empfunden, während man sonst darüber sicher die Nase rümpft. „Jemanden nicht riechen können" bedeutet also biologisch gesehen, dass dieser von seinen Genen her nicht zu einem passt.

Damit ist gewährleistet, dass die Erbanlagen der Nachkommen viele Genvarianten beinhalten und neu kombiniert sind. Die Überlebenschancen der Nachkommen steigen.

Unsere Vorstellungen darüber, wie unser „Wunschpartner" aussehen soll, werden sehr stark von den Menschen geprägt, die uns in der Kindheit umgeben. Deshalb wählt man meist Partner aus einer bestimmten Population (z. B. Hautfarbe, Gesichtszüge).

Die **sexuelle Auslese** führt dazu, dass einzelne Merkmale bei der Wahl des Fortpflanzungspartners besonders beachtet werden und deren Träger einen höheren Fortpflanzungserfolg haben. Dadurch können diese Merkmale in der nächsten Generation verstärkt auftreten.

Die sexuelle Auslese ist eine weitere Ursache für die Entstehung verschiedener Menschengruppen.

M

4

Wohin führt die Entwicklung?

Während die Menschheit Hunderttausende von Jahren benötigte, um etwa im Jahr 1500 n. Chr. ein Anwachsen der Erdbevölkerung auf eine halbe Milliarde Menschen zu erreichen, dauerte es bis zur ersten Milliarde um 1800 nur noch 300 Jahre, für die zweite Milliarde 123 Jahre und für die weiteren 4 Milliarden bis zum heutigen Zeitpunkt sogar nur noch ca. 70 Jahre.

Im Augenblick nimmt die Erdbevölkerung pro Jahr um rund 80 Millionen Menschen zu. Setzt sich dieser Trend fort, steigt die Zahl bis zum Ende dieses Jahrhunderts auf ca. 11 Milliarden Menschen.

Da die höchste Bevölkerungszunahme in den strukturell wenig entwickelten Ländern Afrikas, Lateinamerikas und Asiens zu beobachten ist, kann man davon ausgehen, dass eine bessere Ausbildung sowie eine Verbesserung der Gesundheits- und Sozialsysteme sowie der Einkommensverhältnisse in diesen Ländern zu einer Stabilisierung der Zahl der Weltbevölkerung beitragen könnten.

Für die **nachhaltige Entwicklung** ist eine solche Stabilisierung auf nicht zu hohem Niveau unbedingt erforderlich. Die Tragfähigkeit der Erde wird u.a. durch die Menge an verfügbarer Nahrung, nutzbaren Energieressourcen und die Möglichkeiten der Schadstoffbeseitigung begrenzt.

Entscheidend für die Menge an Menschen, die die Erde besiedeln können, ist deren **Pro-Kopf-Ressourcenverbrauch.** Zurzeit gibt es hinsichtlich der Nutzung verfügbarer Ressourcen ein starkes Nord-Süd-Gefälle. Etwa 20 % der Weltbevölkerung leben in wirtschaftlich entwickelten Ländern und verbrauchen 80 % aller verfügbaren Ressourcen. Mit deutschen Pro-Kopf-Verbrauchsraten, die gut 15-mal so hoch sind wie die indischen, ist die gesamte Umweltbelastung von 80 Millionen Deutschen höher als die von über einer Milliarde Indern.

In Zukunft werden die Ressourcen auf der Erde immer knapper. Deshalb ist eine nachhaltige Lebensweise der Menschen in allen Ländern der Welt erforderlich.

Nachhaltige Entwicklung bedeutet eine Einheit von Ökologie, Ökonomie und Sozialem herzustellen.

Nachhaltige Entwicklung erfordert eine Organisation des Lebens und Produzierens, die nicht auf Kosten der Natur, anderer Menschen, anderer Regionen und anderer Generationen erfolgt.

Insbesondere muss sich bei den Menschen in den industriell entwickelten Ländern die Erkenntnis durchsetzen, dass die Probleme (soziale, ökologische, ökonomische, politische) der Entwicklungsländer globale Probleme sind. Diese müssen durch internationale Hilfen und Unterstützung bewältigt werden.

Gelingt die Lösung dieser Probleme nicht, werden sich die bis dahin regionalen Konflikte in den Krisenregionen ausweiten.

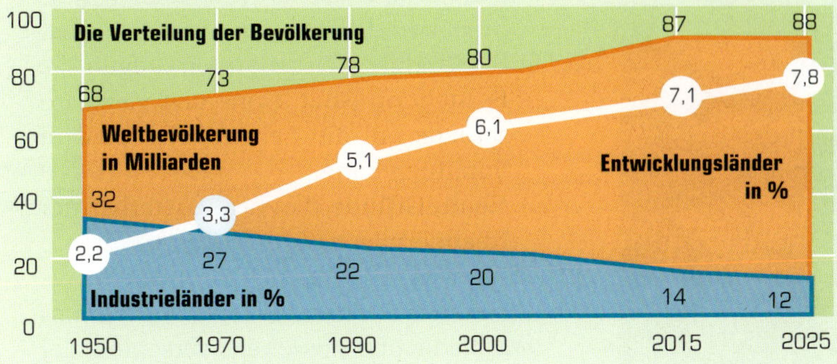

1 ▸ Entwicklung der Weltbevölkerung

gewusst · gekonnt

1. Vergleiche Skelettteile beim aufgerichteten Gorilla und beim stehenden Menschen miteinander. Berücksichtige besonders die Form der Wirbelsäule, des Beckens und die Lage des Oberschenkels.

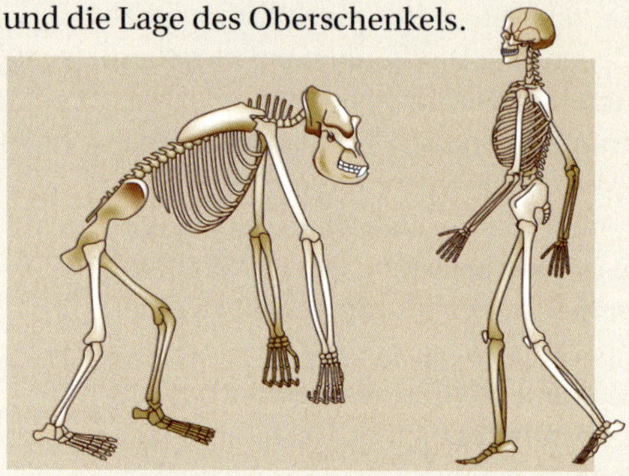

2. Leite aus der Abbildung 2 auf Seite 185 einige Aussagen über das Leben des Frühmenschen ab.

3. Stelle Merkmale wie Größe, aufrechter Gang, Hirnvolumen, Ernährung, Werkzeuggebrauch, Feuergebrauch und Grad der Kulturentwicklung der *Australopithecinen*, des *Homo habilis*, des *Homo erectus*, des *Homo neanderthalensis* und des *Homo sapiens* in einer Tabelle gegenüber.

4. Beschreibe, wie unter den damaligen Bedingungen die Jagd der Frühmenschen auf Großwild erfolgt sein mag. Betrachte dazu die Abbildung.

5. **a)** Informiere dich über die klimatischen und geografischen Veränderungen in Ostafrika, die vor ca. 6 bis 7 Millionen Jahren stattfanden.

b) Nenne Bedingungen, mit denen die an die Ränder der Regenwälder verdrängten Vormenschen in den Savannen zurechtkommen mussten.

c) Beschreibe Vorteile des aufrechten Gangs gegenüber dem Gang auf vier Gliedmaßen.

d) Erläutere, wodurch es den Vor- und Frühmenschen gelang, sich in den Savannen zu behaupten.

e) Beschreibe die kulturellen Veränderungen, die zur Unabhängigkeit der Menschen von der Umwelt führten.

6. Der Mensch ist mit den Menschenaffen nahe verwandt. Begründe diese Aussage.

7. Alle heute lebenden Menschen gehören zur gleichen Art. Begründe diese Aussage.

8. Erläutere die Bedeutung der Sprachentwicklung bei der Evolution des Menschen.

9. Die Neandertaler und unsere Vorfahren lebten für viele Jahrtausende zusammen in Europa. Dann starben die Neandertaler vor ungefähr 35 000 Jahren aus.

a) Vergleiche Neandertaler und eiszeitliche Jetztmenschen hinsichtlich Körperbau und Lebensweise miteinander.

b) Beschreibe, welche Auswirkungen die Entstehung einer Wort- und Zeichensprache auf die Lebensweise unserer Vorfahren hatte.

c) Nenne Gründe, die zum Aussterben der Neandertaler geführt haben könnten.

10. Erläutere das Zustandekommen des unterschiedlichen Aussehens verschiedener Menschengruppen.

4

Das Wichtigste auf einen Blick

Evolution des Menschen

Menschenaffe und Jetztmensch weisen viele ähnliche oder übereinstimmende Merkmale auf. Dies lässt auf eine enge Verwandtschaft schließen und deutet auf gemeinsame Vorfahren hin.

Während der stammesgeschichtlichen Entwicklung des Menschen gab es enge Wechselbeziehungen zwischen der biologischen und der kulturellen Evolution.

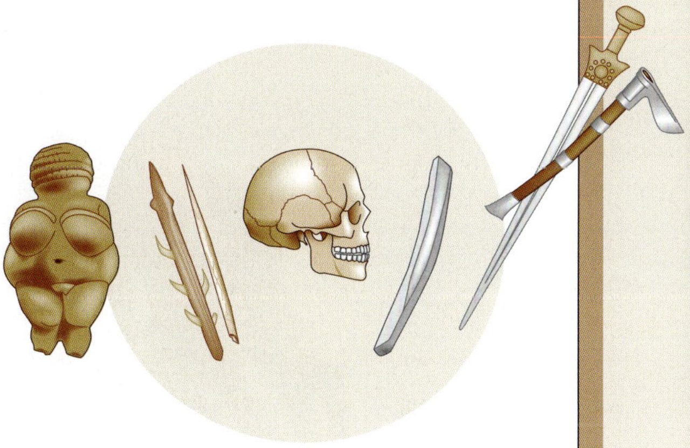

Komponenten der biologischen Evolution

- aufrechter Gang und aufrechte Körperhaltung
- Vergrößerung und Differenzierung des Gehirns
- Entwicklung eines Sprachapparats (Stimmbänder)

Komponenten der kulturellen Evolution

- planvolle Herstellung von Werkzeugen und deren Gebrauch
- Erzeugung des Feuers und seines Gebrauchs
- Entwicklung der Sprache, der Schrift und der Kunst

Variabilität der Menschen in unterschiedlichen Kulturkreisen der Erde

Alle heute auf der Erde lebenden Menschen gehören zur gleichen Art bzw. Unterart *Homo sapiens sapiens*. Die Gruppen unterscheiden sich genetisch nur geringfügig. Die äußerlich auffälligen Merkmale (z. B. Hautfarbe) entwickelten sich in Anpassung an bestimmte Umwelt- und Klimabedingungen.

1 ▸ Europide

2 ▸ Mongolide

3 ▸ Negride

5 Schwerpunkte der Biologie

Wiederholung und Systematisierung

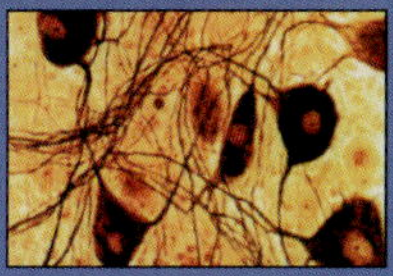

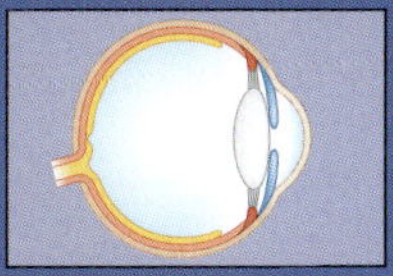

Vergessen und Behalten ▸▸ Die Menge an Informationen, die wir täglich aus unserer Umwelt mithilfe der Sinnesorgane aufnehmen, ist gewaltig. Würden wir alle Informationen im Gehirn speichern, wäre es restlos überfordert. Deshalb behalten wir nur wichtige Informationen, andere vergessen wir. Vergessen ist eine wichtige Funktion des Gedächtnisses.

Systematisieren und Zusammenhänge erkennen ▸▸ Menschen sind in der Lage, Informationen zu speichern und sie bei Bedarf wieder abzurufen. Beim Systematisieren und Strukturieren der vielen Fakten, beispielsweise aus der Biologie, helfen u. a. die Basiskonzepte. Mit ihrer Hilfe gelingt es, Gesetzmäßigkeiten und Zusammenhänge in der Biologie zu erkennen.

Basiskonzept System

Überblick über die Organismen

Die ersten Lebewesen sind vor etwa 3 Milliarden Jahren auf der Erde entstanden. Sie bevölkern heute in großer Anzahl und Vielgestaltigkeit (ca. 2,4 Mio. Arten sind bekannt) alle Lebensräume. Mithilfe wesentlicher Bau- und anderer Merkmale werden sie in verschiedene Kategorien eingeteilt: Arten (kleinste Einheiten), meist mehrere Arten zu Gattungen, meist mehrere Gattungen zu Familien, meist mehrere Familien zu Klassen usw. So kommt eine **Einteilung** zustande, die auch die verwandtschaftlichen Beziehungen widerspiegelt.

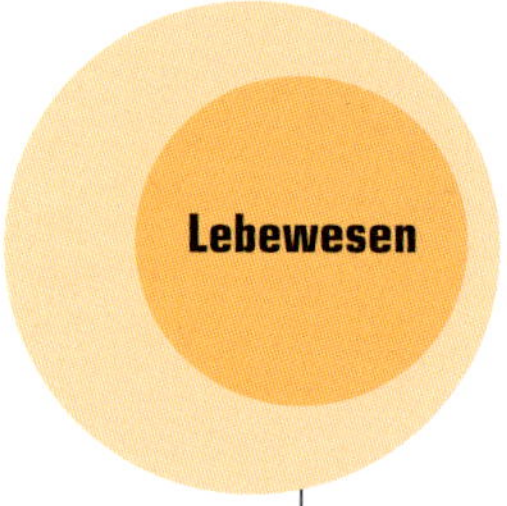

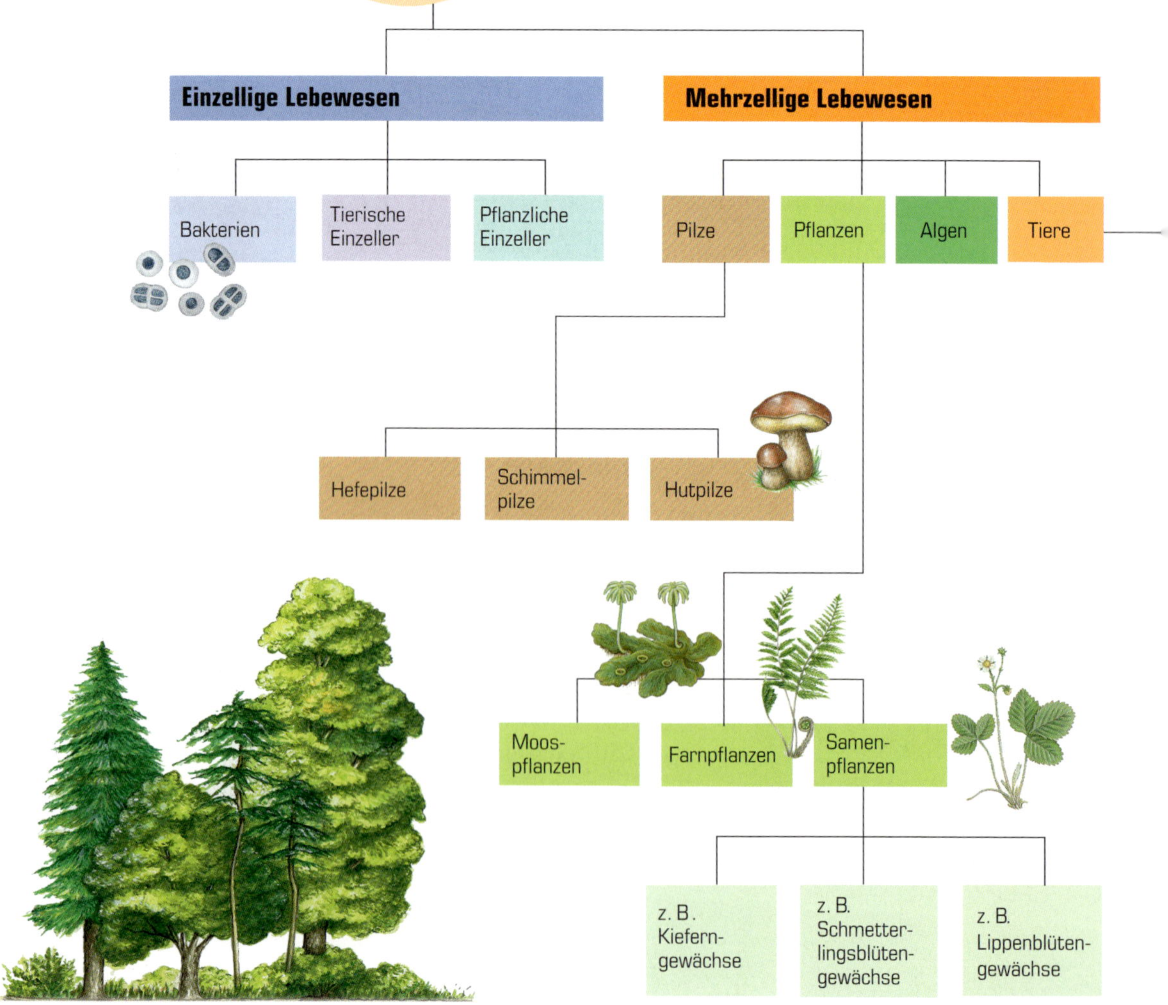

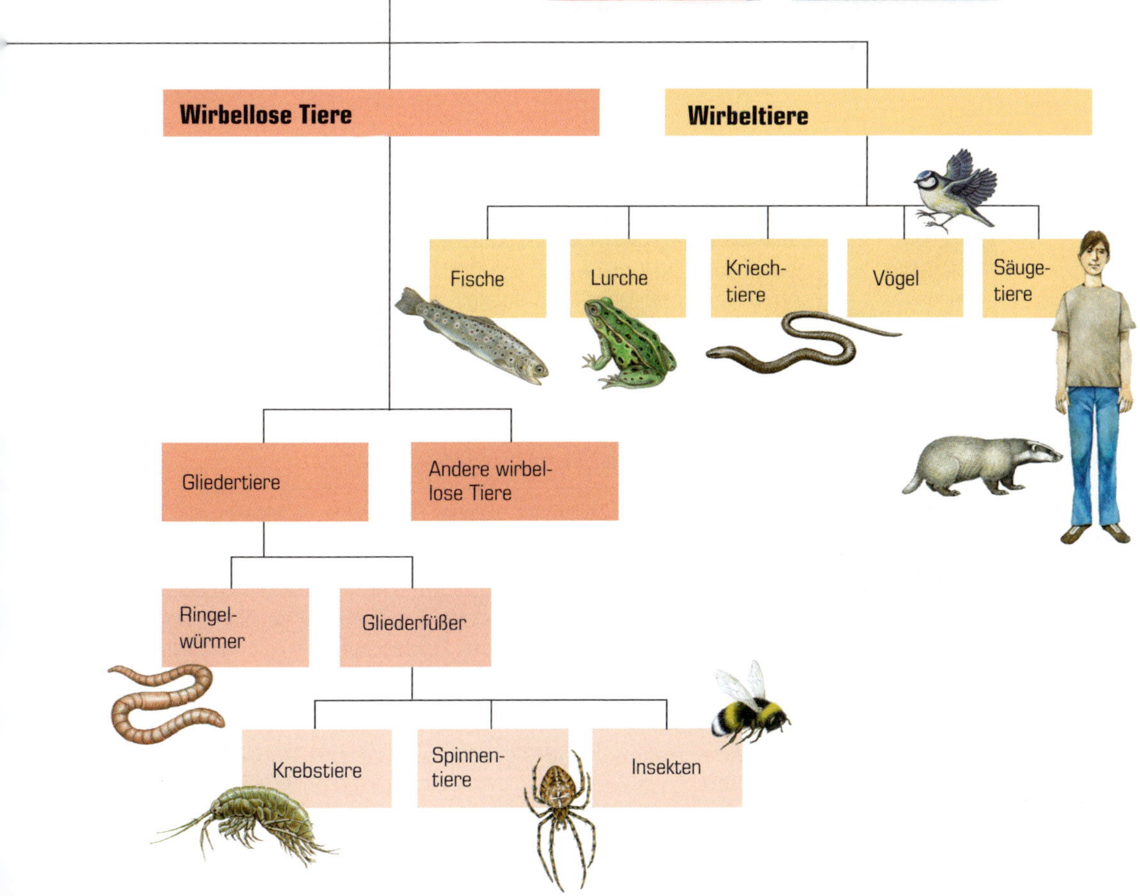
Tiere
Wirbellose Tiere
Wirbeltiere
Fische
Lurche
Kriech-
tiere
Vögel
Säuge-
tiere
Gliedertiere
Andere wirbel-
lose Tiere
Ringel-
würmer
Gliederfüßer
Krebstiere
Spinnen-
tiere
Insekten

Organisationsebenen

Eine große Anzahl von Lebewesen besteht aus vielen Zellen. Die Zellen von Pflanzen, Tieren und Menschen sind zudem in unterschiedliche Funktionsräume unterteilt.

Lebewesen sind lebensfähig, weil ihre einzelnen Bauteile ihre jeweilige Aufgabe gut erfüllen und sie perfekt zusammenwirken.

Diese bilden verschiedene Organisationsebenen: Organismus – Organsystem – Organ – Gewebe – Zelle – Zellorganelle.

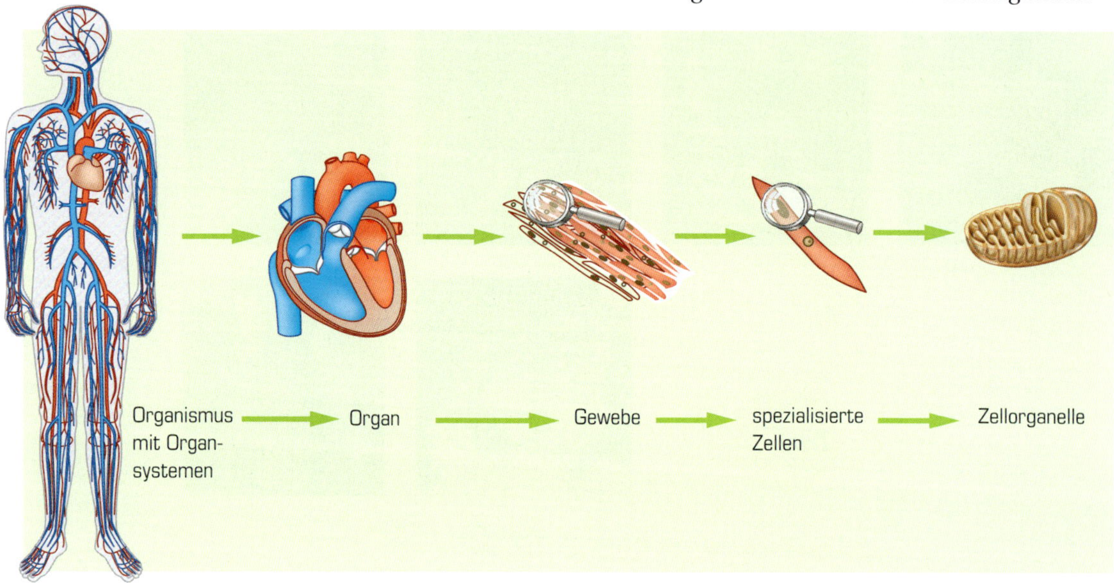

Organisationsebene	Beispiel Mensch
Organismus (Lebewesen)	Durch das Zusammenwirken von Organsystemen und Organen (z. B. Atmungs-, Ernährungs-, Bewegungs- und Herz-Kreislauf-System) ist der Mensch lebensfähig.
Organsystem mit Organen	Verschiedene Organe (z. B. Herz, Blutgefäße) arbeiten in einem Organsystem (z. B. Herz-Kreislauf-System) zusammen. Ein Organ (z. B. Herz) ist aus verschiedenen Geweben (z. B. Muskel- und Bindegewebe, Nervengewebe) aufgebaut.
Gewebe	Gleichartig gebaute Zellen mit gleicher Funktion (z. B. Muskelzellen) bilden einen Zellverband, der Gewebe (z. B. Muskelgewebe) genannt wird.
Zelle	Eine Zelle weist eine starke Einteilung in voneinander getrennte Räume auf, d. h., sie besteht aus verschiedenen Zellbestandteilen, die spezielle Aufgaben erfüllen. So läuft in den Mitochondrien die Atmung ab, durch die u. a. die Energie für die Muskelbewegung geliefert wird.
Zellorganelle	Alle Zellbestandteile (Organellen) sind aus kleinsten Teilchen aufgebaut. Diese Teilchen sind mit dem Lichtmikroskop nicht mehr erkennbar.

Pflanzen bestehen, wie menschliche oder tierische Organismen, aus einer Vielzahl von Zellen. Deshalb lassen sich auch hier unterschiedliche Organisationsebenen nachweisen.

Die Grundorgane einer Pflanze sind Wurzeln und Spross. Den Spross bilden Sprossachse, Laubblatt und Blüte. Diese einzelnen Grundorgane bestehen dann, wie beim menschlichen oder tierischen Organismus, wiederum aus verschiedenen Geweben, Zellen und Zellorganellen. Sie erfüllen unterschiedliche Funktionen.

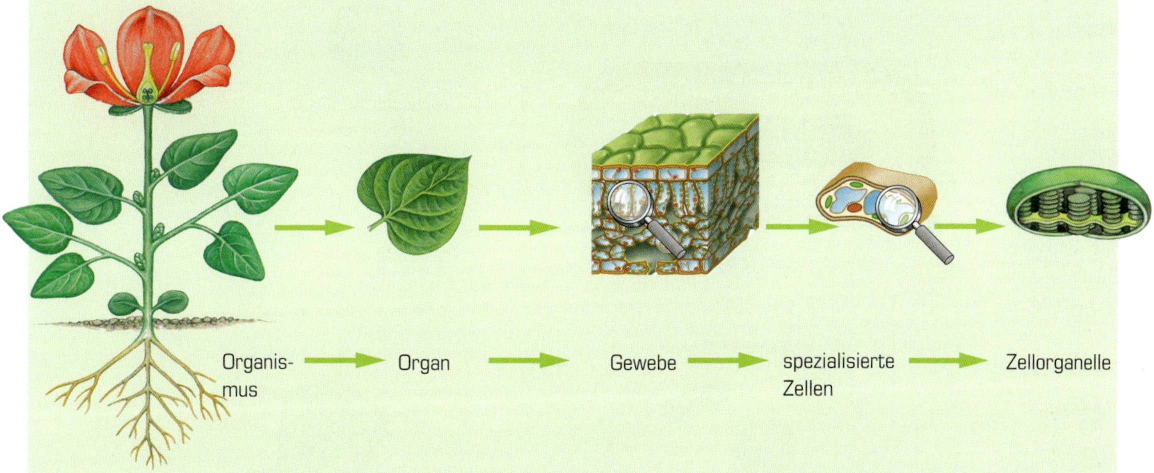

Organisationsebene	**Beispiel Pflanze**
Organismus (Lebewesen)	Durch das Zusammenwirken ihrer Organe ist die Pflanze lebensfähig.
Organe	Ein Organ (z. B. Blatt) ist aus verschiedenen Geweben (z. B. Epidermis mit Spaltöffnungen, Palisadengewebe und Schwammgewebe) aufgebaut.
Gewebe	Gleichartig gebaute Zellen mit gleicher Funktion (z. B. Zellen des Schwammgewebes) bilden einen Zellverband, der Gewebe genannt wird.
Zelle	Eine pflanzliche Zelle weist eine starke Einteilung in voneinander getrennte Räume auf, d. h., sie besteht aus verschiedenen Zellbestandteilen, die spezielle Aufgaben erfüllen. So läuft in den Chloroplasten die Fotosynthese ab. Der Zellkern steuert Prozesse in der Zelle.
Zellorganelle	Alle Zellbestandteile (Organellen) sind aus kleinsten Teilchen aufgebaut. Einige Teilchen sind mit dem Lichtmikroskop nicht mehr erkennbar, z. B. Mitochondrien.

Zellen

Zellen sind die Grundbausteine aller Lebewesen (↗Abb. 1–3). Trotz der Vielfalt an Formen und Größe (↗Abb. 4) zeigen alle Zellen grundlegende Übereinstimmungen in Aufbau und Funktion.

Zellen als kleinste Organisationsebene lebender Systeme besitzen die Merkmale
- Ernährung,
- Atmung,
- Reizbarkeit,
- Vermehrung und Wachstum,
- Bewegung.

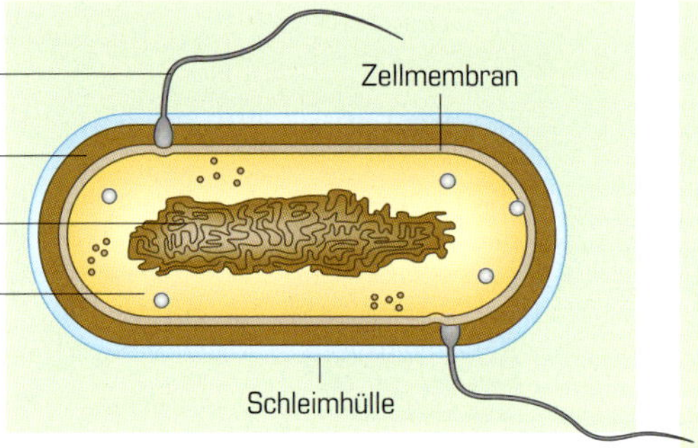

1 ▸ Bau einer Bakterienzelle (schematisch)

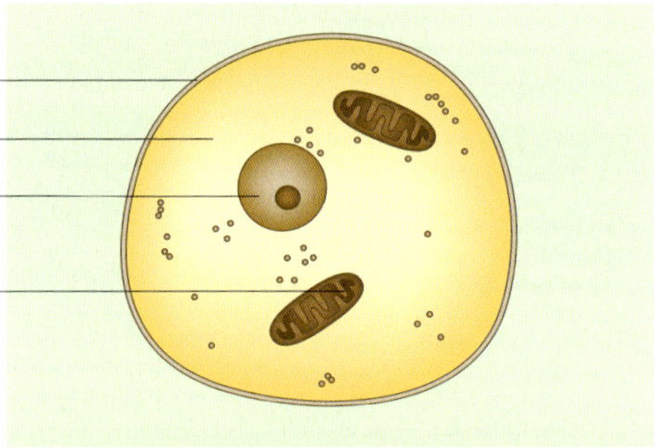

2 ▸ Bau einer Tierzelle (schematisch)

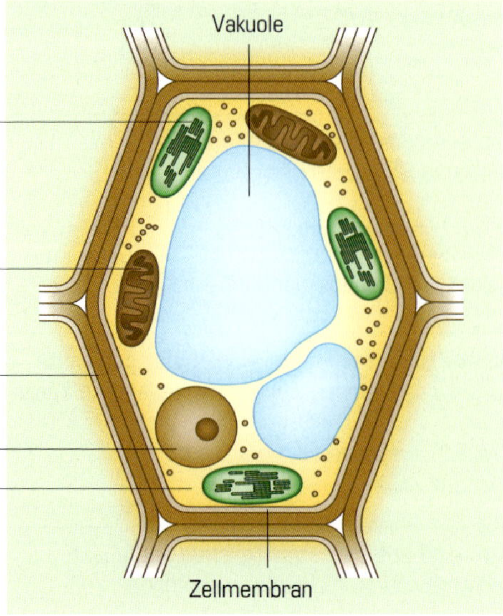

3 ▸ Bau einer Pflanzenzelle (schematisch)

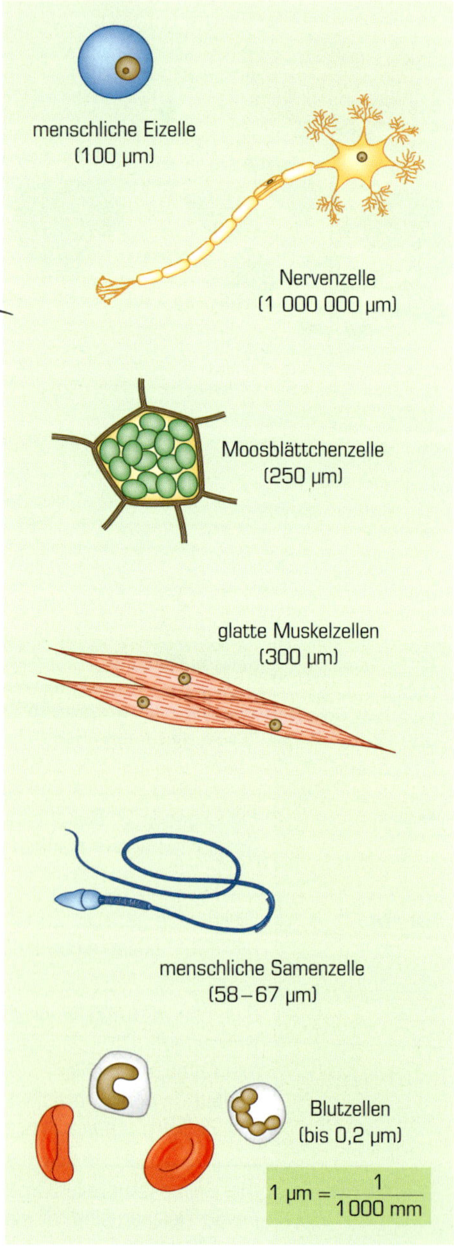

4 ▸ Zellen verschiedener Formen und Größen

Ökosysteme

Ökosysteme sind Beziehungsgefüge zwischen Lebensgemeinschaften (Biozönosen) und ihren Lebensräumen (Biotopen).

Zwischen den einzelnen Teilen eines Ökosystems bestehen vielfältige Wechselbeziehungen, beispielsweise Nahrungsbeziehungen. Sie bilden die höchste Organisationsebene lebender Systeme.

Lebensraum (Biotop)
Lebensstätte der Organismen, gekennzeichnet durch **abiotische Umweltfaktoren:** z. B. Licht, Temperatur, Wind, Boden, Wasser, Mineral- und Schadstoffe

Lebensgemeinschaft (Biozönose)
bestehend aus Algen, Pflanzen, Tieren, Pilzen, Bakterien
biotische Umweltfaktoren: alle Lebewesen und die Beziehungen zwischen ihnen

Ökosystem
Einheit von Biotop und Biozönose und alle Beziehungen zwischen den abiotischen und biotischen Umweltfaktoren

Stoff- und Energieumwandlung

Voraussetzung für den **Stoffwechsel** ist ein **Stoffaustausch** mit der Umgebung. Jeder Organismus nimmt ständig Stoffe aus der Umgebung auf, wandelt sie um und gibt andere Stoffe an die Umgebung ab. Dabei wird **chemische Energie** umgewandelt.

Der Stoffwechsel ist gekennzeichnet durch biochemische Reaktionen. Sie dienen dazu, körpereigene Strukturen aufzubauen und energiereiche Stoffe abzubauen.

Die chemisch nicht mehr gebundene Energie wird frei und dient dem Aufbau von Körpersubstanz und der Aufrechterhaltung aller Lebensprozesse.

Die Art seiner **Stoffwechselprozesse** bestimmt die Stellung des Organismus im **Stoffkreislauf der Natur**.

Stoff- und Energieumwandlung

Aufbau körpereigener Substanz unter Energieaufnahme

Abbau von organischen Substanzen zur Energiefreisetzung

autotroph
Aufbau aus anorganischen Stoffen; Fotosynthese: Nutzung der Energie des Sonnenlichts (grüne Pflanzen, viele Mikroorganismen)

heterotroph
Aufbau aus organischen Stoffen; Nutzung der chemischen Energie der Stoffe (Tiere, Pilze, die meisten Bakterien)

Atmung
Abbau zu anorganischen Stoffen unter Sauerstoffaufnahme (aerob)

Gärung
Abbau zu organischen Stoffen ohne Sauerstoffaufnahme (anaerob, z. B. Milchsäuregärung)

andere Prozesse
Abbau zu anorganischen oder organischen Stoffen unter Sauerstoffaufnahme (aerob, z. B. Essigsäurebildung, Verwesung)

autotroph	heterotroph	Atmung	Gärung / andere Prozesse
Produzenten	**Konsumenten, Destruenten**	**Produzenten, Konsumenten,** einige **Destruenten**	einige **Destruenten**

Stoffkreislauf und Energiefluss

Im Ökosystem entwickeln sich ausgewogene **Stoffkreisläufe** zwischen Produzenten, Konsumenten und Destruenten (↗ Abb. 1).

Im Gegensatz dazu bildet der **Energiefluss** im Ökosystem keinen Kreislauf. Die Energie der Sonne stellt dabei die wichtigste Energiequelle für Lebewesen dar. Diese Energie wird durch die Fotosynthese umgewandelt und in Form von chemischer Energie von den Lebewesen für ihre Lebensprozesse genutzt. Da Energie nicht erschaffen werden kann, nimmt der ursprüngliche Energieinhalt der Stoffe im Verlauf des Energieflusses in der Nahrungskette immer weiter ab. Das hat Einfluss auf die Anzahl und Größe der Lebewesen in Ökosystemen.

Stoffkreisläufe und Energiefluss sind Kennzeichen der Nahrungsbeziehungen eines Ökosystems. Anhand der vorhandenen *Nahrungsketten* und *Nahrungsnetze* lassen sich demzufolge Aussagen zur Qualität des biologischen Gleichgewichts im Ökosystem treffen.

2 ▸ Der See bildet ein Ökosystem.

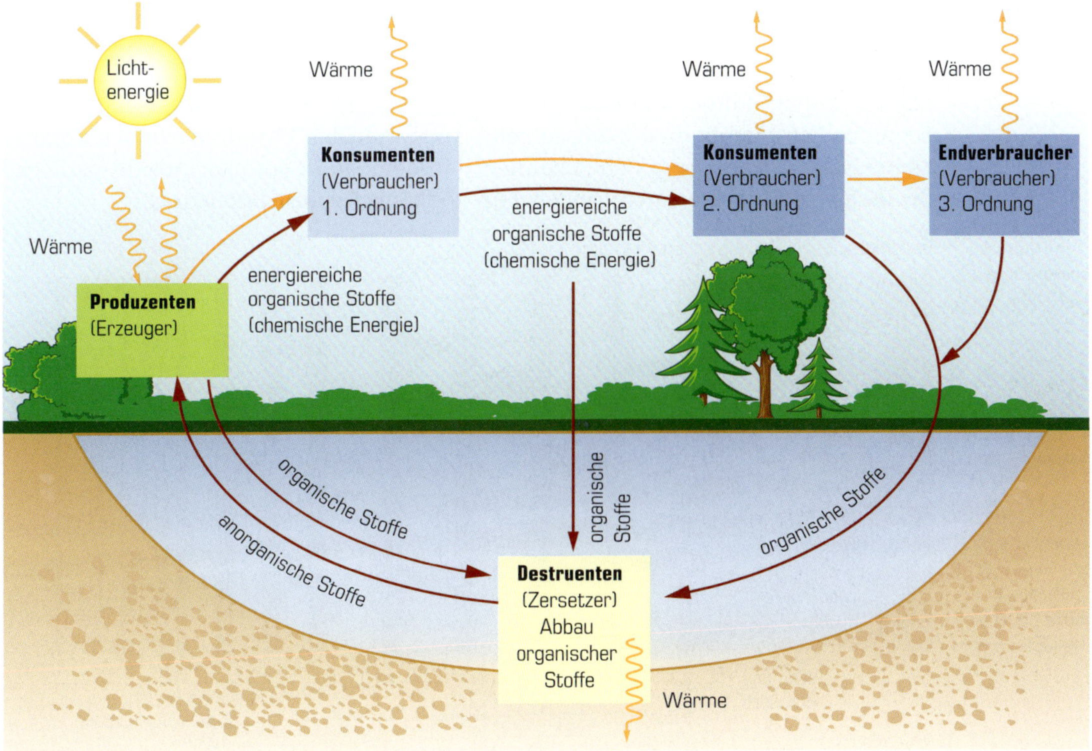

1 ▸ Stoffkreislauf und Energiefluss in einem Ökosystem → Energiefluss → Stofffluss

Basiskonzept Struktur und Funktion

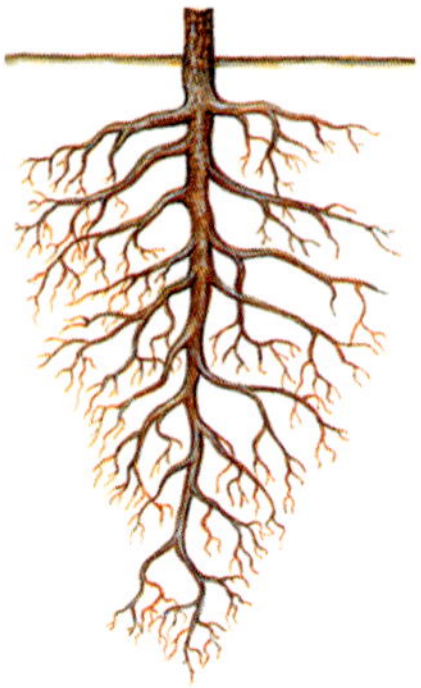

1 ▸ Gestalt der Wurzeln

Wasserhaushalt der Pflanzen

Die Wurzel – Wasseraufnahme

Die Wurzeln haben unterschiedliche Formen, im Grundaufbau stimmen sie jedoch überein (↗ Abb. 1).

Für die Stoffaufnahme sind sie bestens gebaut. Die **Wasseraufnahme** der Pflanzen (↗ Abb. 2) erfolgt durch die **Wurzelhaarzellen** (↗ Abb. 3). Sie beruht auf den physikalischen Gesetzmäßigkeiten **Diffusion** und **Osmose.**

Auf dem Weg in das Wurzelinnere müssen die Wasserteilchen zunächst von den Wurzelhaaren der Rhizodermis aufgenommen werden. Die Wurzelhaarzellen sind dünnwandige, schlauchförmige, lebende Zellen. Von der Zellwand und der Zellmembran umschlossen, befindet sich das Zellplasma mit Zellkern und großen Vakuolen (Zellsafträume), in denen verschiedene Stoffe gelöst sind.

Die Vakuolen sind ebenfalls vom Zellplasma durch dünne **Membranen** abgegrenzt. Die Membranen besitzen sehr kleine Poren. Die Wasserteilchen können die Poren ungehindert durchdringen. Für die gelösten Stoffteilchen sind sie nicht passierbar. Diese Membranen sind halbdurchlässig (semipermeabel), d. h. unterschiedlich durchlässig für verschiedene Teilchen. Die Wanderung von Wasserteilchen aus einem Bereich, in dem sie in hoher Anzahl vorhanden sind durch eine semipermeable Membran in einen Bereich, in dem sie in geringer Anzahl vorliegen wird als **Osmose** bezeichnet.

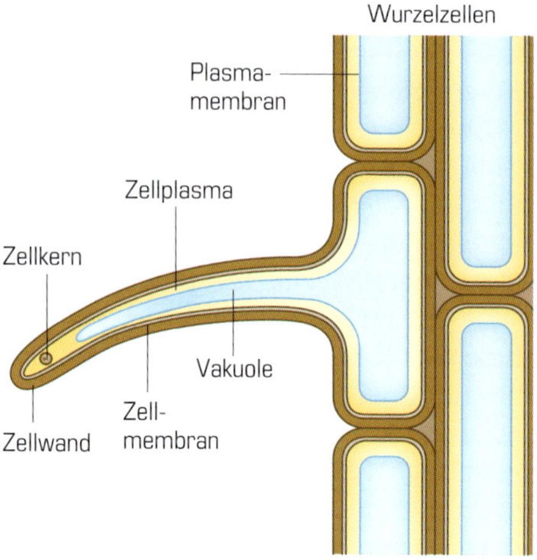

3 ▸ Bau einer Wurzelhaarzelle

Der **Transport des Wassers** erfolgt bis in die Gefäße des Zentralzylinders:

- Verteilung des Wassers innerhalb der Zellen durch **Diffusion** (red arrow)
- Transport des Wassers in der Rinde von Zelle zu Zelle durch **Osmose** bis in die Leitgefäße (blue arrow)

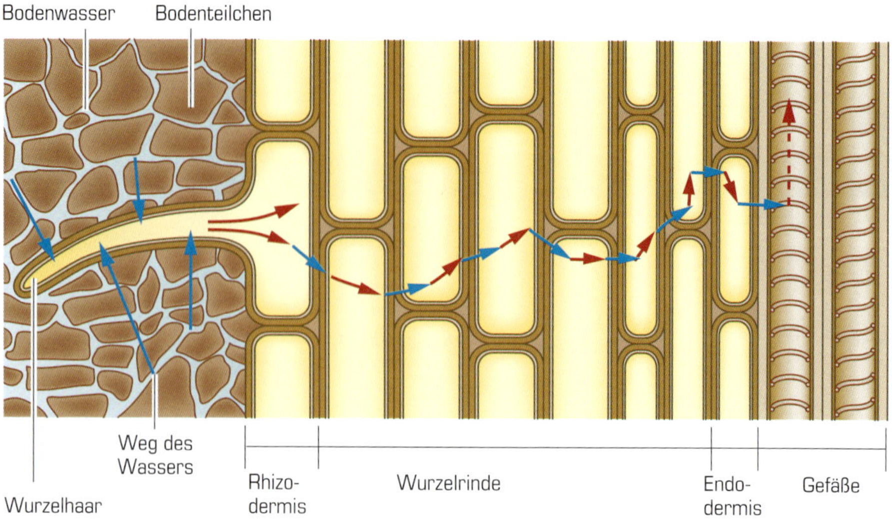

2 ▸ Wasseraufnahme durch das Wurzelhaar (blue arrow); Transport des Wassers bis zum Leitgefäß (red arrow, blue arrow)

Sprossachse – Wassertransport

Eine wichtige Aufgabe der **Sprossachse** besteht darin, **Stoffe zu leiten.** Wasser und gelöste Mineralstoffe werden von den Wurzeln zu den Laubblättern transportiert. Umgekehrt gelangen die in den Blättern gebildeten Stoffe über die Sprossachse (↗ Abb. 1) in alle anderen Pflanzenteile.

Die **Stoffleitung** erfolgt in feinen Röhren, die man erkennt, wenn man einen Querschnitt einer Sprossachse betrachtet. Mithilfe der Lupe bzw. eines Mikroskops kann man den Querschnitt der Röhren gut erkennen.

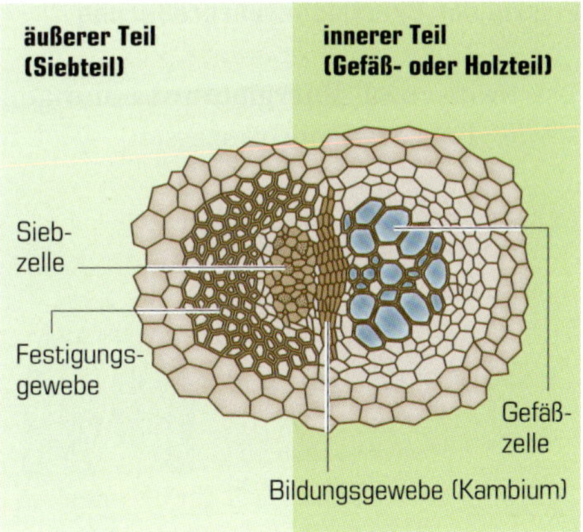

1 ▸ Bau einer Sprossachse (Schema)

Der **Wassertransport** in den Gefäßen der **Leitbündel** ist kein von den Pflanzen aktiv geförderter Prozess. Er beruht auf **physikalischen Gesetzmäßigkeiten.**

Die *Gefäßzellen* verschiedener Pflanzen haben einen unterschiedlich geringen Durchmesser. Sie wirken wie **Kapillarsysteme,** in denen das Wasser aufsteigt. Diese Kapillarwirkung beruht auf **Adhäsionskräften.** Das sind Anziehungskräfte, die zwischen Teilchen verschiedener Stoffe wirken.

Für die Erzeugung des Wasserstroms in den Gefäßzellen gibt es zwei weitere Ursachen: 1. die Erzeugung des **Wurzeldrucks** und 2. die Entwicklung eines **Sogs** an der Sprossspitze. Im ersten Fall wird das Wasser in den Leitgefäßen von der Wurzel her „geschoben“ und im zweiten Fall von den Blättern her „gezogen“.

Der notwendige Sog wird durch die Wasserabgabe über die Blätter **(Transpiration)** hervorgerufen. Dadurch wird Wasser aus den Blattzellen, den Blattnerven und -stielen und letztlich aus der Sprossachse und den Wurzeln nachgezogen. Dieser **Transpirationssog** wird durch den geringen Wassergehalt der Atmosphäre erzeugt und entsteht, weil in den Wasserleitungsbahnen ein Unterdruck herrscht. Die Wasserfäden reißen aber nicht ab, da die Wasserteilchen durch **Kohäsionskräfte** aneinander haften.

Laubblatt – Wasserabgabe

Das Wasser wird in den Gefäßen der Sprossachse bis in die Blätter geleitet. Dort wird das Wasser verteilt. Aus den Gefäßen der Blattzellen gelangt das Wasser in die *Interzellularen.*

Es vermischt sich mit der dort vorhandenen Luft, es entsteht **Wasserdampf.** In den Interzellularen befindet sich eine höhere Anzahl von Wasserdampfteilchen als in der Außenluft. Nach den Gesetzen der **Diffusion** wandern die Wasserdampfteilchen durch den Spalt zwischen den Schließzellen in die wasserdampfärmere Außenluft (↗ Abb. 2). Die Wasserdampfabgabe wird durch die **Spaltöffnungen** reguliert.

2 ▸ Querschnitt durch ein Laubblatt (schematische Zeichnung)

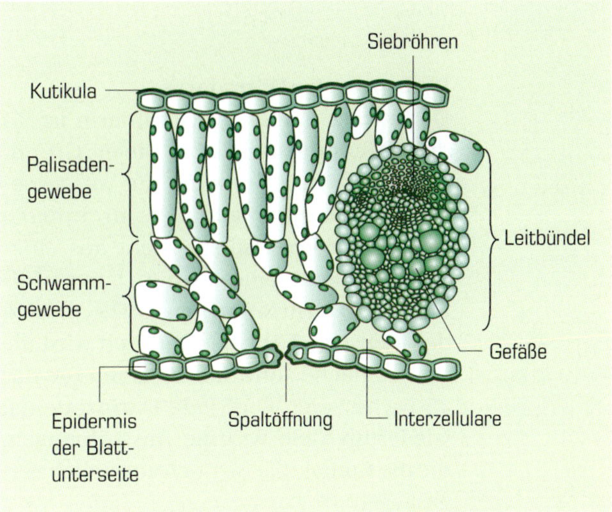

Je größer die Oberfläche, desto mehr Stoffteilchen können aufgenommen bzw. abgegeben werden.

Prinzip der Oberflächenvergrößerung

Bei **Stoff- und Energieumwandlungen** sowie bei Transportprozessen spielen große Oberflächen eine wichtige Rolle, weil auf engem Raum vielfältige biochemische Reaktionen und physikalische Vorgänge ablaufen müssen.

Gasaustausch in der Lunge

Struktur	Funktion
Die Lunge ist ein Organ mit zahlreichen Verzweigungen.	In der Lunge erfolgt der Gasaustausch zwischen Körper und Atemluft.
Lungenbläschen sind Ausstülpungen der Lungenwand.	Durch die Lungenbläschen wird eine Vergrößerung der Oberfläche erreicht. Der Gasaustausch erfolgt über die dünne Wand der Lungenbläschen.
Ein Netz von feinen Blutgefäßen (Kapillaren) umhüllt die Lungenbläschen.	Sauerstoff wird in das Blut aufgenommen und weitertransportiert. Kohlenstoffdioxid wird vom Blut in das Lungenbläschen abgegeben und letztendlich ausgeatmet.

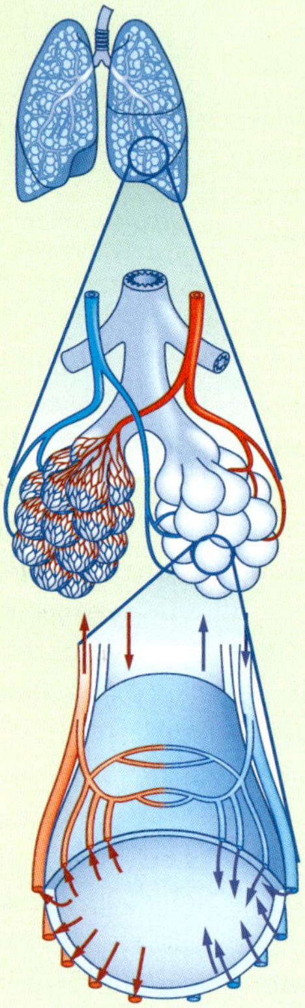

Resorption im Dünndarm

Der etwa 2–3 m lange Dünndarm ist für die Aufnahme möglichst vieler Grundbausteine der Nährstoffe gut ausgestattet. Die Darmschleimhaut im Inneren ist gefaltet. Jede Falte besteht aus einer Vielzahl kleinerer ca. 1 mm langer Falten, den **Darmzotten** (ca. 5 Mio. besitzt der Mensch, ↗ Abb. 1). Dadurch wird die Kontaktfläche zum Nahrungsbrei um das 25-Fache vergrößert. Jede Darmzotte hat wiederum viele winzige Ausstülpungen, die die Kontaktfläche noch zusätzlich vergrößern.

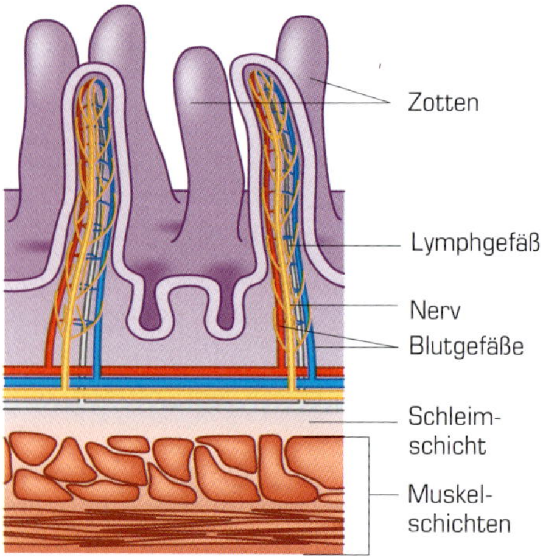

1 ▸ Bau der Dünndarmzotte

5

Stoffaufnahme aus dem Boden

Die **Wurzeln** sind so gebaut, dass sie in der Lage sind, Wasser aus vielen Bereichen des Bodens aufzunehmen.

Das äußere Gewebe, die **Rhizodermis** (Wurzelhaut), besteht aus einer Zellschicht. Die Rhizodermiszellen haben Ausstülpungen und bilden so die **Wurzelhärchen**, die für die Aufnahme von Wasser und Mineralstoffen wichtig sind (↗ Abb. 1).

Durch das Auswachsen der einzelligen Rhizodermiszellen zu langen Wurzelhaaren wird die Wasser aufnehmende Oberfläche der Wurzeln enorm vergrößert.

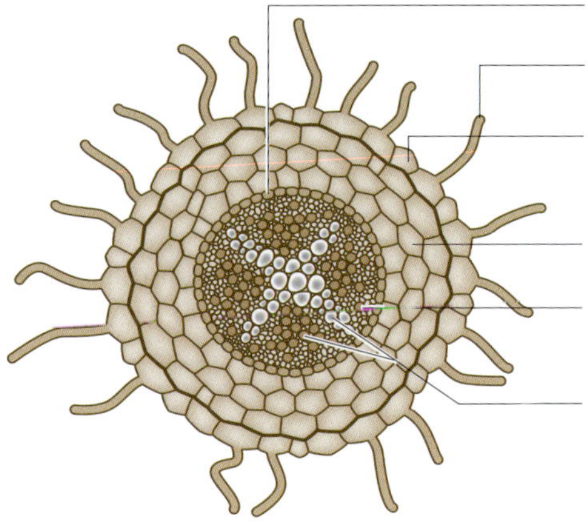

1 ▸ Innerer Bau einer Wurzel (Querschnitt)

Große Oberflächen ermöglichen optimalen Stoffwechsel bei grünen Pflanzen

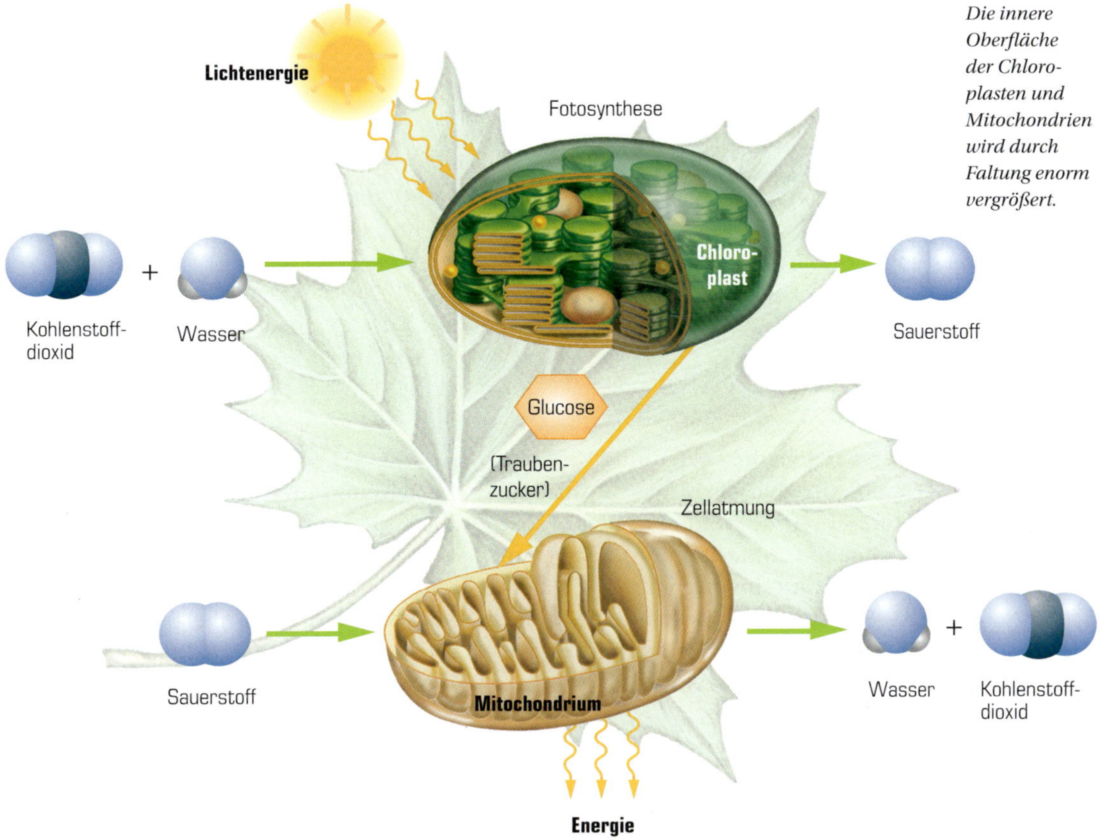

Die innere Oberfläche der Chloroplasten und Mitochondrien wird durch Faltung enorm vergrößert.

Kohlenstoffdioxid + Wasser + Energie $\underset{\text{Zellatmung}}{\overset{\text{Fotosynthese}}{\rightleftharpoons}}$ Glucose + Sauerstoff

Schlüssel-Schloss-Prinzip

In **biochemischen Systemen** besitzen Reaktionspartner oftmals räumlich zueinander passende Strukturen, die wie ein Schlüssel in ein Schloss passen. Damit können sie spezifisch miteinander interagieren. Nur der aus beiden Partnern entstandene Komplex kann eine bestimmte biologische Funktion im Organismus erfüllen. Dieses **Schlüssel-Schloss-Prinzip** bildet beispielsweise im Immunsystem des Menschen die Voraussetzung für die Antigenerkennung durch Antikörper (↗ Abb. 1). Dabei wirken mehrere komplementäre Strukturen gleichzeitig zusammen. Die Enzymwirkung bei der Verdauung ist ein weiteres Beispiel.

Antigen-Antikörper-Reaktion

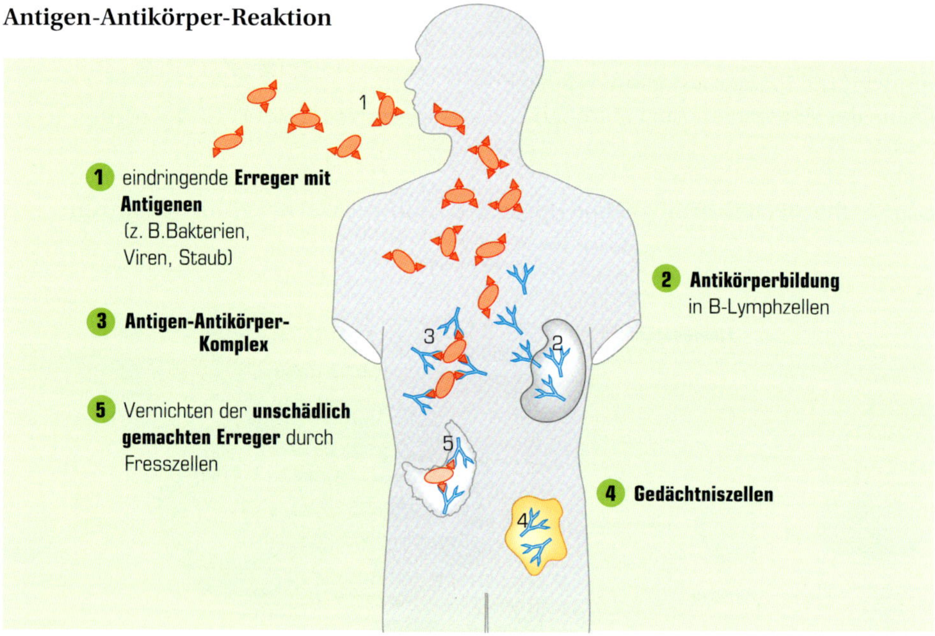

Enzyme regeln die Verdauung

Die in unserer Nahrung enthaltenen **Grundnährstoffe** werden in den Verdauungsorganen Mundhöhle, Magen und Dünndarm auf chemischem Weg in kleine und wasserlösliche Bestandteile zerlegt. Die Zerlegung der Grundnährstoffe erfolgt mithilfe von **Enzymen.**

Verdauungsenzyme sind Eiweißstoffe, die die Zerlegung der Grundnährstoffe auslösen und diesen Vorgang auch steuern.

Dabei regelt jedes Enzym nur einen bestimmten Vorgang. Beispielsweise spaltet **Lipase,** das Verdauungsenzym, ausschließlich Fette (↗ Abb. 2).

Fettverdauung

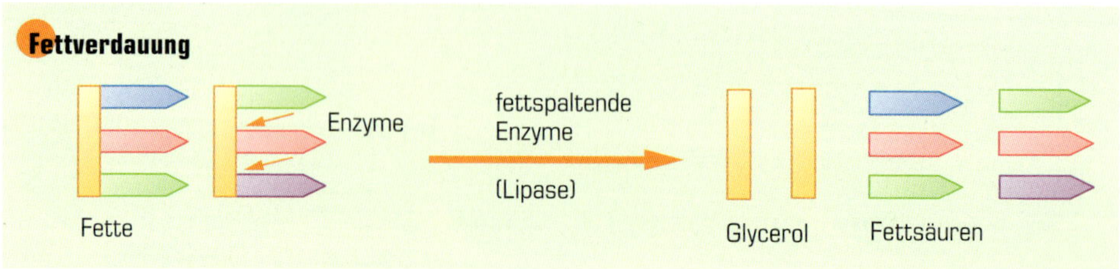

Informationsübertragung

Auf Lebewesen, Menschen, Tiere (↗ Abb. 1) und Pflanzen (↗ Abb. 2 und 3), wirken ständig **Reize** (Informationen) aus der Umwelt ein. Sie werden durch spezialisierte Sinneszellen und Sinnesorgane aufgenommen. Diese werden erregt und die Erregung wird in die verarbeitenden Zentren geleitet. Das Ergebnis der Erregungsverarbeitung wird dem Erfolgsorgan gemeldet. Es kommt zu bestimmten Verhaltensweisen.

Informationsverarbeitung bei Tieren und Menschen

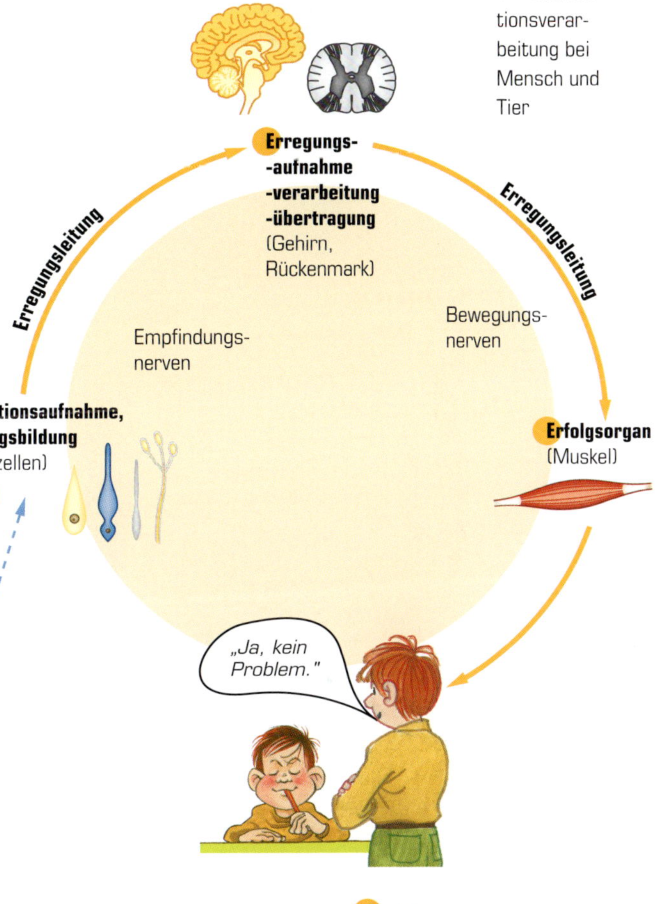

1 ▸ Informationsverarbeitung bei Mensch und Tier

Reizbarkeit bei Pflanzen

2 ▸ Öffnen und Schließen eines Blütenkorbs von Löwenzahn

3 ▸ Reaktion auf Erdanziehungskraft

Regulation

Für die Aufrechterhaltung des Lebens sind stabile Prozesse und Zustände im Körper notwendig. Dazu werden die aktuellen Bedingungen regelmäßig mit den erforderlichen Sollzuständen verglichen und bei Abweichungen korrigiert.

Regulation des Blutzuckerspiegels

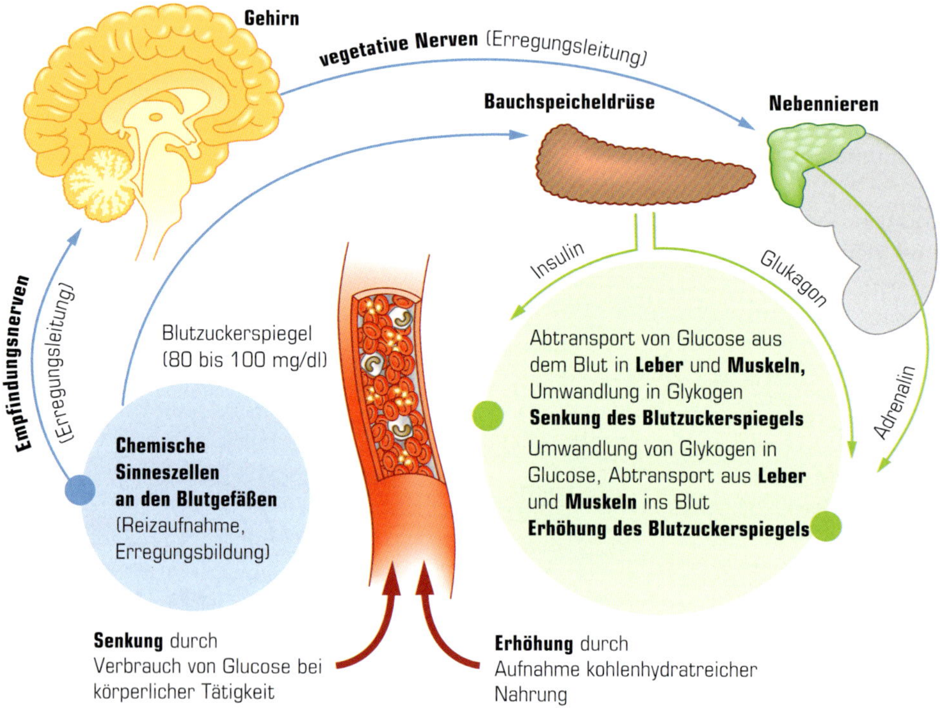

Regulation der Wasserabgabe durch Spaltöffnungen

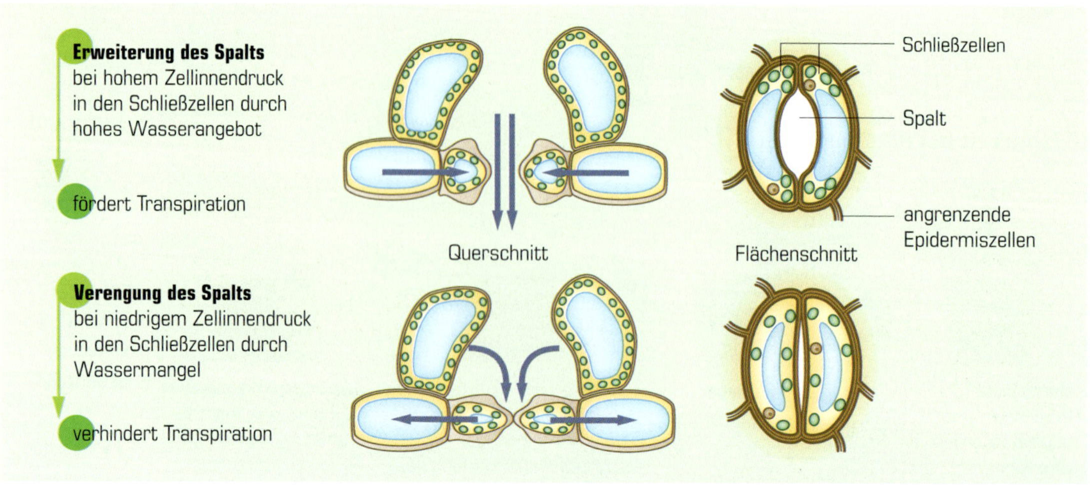

1 ▸ Öffnen und Schließen des Spalts durch die Bewegung der Schließzellen (→ Weg des Wassers)

Vielfalt und Angepasstheit

Mutationen und eine zufällige Verteilung der genetischen Information bei der geschlechtlichen Fortpflanzung sorgen für eine große **Vielfalt** der Nachkommen.

Erst die **Wechselwirkungen** zwischen den Lebewesen und ihrer Umwelt zeigen, ob die entsprechenden Formen die notwendige **Angepasstheit** an den Lebensraum besitzen.

Darüber können schon **Struktur und Funktion** eines einzigen Körpermerkmals oder eine Verhaltensweise entscheiden. Die vorteilhaften Formen überleben und können sich erfolgreicher fortpflanzen als die weniger angepassten (natürliche Selektion). Dadurch verändert sich die Art. Tiere sind zum Schutz vor Fressfeinden oft mit **Schutztrachten** ausgestattet (↗ Abb. 1). Die Angepasstheit zeigt sich z. B. auch
- in der Fortbewegung von Tieren, z. B. Gliedmaßen von Insekten (↗ Abb. 3),
- in der Verbreitung von Früchten und Samen bei Pflanzen, z. B. Lockfrüchte, Trockenfrüchte, Ameisenfrüchte, Einrichtungen zur Verbreitung (↗ Abb. 4),
- in der Anpassung an den Lebensraum (Trocken- und Feuchtpflanzen; Feucht- und Trockenlufttiere, ↗ Abb. 2).

Je spezialisierter Lebewesen sind, desto schwerer kommen sie mit Veränderungen der Lebensräume zurecht.

1 ▸ Warntracht von der Schwebfliege zum Abschrecken von Feinden

3 ▸ Gliedmaßen von Insekten sind ihrer Fortbewegung angepasst (Großes grünes Heupferd).

2 ▸ Durch die Hautbeschaffenheit sind Trockenlufttiere von der Umwelt unabhängiger (Zauneidechse).

4 ▸ Durch die Farbenpracht der Blüten werden Insekten angelockt (Hibiscus).

Vererbung

Der **Zellkern** hat eine zentrale Bedeutung für die Vererbung, da sich in ihm die Chromosomen befinden.

Die **Chromosomen** sind fädige Strukturen. Sie sind Träger der **Erbanlagen (Gene).** Die Gene enthalten die Erbinformation und bestimmen die Ausbildung spezifischer Merkmale. Das genetische Material der Chromosomen wird von Nucleinsäuren, z.B. der **DNA** (Desoxyribonucleinsäure), gebildet. Die DNA tritt immer als Doppelstrang auf (↗ Abb. 2).

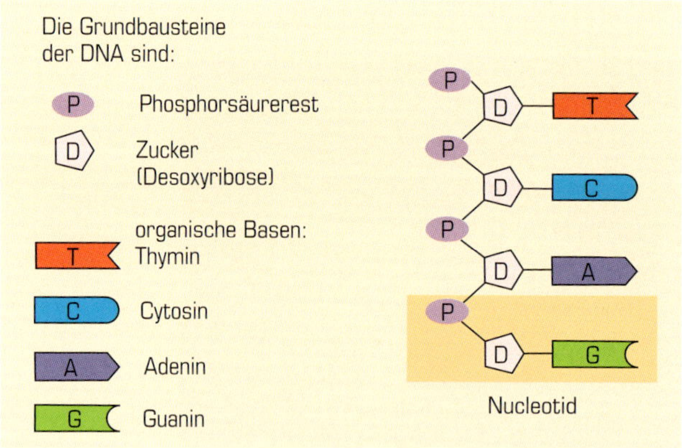

1 ▸ Die DNA besteht chemisch aus 3 Bestandteilen.

Für die Ausbildung von Merkmalen eines Organismus sorgen Eiweiße. Diese bestehen aus einer Folge von Aminosäuren. Die große Anzahl der Eiweiße wird durch die Variation der Zahl und Reihenfolge der Aminosäuren erreicht.

Anzahl und Reihenfolge der Aminosäuren eines Eiweißmoleküls sind durch Anzahl und Reihenfolge der organischen Basen in den Nucleotiden des DNA-Molekülabschnitts (Gens) festgelegt (↗ Abb. 1). Jeweils drei aufeinanderfolgende Basen (Triplett) verschlüsseln dabei eine Aminosäure.

Die **Weitergabe der Erbinformation** erfolgt sowohl *bei der Teilung von Körperzellen* (ungeschlechtliche Fortpflanzung) als auch bei der *geschlechtlichen Fortpflanzung*. Jede Körperzelle enthält zwei Erbinformationen für die Ausbildung eines Merkmals.

Sind die Erbinformationen eines Chromosomenpaars gleich, ist der Organismus in Bezug auf diese Erbanlage (Erbinformation) **reinerbig.**

Sind die Erbinformationen eines Chromosomenpaars für die Ausprägung eines Merkmals verschieden, ist er in Bezug auf diese Erbanlage **mischerbig**.

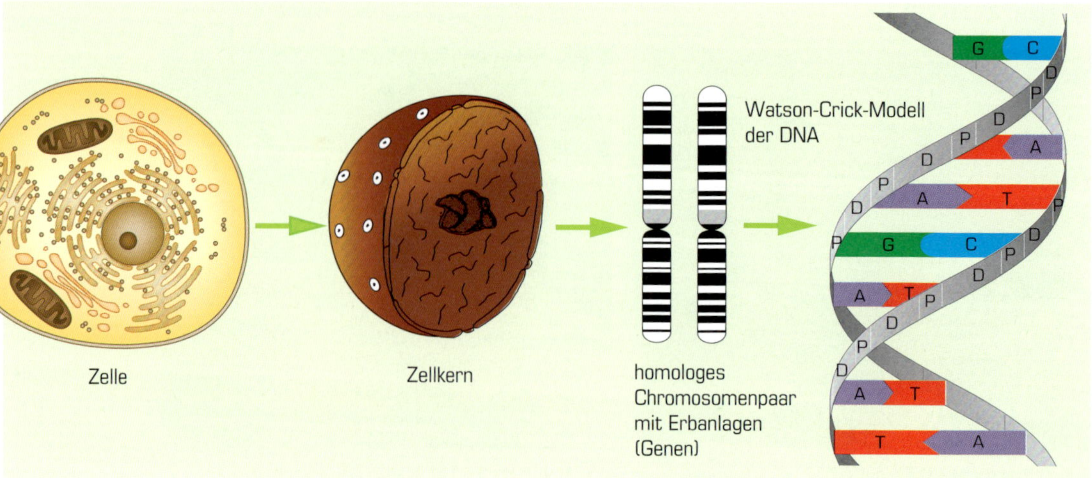

2 ▸ Von der Zelle zur DNA (Schema)

Basiskonzept Entwicklung

Fortpflanzung und Individualentwicklung der Wirbeltiere

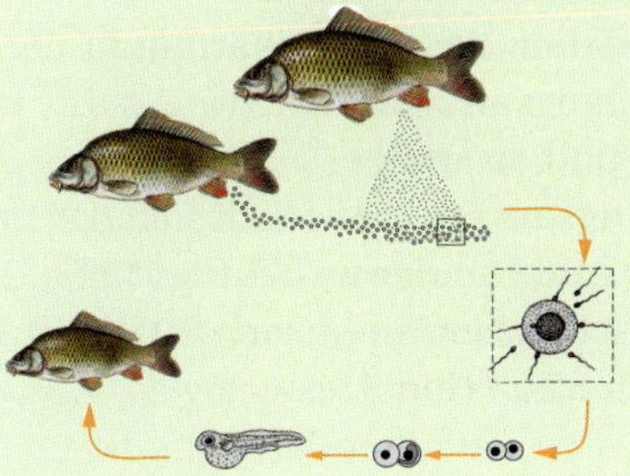

Fische

schalenlose Eier; befruchtetes Ei, Fischlarve, Jungfisch, erwachsener Fisch; Entwicklung im Wasser; meist äußere Befruchtung

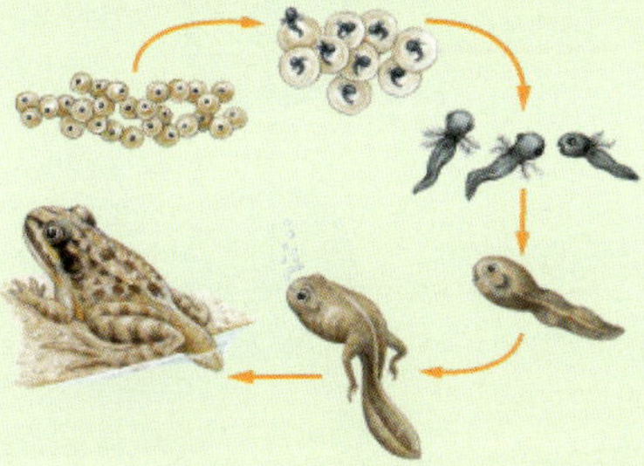

Lurche

Eier mit Gallerthülle; befruchtetes Ei, Froschlarve (Kaulquappe), Jungfrosch; Metamorphose im Wasser; äußere Befruchtung (Froschlurche); innere Befruchtung (Schwanzlurche)

Kriechtiere

pergament- oder kalkschalige Eier; Schlupf der Jungtiere; Entwicklung an Land; innere Befruchtung

Vögel

kalkschalige Eier; Ausbrüten der Eier, Schlupf der Jungvögel; Entwicklung an Land; innere Befruchtung

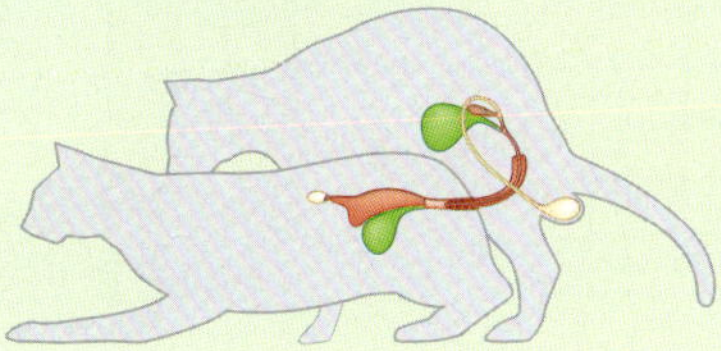

Säugetiere

Eizellen im Mutterkörper; Entwicklung im Mutterleib; lebend gebärend, Jungtiere werden gesäugt; innere Befruchtung

Fortpflanzung und Individualentwicklung des Menschen

Menschen pflanzen sich geschlechtlich fort. Dabei verschmelzen männliche Samenzelle und weibliche Eizelle im Körper der Frau (innere Befruchtung).

Menschen entwickeln sich von der Verschmelzung der Ei- und Samenzelle an. Wir unterscheiden eine **vorgeburtliche** (Befruchtung und Schwangerschaft) und eine **nachgeburtliche Phase** (u. a. Geburt, Säugling, Kleinkind, Pubertät, Altern).

Nach der **Befruchtung** teilt sich die **Zygote** auf dem Weg zur Gebärmutter durch Einfurchung in zunächst zwei, dann vier Zellen und so weiter (↗ Abb. 1). Aus der **Keimlingsanlage** entwickelt sich der **Embryo (Embryonalentwicklung** ↗ Abb. 2**).**

Menschen verändern sich ihr gesamtes Leben lang (↗ Abb. 3).

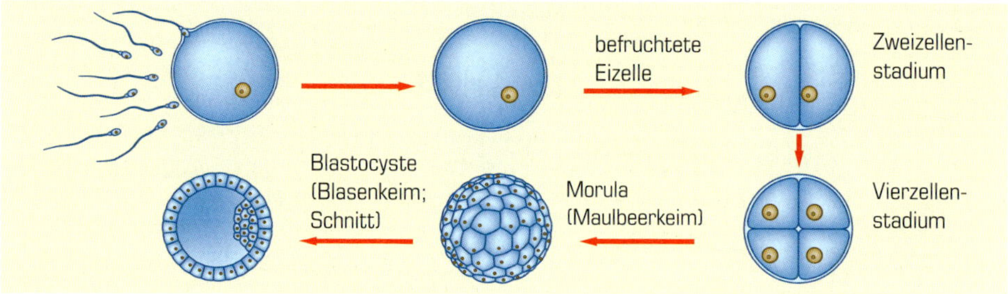

1 ▸ Teilungsstadien der befruchteten Eizelle

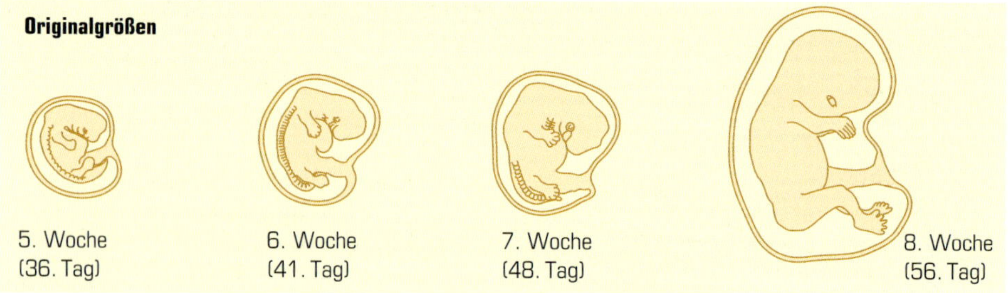

2 ▸ Embryonalentwicklung 5. bis 8. Woche

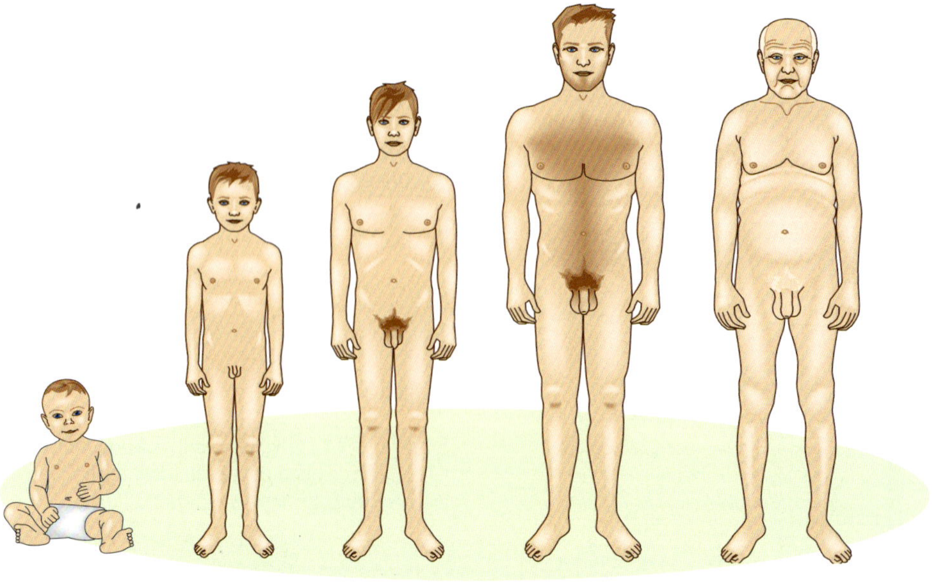

3 ▸ Nachgeburtliche Entwicklung

5

Fortpflanzung und Individualentwicklung bei Samenpflanzen

Bei den *Samenpflanzen* werden nach der Befruchtung der Eizelle im Fruchtblatt der Blüten Samen gebildet. Der Samen enthält einen Keimling, der zu einer neuen Pflanze heranwachsen kann (↗ Abb. 1). Diese Form der Fortpflanzung nennt man **geschlechtliche Fortpflanzung.**

Die Entwicklung der Samen bzw. Pflanzenteile zu neuen Pflanzen ist von äußeren Bedingungen abhängig.

Samenpflanzen können sich aber auch **ungeschlechtlich** fortpflanzen. Legt man beispielsweise eine **Sprossknolle** der Kartoffel in den Erdboden, entwickelt sich daraus eine neue *Kartoffelpflanze.*

Erdbeerpflanzen bilden *oberirdische Triebe* (das sind Sprossachsen) aus, die seitlich aus der Pflanze herauswachsen. Man nennt sie auch Ausläufer (↗ Abb.).

Wenn diese Ausläufer den Boden berühren, bilden sich Wurzeln und Blätter, eine neue Erdbeerpflanze ist entstanden. Man zwickt sie ab und pflanzt sie ein.

Die *Quecke* bildet dagegen unterirdische Triebe, *unterirdische Ausläufer,* aus.

Neue Pflanzen können auch aus anderen **Teilen der Pflanzen** entstehen, z. B. aus der *Wurzel* und dem *Laubblatt.*

Am *Brutblatt* (↗ Abb.) entwickeln sich z. B. an den Blatträndern kleine Pflänzchen. Man nennt sie *Ableger.* Nach einer gewissen Zeit fallen sie ab und wachsen zu neuen Brutblattpflanzen heran.

Bei *Tulpen* und *Küchenzwiebeln* bilden sich seitlich bei der Zwiebel der Mutterpflanze kleine Zwiebeln – Tochterzwiebeln. Diese wachsen heran, werden von der Mutterzwiebel getrennt und ausgepflanzt. Es entstehen neue Pflanzen, die alle gleich aussehen.

Bei der *Dahlienpflanze* entwickeln sich neue Pflanzen aus Wurzelknollen (↗ Abb.). Das sind kleine verdickte Seitenwurzeln. Wenn man eine Mutterpflanze vorsichtig aus dem Boden zieht, kann man die Wurzelknollen gut erkennen.

Stellt man einen frischen Zweig *Korkenzieherweide* in Wasser, bilden sich nach kurzer Zeit *Stecklinge.*

1 ▸ Keimung und Wachstum einer Garten-Bohne

Entwicklung eines Öksystems in längeren Zeiträumen

Auch **Ökosysteme** durchlaufen eine allmähliche Entwicklung. Dieser **Sukzession** liegt ein lineares Zeitmuster - beginnend mit einem Anfangsstadium über verschiedene Folgestadien bis zu einem stabilen Endstadium - zugrunde.

Die Aufeinanderfolge der unterschiedlichen Entwicklungsstadien sind das Ergebnis von Wechselwirkungen zwischen sich ändernden Umweltfaktoren und der Zusammensetzung ihrer Lebensgemeinschaften.

Auch ein See verändert sich. Man bezeichnet eine solche meist sehr langsam verlaufende Entwicklung als **Verlandung.**

Der See weist noch die charakteristische Zonierung auf. Lediglich die Tiefenzone existiert nicht mehr, Tiefenalgen bedecken den gesamten Seegrund. Dort hat sich bereits eine Schicht organischer und anorganischer Sedimente aus abgestorbenen Lebewesen und eingeschwemmten Materialien gebildet. Der See zeigt als erste Stufe der Verlandung eine ***Verflachung****.*

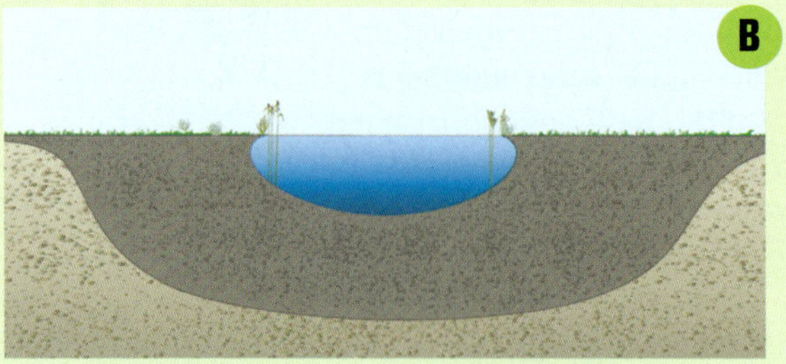

Vor allem durch weitere Ablagerung von organischer Substanz wächst der See weiter zu. Eine ***Verkleinerung*** *der Wasserfläche ist deutlich feststellbar. Die Pflanzen der Schwimmblattzone, der Röhrichtzone und der Bruchwaldzone dringen zur Gewässermitte vor. Für einige Pflanzenarten bestehen keine Lebensbedingungen mehr, sie sterben ab.*

Vom See ist fast nichts mehr übrig geblieben. Der Bruchwald, bestehend aus Schwarz-Erlen, Birken und Weiden und durchsetzt mit Gräsern, Farnen und Moosen, herrscht vor. Wenn sich Bäume nicht durchsetzen können, entsteht ein ***Flachmoor,*** *aus dem sich bei nährstoffarmem Wasser auch ein* ***Hochmoor*** *bilden kann.*

5

Stammesgeschichtliche Entwicklung der Organismen

Im **Verlauf der Evolution** entstand die heutige **Vielfalt** der Lebewesen. Wobei in den verschiedenen Erdzeitaltern von der Erdurzeit über die Erdfrühzeit, Erdaltzeit und Erdmittelzeit bis zur seit 65 Millionen Jahren andauernden Erdneuzeit nicht immer nur neue Arten von Lebewesen entstanden sind. Es sind auch viele Arten ausgestorben. In jedem Erdzeitalter lebten charakteristische Gruppen von Pflanzen und Tieren (↗ Abbildungen).

Algen	**Tange**	**Moose**	**Nacktfarne**	**Bärlappe**	**Schachtelhalme**	**Farne**	**Nacktsamer**	**Bedecktsamer**
600 Mio. Präkambrium	542 Mio. Kambrium	488 Mio. Ordovicium		444 Mio. Silur	416 Mio. Devon	359 Mio. Karbon	251 Mio. Trias	145 Mio. Kreide

Wirbellose	**erste Fische**	**erste Lurche/ Insekten**	**erste Kriechtiere**	**Kriechtiere**	**erste Säugetiere**	**Saurier/ erste Vögel**	**Säugetiere**		
542 Mio. Kambrium	444 Mio. Silur	416 Mio. Devon	359 Mio. Karbon	299 Mio. Perm	251 Mio. Trias	200 Mio. Jura	65 Mio. Paläogen	23 Mio. Neogen	1,6 Mio. Jahre Quartär

Für die Evolution der Lebewesen sind verschiedene **Evolutionsfaktoren** entwicklungsbestimmend. Die Evolutionsfaktoren wirken zwar auf einzelne Individuen, ihre Bedeutung für die Evolution wird aber erst in der Auswirkung auf Individuengruppen (Populationen) deutlich. Zu den Evolutionsfaktoren gehören:

- **Mutation** und **Rekombination**: Veränderung und Neukombination der Erbanlagen
- **Auslese:** nur die am besten angepassten Individuen einer Population pflanzen sich fort. Die natürliche Auslese ist die richtunggebende Kraft der Evolution.
- **Isolation:** Eine Trennung der Populationen in Teil-Populationen verhindert die Paarung zwischen Individuen dieser Teilgruppen und führt über genetische Differenzierung zur Bildung neuer Arten.

Stammesgeschichtliche Entwicklung des Menschen

Während der stammesgeschichtlichen Entwicklung des Menschen gab es enge Wechselbeziehungen zwischen der biologischen und der kulturellen Evolution.

Komponenten der biologischen Evolution
- aufrechter Gang und aufrechte Körperhaltung
- Vergrößerung und Differenzierung des Gehirns
- Ausbildung eines Stimmapparats

Komponenten der kulturellen Evolution
- planvolle Herstellung von Werkzeugen und deren Gebrauch
- Erzeugung und Gebrauch des Feuers
- Entwicklung der Sprache und der Schrift
- Züchtung von Pflanzen und Tieren
- Gestaltung der Umwelt nach den Bedürfnissen des Menschen

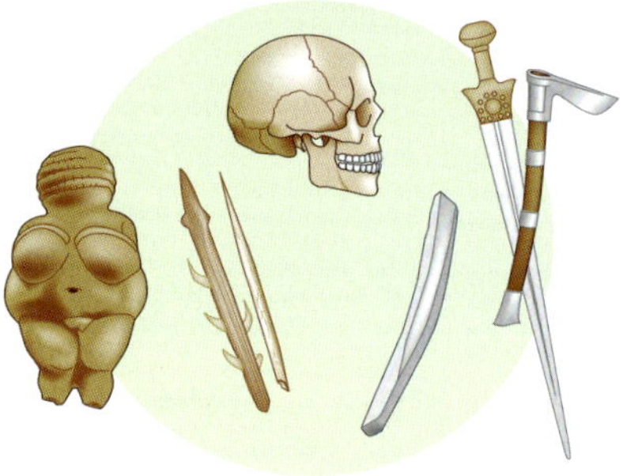

Variabilität beim Menschen der Gegenwart

Das entscheidende Kriterium für die Zuordnung aller auf der Erde lebenden Menschen zu einer Art (Homo sapiens sapiens) ist, dass die Vertreter der unterschiedlichen Menschengruppen untereinander fruchtbare Nachkommen zeugen können und sehr geringe genetische Unterschiede aufweisen.

Der frühe *Homo sapiens* breitete sich vor ca. 100 000 Jahren von Afrika aus in kleinen Populationen auf andere Kontinente aus. Man kann heute einige voneinander getrennte Gebiete unterscheiden, in die der Mensch einwandern konnte und wo sich **Teil-Populationen isoliert voneinander weiterentwickelten.** So entstanden verschiedene **geografische Menschengruppen.**

Die heute lebenden Menschen stammen vom eiszeitlichen Jetztmenschen ab und **stimmen in wesentlichen Merkmalen überein.**

Alle Menschen weisen eine prinzipielle Gleichartigkeit in Bau und Funktion des Skeletts, der Muskulatur, des Gehirns und des gesamten Stoffwechsels auf. Sie sind zu gleichen körperlichen und geistigen Leistungen befähigt. Übereinstimmend sind auch die Schwangerschaftsdauer, zahlreiche wesentliche Blut- und Serumeigenschaften sowie Anzahl und Bau der Chromosomen.

Die Menschengruppen unterscheiden sich u. a. in der *Hautfarbe* (erbliches Merkmal bestimmter Bevölkerungsgruppen), der *Augenform* und der *Nasenbreite* sowie in der Beschaffenheit des *Kopfhaars*.

Aufgrund dieser äußerlichen Unterschiede können die Menschen in **Europiden, Mongoliden** und **Negriden** eingeteilt werden.

1 ▸ Vertreter der Europiden, Negriden und Mongoliden (von links nach rechts)

Überblick über die Entwicklung des Lebens

Zeitalter	Periode	vor Mio. Jahren	Bedeutende Ereignisse in der Geschichte des Lebens auf der Erde
Erdneuzeit	Quartär	1,6–heute	Wechsel von Kalt- und Warmzeiten; Auftreten und Entwicklung des Menschen; Beginn der Einflussnahme des Menschen auf die Natur
	Neogen	23–1,6	Auftreten und Entwicklung des Menschen, der Pflanzen und Tiere der Gegenwart
	Paläogen	65–23	Entwicklung und Ausbreitung der Säugetiere; Entwicklung der Affen und Menschenaffen; Ausbreitung von Gräsern; Entfaltung der Vögel
Erdmittelzeit	Kreide	145–65	letzte Saurier; erste Affen; erste Bedecktsamer (Samen- bzw. Blütenpflanzen); erste Vögel
	Jura	200–145	Vorherrschaft der Saurier; Urvögel; Nacktsamer (Nadelgehölze, Palmfarne, Ginkgoverwandte)
	Trias	251–200	erste Säugetiere; Vielfalt von Reptilien; Samen- bzw. Blütenpflanzen (Nacktsamer vorherrschend)
Erdaltzeit 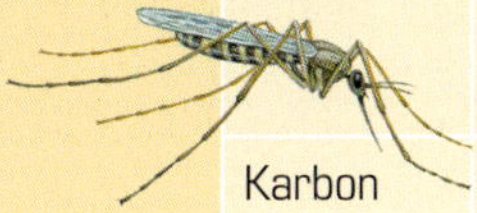	Perm	299–251	Vielfalt von Reptilien und Insekten; Samen- bzw. Blütenpflanzen werden zahlreicher, Farnpflanzen gehen zurück
	Karbon	359–299	erste Reptilien (Kriechtiere); zahlreiche Amphibien; ausgedehnte Feuchtwälder aus Farnpflanzen (Bärlappe, Schachtelhalme, Echte Farne), erste Samen- bzw. Blütenpflanzen
	Devon	416–359	erste Amphibien (Lurche), erste Insekten; Vielfalt von Fischen; Quastenflosser; Farnpflanzen (vor allem Urfarne)
	Silur	444–416	erste Landpflanzen (Moose, Urfarne), Ausbreitung der Fische
	Ordovizium	488–444	erste Fische; Meeres- und Süßwasseralgen
	Kambrium	542–488	Wirbellose im Meer (Schwämme, Hohltiere, Würmer, Gliederfüßer, Stachelhäuter), Algen
Erdfrühzeit und Erdurzeit 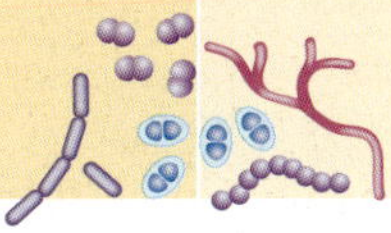	Präkambrium	542 2 500 3 500 3 800 4 600	Wirbellose mit weichem Körper; Algen Sauerstoffgehalt der Atmosphäre mehr als 1 % des heutigen Wertes älteste Fossilien von Bakterien erste Spuren von Leben Entstehung der Erde

Quelle: „International Commission on Stratigraphy" (ICS)

Z

Ziel erreicht?

Z

Methoden

Vorbereiten auf Prüfungen

Prüfungen sind eine besondere Herausforderung. Sie erfordern persönlichen Einsatz und gute Vorbereitung. Deshalb ist es wichtig, sich so vorzubereiten, dass man mit einem guten „Bauchgefühl" in die Prüfungen gehen kann. Bei der Vorbereitung auf schriftliche bzw. mündliche Prüfungen gibt es einige Unterschiede.

Schriftliche Prüfung

Schritt ①

Vorbereiten auf die Prüfung

- Zeitig mit der Vorbereitung anfangen
- Inhaltliche Prüfungsschwerpunkte vom Lehrer geben lassen
- Lernstoff in „Portionen" gliedern und öfter wiederholen
- Jemanden zum Zuhören und Abfragen „engagieren"

Schritt ②

Ablauf der schriftlichen Prüfung

- Aufgaben erst durchlesen, nicht sofort mit dem Schreiben beginnen
- Eigene Rangfolge festlegen, nach der man die Aufgaben löst (Umfang, Schwierigkeitsgrad, Bewertungseinheiten)
- Bearbeiten der Aufgabe
  - Genau durchlesen (die Einleitungstexte der Aufgaben enthalten oft Hinweise für die Beantwortung)
  - Wonach ist gefragt?
  - Welche Tätigkeit ist gefordert? (Nennen, Beschreiben, Erklären ...)
  - Stichpunkte notieren (Schmierzettel)
  - Antwort formulieren
  - Gelöste Aufgabe auf Aufgabenzettel abhaken
- Wenn die Lösung einer Aufgabe nicht sofort möglich ist, nicht zu lange „festbeißen", zwischenzeitlich andere Aufgabe lösen; ungelöste Aufgabe am Schluss nochmals bearbeiten. Immer eine Lösung versuchen, mitunter denkt man richtig, ist sich aber nur nicht sicher.
- Regelmäßige Pausen einlegen
- Zwischendurch trinken

Schritt ③

Kontrollieren der Ergebnisse

Wenn man meint, fertig zu sein, nochmals alles in Ruhe durchgehen und dabei prüfen, ob

- alle Aufgaben bearbeitet wurden,
- alles lesbar ist,
- alle notwendigen Fehlerkorrekturen vorgenommen wurden.

Methoden

Mündliche Prüfung

Schritt ①

Vorbereiten auf die mündliche Prüfung

Bei mündlichen Prüfungen zieht man aus einer Reihe von verdeckten Prüfungsfragen seine Aufgabe. Danach bekommt man Vorbereitungszeit, um die Lösungen in Form eines Vortrags zu erarbeiten.
Neben der inhaltlichen Seite wird auch die Art und Weise des Vortrags bewertet. Deshalb ist es gut, wenn man als Prüfungsvorbereitung vor einer „Person seines Vertrauens" Vorträge zu verschiedenen Themen übt. Dabei hilft es, wenn man eine Abfolge beherrscht, die man auf jedes Thema anwenden kann.

Schritt ②

Ziehen des Themas und Vorbereitungszeit

Zunächst wird das Thema gezogen. Nachdem man den Text durchgelesen hat, geht man in den Vorbereitungsraum.
Hier sollte man sich genau überlegen,
- was alles zum Thema gehört (sind z. B. Experimente gefordert?) und
- wie man das Thema gliedert.

Anschließend werden die Inhalte des Themas stichpunktartig notiert.

Schritt ③

Ablauf der Prüfung

Nach der Vorbereitungszeit wird man in den Prüfungsraum geholt. Der Ablauf ist dann folgender:
- Nennen des Themas
- Angeben der Vortragsgliederung
- Beantworten der Aufgabenstellung entsprechend der Gliederung
- Zusammenfassen der wichtigen Aussagen am Ende des Vortrags (kurz und knapp)
- Beenden des Vortrags

Tipp: Beim Vortrag sollte man versuchen so verständlich wie möglich zu sprechen.

Rollbilder, Modelle, Präparate und Skizzen an der Tafel helfen, den Vortrag anschaulich zu gestalten.
An den Vortrag wird sich meist noch ein Gespräch anschließen. Hierbei ist es wichtig, genau auf die Fragen zu achten und bei Unklarheiten nachzufragen.

Besonderheiten

Bei einer mündlichen Prüfung mit Einsprechthema beginnt die Prüfung mit einem Vortrag, der zu Hause vorbereitet werden konnte. Dieser Vortrag soll helfen, Sicherheit für den Rest der Prüfung zu bekommen. Neben dem Inhalt ist es hier besonders wichtig, möglichst gutes Anschauungsmaterial für das Thema einzusetzen.
Nach dem Einsprechvortrag geht die Prüfung mit der Beantwortung der gezogenen Fragestellungen weiter (s. o.).

Wenn Experimente zur Aufgabenstellung gehören, sollte ein Kurzprotokoll angefertigt werden. Diese Punkte sollte das Protokoll auf jeden Fall enthalten:
- Experiment
- Durchführung
- Beobachtung
- Auswertung

Das Experiment hat meistens Bezug zur Aufgabenstellung. Beachte deshalb bei der Auswertung des Experiments die Aufgabenstellung.

Ziel erreicht?

Das Lösen der nachfolgenden Aufgaben erfordert sowohl ein umfangreiches Wissen aus dem Biologieunterricht der Klassen 7 bis 10 (Sachkompetenz) als auch Kenntnisse und Fähigkeiten für das Ausführen bestimmter Tätigkeiten (Methodenkompetenz). Es fordert weiterhin auch Selbstständigkeit, Verantwortung, Zielstrebigkeit, gemeinsames Lernen und Arbeiten (Selbst- und Sozialkompetenz). Die Aufgaben erheben keinen Anspruch auf Vollständigkeit. Sie können einzeln und als zusammengestellter Komplex – auch zur Vorbereitung auf Prüfungen – bearbeitet werden.

Mit Fachwissen umgehen

1. In einem Kreuzungsexperiment wurden Tiere des Seidenspinners *(Bombyx mori)* aus zwei reinerbigen Rassen gekreuzt.

Rasse A = Raupen gestreift, Kokons rein weiß
Rasse B = Raupen einfarbig weiß, Kokons gelb

In der F_1-Generation traten einheitlich gestreifte Larven auf, die gelbe Kokons bildeten. Bei der Kreuzung der Organismen der F_1-Generation konnten unter anderem 2 112 Individuen mit den Merkmalen „gestreifte Larven und weiße Kokons“ und 702 Individuen mit den Merkmalen „einfarbige Larven und weiße Kokons“ festgestellt werden.

a) Nenne die zur Anwendung kommenden mendelschen Regeln. Begründe den vorliegenden Erbgang.

b) Stelle ein Kreuzungsschema von der P- bis zur F_2-Generation auf und ermittle, in welchem Zahlenverhältnis die verschiedenen phänotypischen Kombinationen auftreten.

2. Die Augen gehören zu den Sinnesorganen. Mit ihrer Hilfe können Lebewesen Informationen aus der Umwelt aufnehmen und Erregungen an das Nervensystem weiterleiten.

a) Benenne die in der Abbildung gekennzeichneten Teile des Auges.

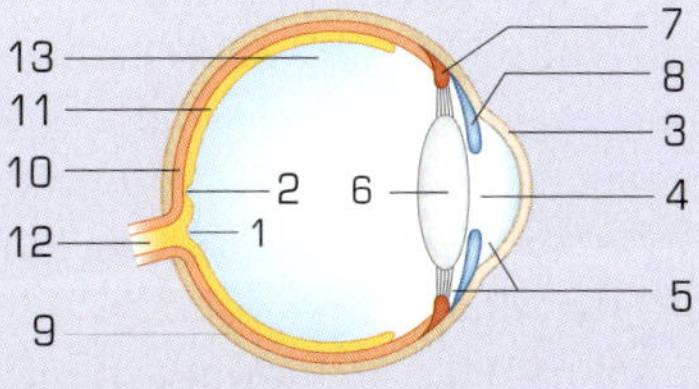

b) Gib von diesen Teilen die jeweiligen Funktionen an.

c) Beschreibe die Bildentstehung.

d) Stelle ein allgemeines Fließschema für die Funktionsweise des Sinnesorgans auf.

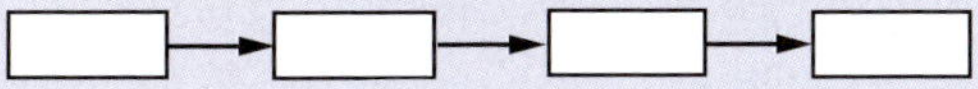

3. Zellen sind die Grundbausteine aller Lebewesen. Trotz der Vielfalt an Formen und Größen zeigen alle Zellen grundlegende Übereinstimmungen im Aufbau.

a) Vergleiche die auf S. 232 dargestellten Zellen a und b hinsichtlich ihrer Zellbestandteile.

b) Benenne die dargestellten Einzeller. Ordne sie den tierischen oder pflanzlichen Zellen zu. Begründe die Zuordnung.

c) Ziehe aus dem Vergleich jeweils eine Schlussfolgerung über die Ernährungsformen der dargestellten Zellen.

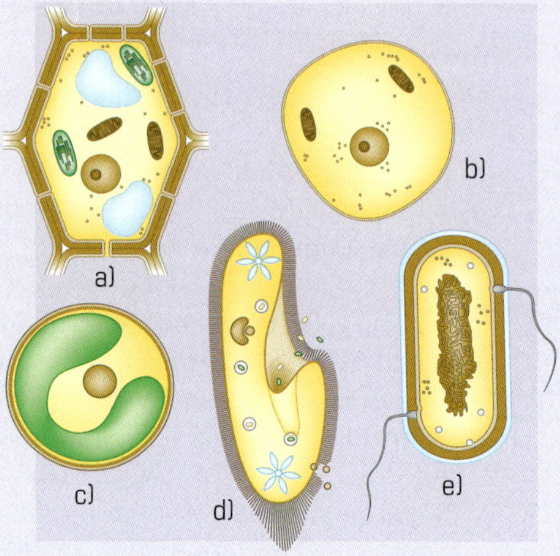

d) Stelle die Wortgleichung für die Fotosynthese auf und nenne die Bedingungen, die für diesen biochemischen Prozess vorhanden sein müssen.

e) Ohne die Fotosynthese der Pflanzen gäbe es für die heterotroph lebenden Organismen (z. B. Menschen, Tiere, Bakterien, Pilze) bald keine Nahrung mehr auf der Erde.
Erkläre diesen Sachverhalt. Nutze dazu das Internet.

4. Die aufgenommenen bzw. erzeugten Nährstoffe (z. B. Stärke) werden von den Zellen u. a. für die Zellatmung benötigt.

a) Nenne den Zellbestandteil, in dem dieser Vorgang stattfindet.

b) Notiere die Wortgleichung der Zellatmung.

c) Beschreibe an einem Sachverhalt, welche Bedeutung die Zellatmung für die Zellen bzw. die Lebewesen hat.

5. Assimilation und Dissimilation sind zwei voneinander abhängige, aber entgegengesetzte Stoff- und Energiewechselprozesse.

a) Begründe diesen Sachverhalt.

b) Versuche für diese Prozesse an Beispielen Reaktionsgleichungen aufzustellen. Nutze dazu auch die Abbildungen auf Seite 68.

6. Jeder Mensch besitzt mehr als 200 verschiedene Zellvarianten. Dazu gehören u. a. die in der Abbildung dargestellten Zellen.

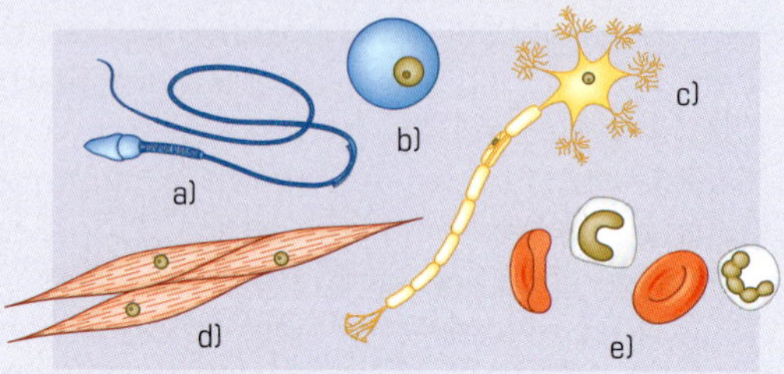

a) Gib an, um welche Zellen es sich jeweils handelt.

b) Stelle jeweils einen Zusammenhang zwischen Bau und Funktion für die abgebildeten Zellformen her.

c) Erläutere einen Vorteil, den spezialisierte Zellformen für die Lebensvorgänge in mehrzelligen Lebewesen haben.

7. Die Besiedlung von Inseln mit Organismen wird von Wissenschaftlern besonders untersucht, da sie Aufschlüsse über die Evolution geben können.

a) Madeira ist eine Insel im Mittelatlantik, über die fast ständig stärkere Winde wehen. DARWIN fand auf dieser Insel viele Käferarten, deren Flügel verkümmert waren. Erkläre die Entstehung dieser Käferarten.

b) Die Tierwelt vieler Inseln ist meist individuenreich, aber artenarm. Diskutiere diese Aussage.
Welche Folgerungen könnten sich daraus für die Evolution ergeben?

c) Erkläre das Wirken von Auslese und Isolation am Beispiel der Darwinfinken.

Z

Methoden der Biologie nutzen

1. Seit der Erfindung der Mikroskopie können Zellen und ihre Bestandteile sichtbar gemacht werden. Mikroskopische Zeichnungen und Fotografien ermöglichen einen Vergleich der verschiedenen Zellformen.
   a) Mikroskopiere verschiedene Dauerpräparate und fertige von den mikroskopischen Bildern Zeichnungen an.
   b) Fertige ein Frischpräparat vom Zwiebelhäutchen an. Färbe die Zellbestandteile mit einem geeigneten Farbstoff. Stelle das mikroskopische Bild ein und zeichne zwei Zellen mit ihren Anschlüssen an die Nachbarzellen.

2. Die Sprossachsen vieler krautiger Pflanzen weisen Strukturen auf, die zur Festigung des Gewebes dienen.
   a) Wähle mithilfe dir zur Verfügung stehender Bestimmungsliteratur ein Lippenblütengewächs aus deiner Umgebung aus und bestimme seine Art.
   b) Fertige einen Steckbrief der Art an, der die Verwandtschaftsverhältnisse, die typischen Merkmale wie den Blütenbau, Umweltansprüche und die Bedeutung für den Menschen beinhaltet.

   c) Fertige ein Frischpräparat der Sprossachse des Lippenblütengewächses an. Ein repräsentatives dünnes Segment der Sprossachse genügt.

   Färbe dein Objekt, um verholzte Strukturen sichtbar zu machen (z. B. mit Safranin-Lichtgrün). Stelle den Ausschnitt in einer mikroskopischen Zeichnung dar.
   d) Begründe die Angepasstheit der vierkantigen Sprossachse zum Transport von Nährstoffen, Wasser und Mineralstoffen sowie zur Festigung der pflanzlichen Gestalt (Habitus).

3. Die gezielte Messung von Umweltfaktoren ist eine Voraussetzung für die Einschätzung der Qualität von Lebensräumen.
   a) Ermittle für einen selbst gewählten Standort eine Woche lang die Messwerte (je nach vorhandenen Messgeräten) für verschiedene Umweltfaktoren (z. B. Temperatur, Lichteinfall, Luftfeuchtigkeit, pH-Wert).
   b) Stelle deine Messwerte in geeigneter Form dar.
   c) Leite aus den Messwerten Aussagen über die Qualität des Standorts als Lebensraum für Pflanzen und Tiere ab.

4. In unseren Nahrungsmitteln sind Kohlenhydrate, Fette und Eiweiße als wichtige Nährstoffe in sehr unterschiedlichen Mengen enthalten.
   a) Weise in verschiedenen Nahrungsmitteln wie Kartoffeln, Weintrauben, Gurken, Milch, Eiern und Nüssen das Vorhandensein von reduzierenden Zuckern, Glucose (Teststreifen), Stärke, Eiweißen und Fetten nach.
   Fertige ein ausführliches Protokoll an, in dem du die Durchführung der Untersuchungen beschreibst, die Beobachtungsergebnisse notierst und die Auswertung vornimmst .
   b) Nenne die wichtigsten Funktionen der drei Nährstoffgruppen.
   c) Beschreibe mithilfe von Modellen den Abbau der Nährstoffe im Verdauungssystem des Menschen. Zeige an deinem Beispiel den Vorteil von Modellen und ihre Grenzen auf.

Informationen erschließen und austauschen

1. Verschiedene Gewebe, die gemeinsam bestimmte Aufgaben erfüllen, bilden Organe. Jedes Organ wiederum ist Bestandteil eines Organsystems.

a) Erarbeite eine Präsentation zu einem Organsystem des Menschen. Darin sollten folgende Aussagen enthalten sein: wesentliche Aufgabe(n) des Organsystems, Organe des Systems, Funktionen der einzelnen Organe im System, Bau- und Funktionszusammenhänge eines Organs, Regeln für die Gesunderhaltung. Gestalte deine Präsentation anschaulich (verwende z. B. Rollkarten, Torso, Computer).

b) Erstelle für deine Mitschüler ein Arbeitsblatt, auf dem sie wesentliche Aussagen deines Vortrags ergänzen können.

2. In unseren Lebensmitteln sind zusätzliche Stoffe enthalten.

a) Nenne Gruppen von Lebensmittelzusatzstoffen.

b) Untersuche in einem Lebensmittelcenter einige abgepackte Lebensmittel in Bezug auf ihre Zusatzstoffe.

c) Informiere dich im Internet über die Bedeutung dieser Stoffe und über Pro und Kontra des Einsatzes von Lebensmittelzusatzstoffen. Fertige dazu eine Wandzeitung an.

3. Gentechnik wird inzwischen vielfältig eingesetzt, ist aber umstritten. Der Anbau von transgenen Pflanzen wird z. B. häufig von Protesten begleitet. Der Einsatz beim Menschen ruft teils heftige Diskussionen hervor.
Jeder, der sich eine eigene Meinung zu einem so komplizierten Thema bilden möchte, sollte dies auf der Basis umfassender und sachlicher Informationen machen.

a) Erarbeitet nach der Expertenmethode die Anwendungsgebiete der Gentechnik: Bildet Gruppen mit je vier Schülerinnen und Schülern. Legt fest, wer zum Experten für ein Teilthema wird, z. B. „Transgene Pflanzen“, „Transgene Tiere“, „Transgene Lebensmittel“ und „Gentechnik in der Medizin“. Sammelt nun Informationen über das jeweilige Teilthema und tauscht diese mit den entsprechenden Experten der anderen Gruppen aus. Kommt nun in der ursprünglichen Gruppe zusammen und informiert euch gegenseitig.

b) Entwerft eine Mindmap und stellt die Ergebnisse übersichtlich dar.

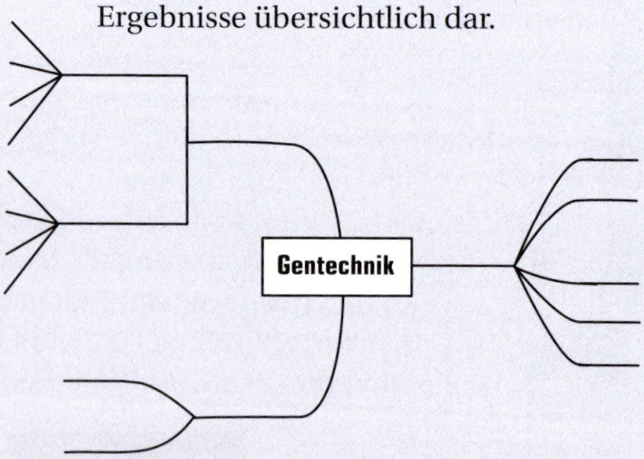

c) Wählt eine Anwendung aus der Gentechnik aus.
- Listet Argumente für den Einsatz dieser Methode (Pro-Argumente) auf.
- Listet Argumente, die gegen den Einsatz dieser Methode sprechen (Kontra-Argumente), auf.

Z

Sachverhalte erkennen und bewerten

1. Die Energiegewinnung der Menschen durch die Verbrennung von Kohlenstoffverbindungen führt zur Emission von Kohlenstoffdioxid in die Atmosphäre (↗ Abb.). Dies führt zum Treibhauseffekt.
Je nach Kulturkreis, Klimazone oder Lebensstandard usw. differieren die Mengen der CO_2-Emissionen je Kopf der Bevölkerung sehr stark (↗ Tab.).

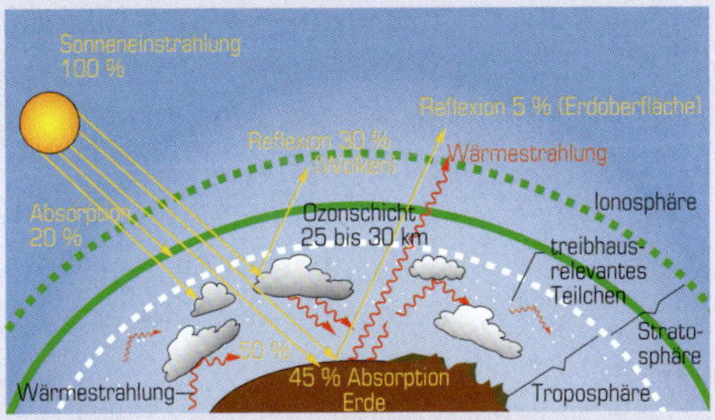

Region	CO_2-Emissionen pro Kopf pro Jahr
Deutschland	10,5 t
Großbritannien	9,2 t
Frankreich	6,7 t
Texas (USA)	35,6 t
Afrika	0,3 t

a) Werte die Tabelle aus, nenne Ursachen der bestehenden Verhältnisse in den Regionen.
Ziehe Schlussfolgerungen bezüglich der globalen Erwärmung durch den Treibhauseffekt.

b) Werte die oben stehende Grafik aus.

c) Nenne die Positionen des Kyoto-Protokolls von 1997 zum Klimaschutz. Werte die Stellung der Staaten, die dem Protokoll zustimmen oder es ablehnen.

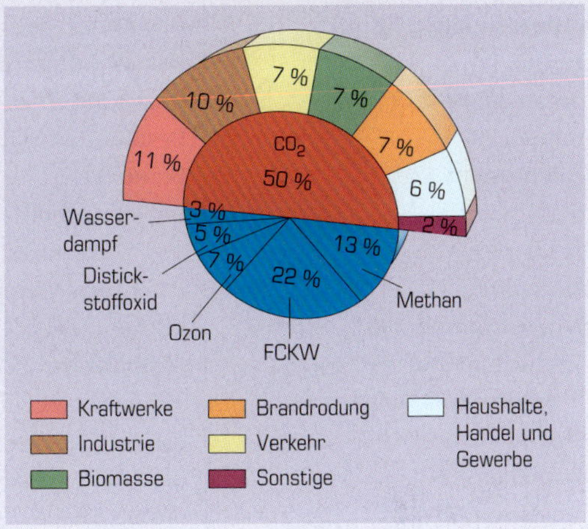

d) Stelle Maßnahmen zur Reduktion der CO_2-Emission in Deutschland, eurer Schule und eurer Familie zusammen. Bewerte die Maßnahmen hinsichtlich ihrer Umsetzbarkeit und Wirksamkeit.

2. Eingriffe des Menschen in die natürlichen Stoffkreisläufe und Energieflüsse haben z. T. dramatische Auswirkungen auf die betroffenen Ökosysteme.

a) Beschreibe positive und negative Einwirkungen des Menschen auf Ökosysteme.

b) Erörtere die folgende Aussage aus ökologischer und wirtschaftlicher Sichtweise: „Die Nutzung fossiler Energieträger und der Kernenergie ist auch in den nächsten Jahrzehnten unverzichtbar."

3. Viele Menschen werden durch eine Organtransplantation gerettet. Häufig vergeht eine lange Zeit, bis ein geeignetes Organ gefunden wird.

a) Informiere dich im Internet über Beispiele. Erläutere die Gründe, die bei der Suche nach einem geeigneten Organ beachtet werden müssen.

b) Immer wieder hört man, dass es einen internationalen Handel mit menschlichen Organen gibt.
Bewerte diesen Sachverhalt.

Bildquellenverzeichnis

akg-images: 171/2, 172/1; Amt für Biosphärenreservat Schaalsee: 80/1; Tierbildarchiv Angermeyer: 34/3, 42/1, 43/1, 45/1, 46/2; R. Antes, www.antes-web.de: 122/3, 124/2; K. Bachor: 174/1; BASF: 144/1; Bayer HealthCare AG: 140/2; Bibliographisches Institut AG: 26/1, 28/2, 28/oben, 31/4, 37/2, 38/1, 39/2, 39/3, 45/2, 57/3, 72/oben, 83/2, 147/3, 167/1, 171/3, 179/3, 181/5, 203/4, 205/1, 205/2, 205/3, 205/8, 219/3, 219/4; A. Biedermann, Berlin: 87/1b; M. Biere-Mescheder, Schloss Holte-Stukenbrock: 13/1, 13/3, 66/1a; Bildarchiv Pflanzen: 66/1d; blickwinkel /A. Hartl: 122/1; Botanische Bilddatenbank (www.unibas.ch/botimage):139/1, 139/1; Dr. S. Brezmann: 36/1; Bundesministerium für Umwelt, Naturschutz und Reaktorsicherheit: 87/1a; Chemisches und Veterinäruntersuchungsamt Ostwestfalen-Lippe, Standort Detmold: 46/1; CNH Deutschland GmbH: 75/1; Corel Photos Inc.:, 34/2, 74/1, 126/2, 175/1, 179/2, 232/3; B. Dapprich, Amstetten: 6/1, 205/7; Duden Paetec GmbH: 89/2, 92/1a, 92/1b, 105/1, 136/1, 138/4, 151/3, 161/2, 178/2, 203/2; Esa:, 71/4, 76/1 152/2; S. Essinger:, 63/1; Jahn, Löther, Senglaub „Geschichte der Biologie" (Gustav Fischer Verlag,1982): 106/4, 173/2; FOCUS/eye of science/Meckes, Ottawa, Reutlingen: 102/3, 133/1; Fotolia: 16/1, 43/2; Comstock Images/Fotosearch:, 6/5, 226/1a, 226/1b, 226/1c; Dr. Tilo Geisel:, 54/1, 71/1, 73/2 211/2, Hemera Photo Objects: 16/2; Hessen Touristik Service e.V., Wiesbaden: 118/1; B. Hill, Herrenhof: 17/1; Honda Motor Europe GmbH: 195/3; F. Horn: 47/2; Ima:, 87/1d; iStockphoto: 6/3, 8/1, 17/2, 18/1, 20/1, 21/1, 21/3, 23/1, 24/1, 28/1, 29/1, 31/2, 34/1, 36/2, 39/1, 41/1, 42/2, 42/2, 49/1, 52/1, 52/2, 52/3, 52/4, 53/1, 57/1, 66/1b, 77/1, 79/1, 82/1, 83/4, 84/1, 88/1, 89/1, 89/3, 98/1, 98/2, 99/1, 106/2, 111/1, 122/5, 125/1, 125/2, 126/1, 127/1, 129/1, 131/2, 132/2, 137/2, 138/3, 138/5, 144/2, 145/1, 155/2, 162/3, 162/4, 165/2, 176/1a, 176/1b, 179/1, 189/3a, 189/3b, 194/2a, 194/2b, 196/1, 197/2, 198/1, 199/1, 201/1, 201/2, 201/3, 202/1, 203/1, 203/5, 219/2, 228/1, 229/1, 230/1; W. Klaeber: 37/1; Landesumweltamt Brandenburg: 21/2; Lichtwer Unternehmensgruppe: 66/1c; Dr. G. Liesenberg: 87/2, 205/6; B. Mahler, Berlin: 231/1; T. Martens, Großrettbach: 161/3; Mauritius /Merten: 15/1; Mauritius images/ CuboImages: 114/1, 133/2, 187/3; SMF Abteilung Messelforschung: 165/1; Dipl.-Biol. N. Mitschunas/Zentrum f. Umweltforschung u. Umwelttechnik, Bremen: 36/3; Museum für Naturkunde, Berlin: 149/4, 157/1, 159/3; Neanderthal-Museum: 190/2; Z. Neuls, Berlin: 6/4, 55/1; Neumann Verlag, Leipzig Radebaul: 178/1; Dr. med. J.P. Müller/Okapia/ picture-alliance: 140/1; picture-alliance / akg images: 121/1; picture-alliance /dpa: 22/1, 32/1b, 86/1, 102/1, 103/ 1-2, 124/1, 147/1-2, 138/1, 181/1; picture-alliance /KPA: 94/2, 194/2; picture-alliance /OKAPIA: 122/4, 197/1; picture-alliance /ZB: 14/1, 182/1, 183/1, 195/2; panthermedia: 10/1, 205/4; Photo Disc Inc.: 13/2, 57/4, 71/3, 72/1, 87/1c, 104/1, 134/1, 138/2, 195/1, 205/5, 205/9, Pixland: 106/1; Francisco Welter-Schultes/ Planetposter editions: 6/2, 150/1-7, 151/1-2 u. 4, 152/1, 169/1; Prof. Dr. W. Probst: 30/2; Dr. B. Raum, Neuenhagen: 11/1, 161/1a-b, 161/1c-d; S. Ruhmke, Berlin: 7/1, 7/2; W. Schuchardt, Göttingen: 148/1, 159/1, 162/1, 162/2; Siemens AG/München: 134/1; H. Theuerkauf, Gotha: 31/1, 205/10, 219/1, 233/3; KES/Thieme Verlag: 133/1; Urania Verlag: 159/2; Thüringisches Landesamt für Archälogie und Denkmalpflege, Weimar: 192/2; Dr. A. Windelband, Potsdam: 186/3, 200/2; Prof. Dr. Volkmar Wirth, Murr: 44/2

Evolution der Menschenaffen

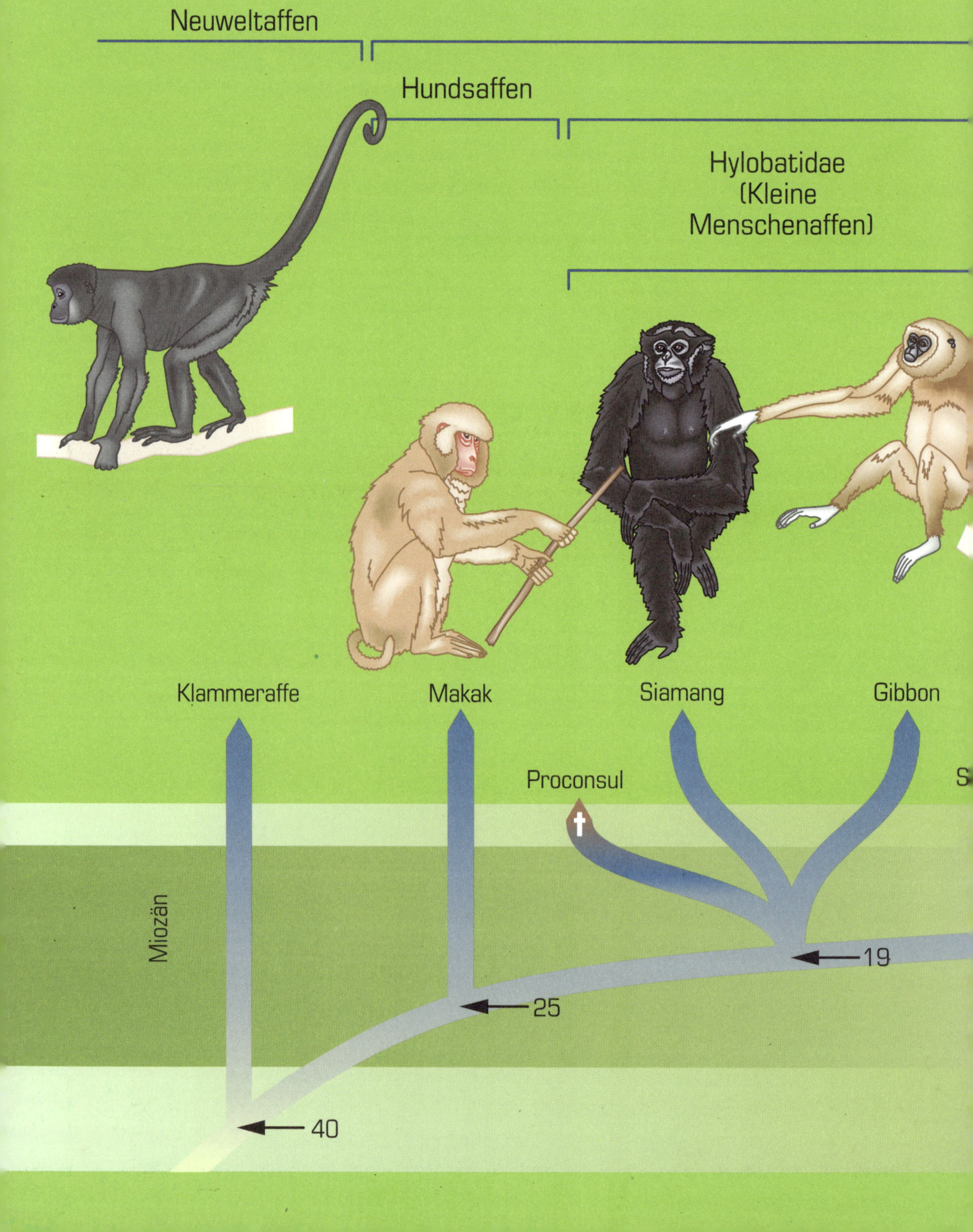